조선의 얼이 담긴
백자의 세계

조선의 얼이 담긴
백자의 세계

초판 1쇄 인쇄 2012년 4월 03일
초판 1쇄 발행 2012년 4월 11일

글   정연택
사진   고영빈
보조촬영   정연택
일러스트   정연택

발행인   이인구
편집인   손정미
디자인   권민철
인쇄   영프린팅
펴낸곳   한문화사
주소   경기도 고양시 일산서구 강선로 141 호곡1606-1701
전화   070-8269-0860
팩스   031-913-0867
전자우편   hanok21@naver.com
등록번호   제410-2010-000002호

ISBN 978-89-94997-21-6 13630

가격 35,000원

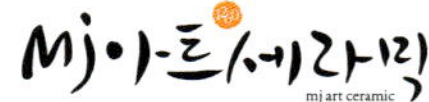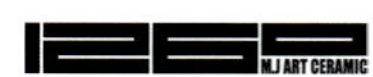

조선의 얼이 담긴
백자의 세계

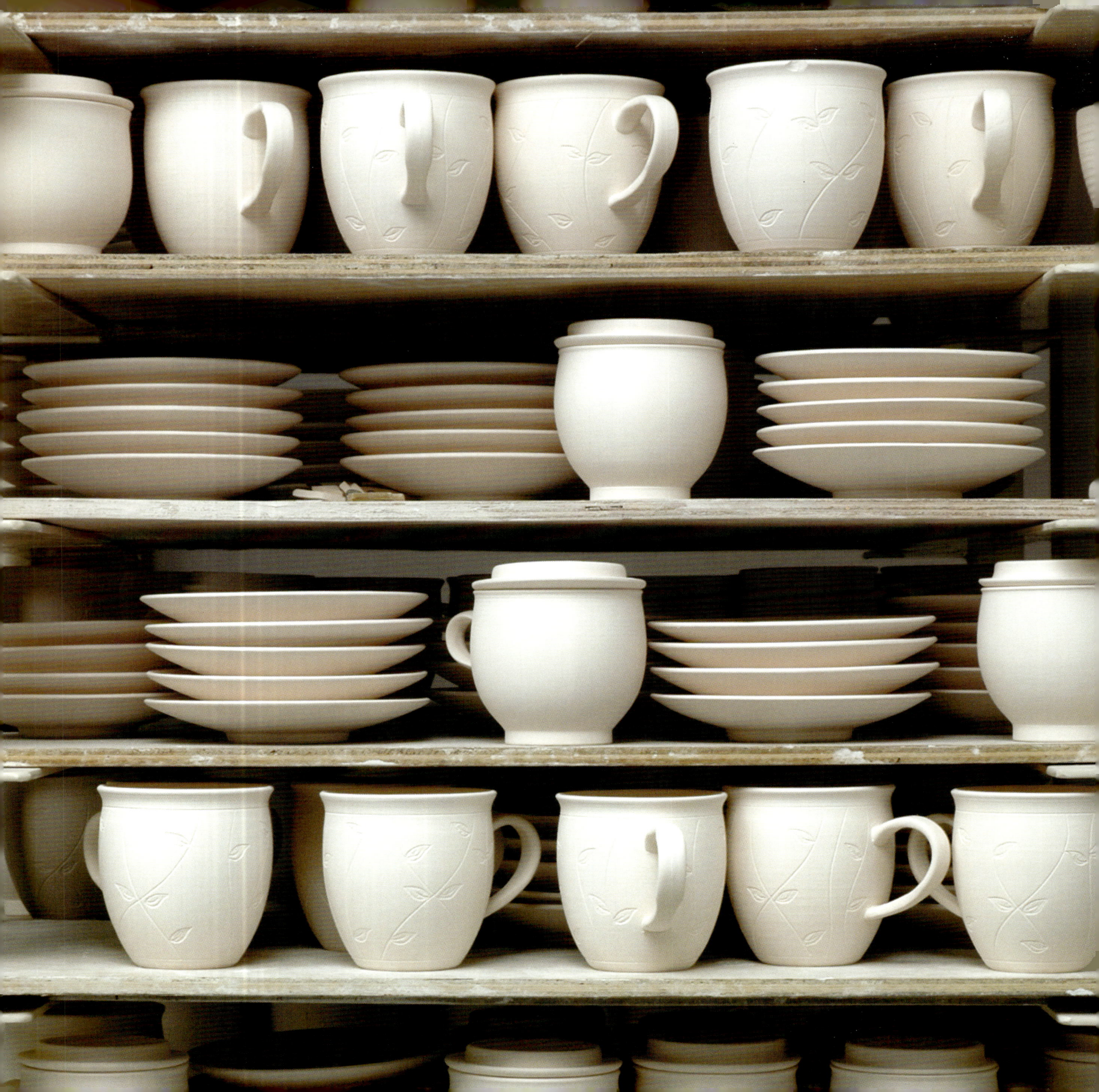

책을 보는 순서

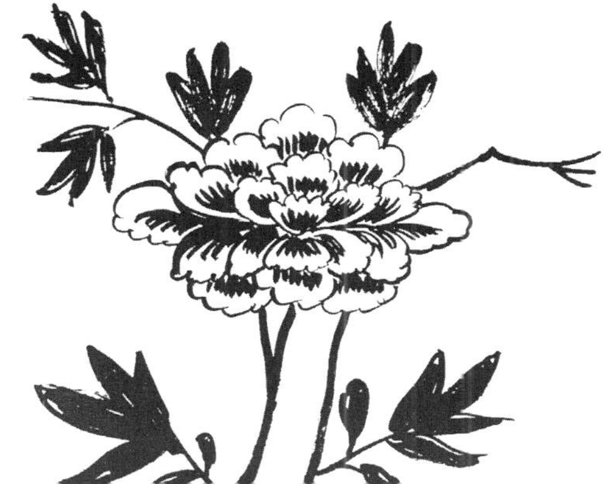

들어가는 글

1997년 명지전문대학 도자제품연구회를 시작으로 2004년 학교기업 MJ아트세라믹을 설립하여 오늘에 이르기까지 15년의 세월이 흘렀다. 도자제품연구회는 전문대학의 짧은 교육과정의 한계를 극복하고 전공분야의 전문가를 육성하기 위해 만들어졌다. 특히 백자(白磁) 전문가를 양성하기 위해 설립되었으며, 조선백자의 전통계승을 통한 전문가 육성에 목표를 두었다.

처음엔 졸업생 두 명으로 시작하였다. 작업공간도 여의치 않아 실기실 한 쪽 구석방에서 출발했다. 부족한 여건 속에서도 연구원들은 하루 종일 작업에만 몰두했다. 시간이 지나면서 연구원 인원은 늘어갔다. 작업기량도 날로 발전해갔다.

2000년부터는 매 년 연구원들의 연구결과물들을 정기적으로 발표하기 시작했다. 정기전은 공화랑의 전격적인 지원으로 가능했다. 1999년 늦가을 즈음, 당시 인사동 공화랑 큐레이터였던 송성희 선생에게 6명의 후원자를 모아줄 것을 부탁했다. 일인당 백 만원의 연구비를 지원해 주면 후원자에게 전시회에 출품한 도자기 모두를 주겠다는 조건이었다. 후원자는 예상보다 쉽게 모아졌다. 송성회 선생의 보증으로 후원자들은 어떤 도자기가 전시될지도 모르는 가운데 선뜻 후원금을 보내 줬다. 연구원들은 육백 만원의 연구비를 갖고 불철주야 전시회 준비작업에만 몰두했다. 전시장도 공화랑 대표인 공창호 회장이 무료대관을 허락해 줘 손쉽게 해결되었다. 그렇게 해서 2000년 제 1회 공화랑 기획초대전 '백자 식기전'이 열리게 되었다.

2000년부터 시작된 공화랑의 기획초대전은 이후로도 계속되었으며, 도자제품연구회의 발전에 커다란 도움이 되었다. 특히 2002년에 기획되었던 '굿 카피(Good Copy)' 전은 도자제품연구회의 연구활동을 대외적으로 알리는데 좋은 계기가 되었다. 특히, 전통문화의 현대적 계승을 위한 이론적 체계와 실천방법을 확립하는데 중요한 계기가 되었다. 도자제품연구회의 공화랑 기획전은 2010년까지 총 12회에 걸쳐 진행되었다.

2004년 12월 인사동에 개관을 앞 둔 '쌈짓길'의 입점을 계기로 도자제품연구회는 학교기업 'MJ아트세라믹'으로 거듭나게 된다. 학교기업의 설립은 백자의 대중화를 위한 구체적 방안모색을 가능케 했으며, 재학생들에게 현장실습교육을 제공할 수 있게 했다. 또한 MJ아트세라믹의 브랜드 '1260'이 만들어졌다. 따라서 '쌈짓길' 학교기업 직영매장명도 '1260#(shop)'으로 정했다. '1260'은 가마의 소성온도를 가리켜 만들어졌다. 그 후 브랜드 '1260'은 그간에 연구결과물을 대중에게 알리기 위한 창구가 되었다.

MJ아트세라믹의 설립 이후로 연구활동은 물론이고 기업활동 또한 활발하게 진행되었다. 2005년에 한 해에만 두 번의 기획전 "라면사발전(1260#)"과 "커피 & …전(공화랑)"을 가질 정도로 활발하게 움직였다. 2006년에는 대학 내에 MJ아트세라믹 전용 생산공간을 확보함으로써 기업활동을 위한 새로운 전기를 마련하였다. 2008년에는 정부의 학교기업지원사업을 통해 학교 인근에 사옥이 건축되었으며, 다양한 생산 설비가 이뤄졌다.

공화랑 기획초대전은 2010년 공화랑의 건물 이전과 더불어 열 한 번째로 마감이 되었다. 하지만 그 후로도 학교기업을 통해 매 년 신상품이 제작되었으며, 백자를 중심으로 디자인된 도자기의 수가 적지 않았다. 문화적 성과는 늘 시간과 더불어 축적되는 것이다. 물론 그냥 얻어지는 것은 아니다. 결과물에 대한 수집과 정리과정을 통해 하나의 이야기 줄거리를 추출해냄으로써 역사적 의미를 지니게 된다. 때문에 지난 15년간 제작된 도자기들을 일단 한 권의 책으로 묶어 정리해야겠다는 생각이 들었다. 언젠가 21세기를 전후로 한 우리의 도자기 역사를 분석하고 평가하는데 있어 작은 보탬이 되어야겠다고 생각했다. 조선백자의 현대적 계승과 이를 생활에 접목시키기 위한 지난 노력이 후학들에게 도움이 되기를 바라는 마음에서 책으로 엮게 되었다.

1260의 백자가 책으로 출간되기까지 가장 크게 기여한 공로는 역시 옛 것을 통해 새로운 것을 만들고자 열정을 아끼지 않았던 명지전문대학 도자제품연구회 연구원의 몫이다. 늘 어려운 조건에서도 창작에 열의를 다했던 연구원들의 노력이 없었다면 감히 기대할 수 없는 일이었다. 그들의 희생적인 노력이 있었기에 그 어떤 논문보다 더 없이 훌륭한 책을 만들 수 있었다. 다음으로 공화랑의 공창호 회장에게 감사의 말씀을 드리지 않을 수 없다. 그의 통 큰 후원이 없었다면 결코 이 같은 결과를 만들 수 없었을 것이다. 십 여 년 동안 아무 조건 없이 묵묵히 뒤에서 도움을 주신 공창호 회장이야말로 도자기 역사의 발전에 기여한 동력이다. 더불어 도자제품연구회의 연구활동에 한결 같은 애정과 성원을 보내주신 송성희 선생의 노고도 빼놓을 수 없다. 송성희 선생의 미적 안목은 연구활동의 방향설정과 결과물의 검증과정에서 중요한 지침이 되었으며, 정신적으로 늘 든든한 조력자가 되어 주었다. 그 점에선 경기도자박물관 전 관장이었던 최건 선생에게도 감사의 말씀을 드리고자 한다. 늘 격려의 말씀과 배려를 아끼지 않았던 선생은 연구원들에게 자신감과 자부심을 갖게 해 주었다. 마지막으로 경제성은 뒤로 미룬 채 선뜻 출판을 허락해 주신 한문화사 이인구 대표에게도 감사의 말씀을 올린다. 인생에 운이 있다면 함께 뜻을 같이하고 각자의 재능을 아무 댓가 없이 나눠줄 수 있는 동지를 만난 일일 것이다. 이 자리를 빌어 미처 다 언급하지 못한 동지들에게도 감사의 말씀을 드리며, 이 한 권의 책이 봄 날 바람결에 흔들리는 소중하고도 아름다운 몸짓이 되길 바란다.

명지전문대학 학교기업 MJ아트세라믹 책임교수 정 연 택

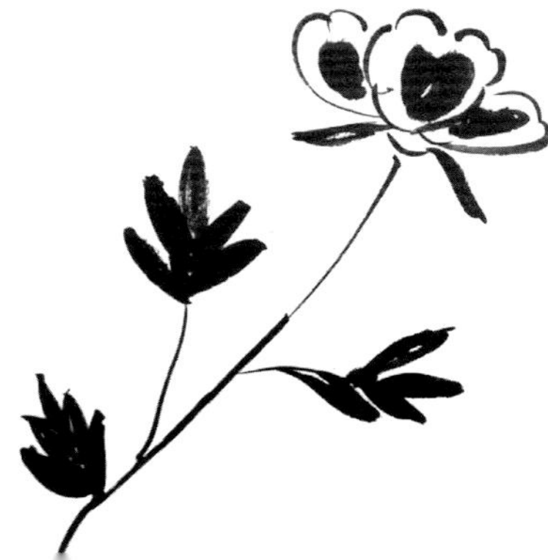

Included Writing

Starting with Ceramic Products Research Group in 1997, and the establishment of school company MJ Art Ceramic in 2004, it has been 15 years until now. Ceramic Products Research Group is made to overcome the limitations of short education courses of a college and to foster specialists in specialized fields. Especially, it is established to foster white porcelain specialists, and it had the goal of experts training through the succession of the tradition of Joseon white porcelain.

It started with two graduates in the beginning. Work space was not provided, so it started at a corner room of the practice room. In such deficient conditions, researchers were immersed in their works all day long. As time goes, the number of the researchers increased. Their work skills were also improved day by day.

Since 2000, the outcomes of the researches of the researchers were presented every year. Regular exhibition was possible by a sudden support from Gong Gallery. In late Fall of 1999, we asked to Seong Hee Song, who was the curator of Insa-dong Gong Gallery at the time, to gather 6 sponsors. The condition was that, if one sponsor provides research fund of 1 million won, all ceramics exhibited would be given to the sponsors. Sponsors were gathered more easily than expected. With the guarantee of Seong Hee Song, sponsors willingly sent the research funds without knowing what ceramics would be exhibited. The researchers immersed into the preparation of the exhibition day and night, with the research fund of 6 million won. The exhibition hall was provided easily by free rental of the hall from Gong Gallery Chairperson Chang Ho Gong. That was how the 1st Gong Gallery Invitation, 'White Porcelain Tableware Exhibition' in 2000 was held.

Gong Gallery Invitation Exhibition started in 2000 continued afterwards, and it provided a big help in the development of Ceramic Products Research Group. Particularly, 'Good Copy' exhibition planned in 2002 became a good chance to introduce Ceramic Products Research Group and its research activities externally. Especially, it became an important opportunity to establish theoretical system and practical method for contemporary succession of traditional culture. Gong Gallery Exhibitions of Ceramic Product Research Group were held 12 times by 2010.

With the opportunity of making 'Ssamjitgil' planned to open in Insa-dong in December, 2004, Ceramic Product Research Group was reborn as a school company, 'MJ Art Ceramic'. The foundation of a school company enabled the searches of specific plans for popularization of white porcelain, and was able to provide on-the-job training for students. Also, the brand of MJ Art Ceramic, '1260', was made. Thus, the name of the school company's direct management shop 'Ssamjitgil' was decided as '1260#(shop)'. '1260' was made by referring to the burning temperature of kiln. Afterwards, brand '1260' became the channel to introduce the outcomes of the researches so far to the general public.

After the foundation of MJ Art Ceramic, not only the research activities, but also business activities became more active. It became as active as to open two exhibitions in one year of 2005, "Ramen Bowl Exhibition(1260#)" and "Coffee & ···Exhibition(Gong Gallery)". In 2006, by securing MJ Art Ceramic exclusive production space within the college, a new turning point for business activity was provided. In 2008, through the school company support project by government, company building was built near the college, and various production facilities were set up.

Gong Gallery Invitation Exhibition ended with 11th exhibition in 2010 with the relocation of Gong Gallery building. But, afterwards, new products were produced through the school company, and there were numerous white porcelain oriented ceramics. Cultural achievements are always accumulated through time. Of course, it is not gained for free of charge. By extracting a story through the collection and listing process of the outcomes, it is revealed as an outcome with historical meaning. Thus, I started to think that I should make a book containing the ceramics produced in the last 15 years. I thought to make small contribution to analyze and evaluate our ceramics history around 21st century. I make this book in the hope that the past effort for contemporary succession of Joseon white porcelain and relating it to daily lives to be helpful to the following students.

The biggest credit for publishing of the book of white porcelain of 1260 shall be given to the researchers of Ceramic Product Research Group who spared no passion to make new things trough old things. It could not be anticipated without the efforts of the researchers who always devoted in the creation in difficult conditions. The book that is better than any thesis could be made with their self-giving efforts. Next, I shall give thanks to Gong Gallery Chairperson Chang Ho Gong. Such result could not be made without his generous support. Chairperson Chang Ho Gong who helped silently in the back unconditionally for more than 10 years was really the motive power contributed to the development of ceramics history. Also, the efforts of Seong Hee Song, who provided the unchanging affection and support to the research activities of Ceramic Product Research Group, shall not be skipped. The aesthetic insight of Seong Hee Song was an important guideline to set the direction of research activities and in the verification process for the outcomes, and was always a mentally reliable assistant. In that perspective, I also want to thank Geon Choi, who was the former director of Gyeonggi Ceramics Museum. He, who always encouraged and spared no consideration, gave the researchers self-confidence and pride. Finally, I thank to Hanmunhwasa CEO, In Koo Lee, who permitted the publishing of the book without considering economical feasibility. If one is lucky in one's life, it will be meeting the friends who are sharing the same goal and can share their talents without asking anything in return. I also thank to all the friends who are not mentioned here. I only wish this book, published by the gathering of the efforts of many friends so far, becomes a small gesture of flower blossom shaking in Spring wind.

Professor in charge of Myongji College School Company MJ Art Ceramic, Youn Taek Chung

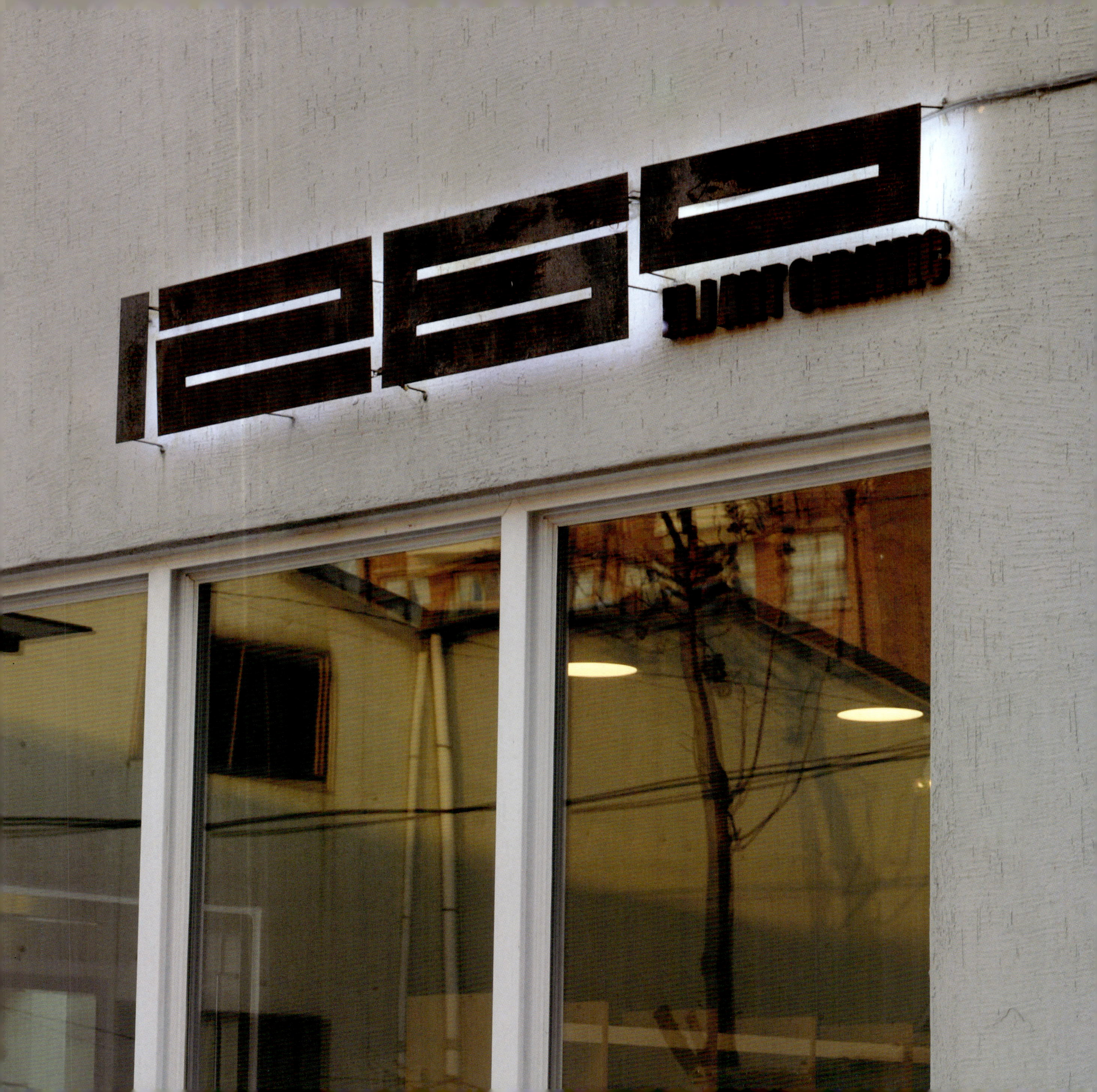
UNIT GALLERY

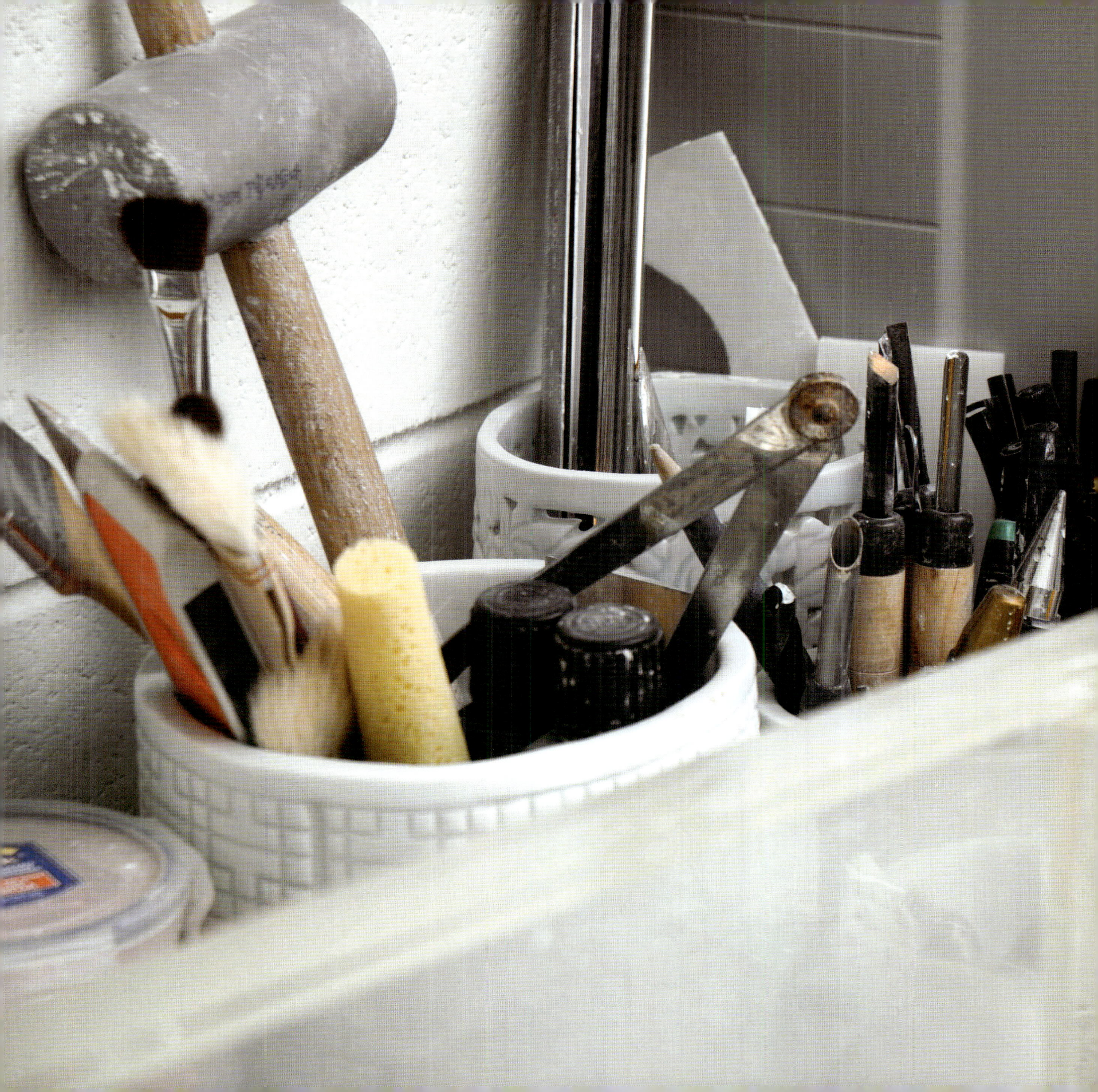

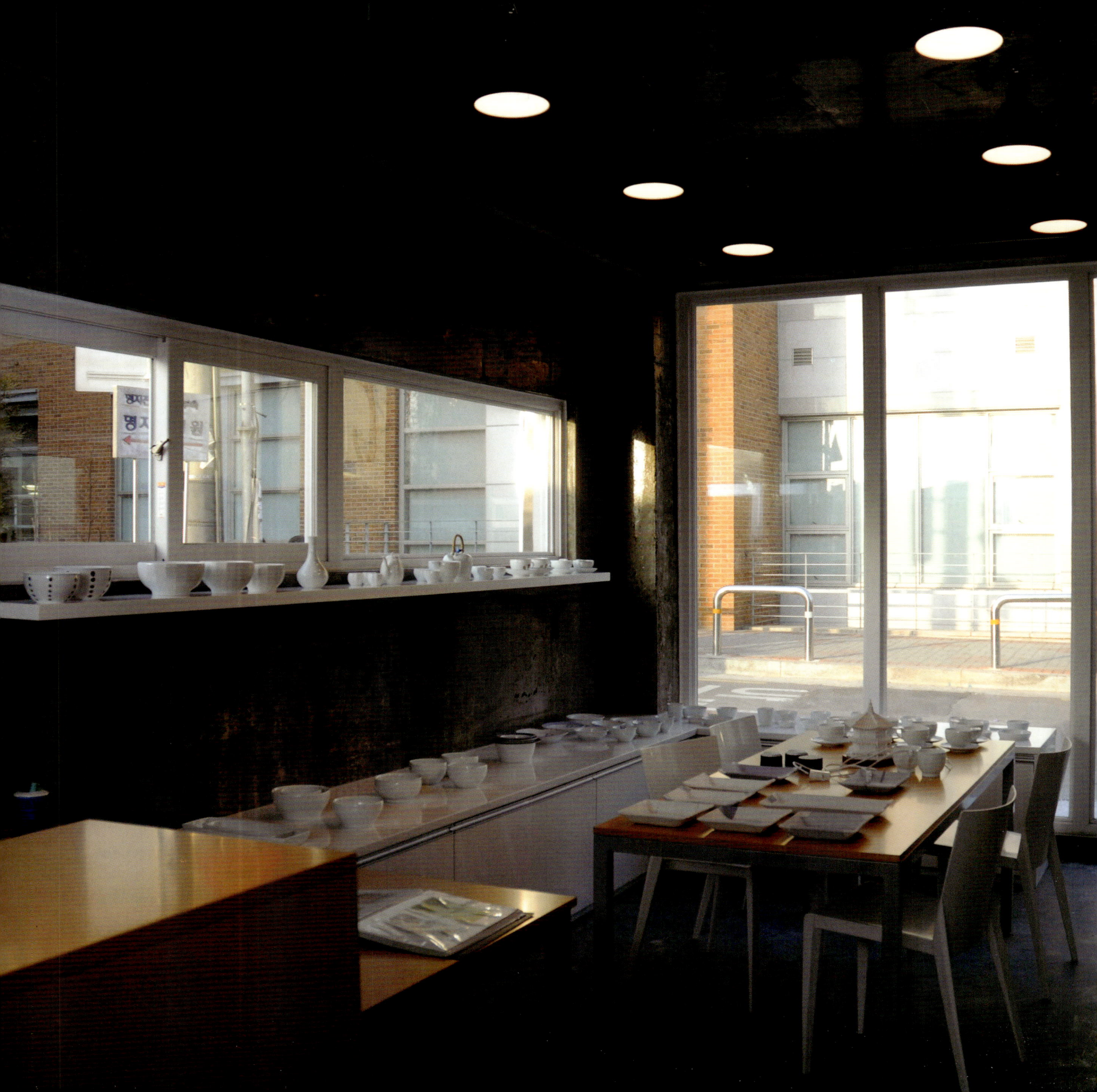

일러 두기

책에 담긴 도자기들은 1997년부터 2011년까지 명지전문대학 도자제품연구회와 학교기업 MJ아트
세라믹에서 제작된 것이다. 도자제품연구회의 정기 전시회를 통해 발표된 도자기와 MJ아트세라믹
의 도자기 제품들로 구성되어 있다. 편집구성은 독자의 자료검색 편의를 도모하기 위해 제작 연도
보다는 제품 영역별(접시, 병, 주전자 등)로 나눠 정리했다.

제품명은 주로 일반적인 도자기 명칭에 의거해 표기했으나, 일부 상품의 경우 고유명칭이 그대로
사용됐음을 알린다. 따라서 제품명의 일관성이 없음을 양해 바란다. 또한 제품 크기의 표기에 있어
세트 제품의 경우 대표적인 구성품을 중심으로 정리했으며, 사진 자료만 남아 있고 실물이 보관되
어 있지 않은 경우 불가피하게 일부 생략되었음을 이해 바란다.

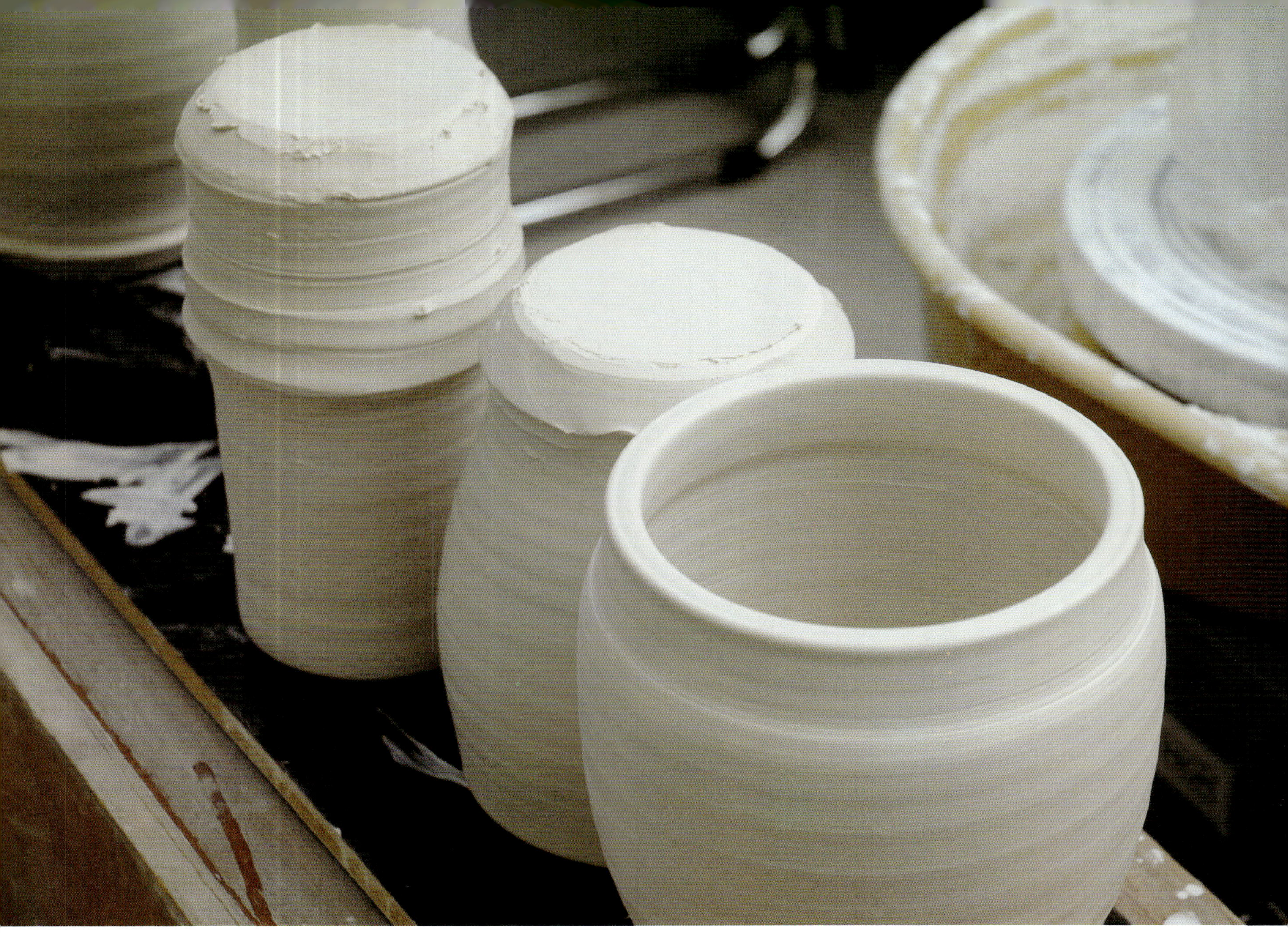

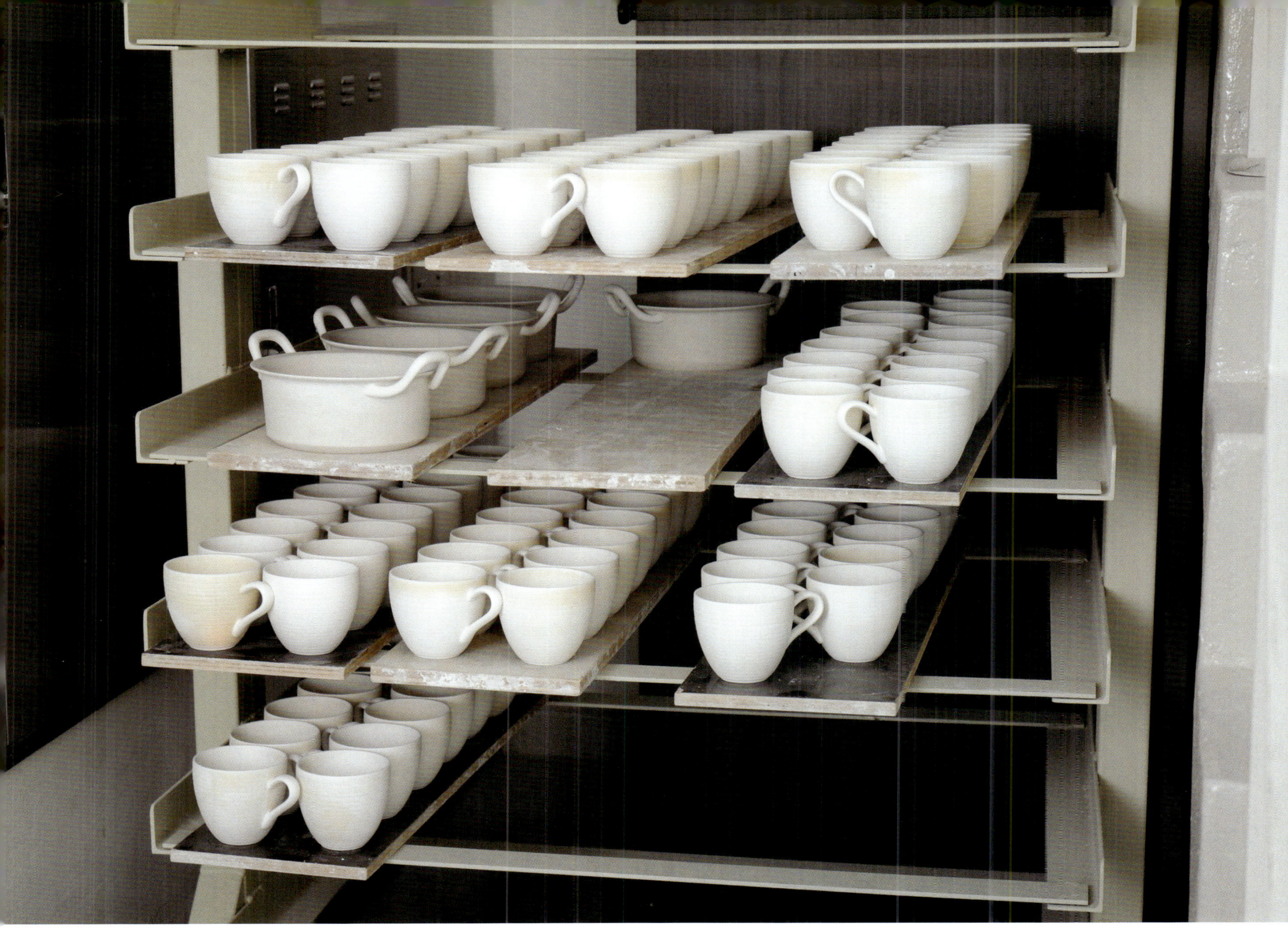

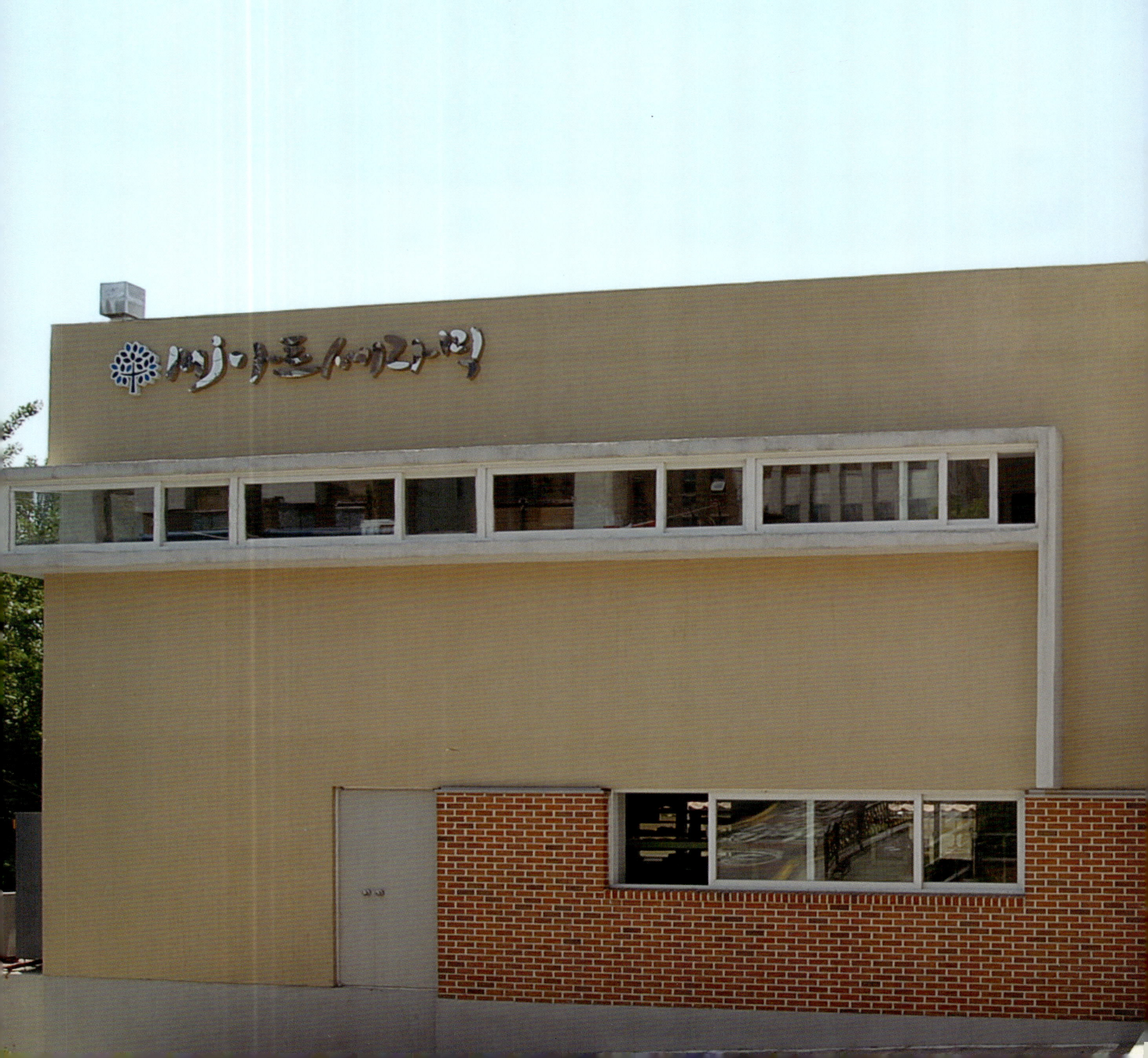

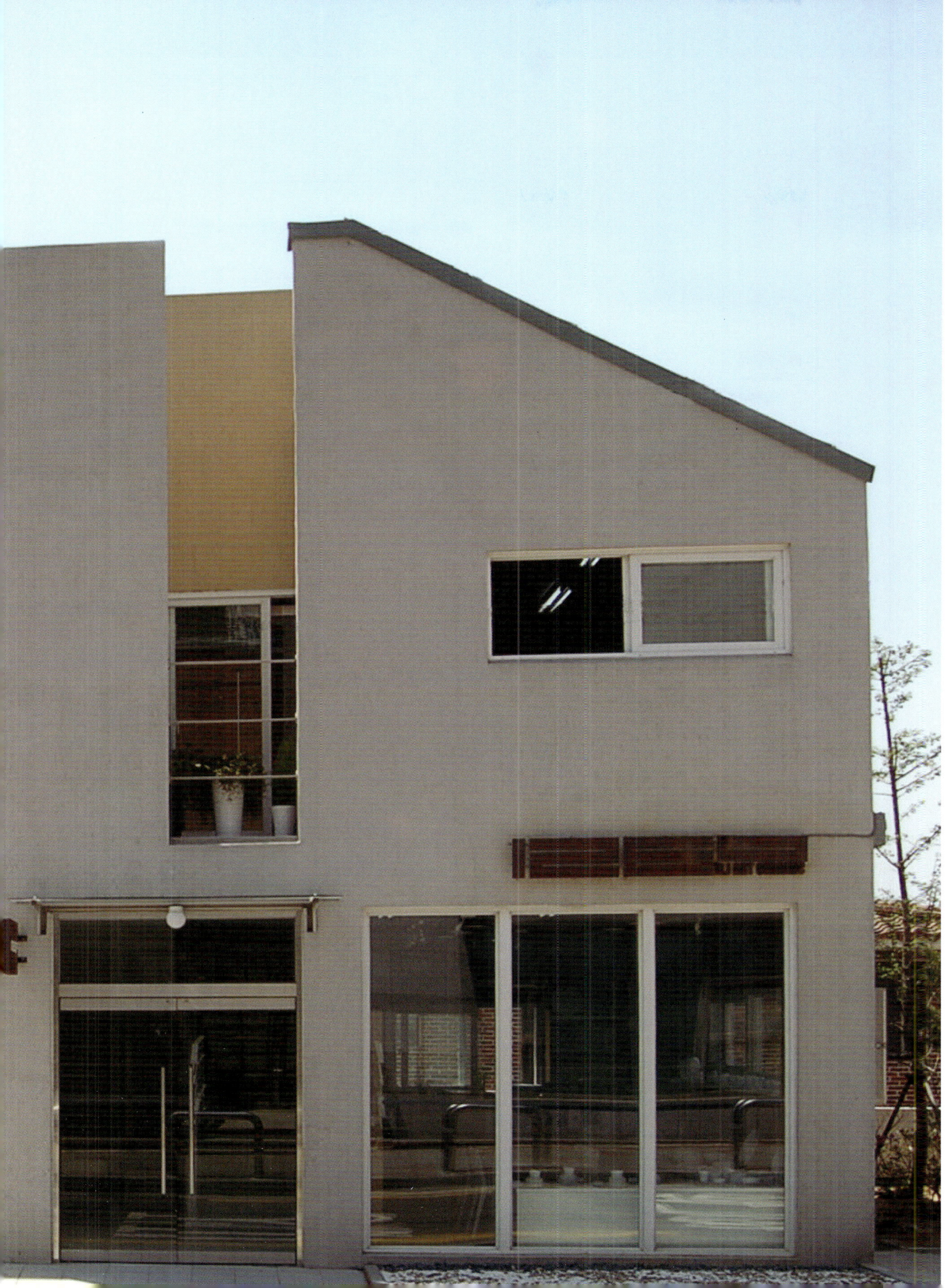

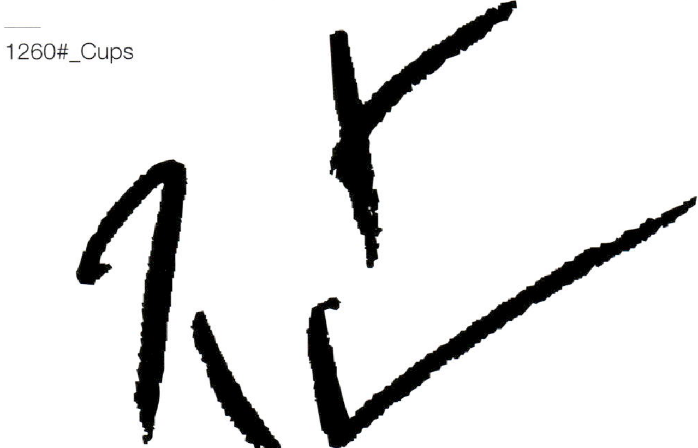

"작은 술잔 하나라도 그것은 우리의 문화적 삶
을 가늠할 수 있는 척도가 될 수 있다. 따라서 작
은 술잔 하나에도 정성과 의미를 담아내야 한다.
우리의 삶을 미학적으로 고양시킬 수 있는 매개
물이 되어야 한다."

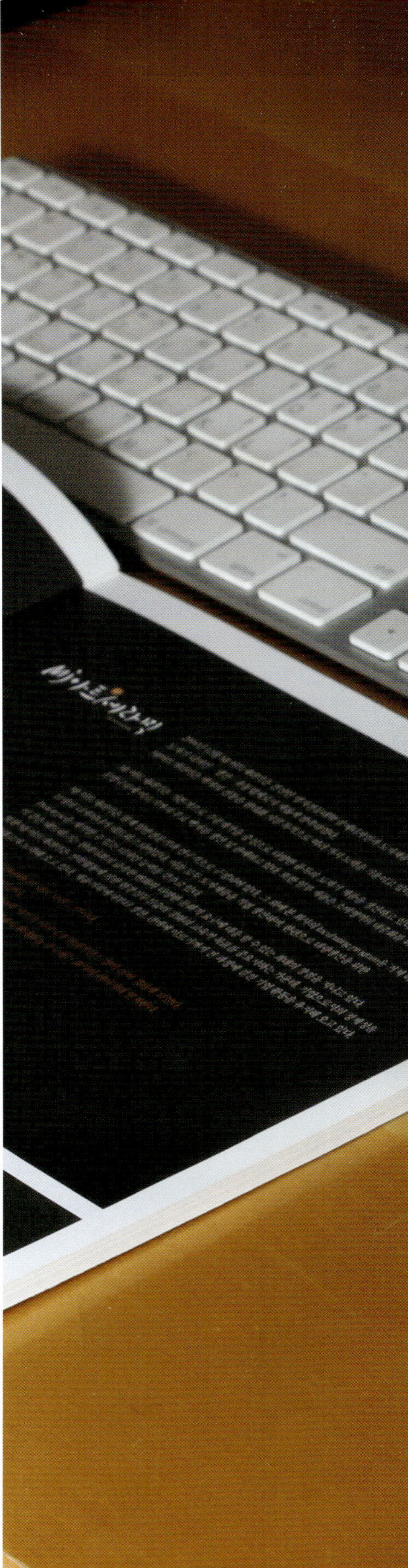

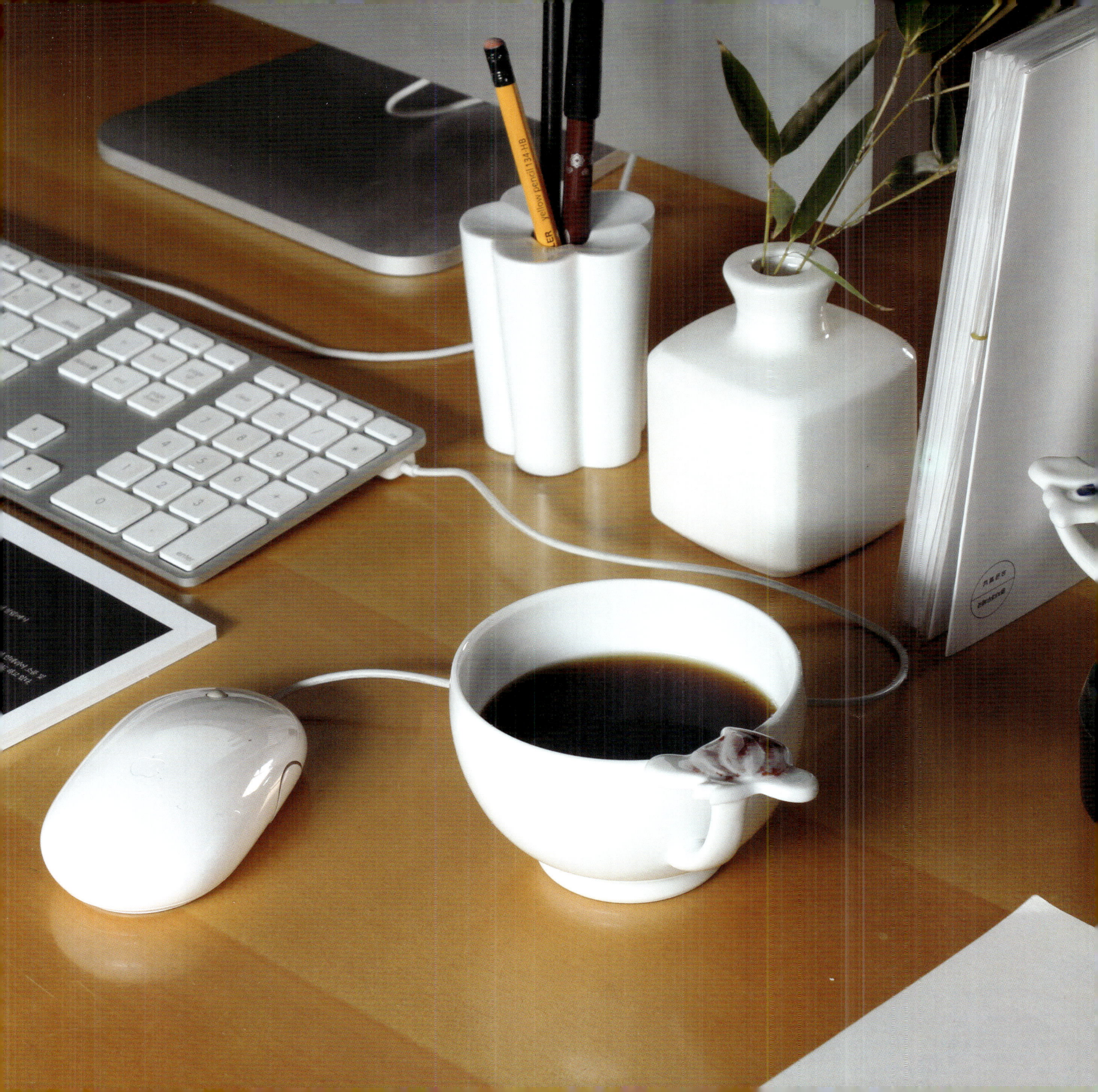

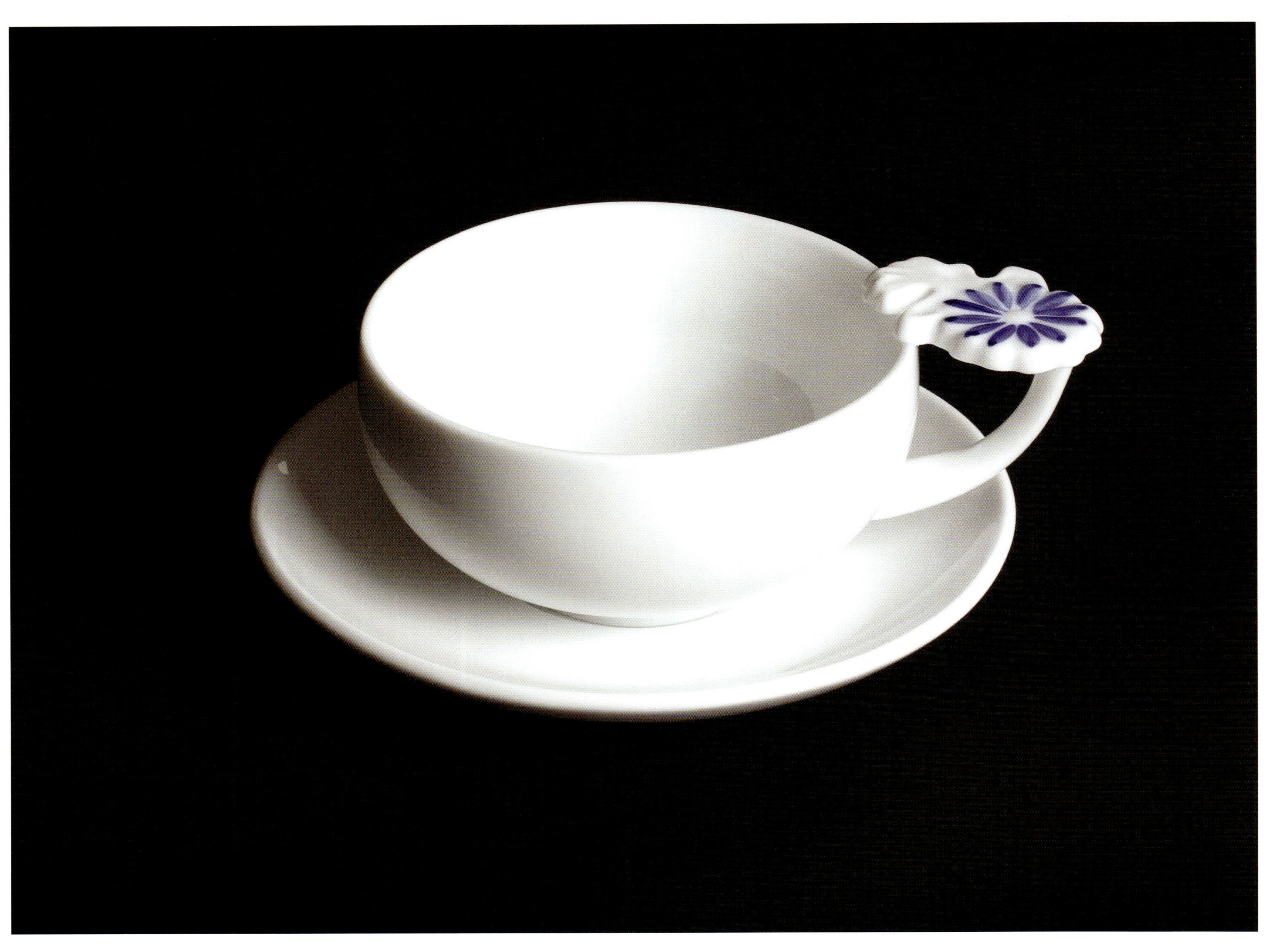

  백자국화문손잡이 커피잔 (잔) ∅12×5.5cm, (잔받침) ∅13.8cm 유세림 作

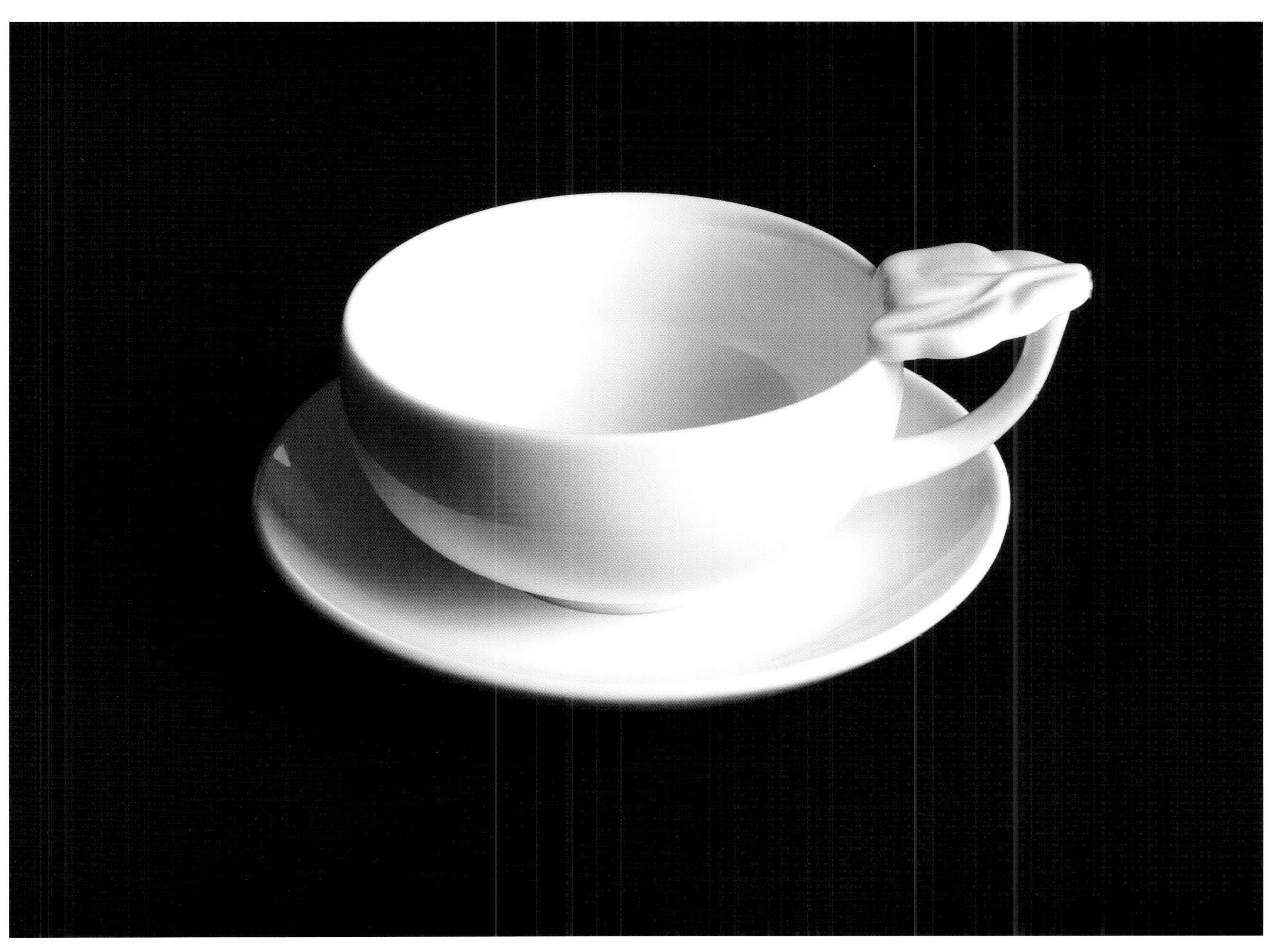

백자잎문손잡이 커피잔 (잔) ∮12×5.5cm, (잔받침) ∮13.8cm 유세림 作

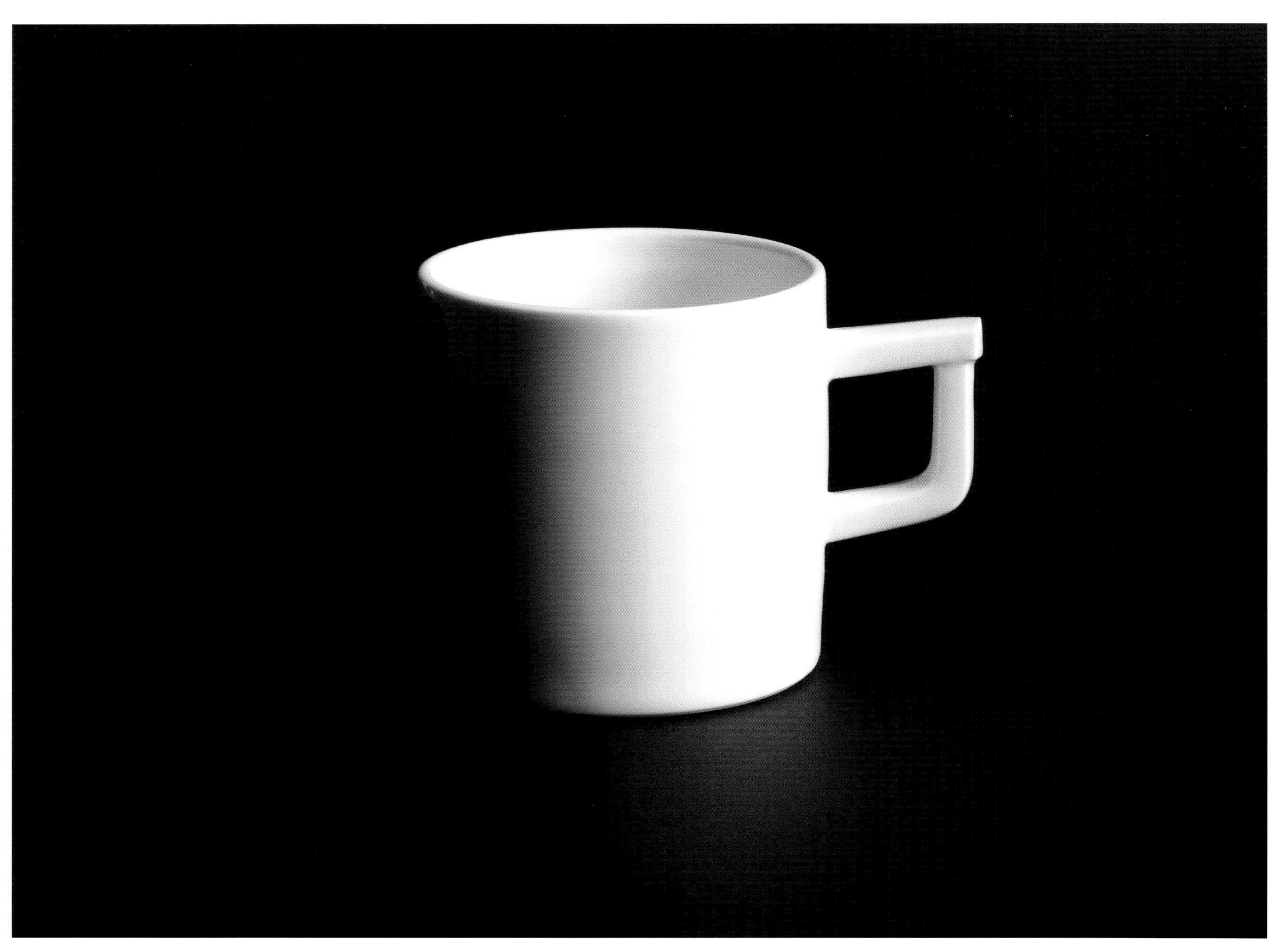

 백자다흰머그 (잔) ∮8.5×9㎝ MJ아트세라믹 作

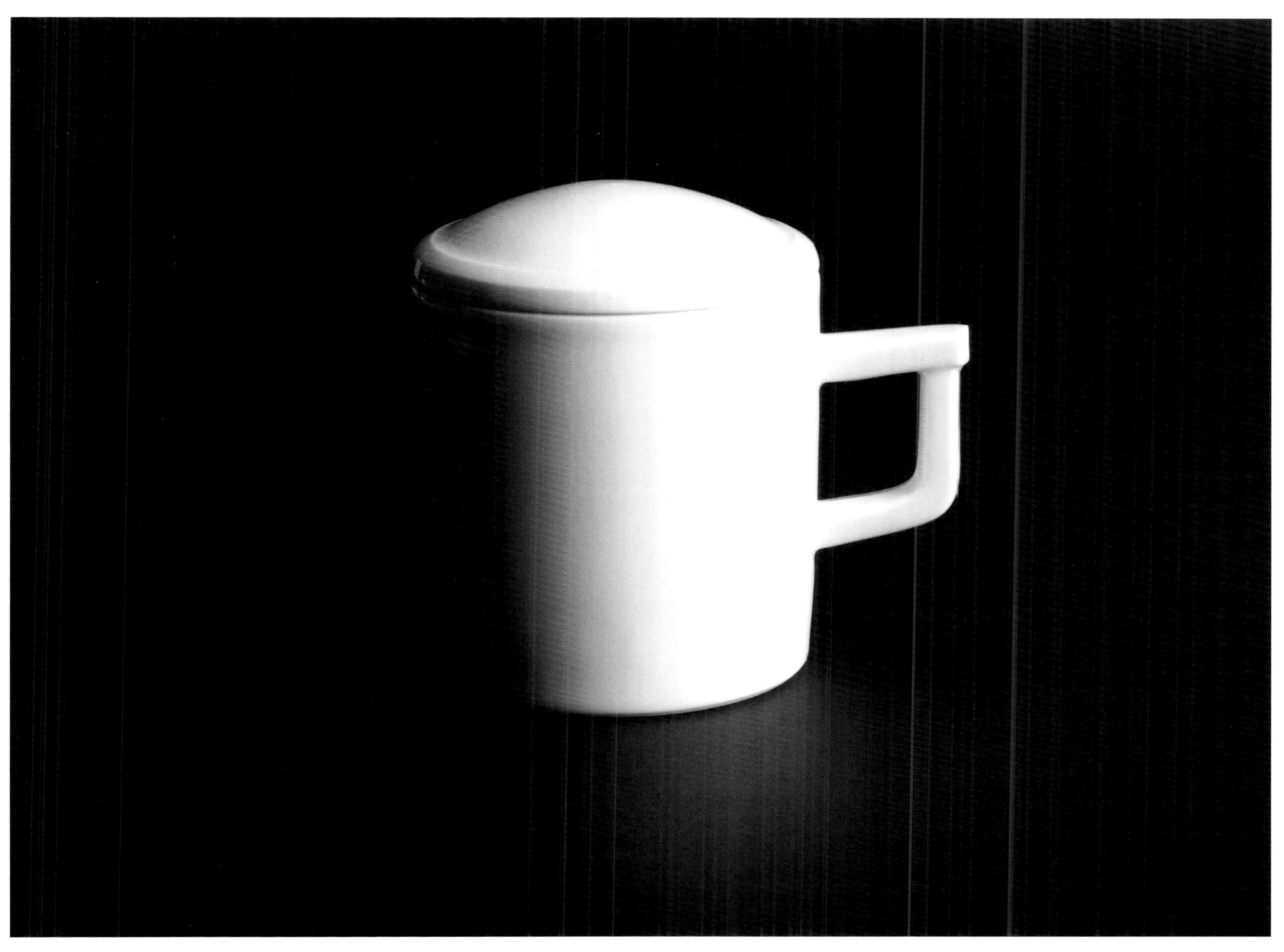

백자다흰머그 (잔) ⌀8.5×9㎝ MJ아트세라믹 作　21

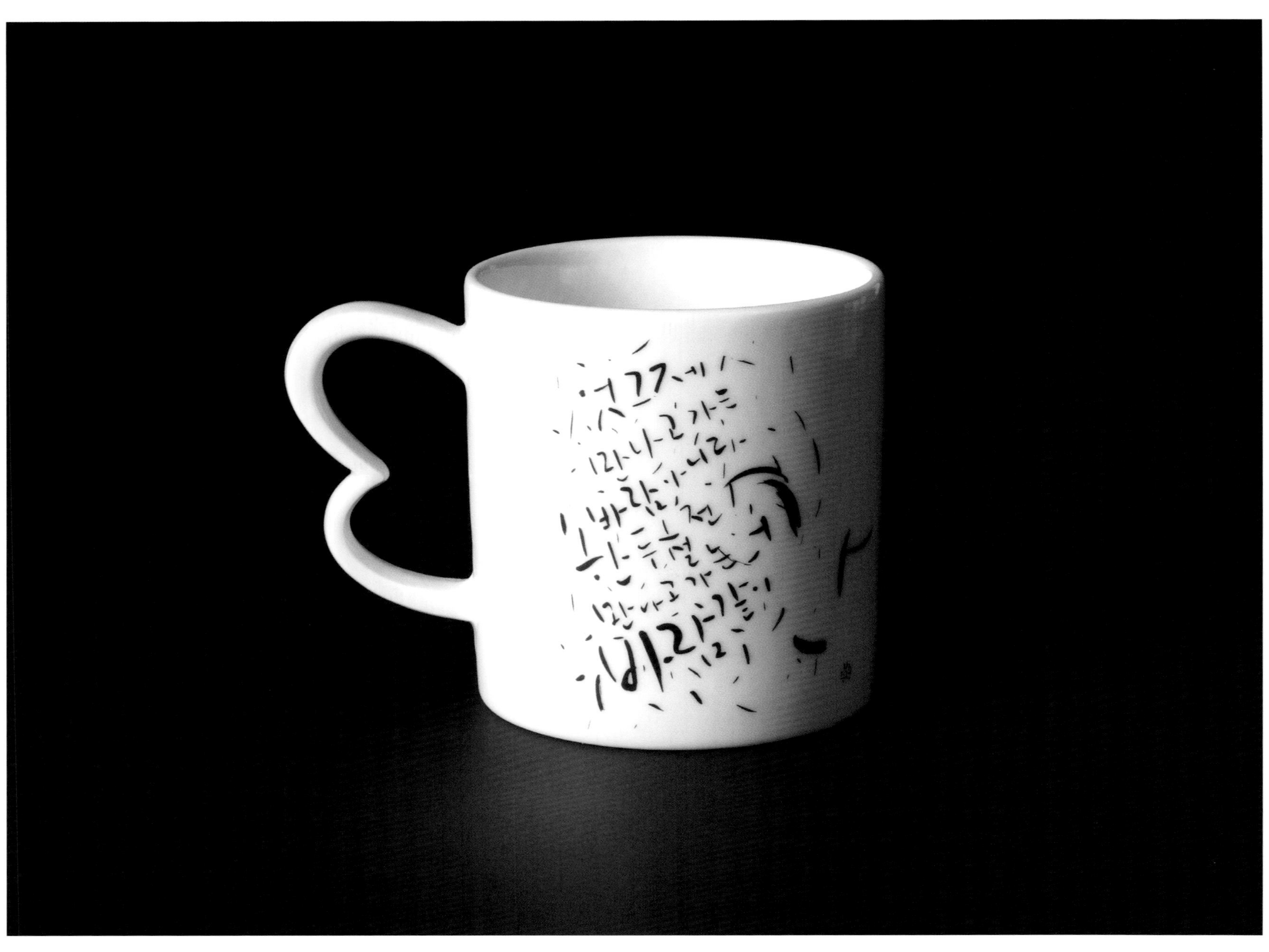

 백자타이포머그 (잔) ∮8.5×9㎝ MJ아트세라믹 / 타이포그라피_김주성 作

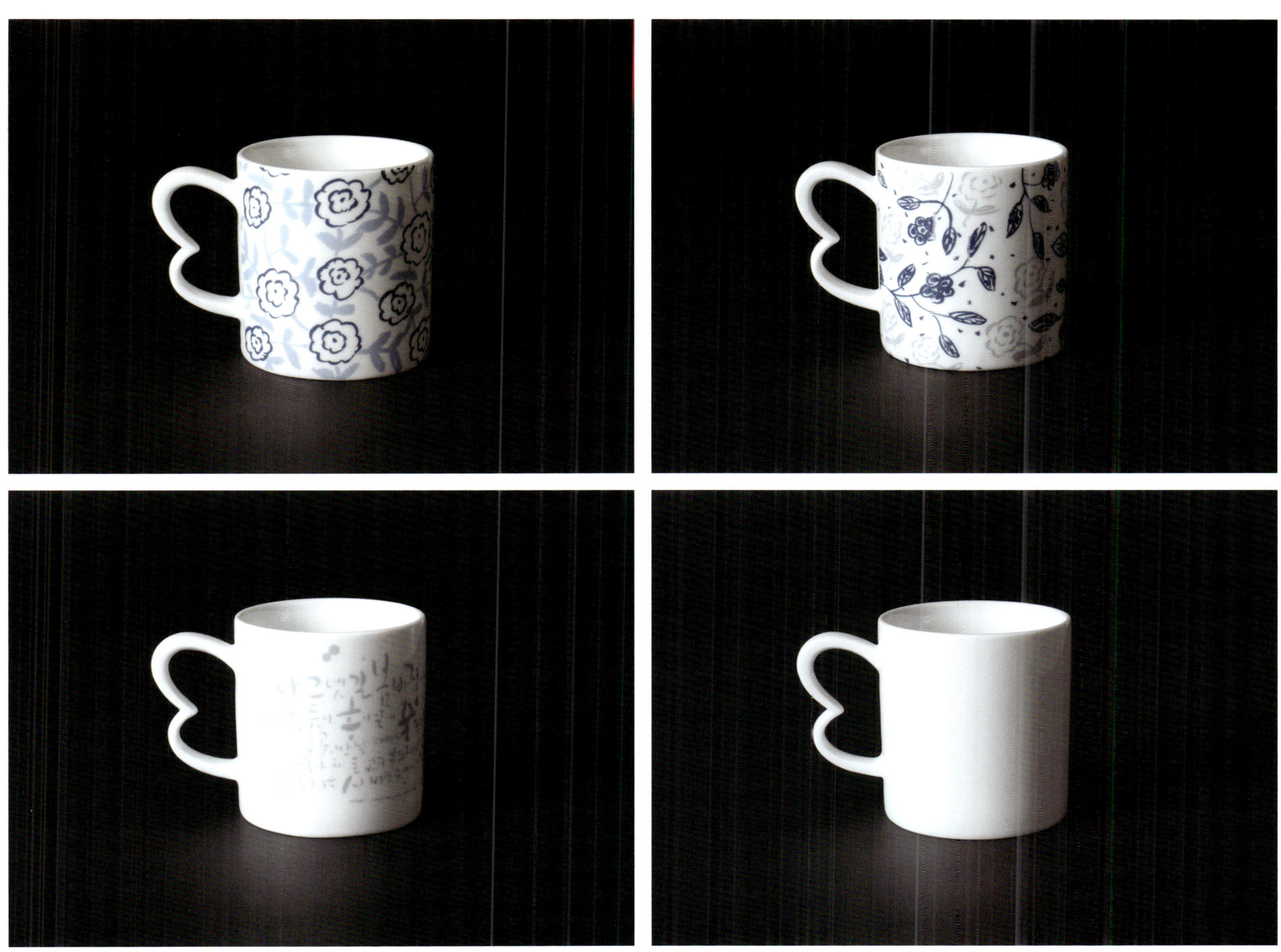

백자로즈머그 (잔) ∅8.5×9cm MJ아트세라믹 作 | 백자토즈리프머그 (잔) ∅8.5×9cm MJ아트세라믹 作
백자타이포머그 (잔) ∅3.5×9cm MJ아트세라믹 / 타이포그라피_김주성 作 | 백자구름머그 (잔) ∅8.5×9cm MJ아트세라믹 作

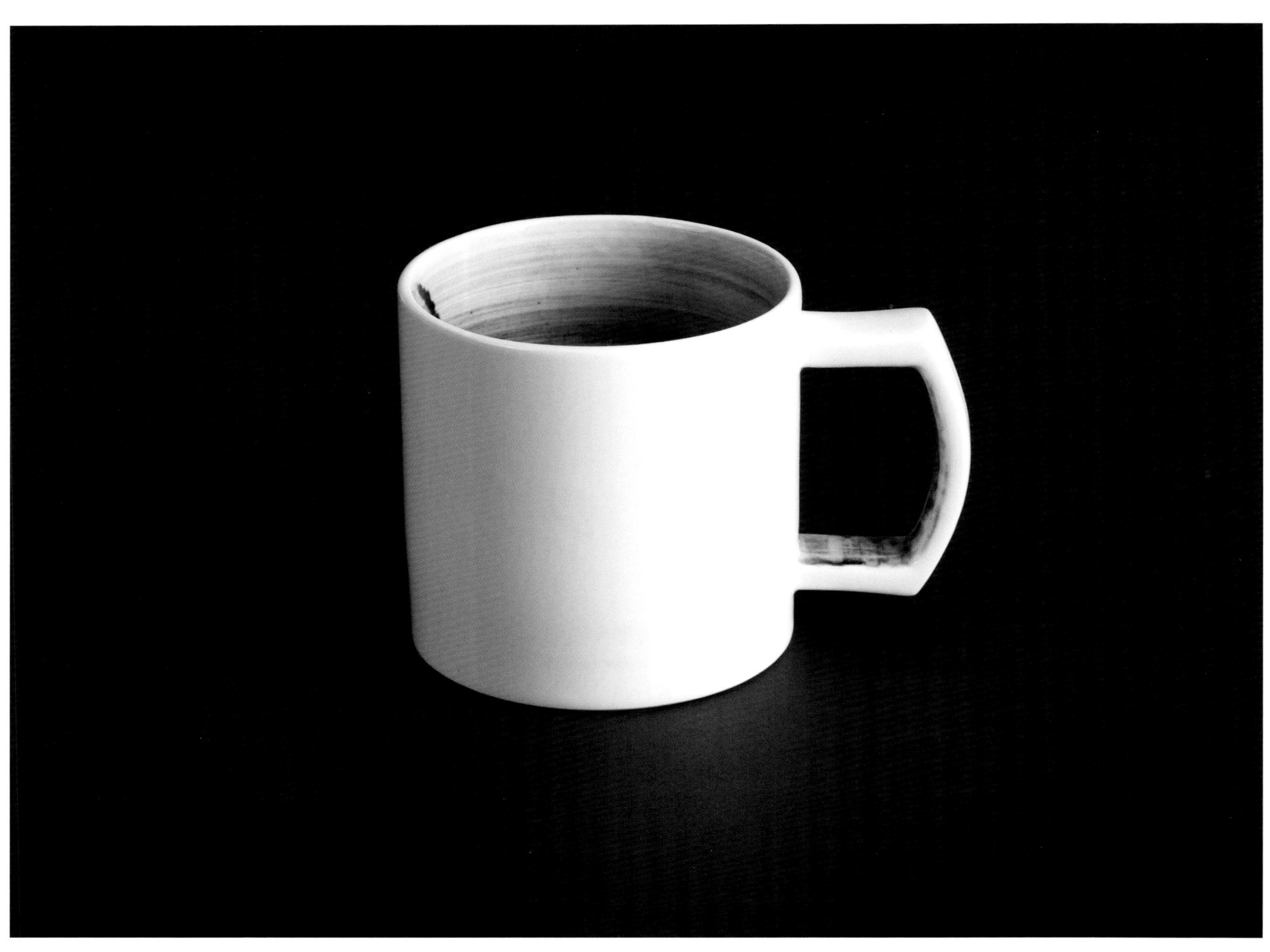

 백자숨박꼭질머그 (잔) ∮8.3×8.5㎝ MJ아트세라믹 作

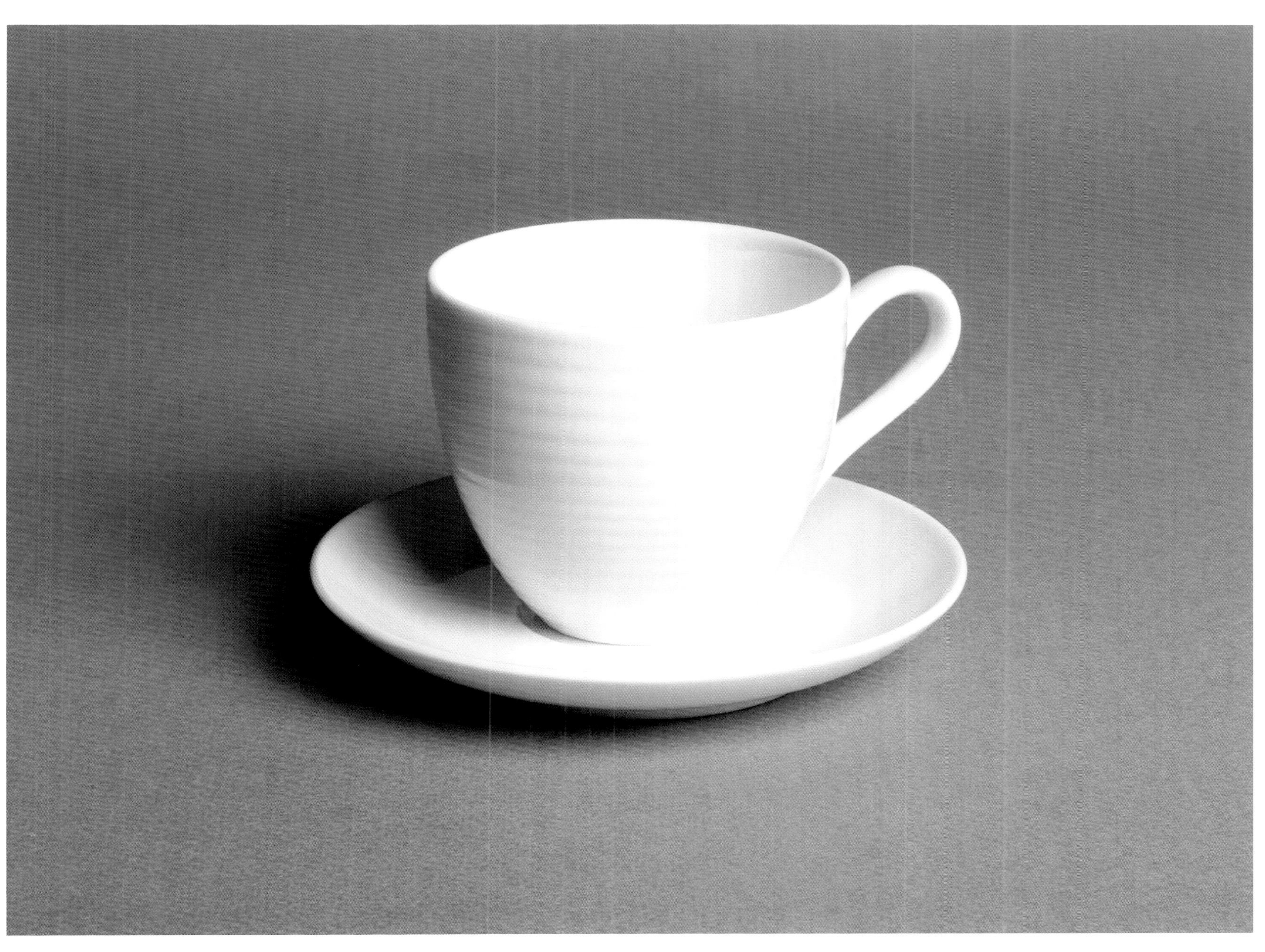

백자줄무늬커피잔 (잔) ⌀8.5 × 7.5cm, (잔받침) ⌀13.8cm 유세림 作

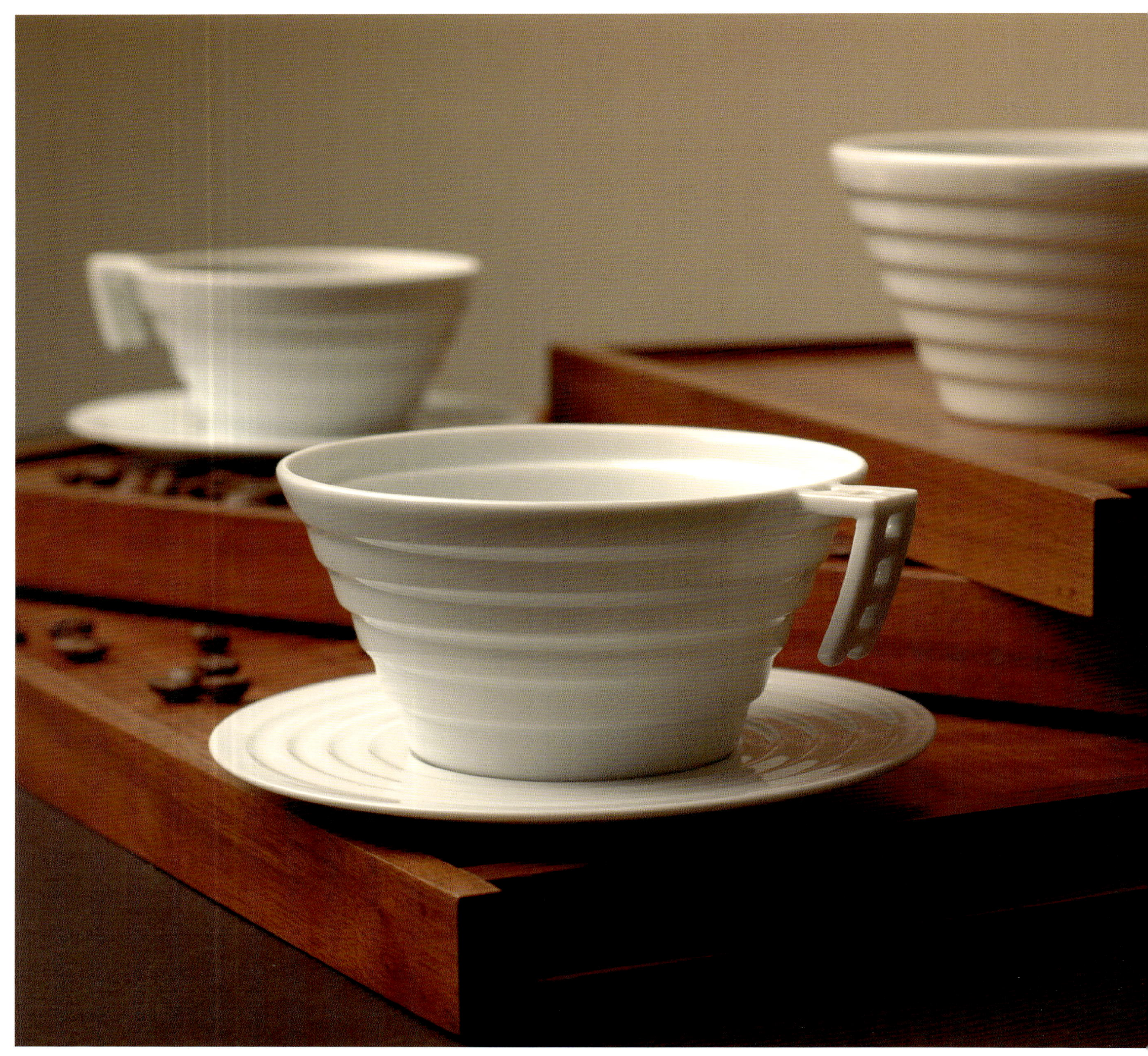

26　　**계단형 커피잔 Set**　（머그잔）⌀12×6.5cm, （커피잔）⌀10.5×5.5cm, （잔받침）⌀13×5cm, （에스프레소）⌀8.5×6.5cm, （잔받침）⌀11.5×1.5cm　**최유정** 作

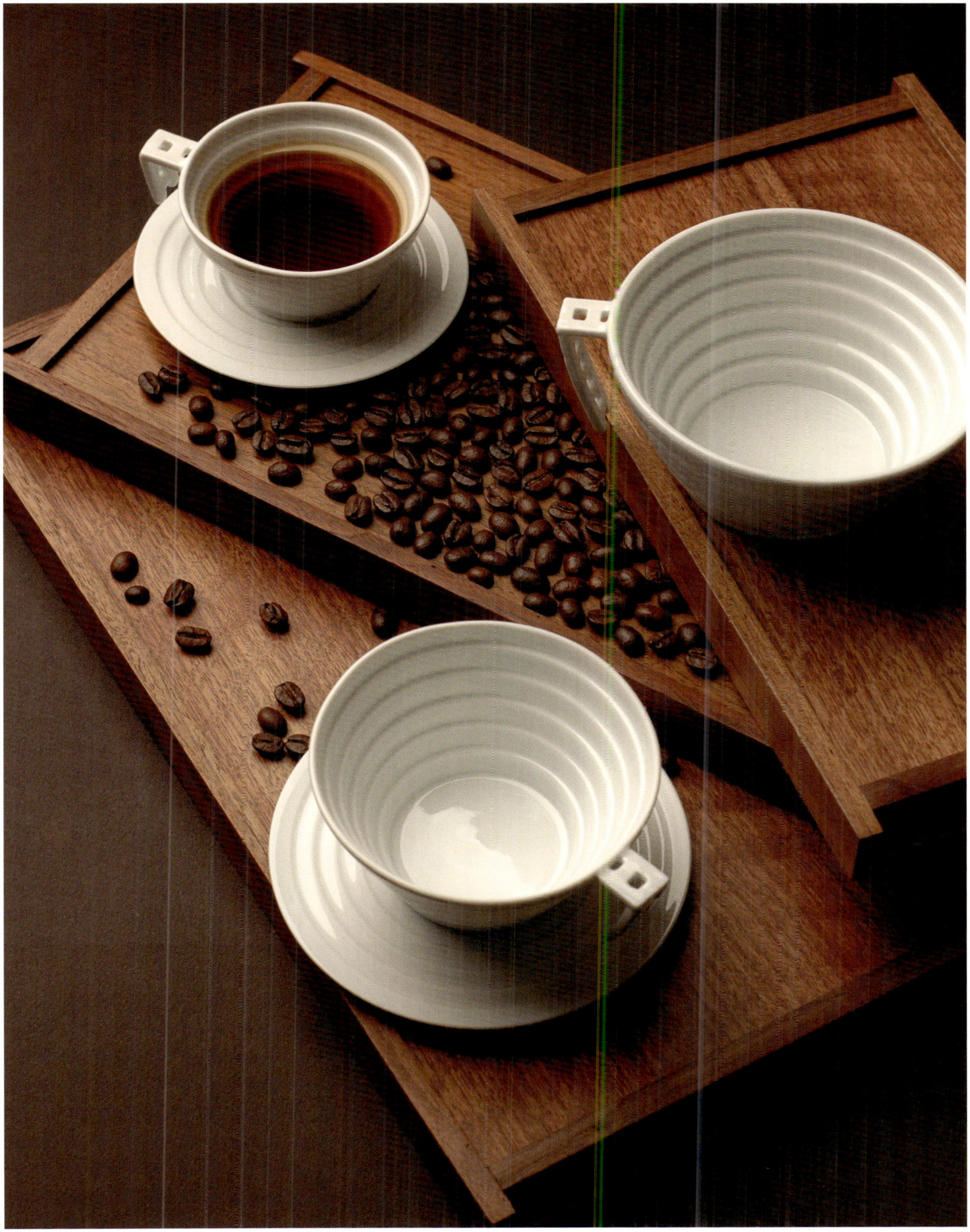

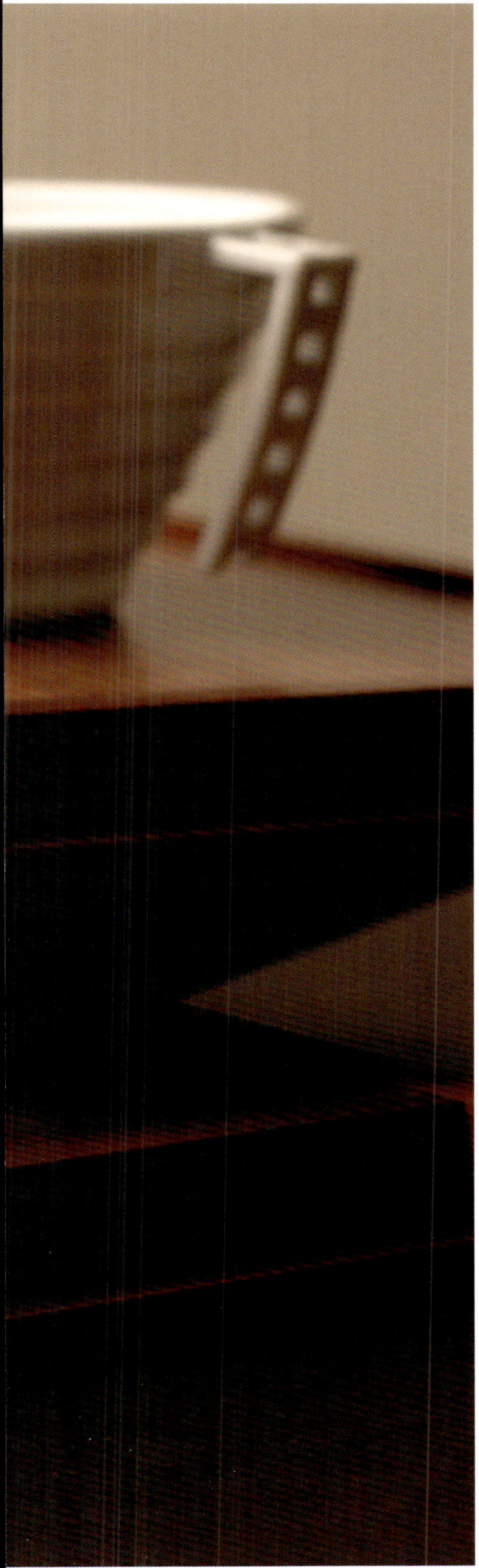

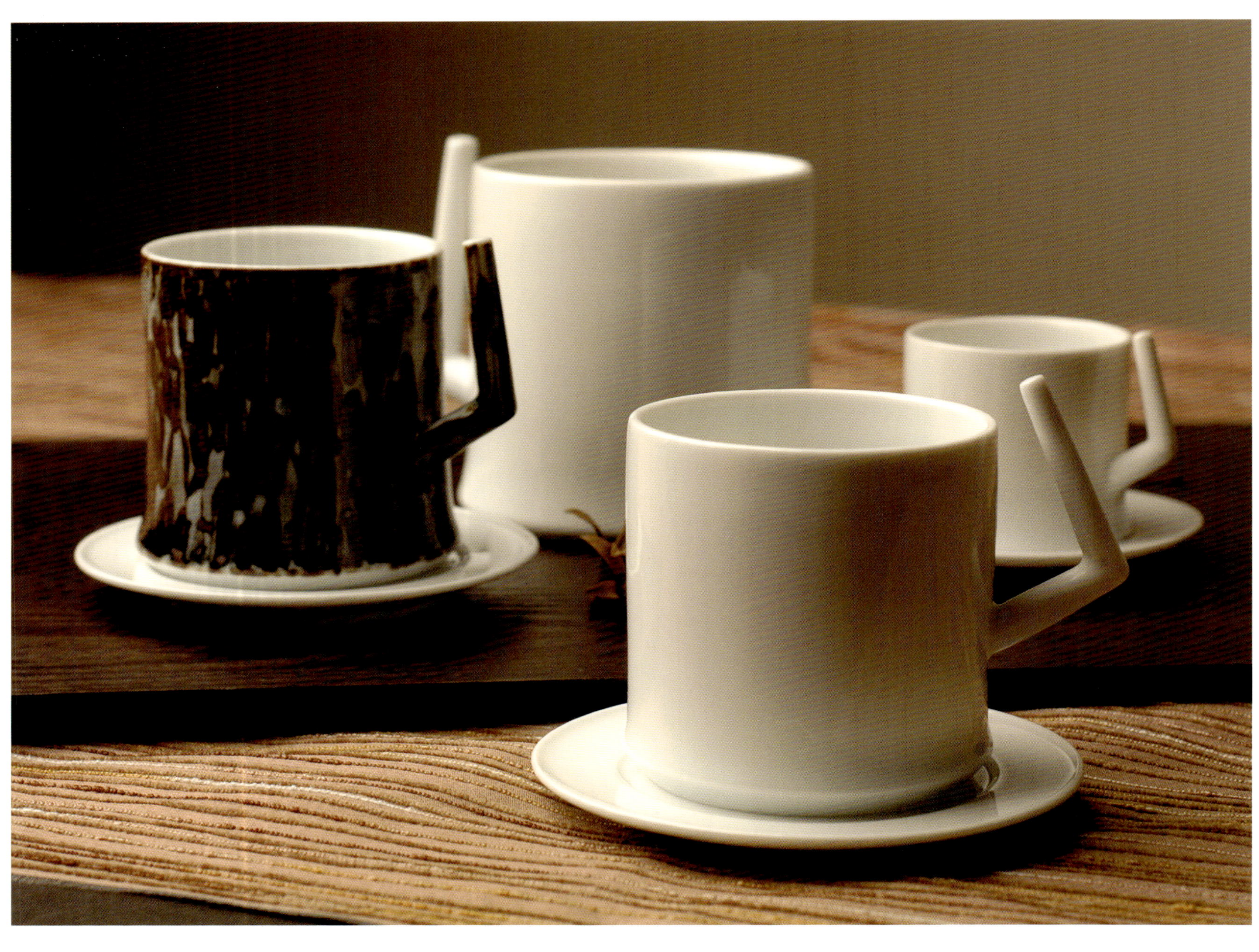

　나무형 커피잔 Set　(머그잔) ∅8×9㎝, (커피잔) ∅7×7㎝, (잔받침) ∅12×1㎝, (에스프레소) ∅5.5×5㎝, (잔받침) ∅9.5×1㎝　**최유정** 作

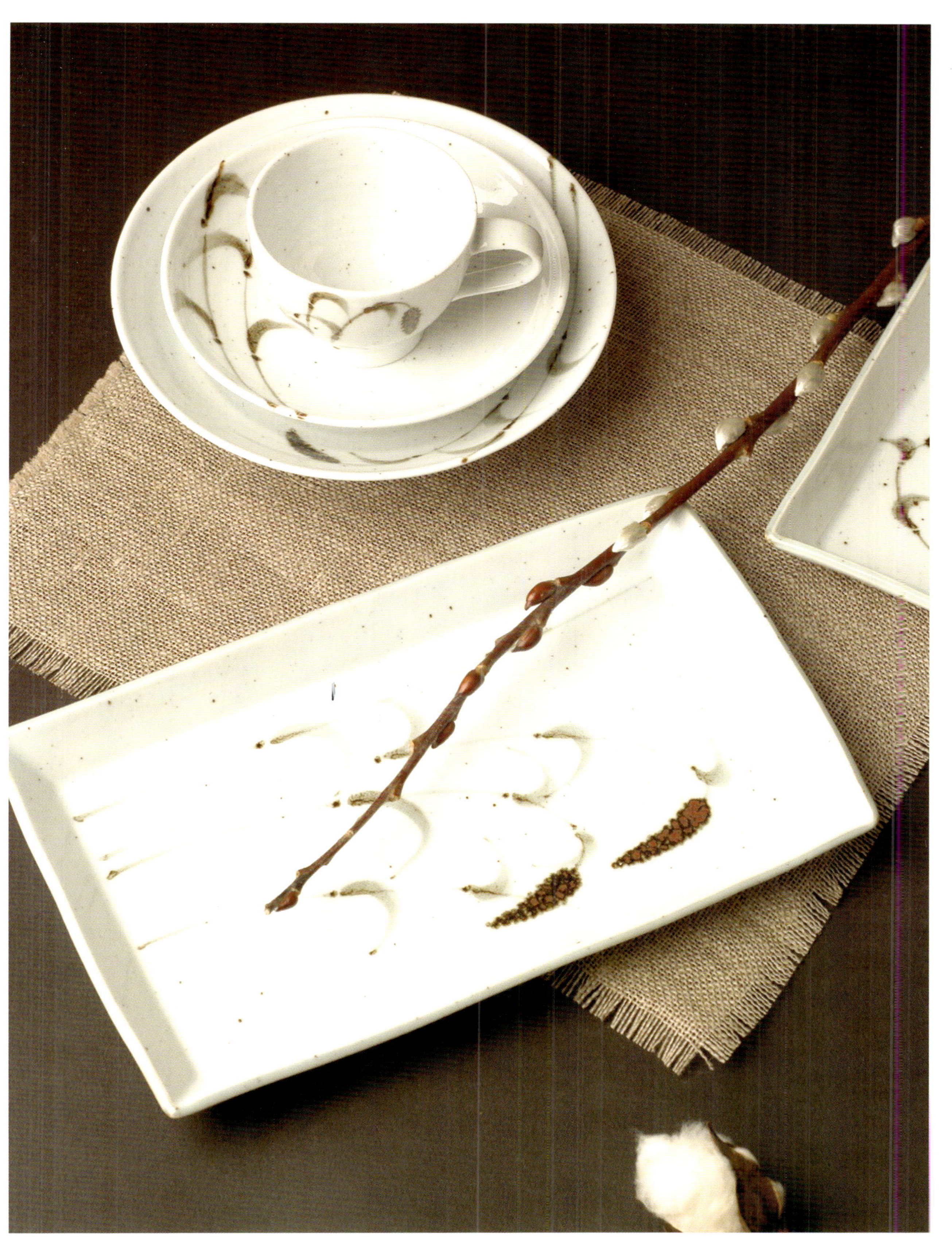

철화수수문커피잔 & 디저트
(커피잔) ∅ 11 × 7cm
(잔받침) ∅ 14.5 × 3.5cm
(수수문 디저트)
大 ∅ 20 × 5cm, 小 ∅ 16 × 4cm)
(사각디저트)
大 ∅ 33 × h2.5cm, 小 ∅ 23.5 × h2.5cm
김미자 作

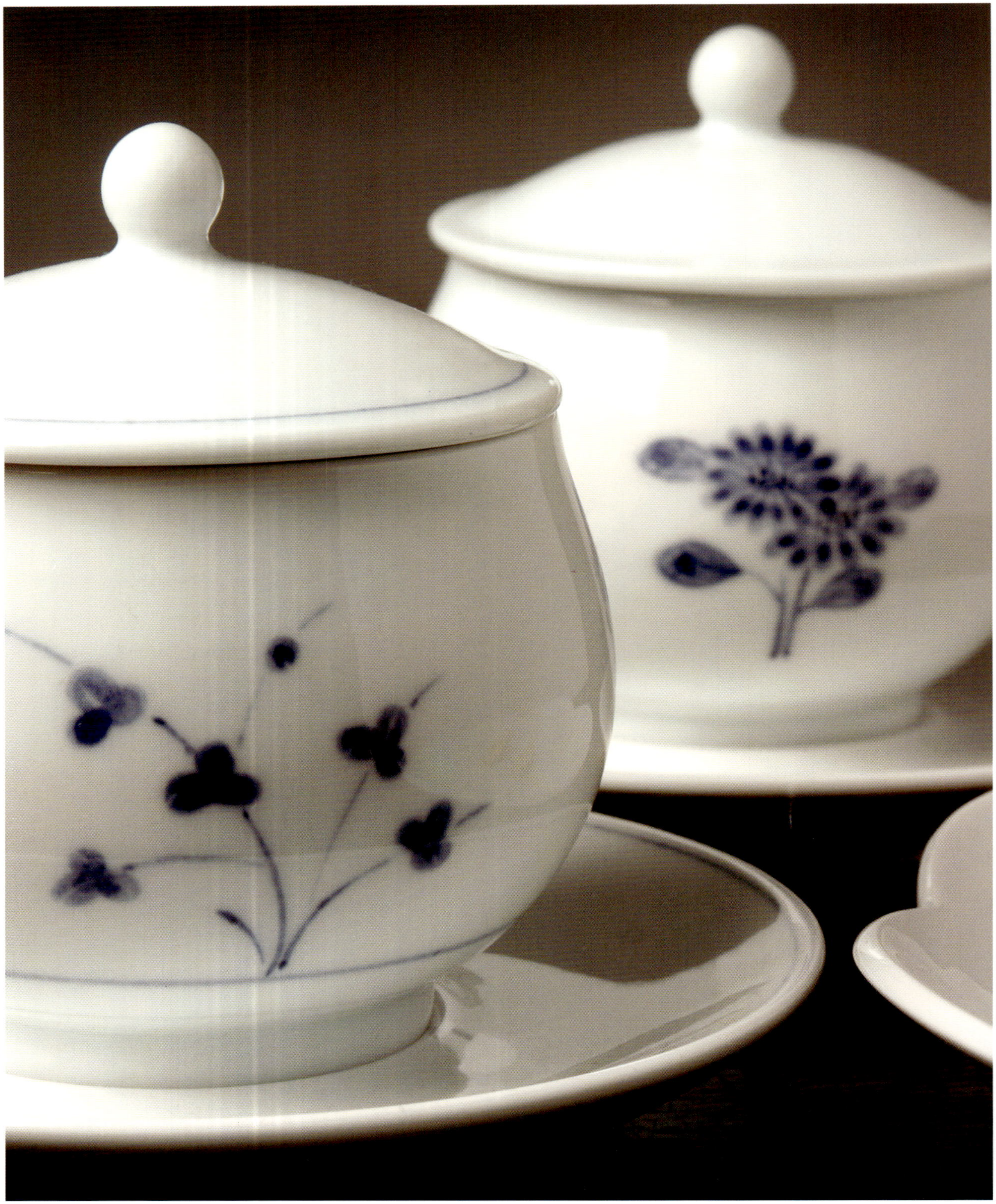

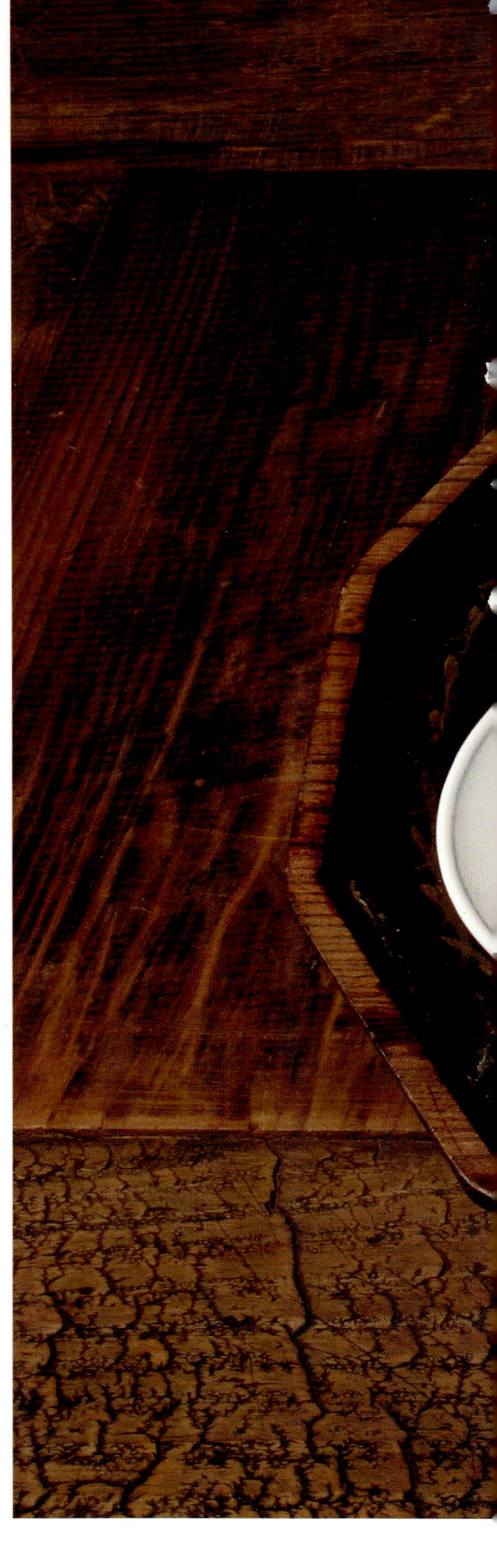

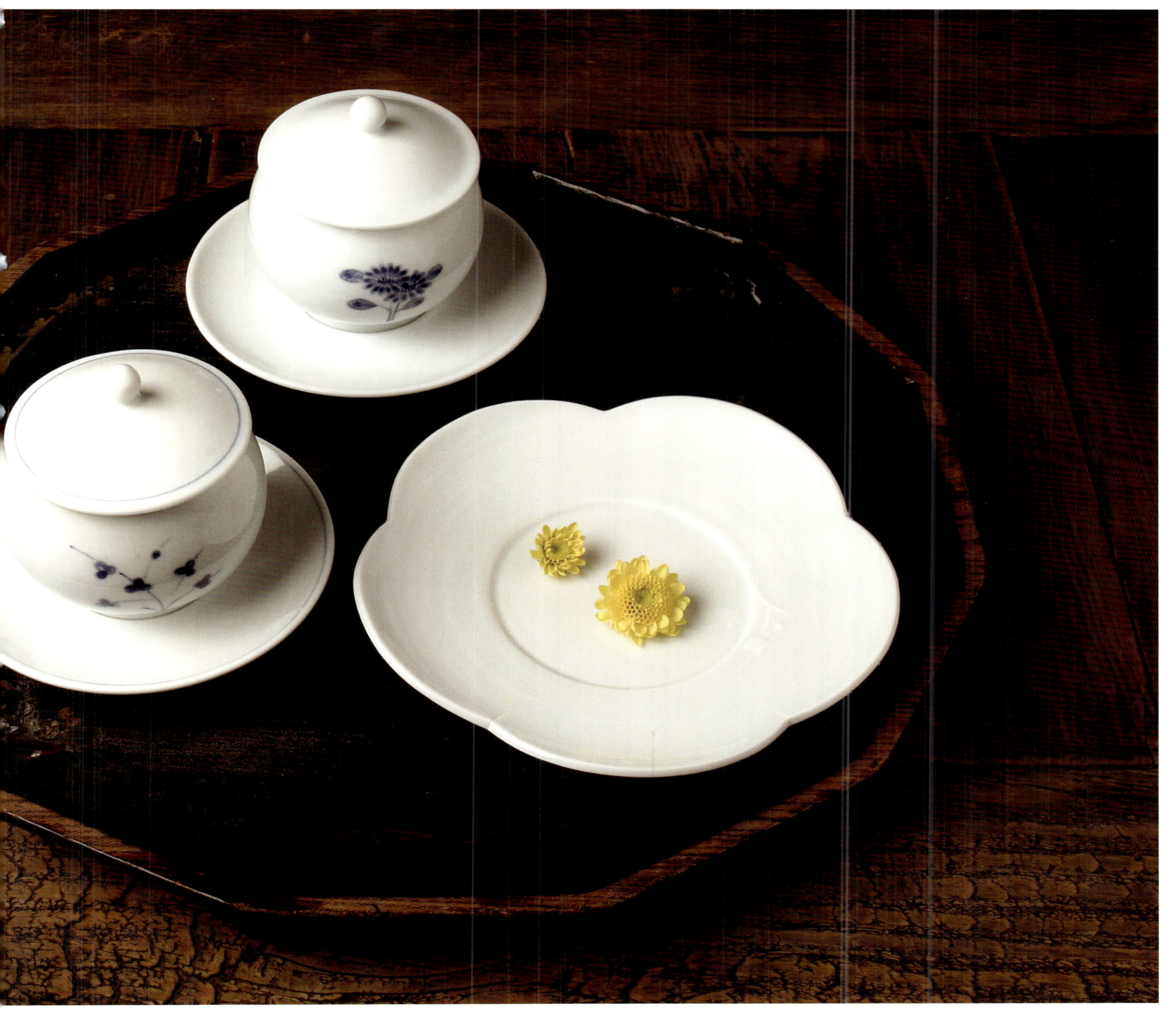

청화백자초화문잔 (잔) ∅8.7×10.5cm, (잔받침) ∅14.5cm, **청화백자화형매화문접시** ∅13.5×3cm 김미자 作 31

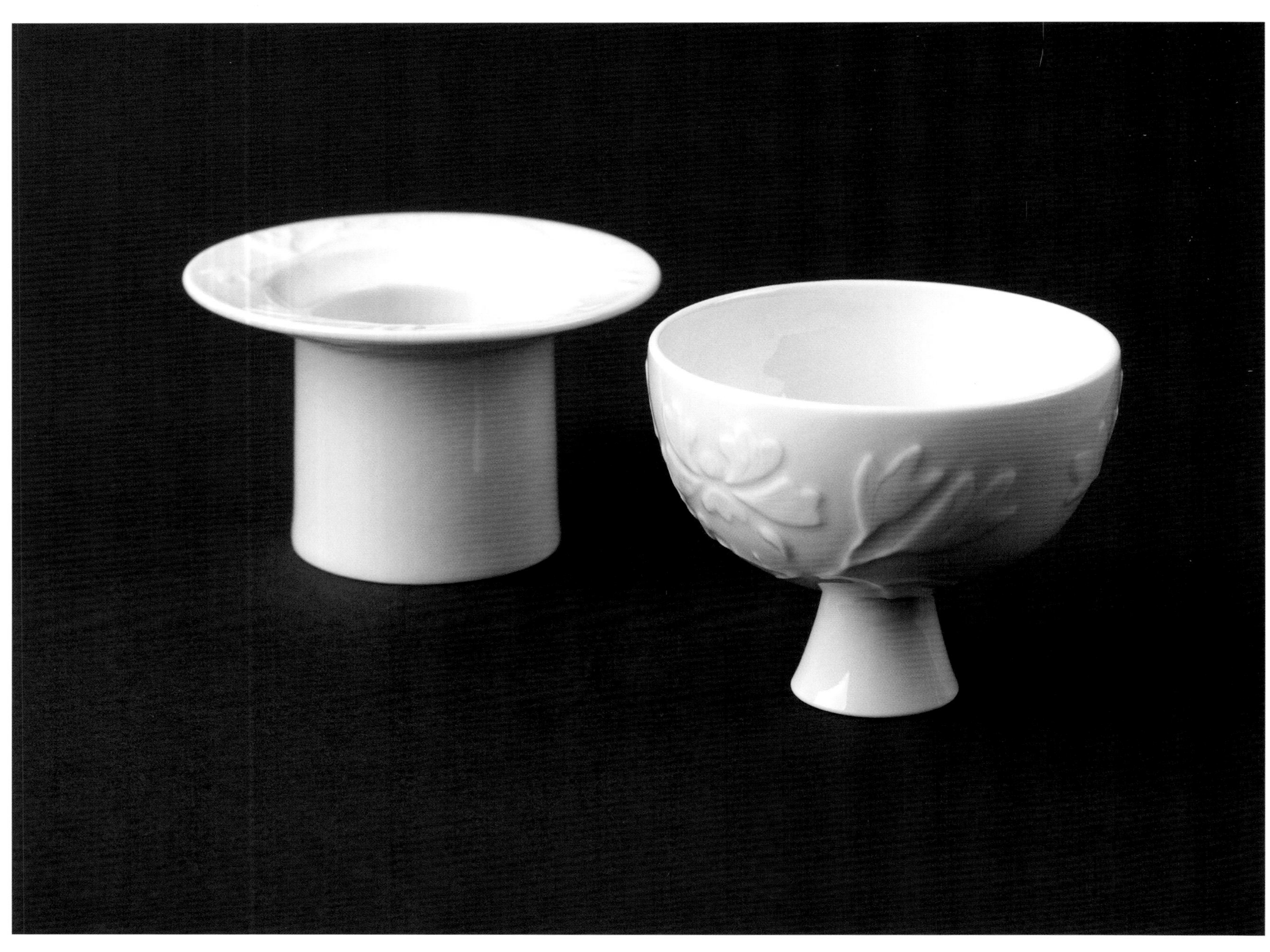

 백자양각모란문마상배 (잔) ∮ 8.5 × 7㎝, (잔받침) ∮ 10 × 8.5㎝ 유세림 作

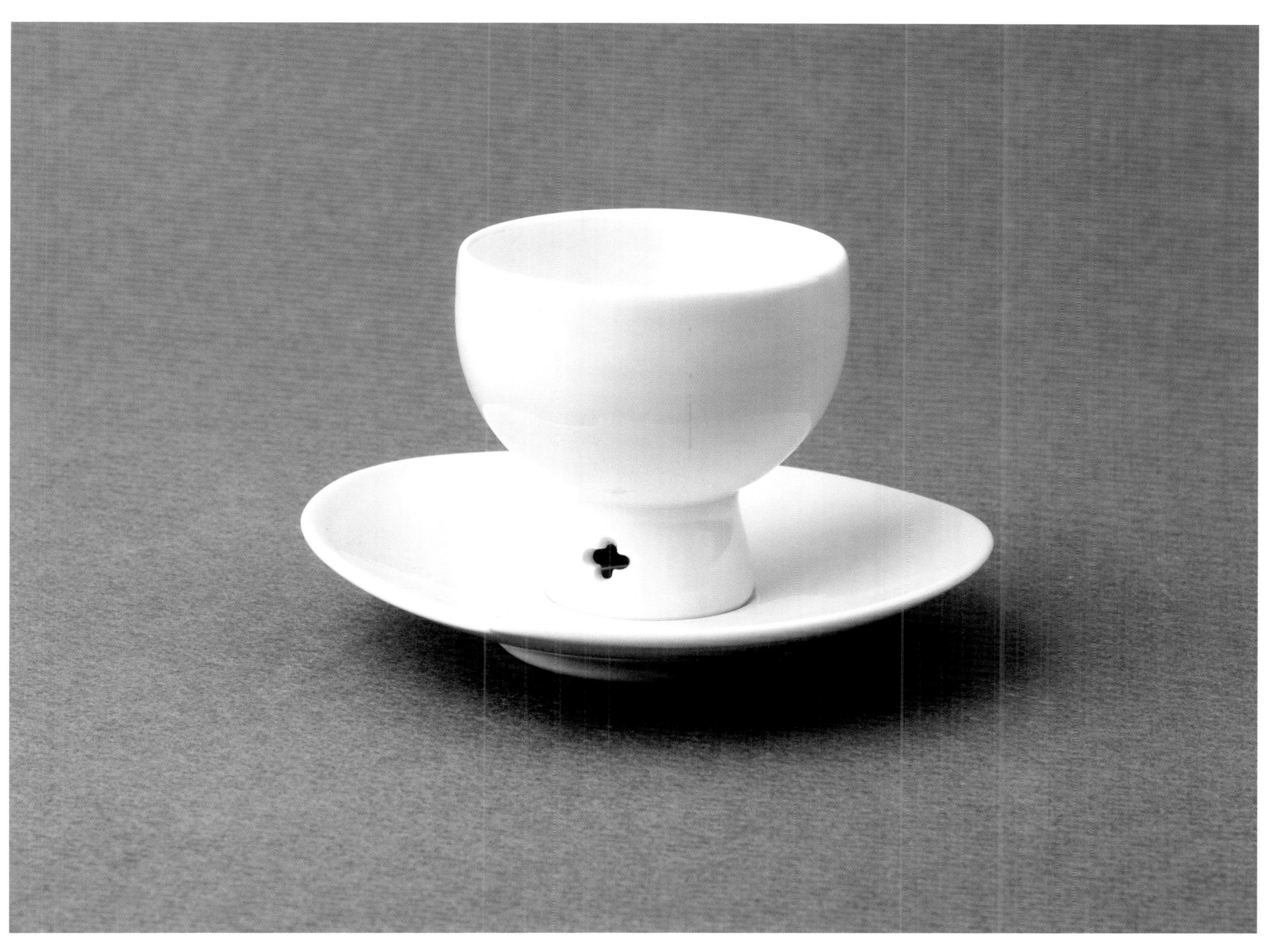

백자투각잔 (잔) ⌀8×7cm, (잔받침) ⌀13.5×2cm   전현주 作   33

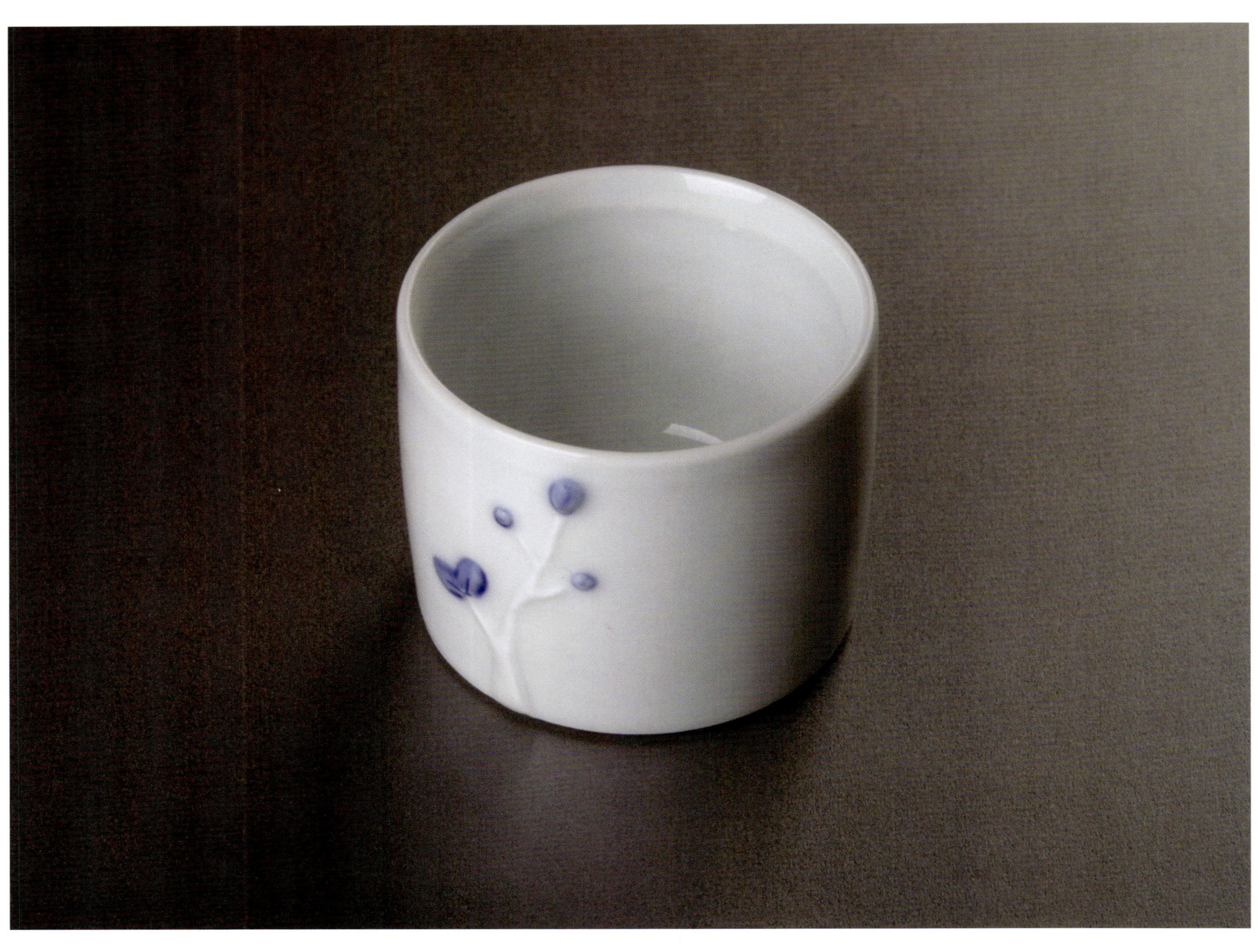

34 술잔 ∅5.5×3.5㎝ 최윤경 作

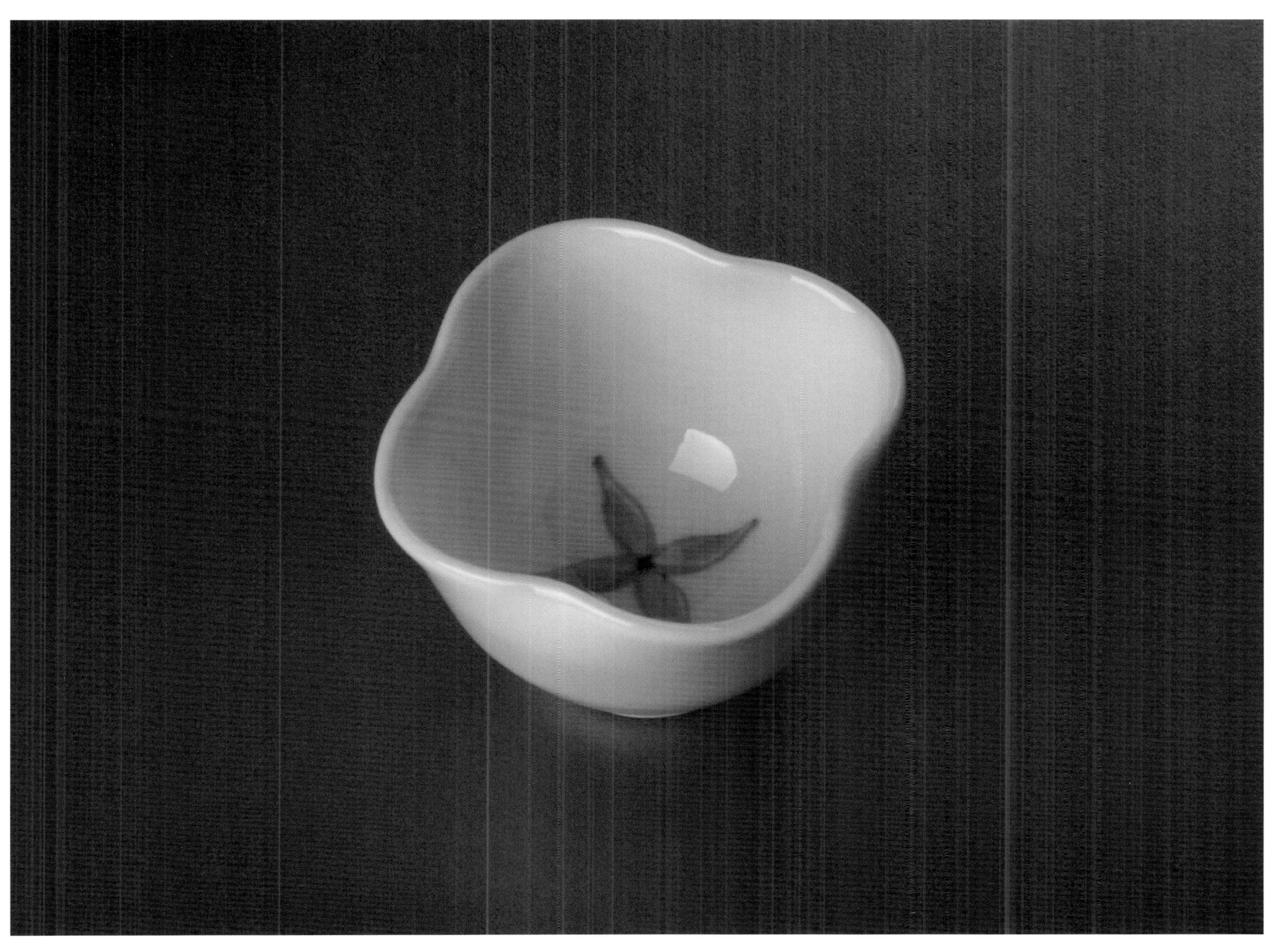

술잔 ∮6×3.5㎝ 전현주 作 35

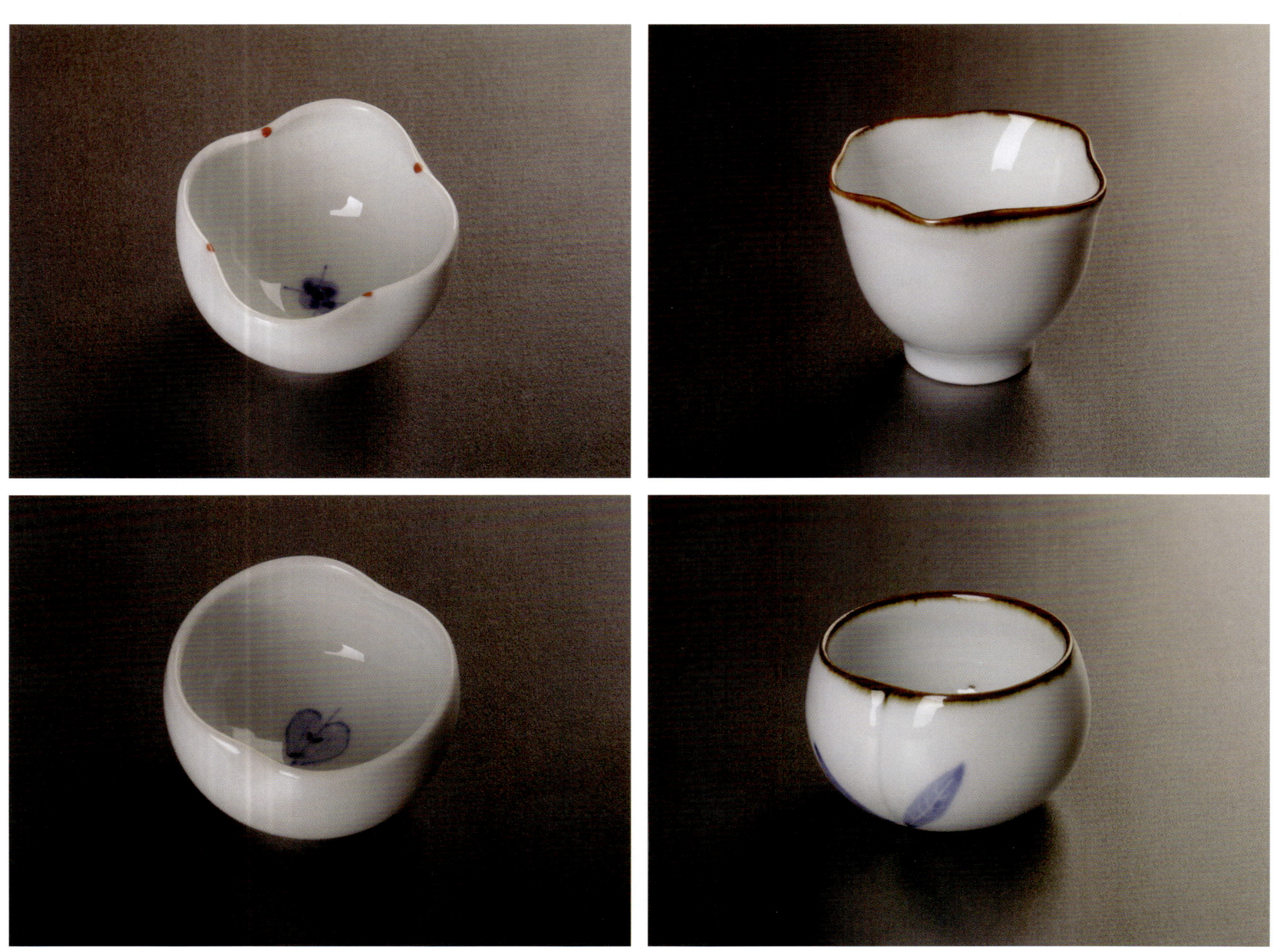

술잔 ∮6×3.5㎝ 전현주 作 | **술잔** ∮7×3.5㎝ 전현주 作
술잔 ∮5.5×3.2㎝ 전현주 作 | **술잔** ∮7×3.5㎝ 최윤경 作

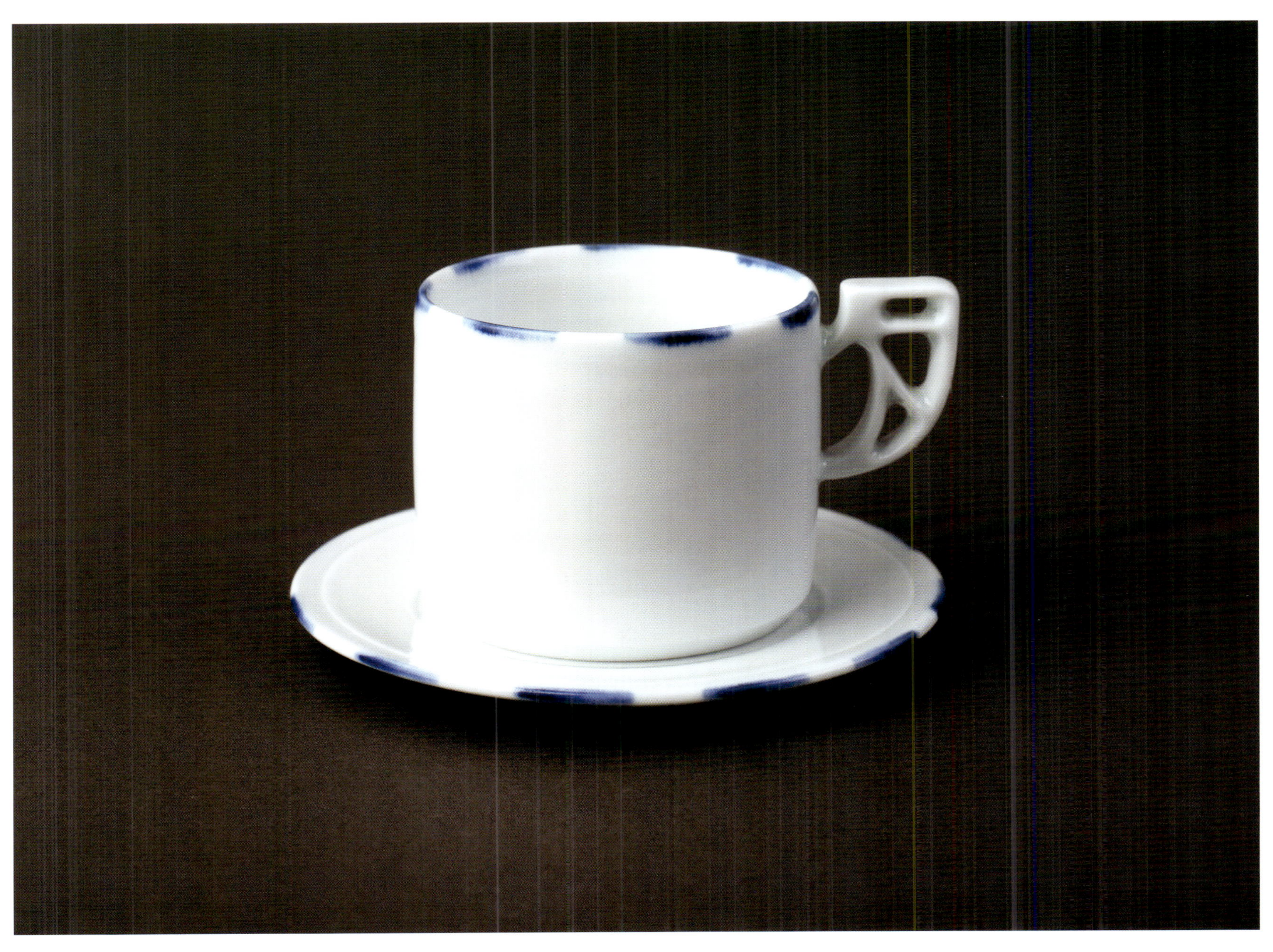

청화백자원통형 에스프레소잔 Set (잔 ∅8.5×5.8cm, (잔받침)∅10×6cm 유세림 作   37

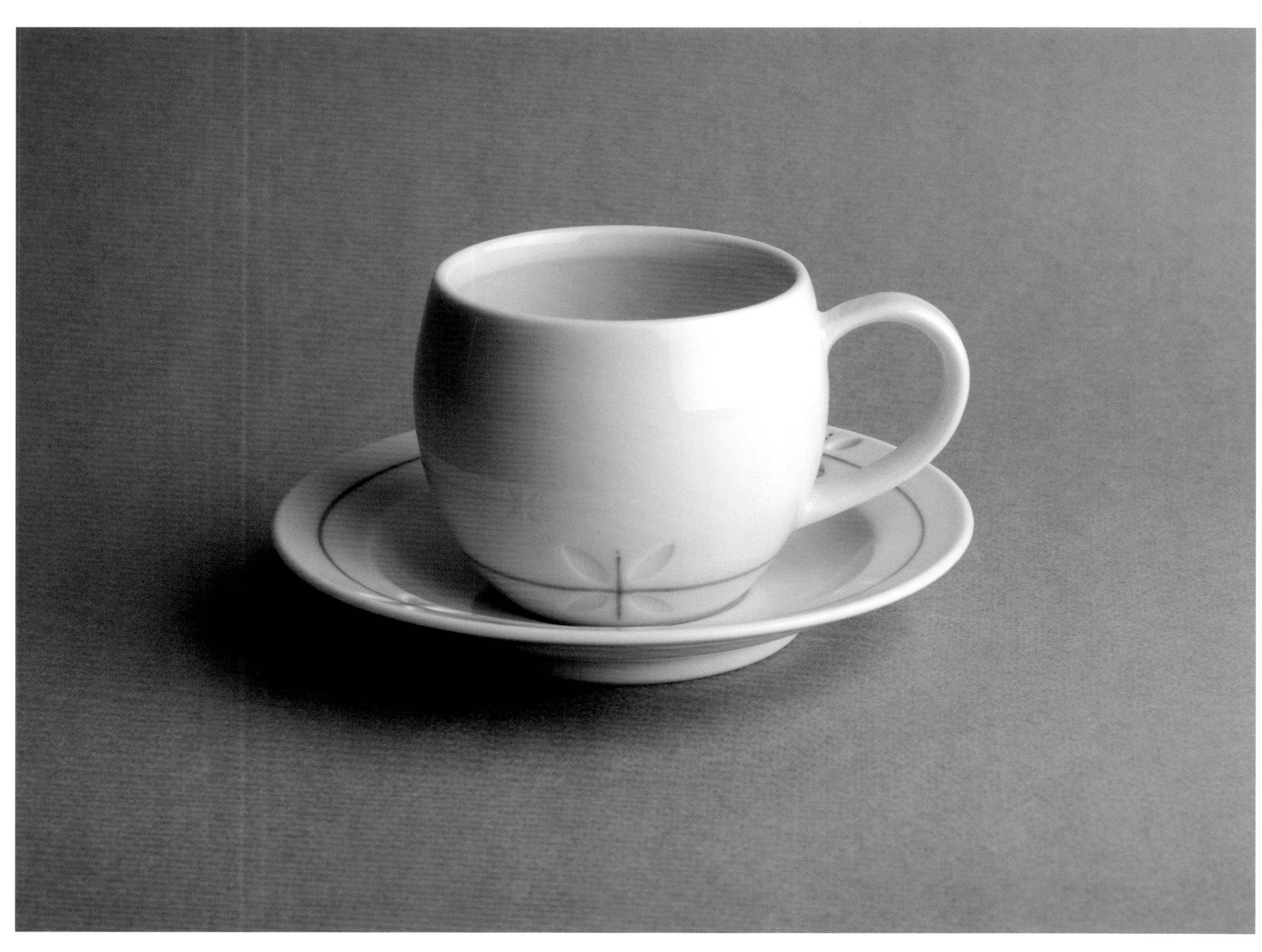

38 **청화초화문음각커피잔** (잔) ∮8.5×9㎝, (잔받침) ∮14×3.2㎝ 조원민 作

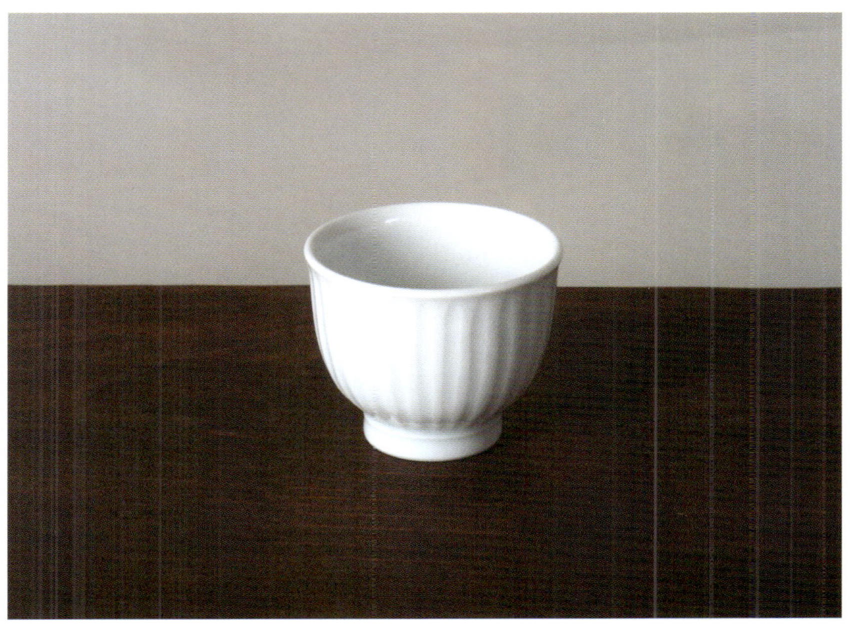
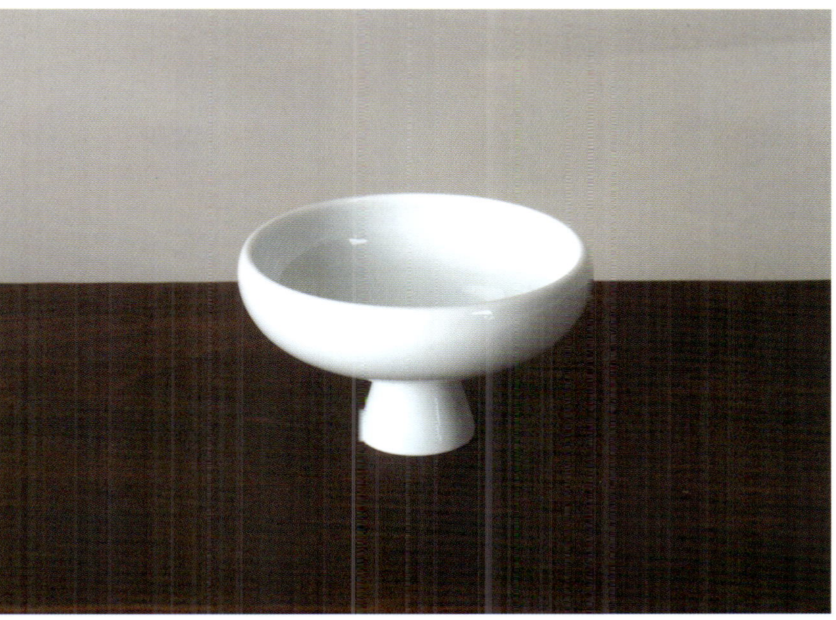
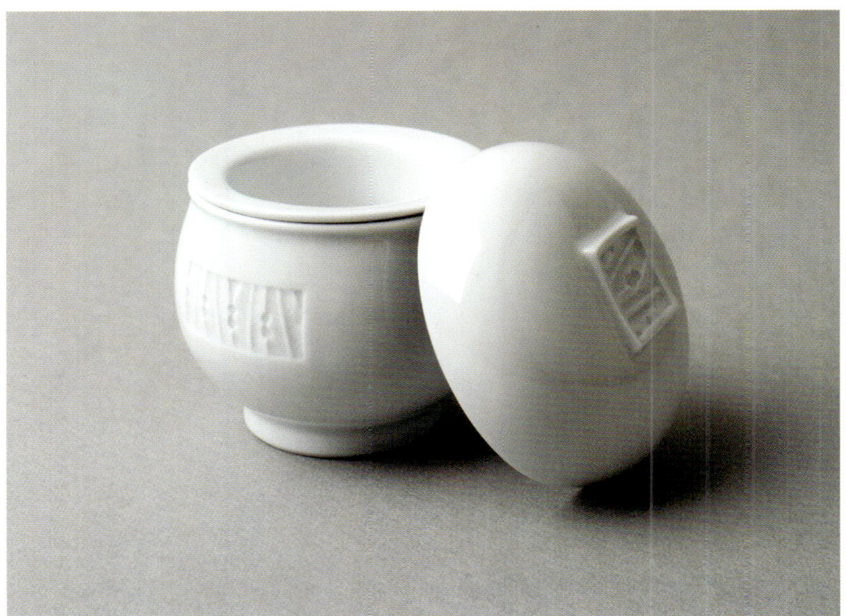
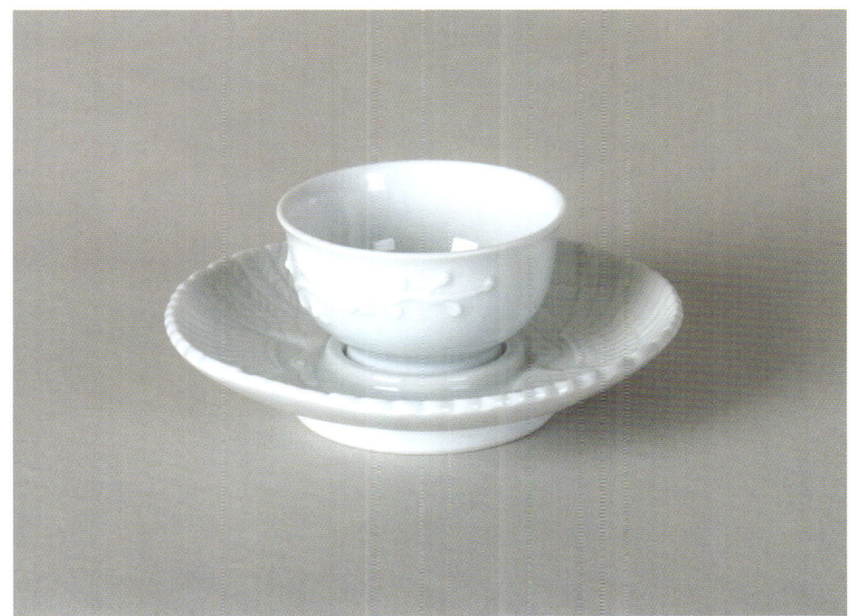

줄무늬음각잔 ⌀8×5.2cm 이은아 作 | **백자마상배잔** ⌀12×6cm 유세림 作
백자파초문 다기잔 ⌀12.5×8.2cm 조원민 作 | **백자양각매화문잔, 백자양각쌍학문잔받침** (잔)⌀8×4.5cm, (잔받침)⌀15.5×3cm 이은아 作

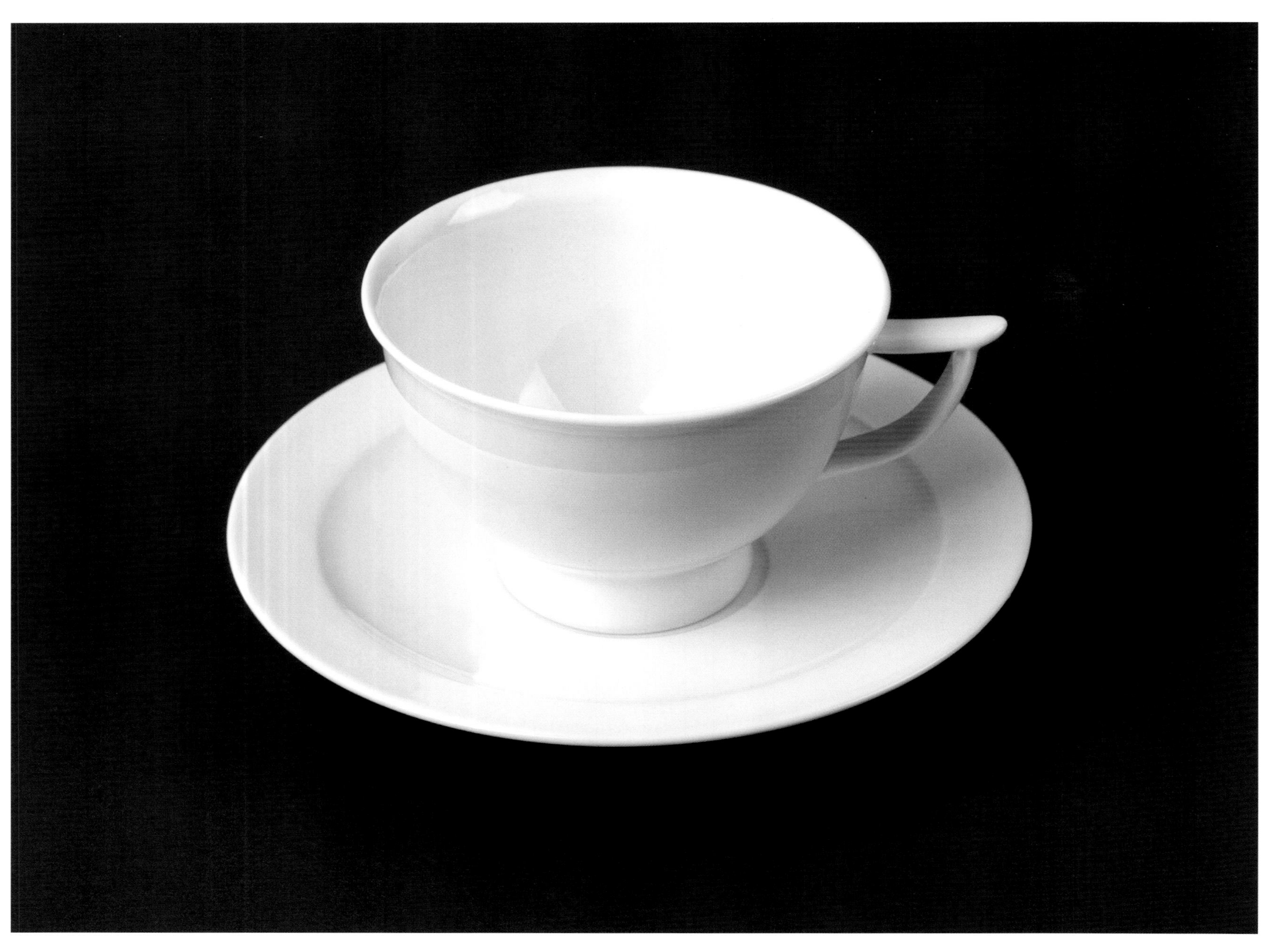

40　**제기형손잡이커피잔**　（잔）⌀10×6㎝，（잔받침）⌀15.5×2㎝　유세림 作

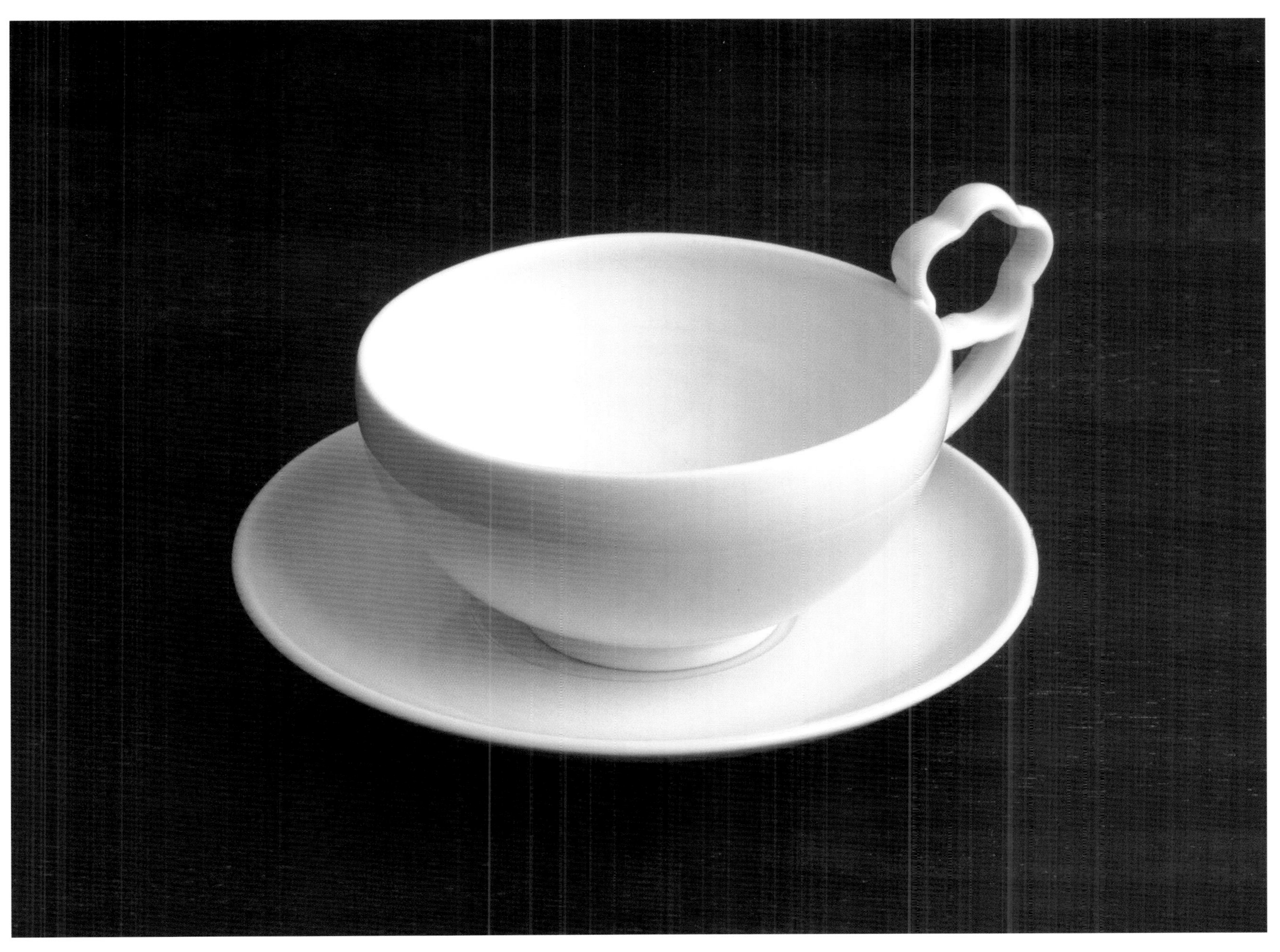

백자화형손잡이커피잔 (잔) ∅12×5.5cm, (잔받침) ∅13.8cm 유세림 作   41

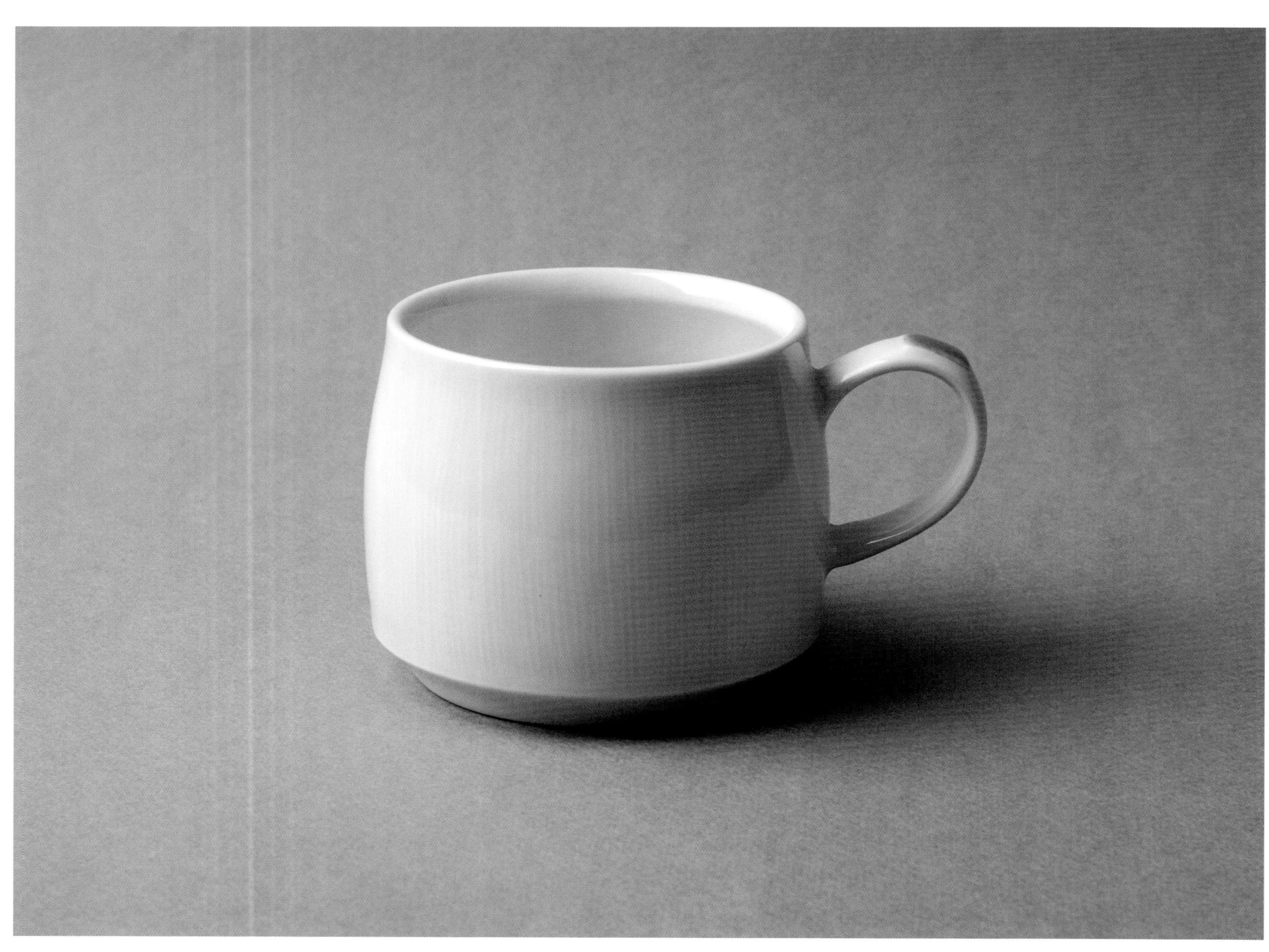

 백자빗살머그잔 ⚡9×8.5㎝　조원민 作

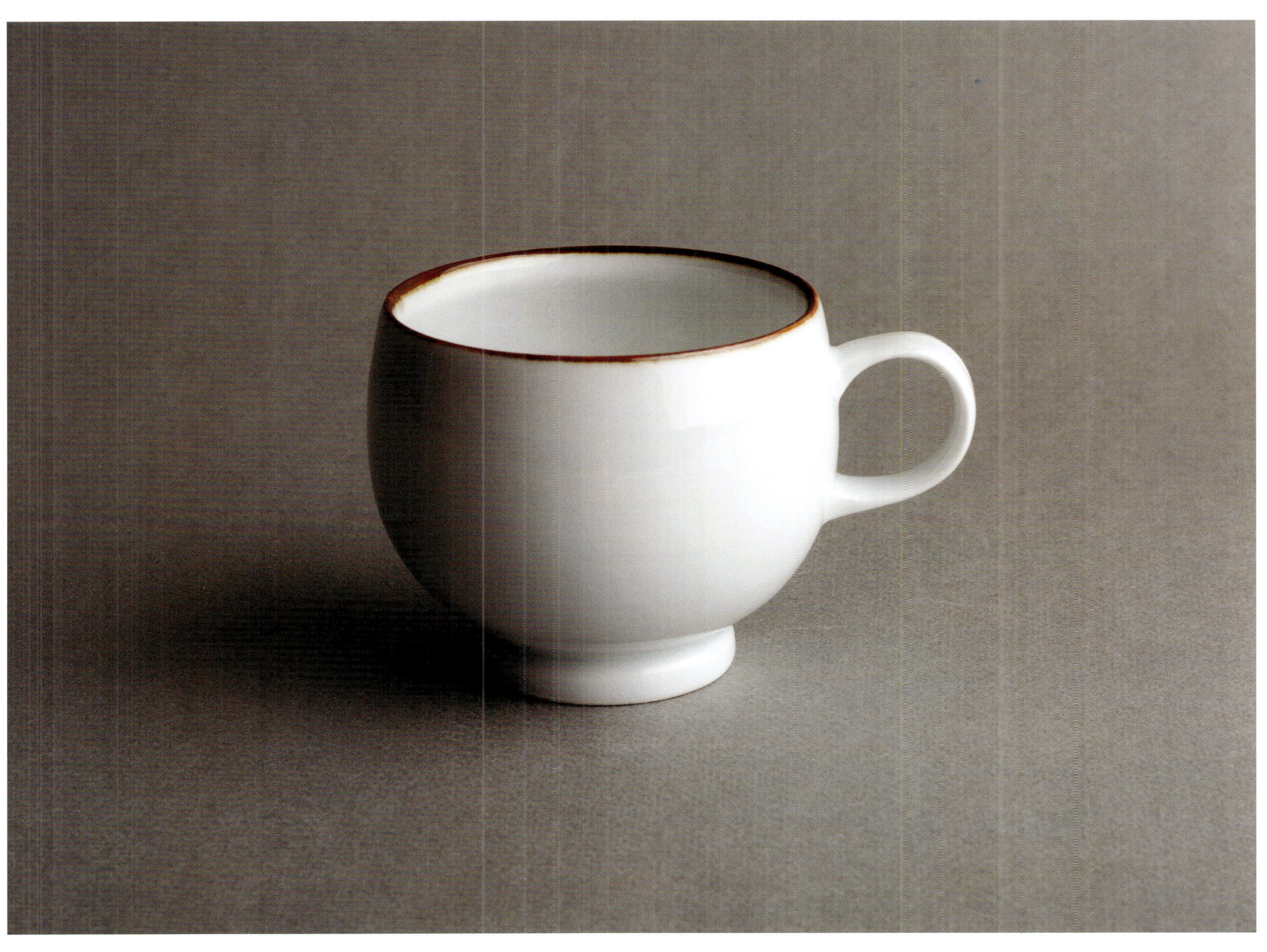

철화머그컵 ∅8.5×9cm 조원민 作

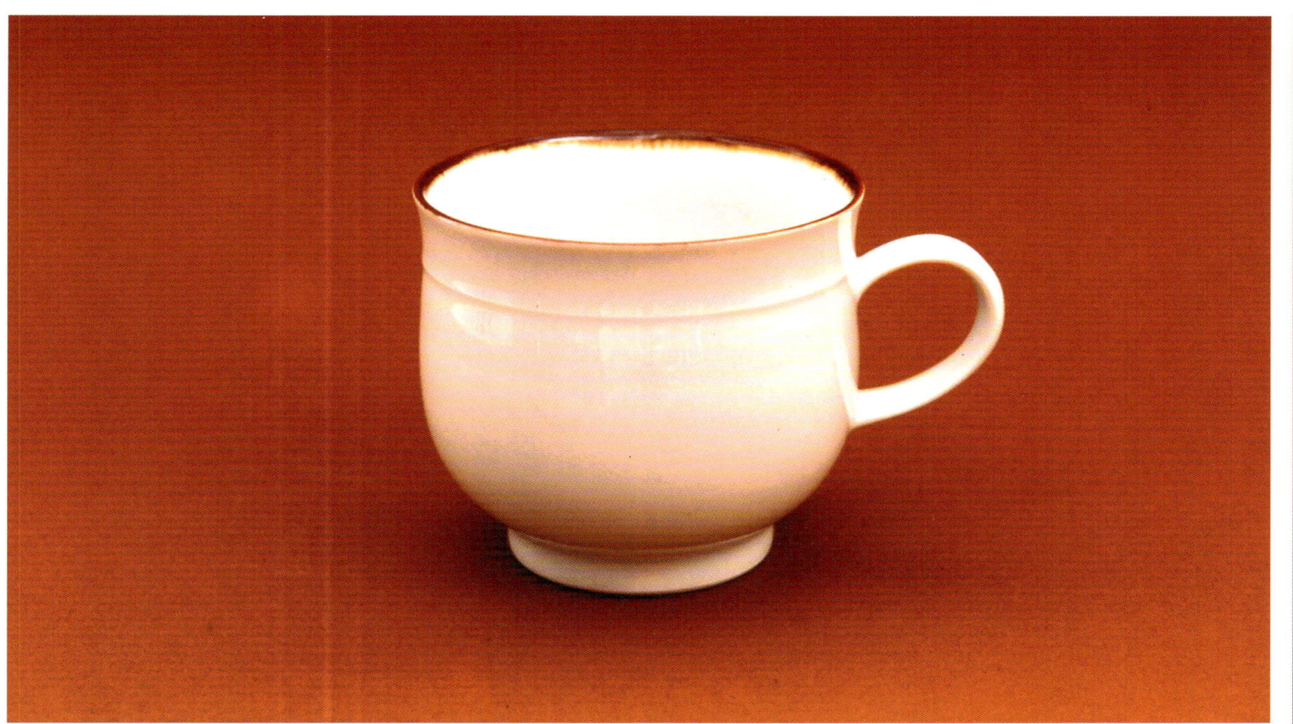

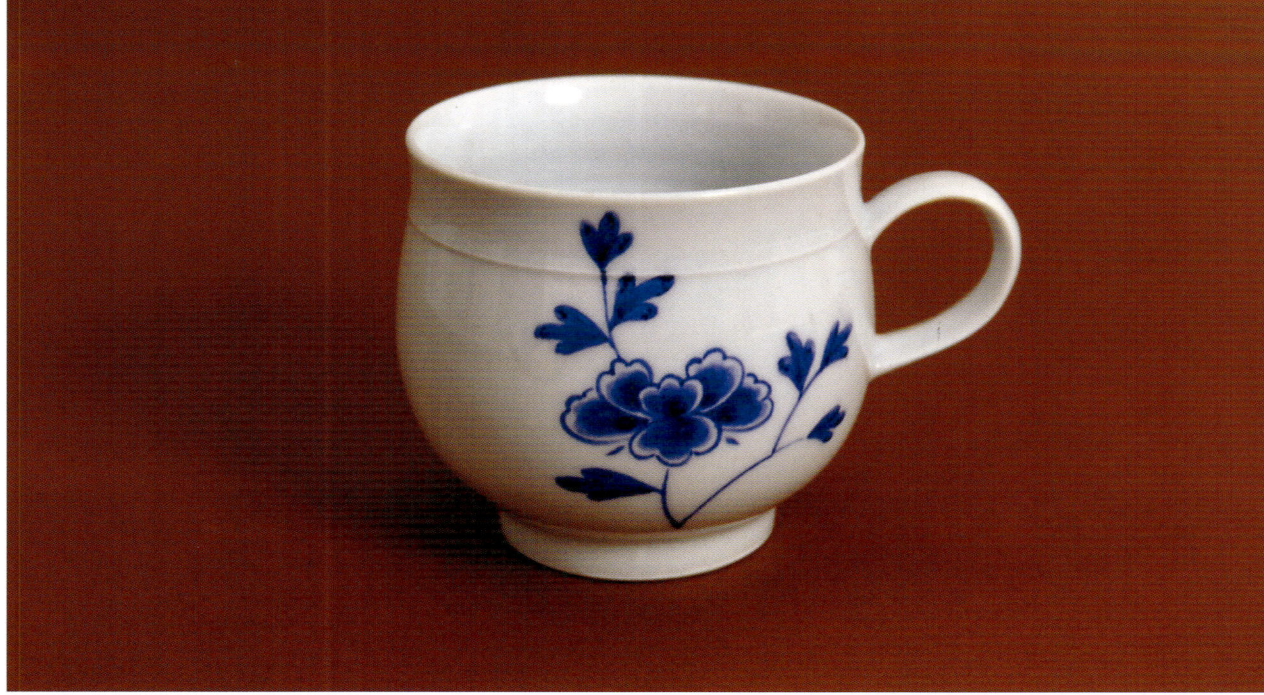

철화머그잔　∮9×8.5㎝　김미자 作
청화모란문머그잔　∮9.5×9㎝　김미자 作

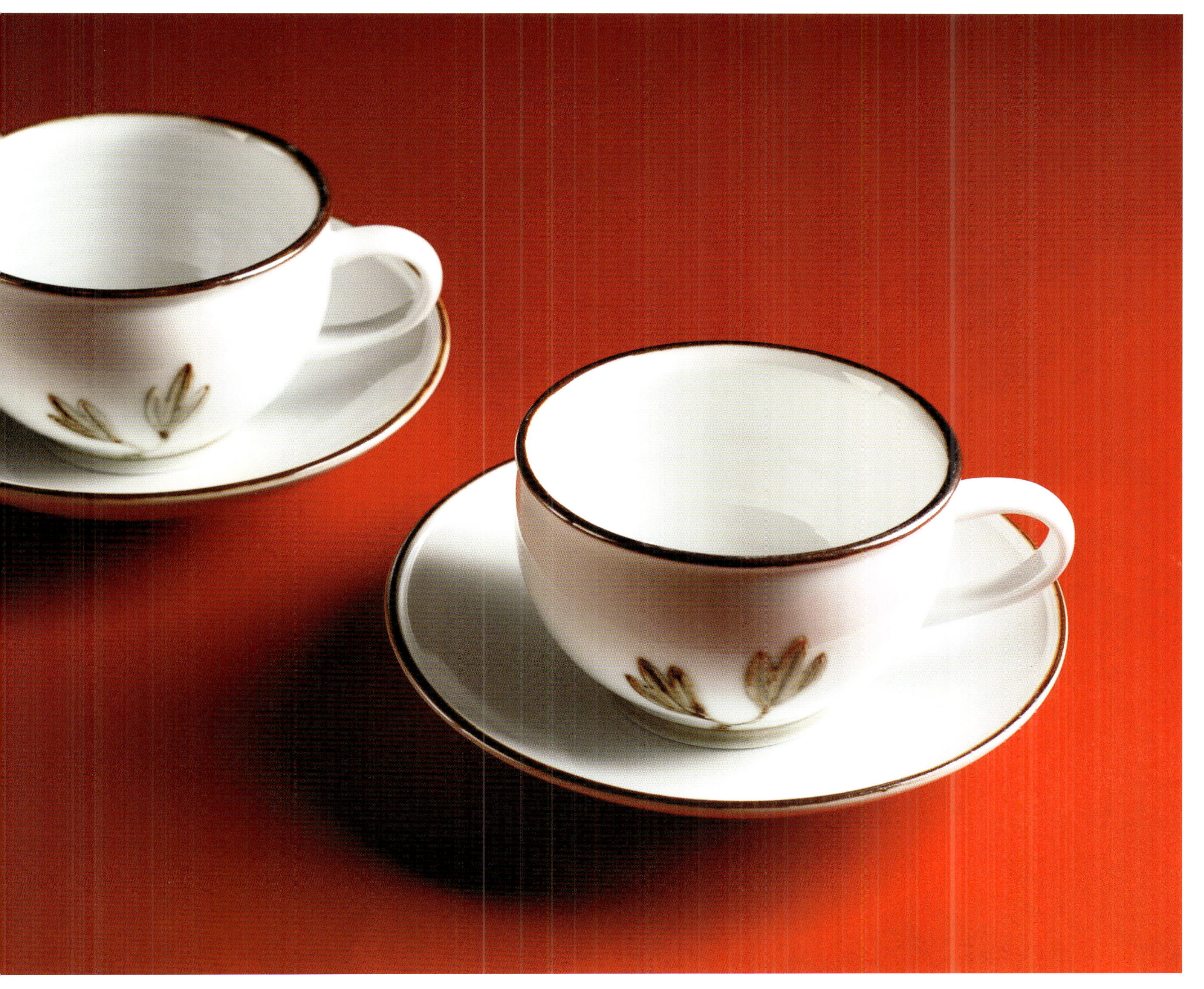

철화백자모란잎문잔 (잔) ∅7.5×5cm, (잔받침) ∅13.5×2cm 이은아 作

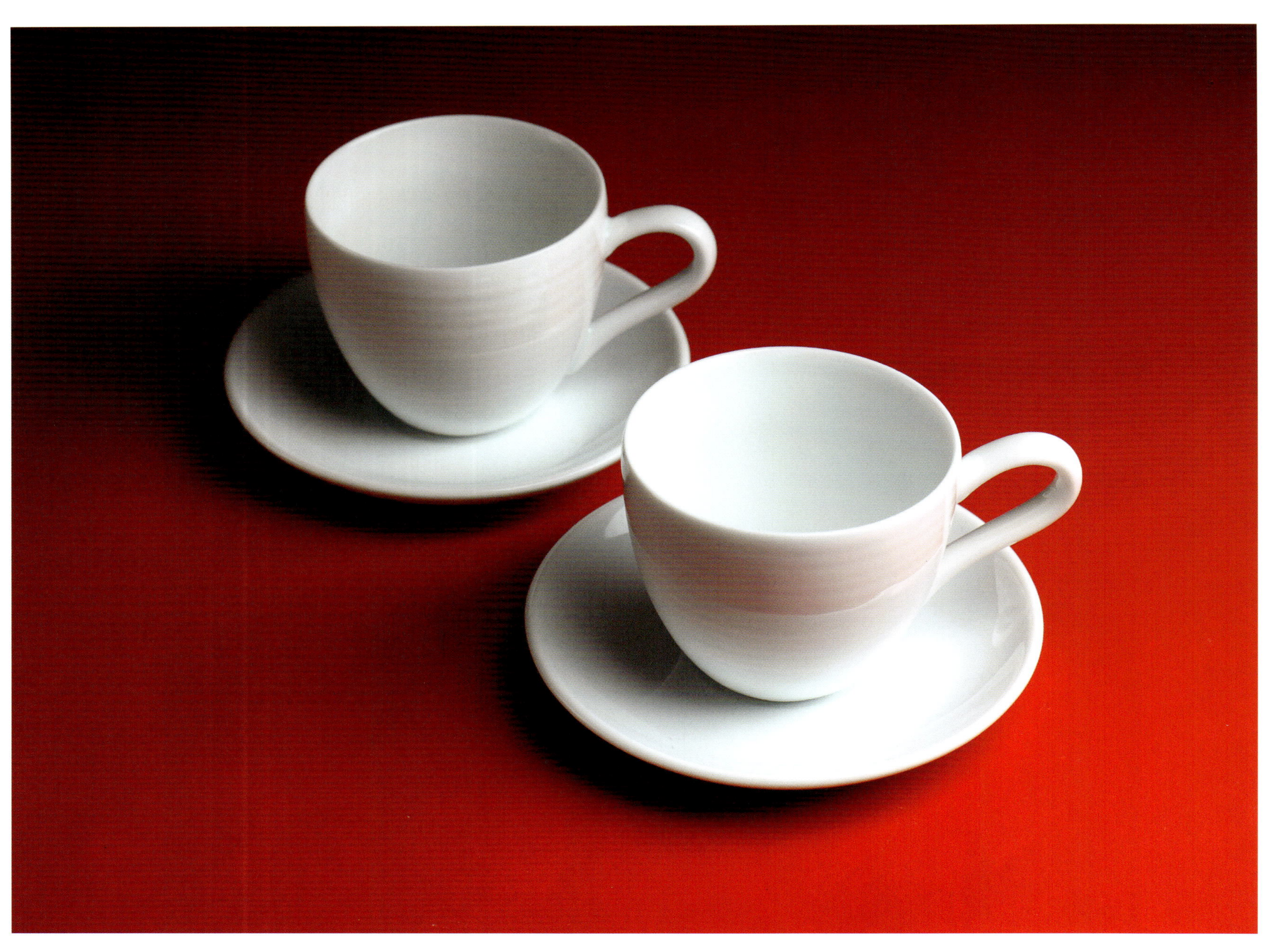

 백자줄무늬커피잔 (잔) ∅8.5×7.5㎝, (잔받침) ∅13.8㎝   유세림 作

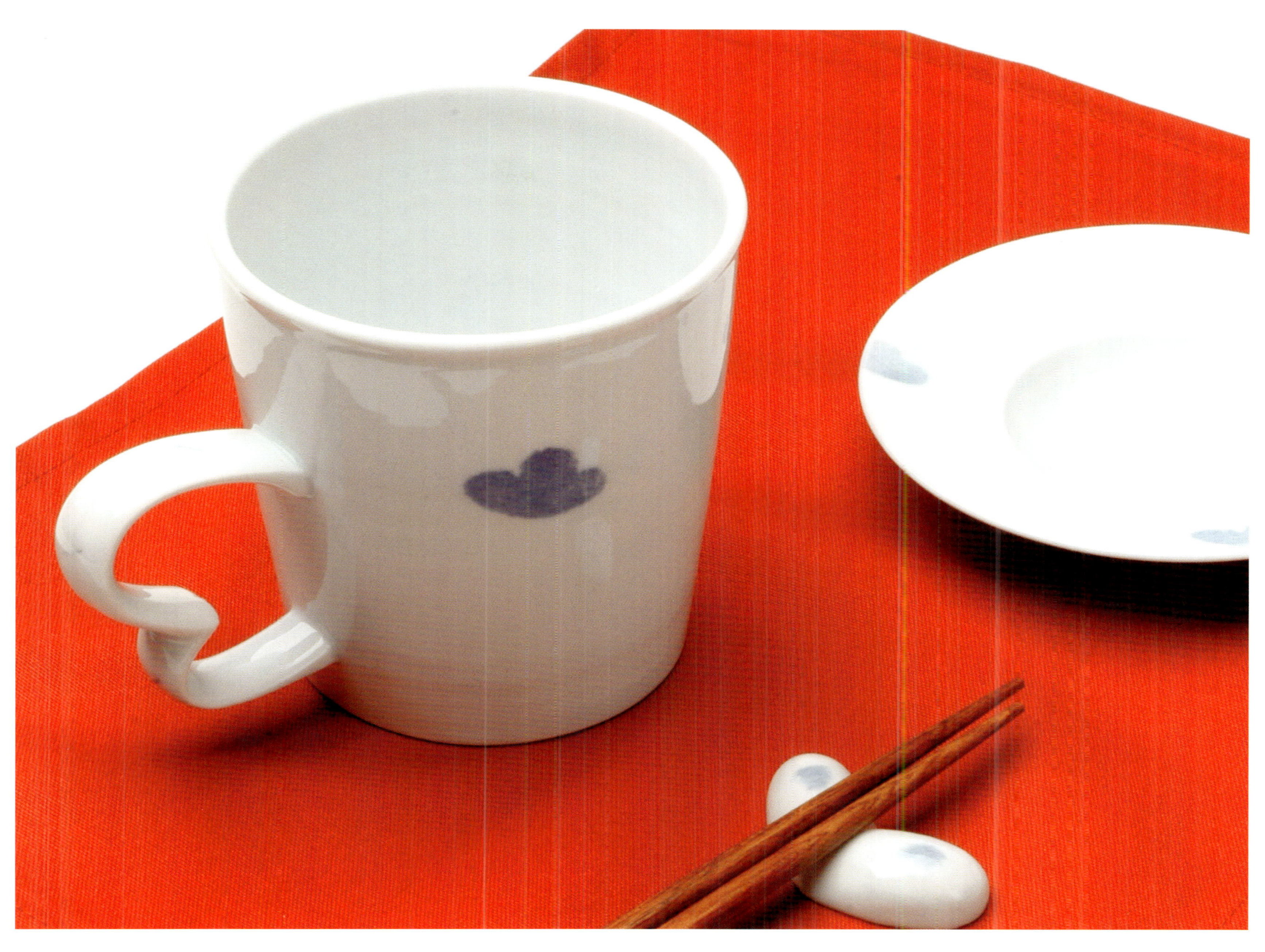

청화백자구름무늬머그잔 ⌀10×9.5㎝ **청화백자구름무늬찬기** ⌀12.7×3㎝ 최윤경 作 47

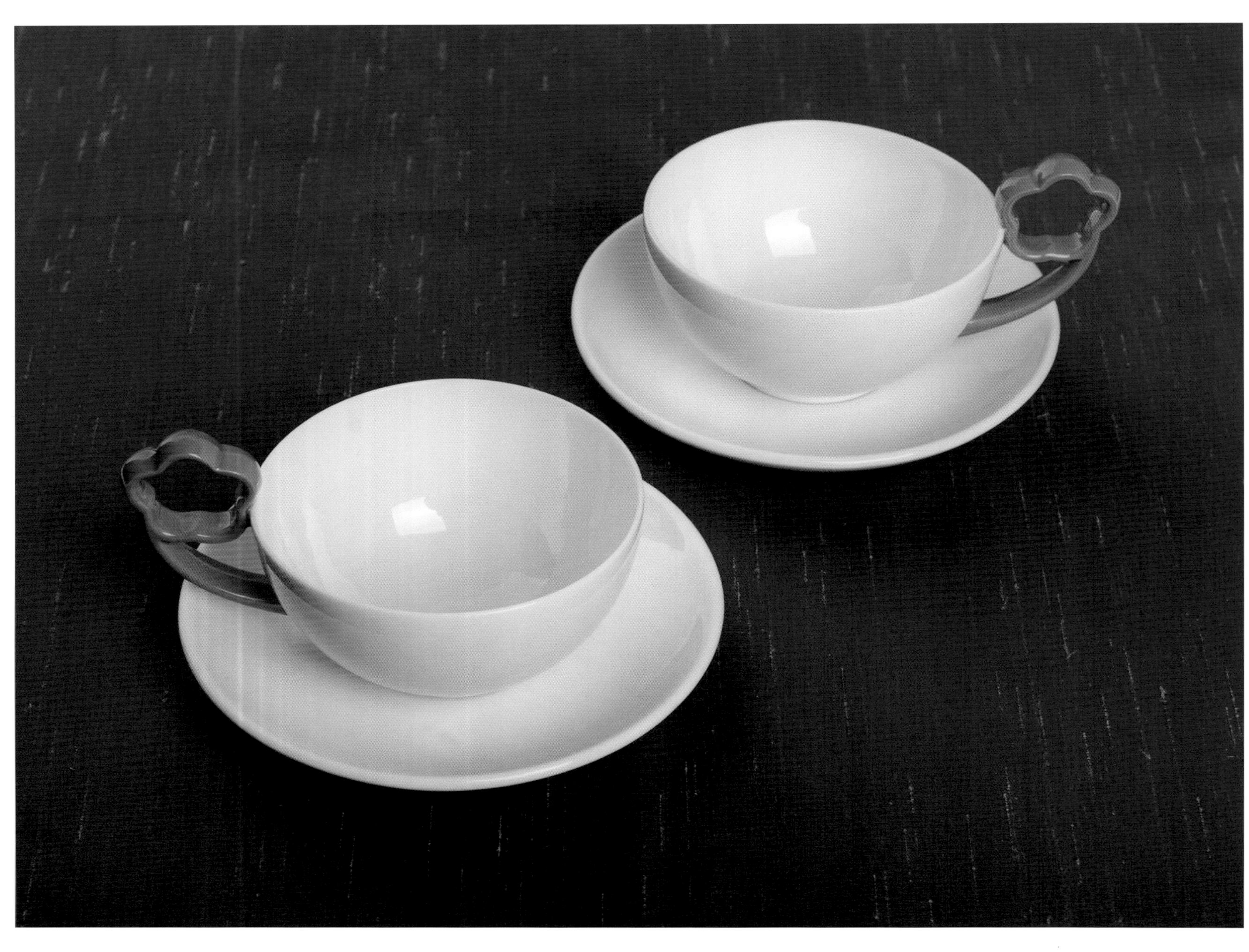

   백자화형손잡이커피잔 (잔) ∅12 x 5.5cm, (잔받침) ∅13.8cm   유세림 作

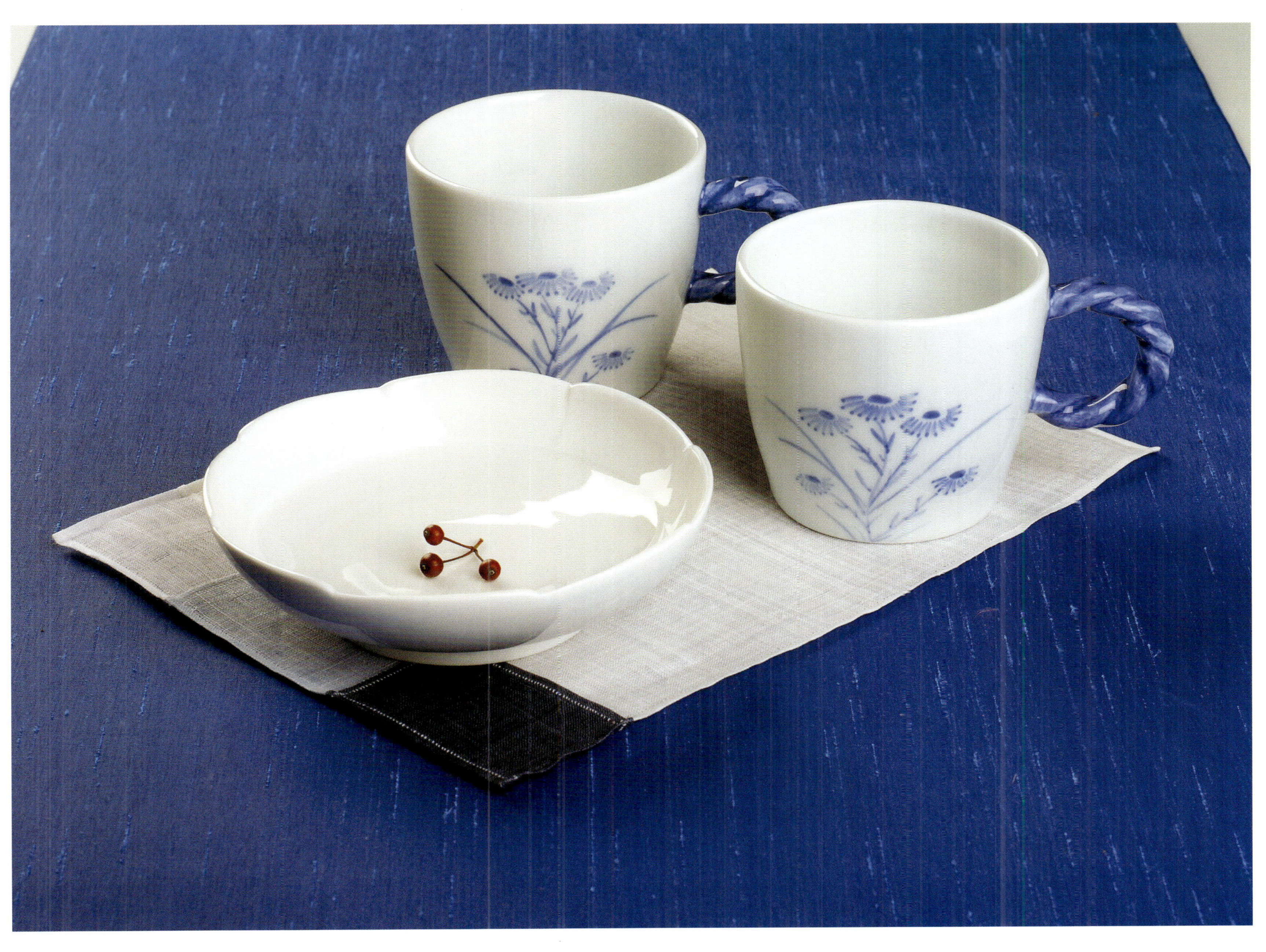

백자초화문머그잔 Set　(잔) ⌀8.5×7cm, (백자화형접시) ⌀14cm　최난영 作　49

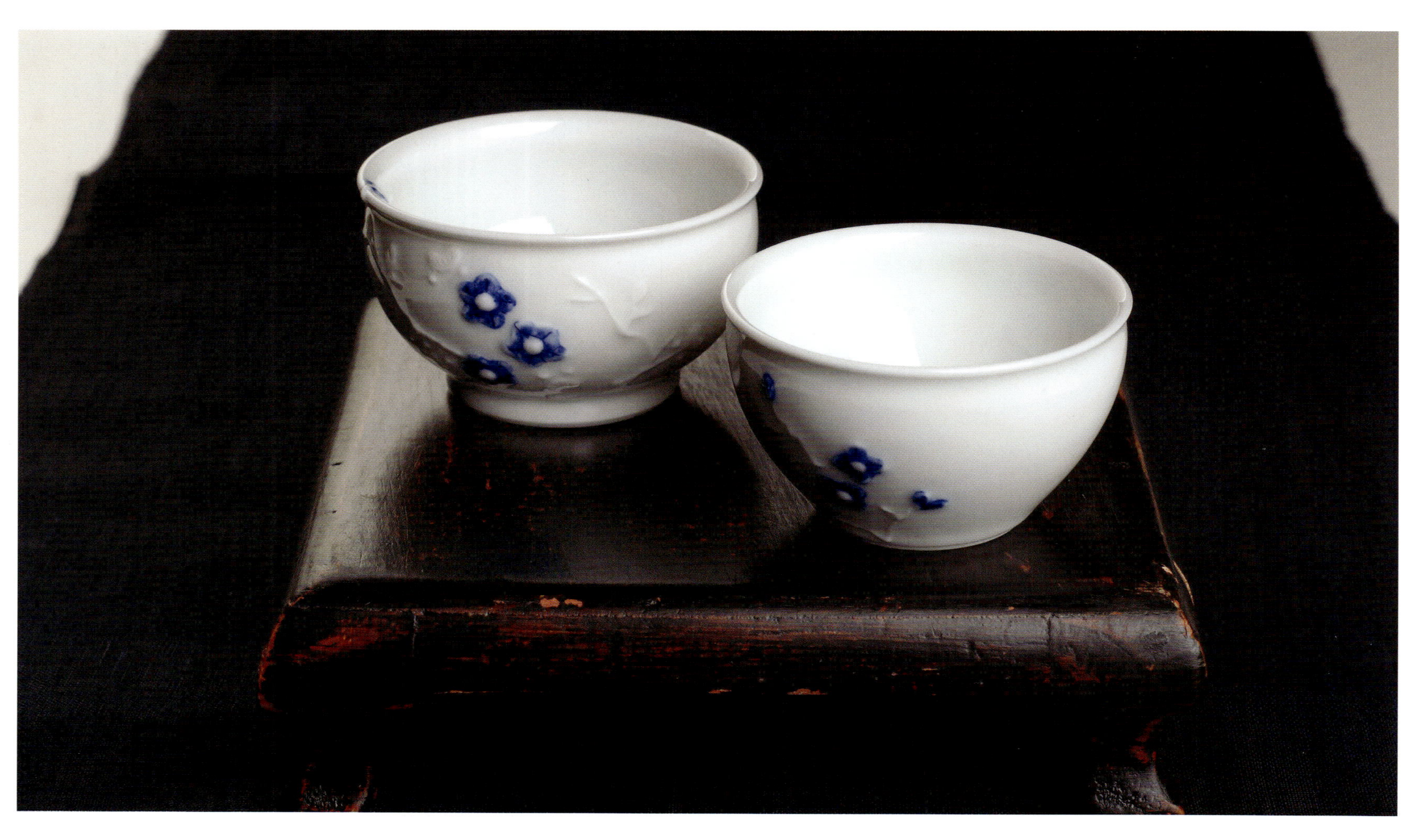

  청화백자매화문잔 ∅7×4.3㎝ **청화백자복숭아형잔** ∅6.5×4㎝ 유세림 作

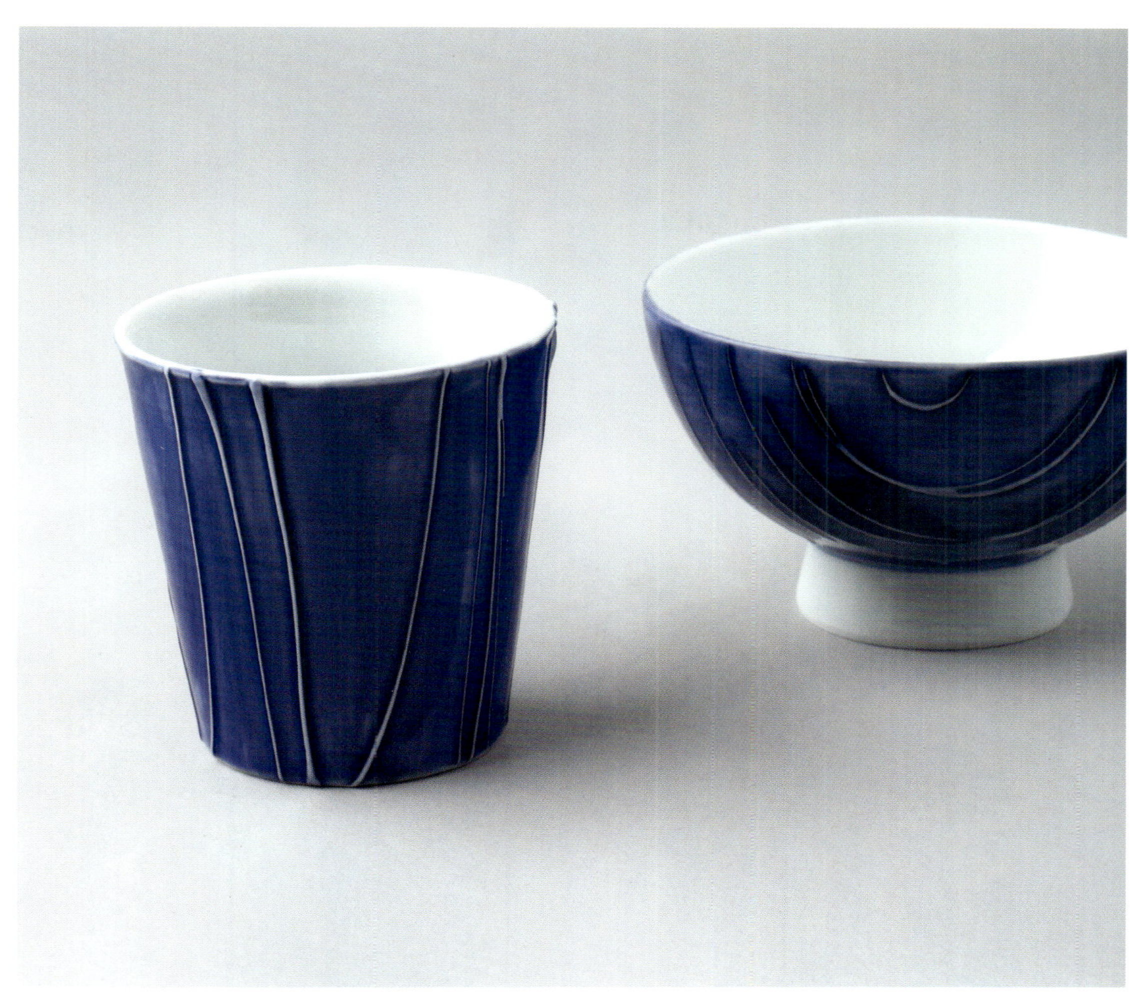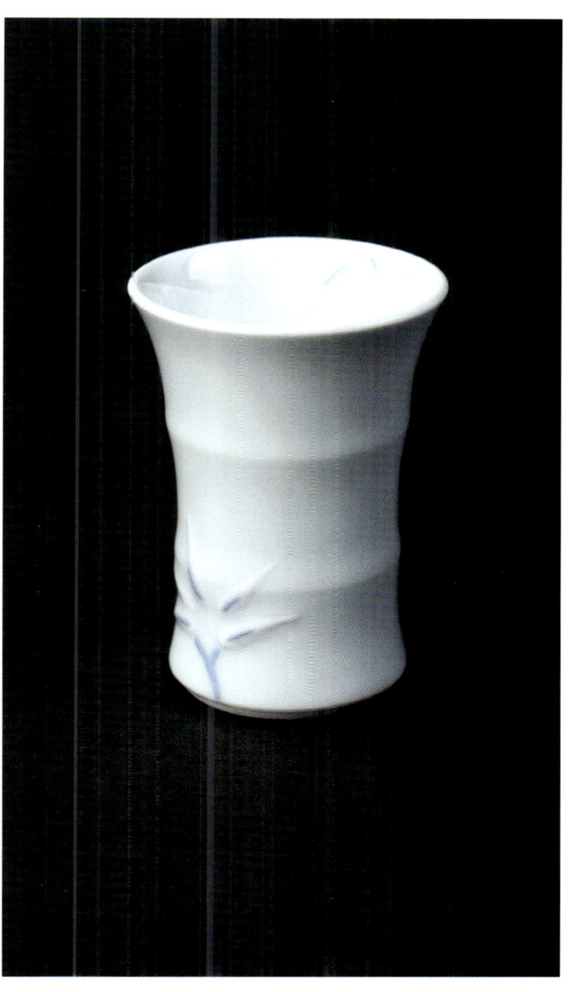

청화양각줄무늬 (물컵) ∅8.5×9㎝, (사발) ∅12×7㎝ 김정ㅁ 作 | **대나무형잔** ∅6×7.5㎝ 유세림 作

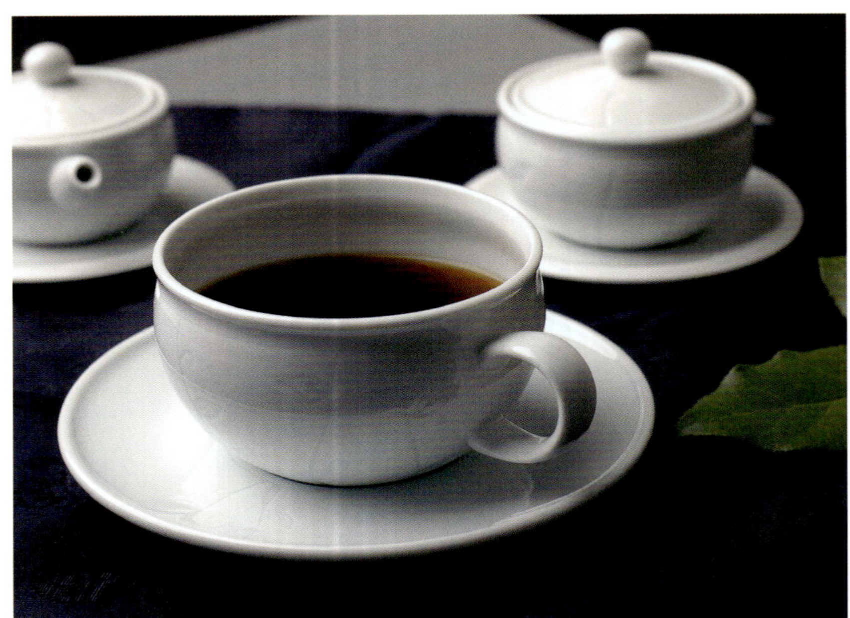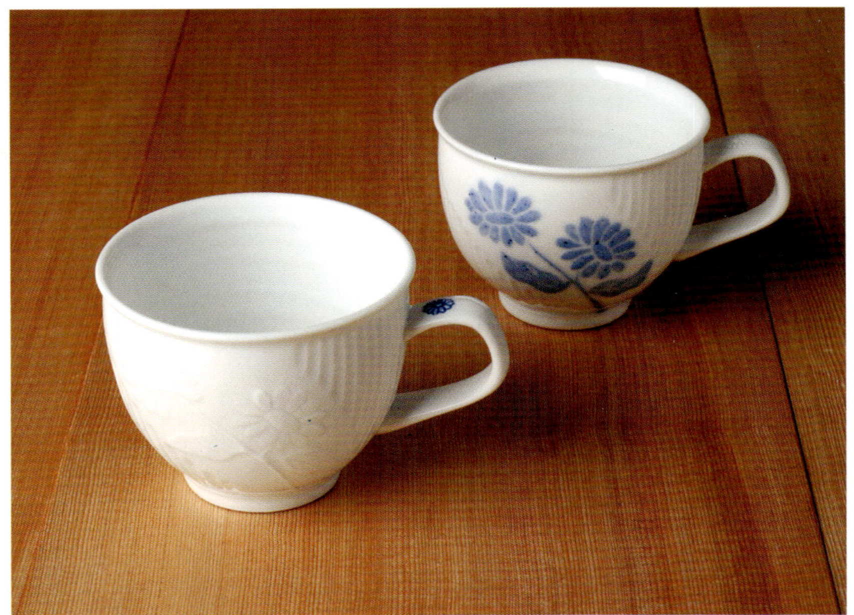

백자음각초화문커피잔 Set　(잔) ⌀11.5×5.2㎝, (잔받침) ⌀14.5×2㎝, (설탕기) ⌀7.5×6㎝, (크림기) ⌀8.2×5.5㎝, (설탕 프림 받침) ⌀10.3×1.5㎝　김선심 作
백자양각국화문청화손잡이머그잔　⌀10×8㎝,　**청화백자양각국화문머그잔**　⌀10×8㎝　이은아 作

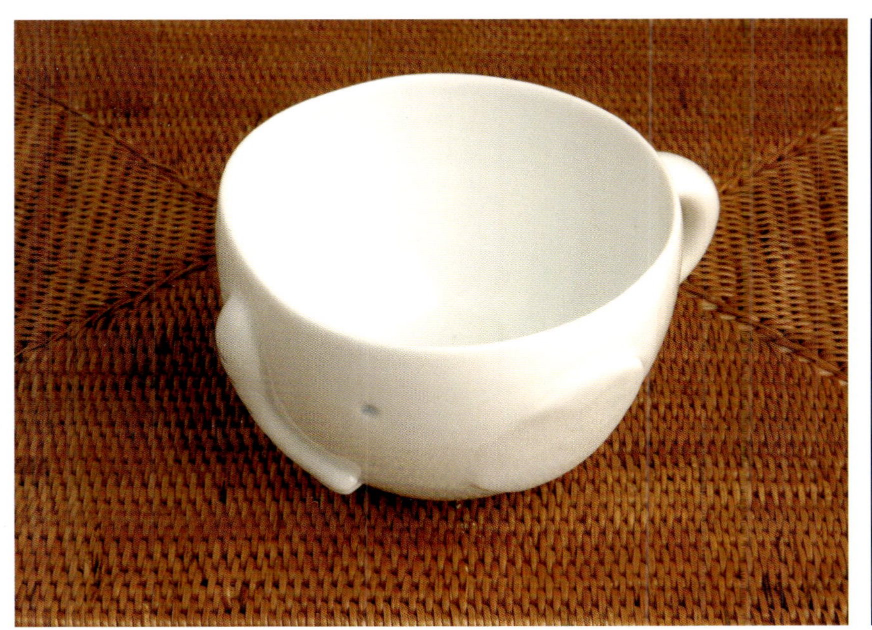 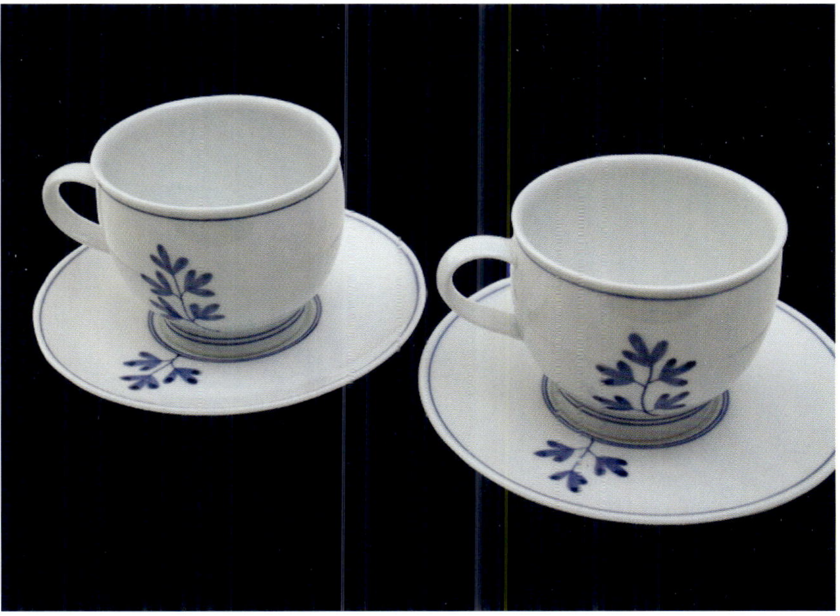

청화백자코끼리형머그잔 ∮20×14㎝ 남미리 作 | 청화초화문커피잔 (잔)∮8×6.8㎝, (잔받침)∮12.5×2㎝ MJ아트세라믹 作 53

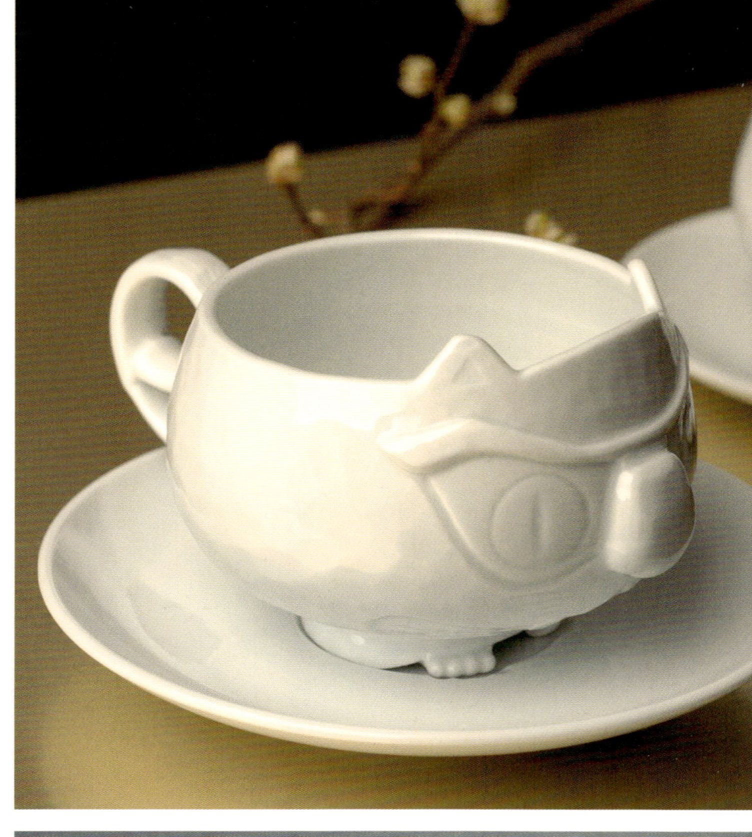

호랑이커피잔
(잔) ∅ 8 x 7.5cm, (잔받침) ∅ 14 x 2cm
권영미 作

산딸나무문커피잔 Set
(잔) ∅ 8.7 x 7.2cm, (잔받침) ∅ 14.8 x 2.3cm
임헌관 作

청화모란문, 수레국화문에스프레소잔
(잔) ∅ 7 x 5cm, (잔받침) ∅ 11 x 1.5cm
전현주 作

설경커피잔 Set
(잔) ∅ 9 x 9cm, (잔받침) ∅ 13 x 9cm
조명식 作

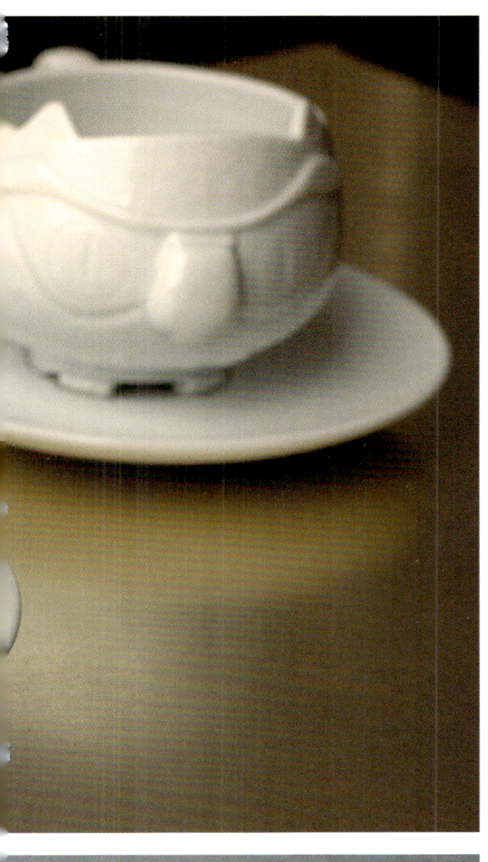
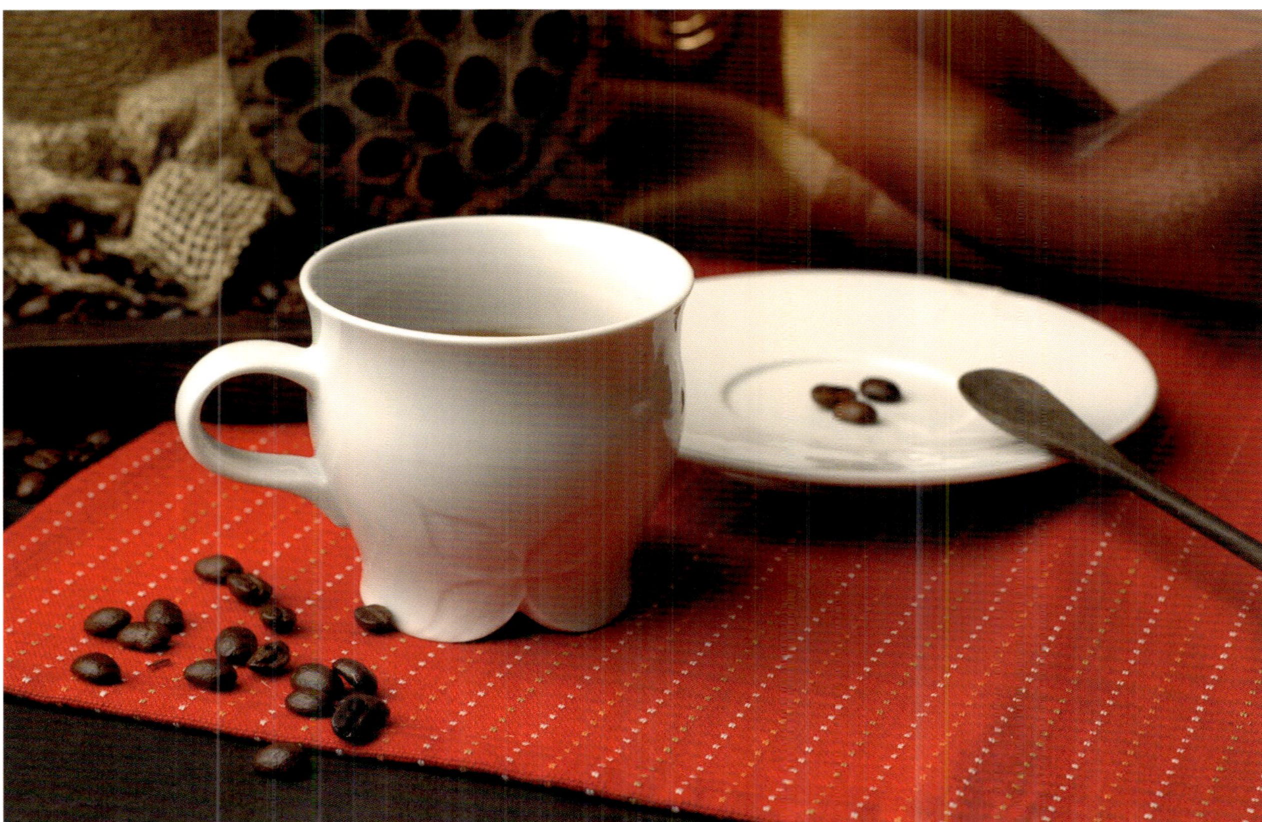
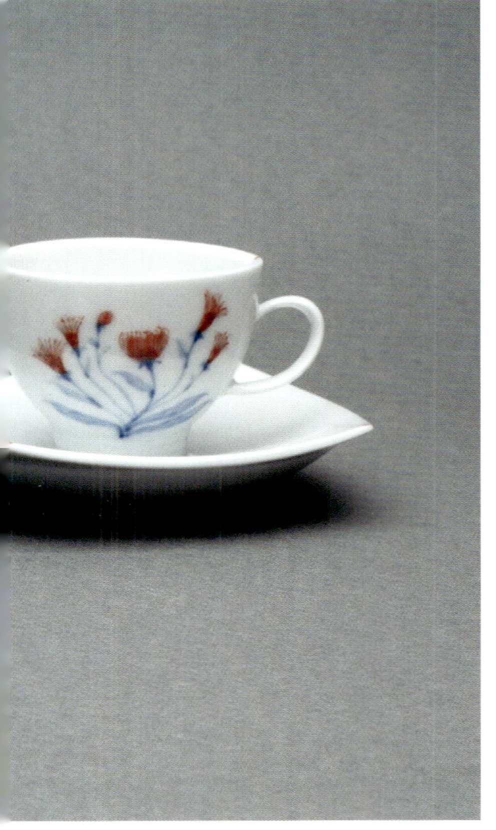
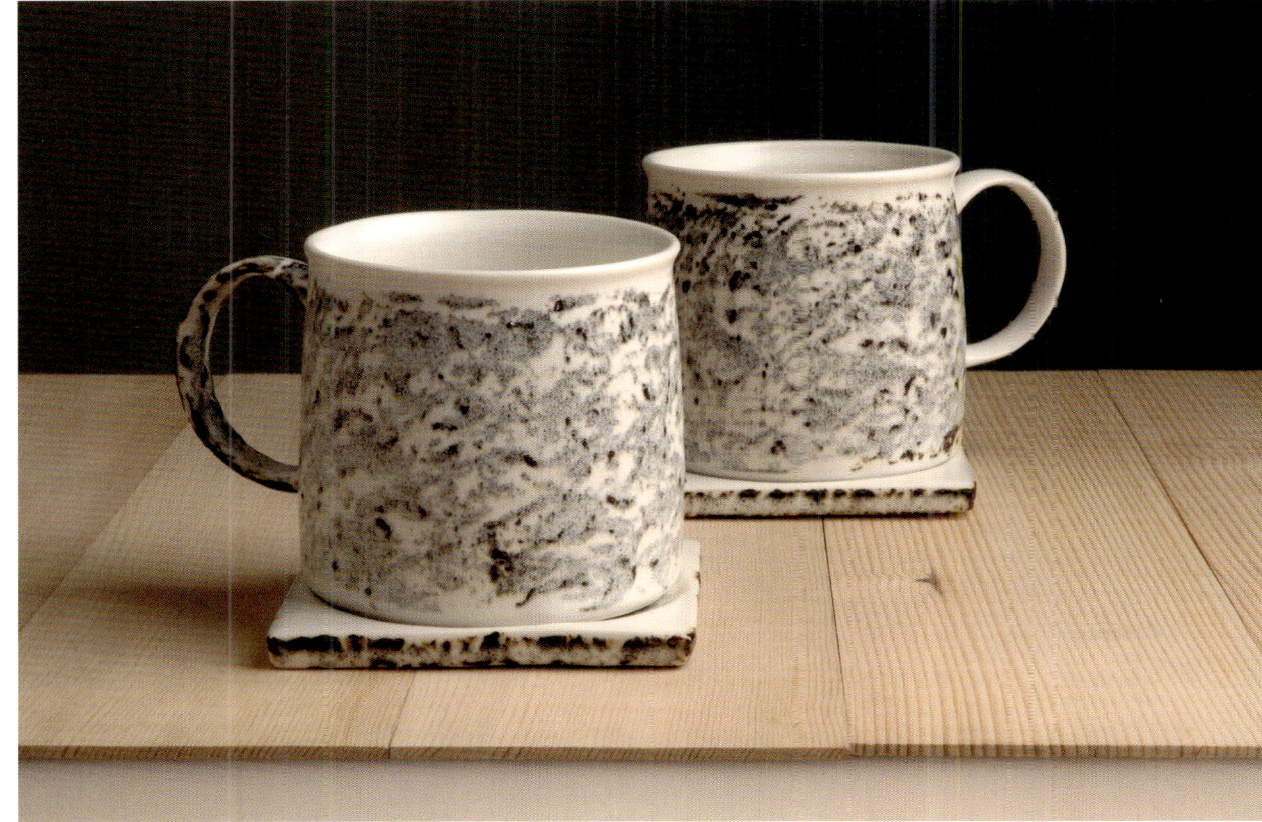

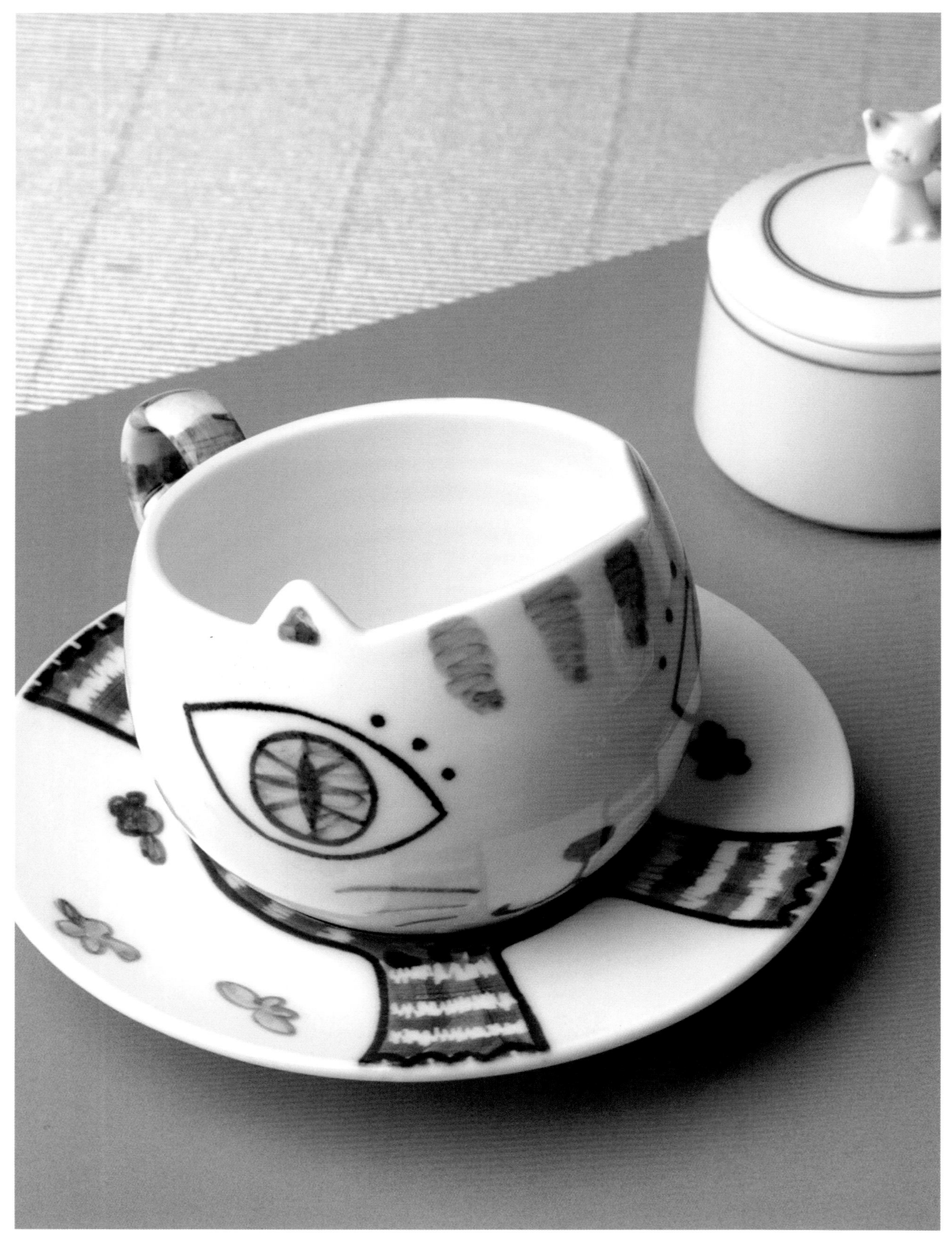

고양이커피잔
(컵) 大 ∮7.5×7.5cm,
(컵받침) ∮14×2.5cm
권영미 作

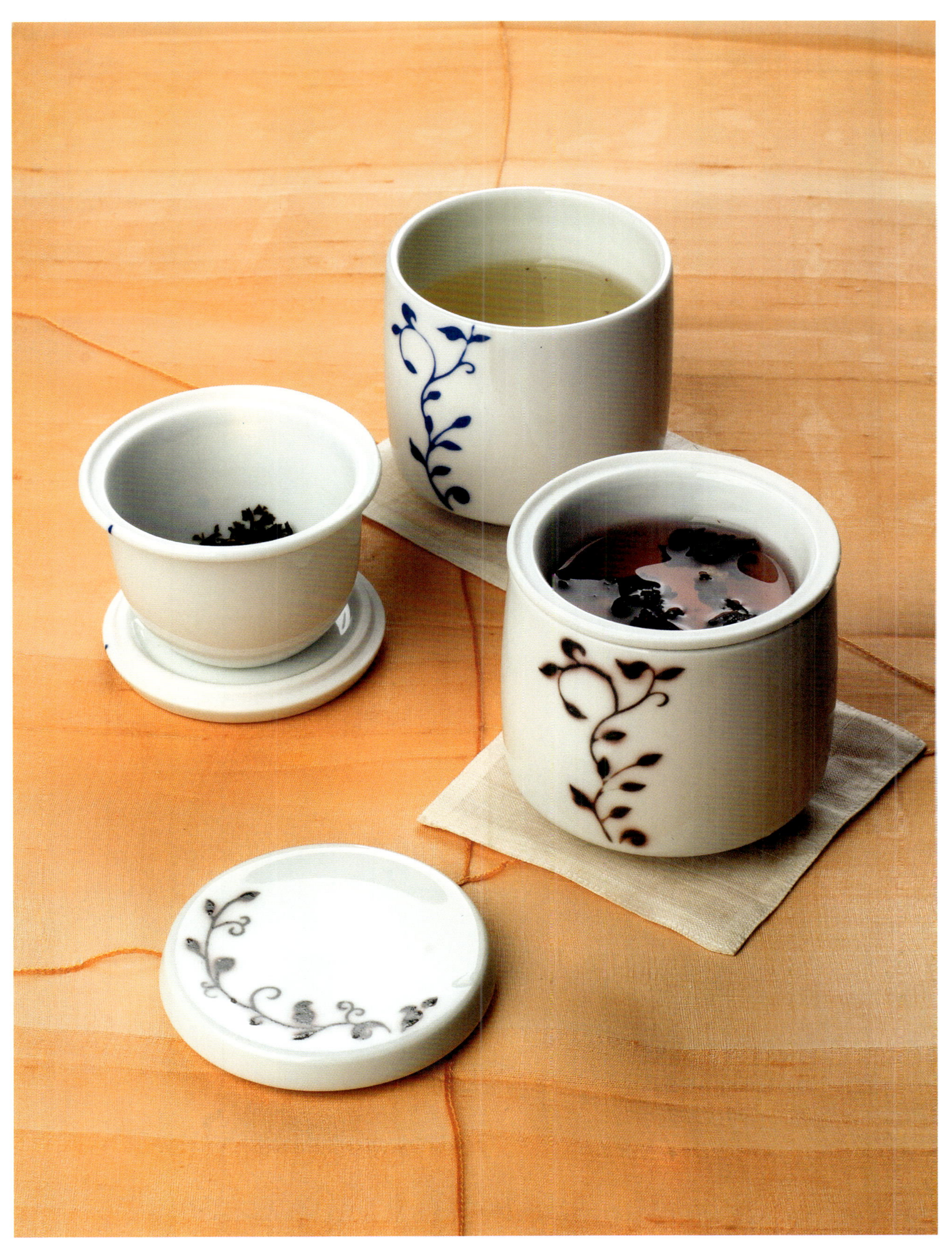

백자초문청상감1인다기
ø 8 × 9.5㎝
조명식 作　57

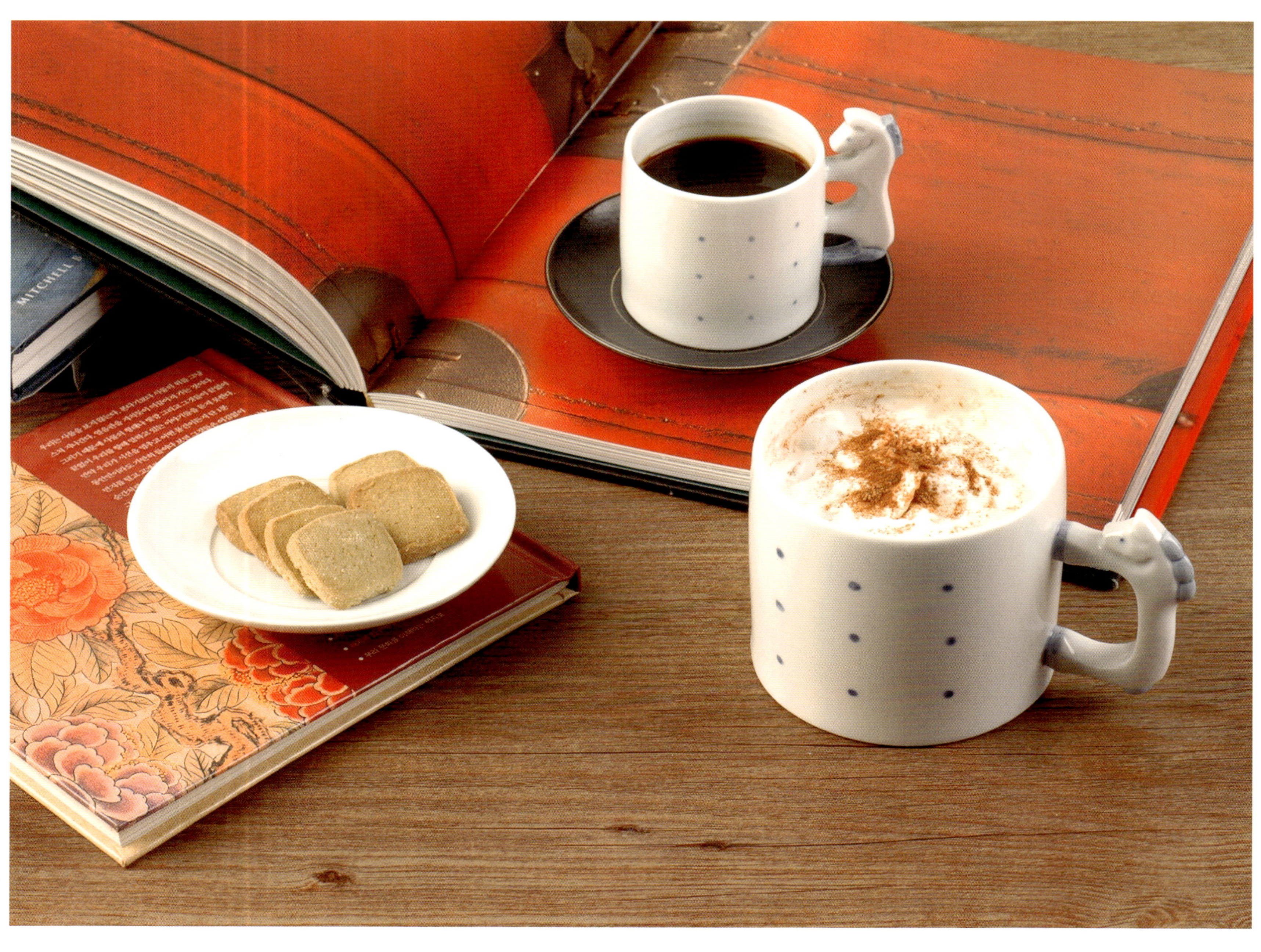

  마형손잡이머그잔 (카푸치노컵) ⌀8.5 x 7.7㎝, (에스프레소) ⌀5.8 x 5.6㎝, (잔받침) ⌀11.2㎝ **최윤경** 作

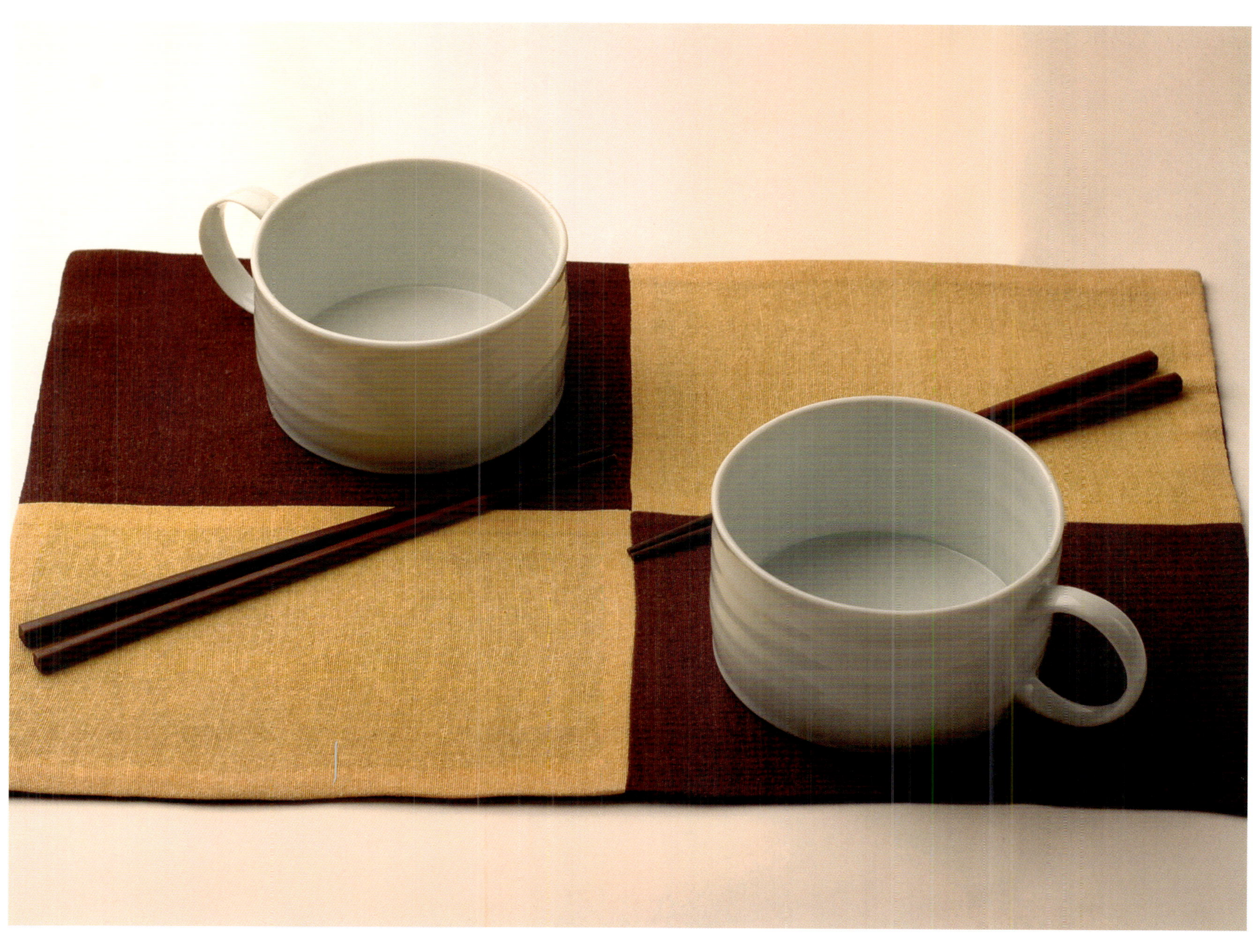

백자머그형라면사발 ∮12×6cm 조명식 作   59

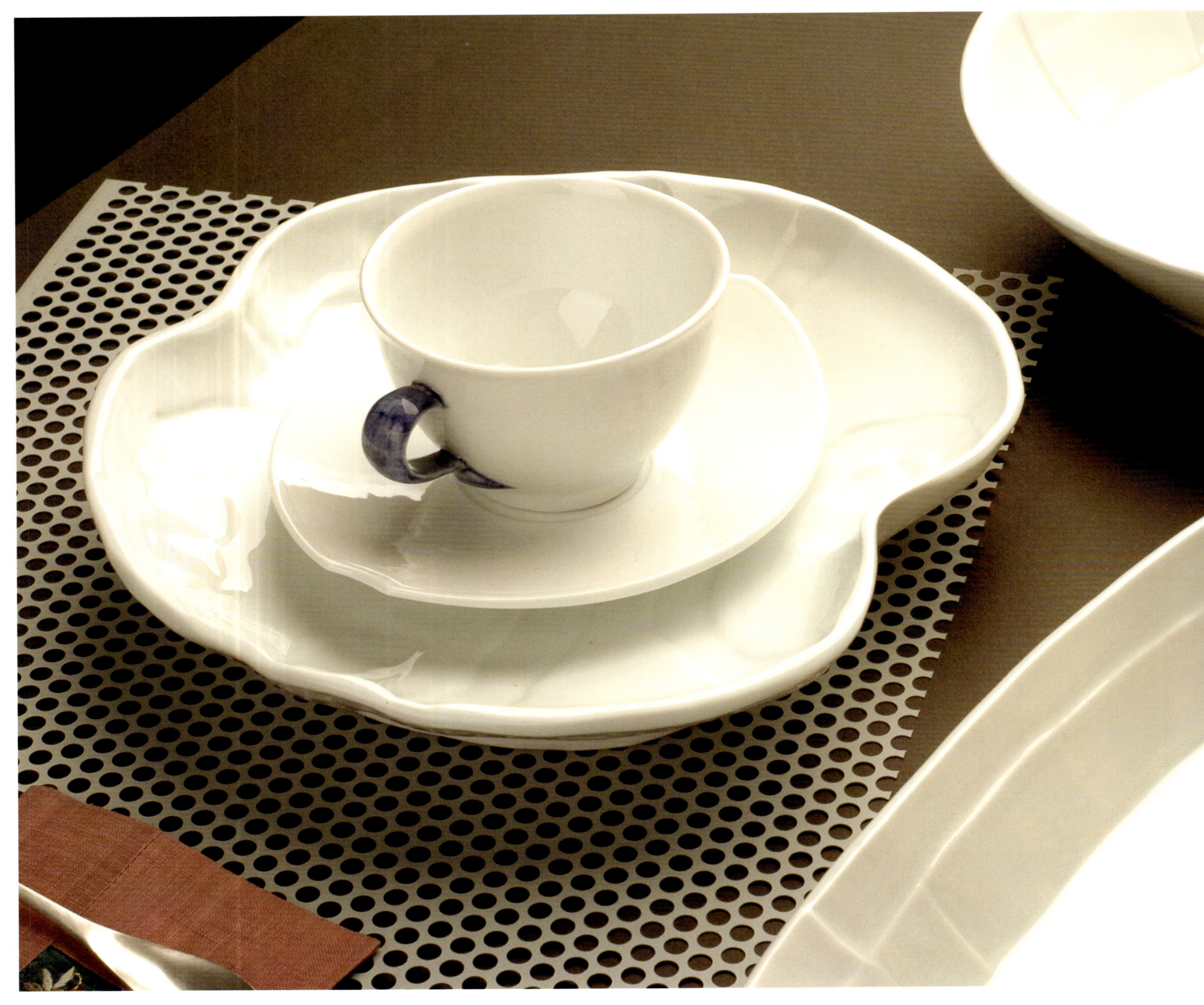

 백자청화손잡이커피잔 Set （잔）∮9.5×5㎝, （잔받침）∮16㎝ 전현주 作

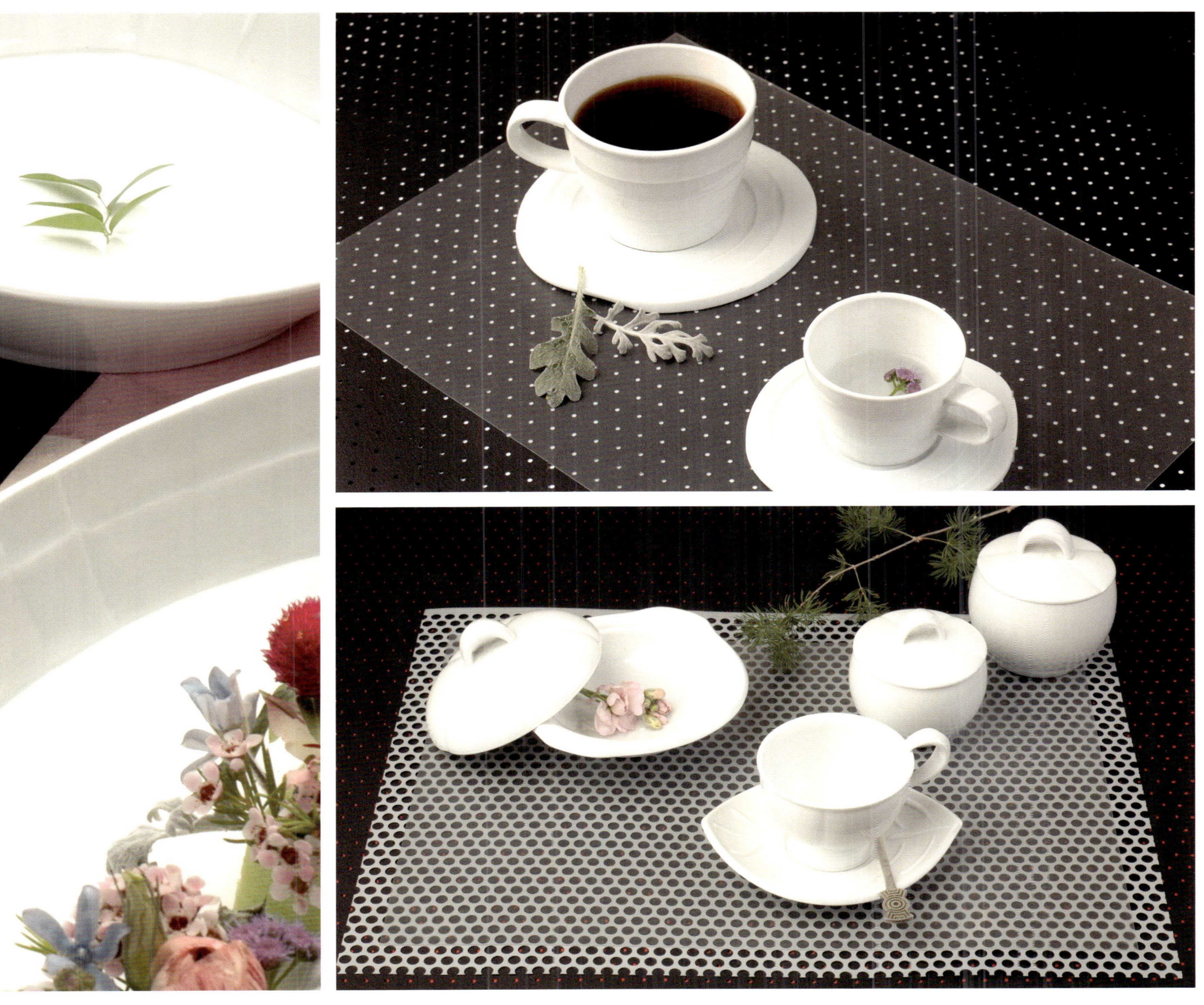

줄무늬커피잔 Set (잔) 大 ∮11×7cm, (잔받침) ∮14.5×1cm, (잔) 小 ∮9×5cm, (잔받침) ∮11.3×1cm 김선심 作

화형잎새커피잔 Set (커피잔) ∮11.5×7.5cm, (잔받침) ∮15×3cm, (에스프레소) ∮9.5×6.5cm, (잔받침) ∮13×2.5cm, (재떨이) ∮14×8cm, (설탕&드림기) 大 ∮8×8.5cm, 小 ∮7×7.5cm 이은아 作

접시

"도자기가 단순한 식기가 아닌 인간의 미학적 삶
을 고양시키는 정신적 매개물이 되었으면 바램은
예나 지금이나 다름없다. 그것은 도자기를 만드
는 우리 자신에게 있어서도 물론 예외가 아니다.
작품을 통해 자신을 타자화(他者化)시켜 얻어지
는 자기인식의 과정은 그 어떠한 어려움 속에서도
놓칠 수 없는 작가의 보람이기 때문이다."

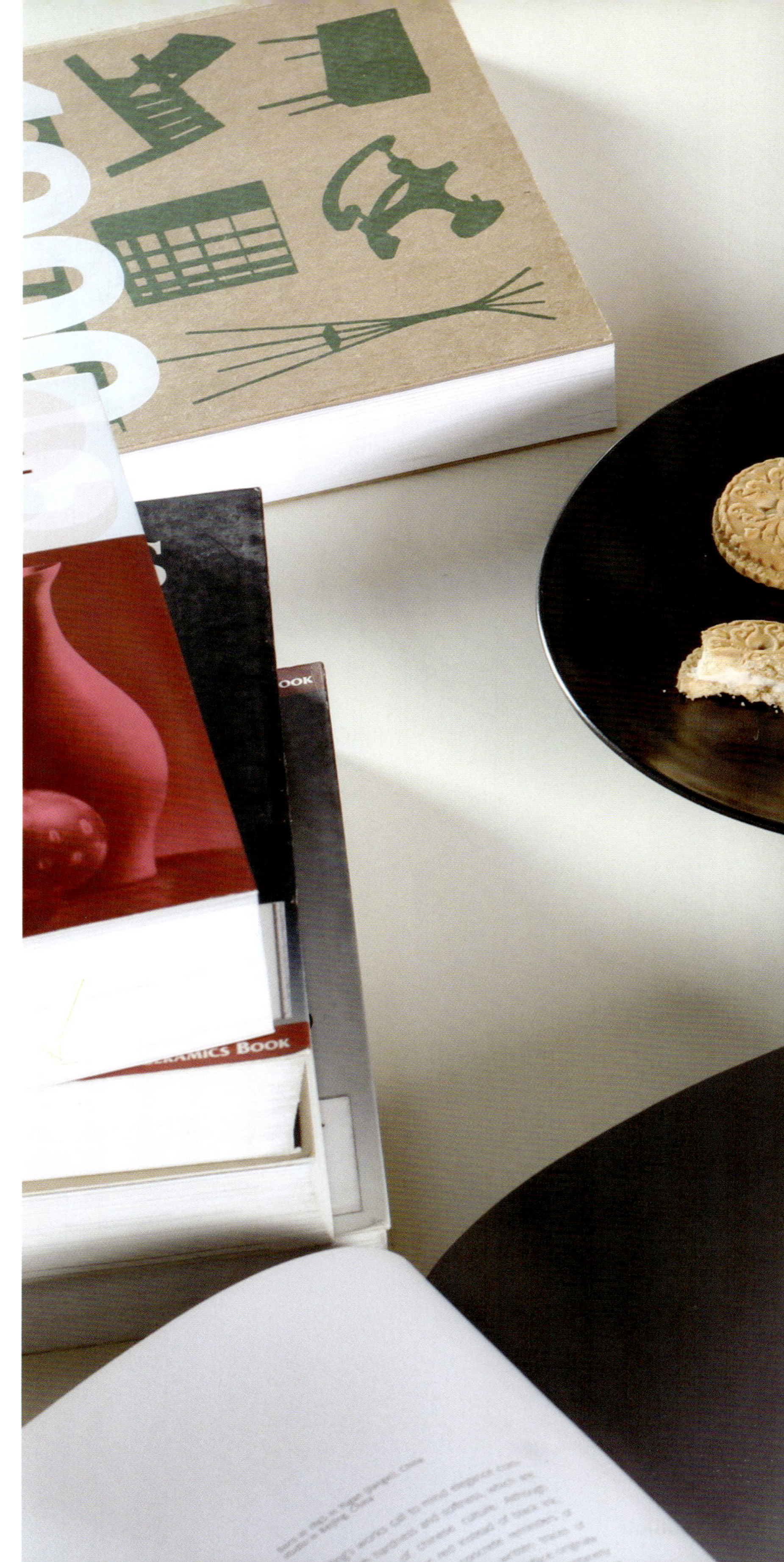

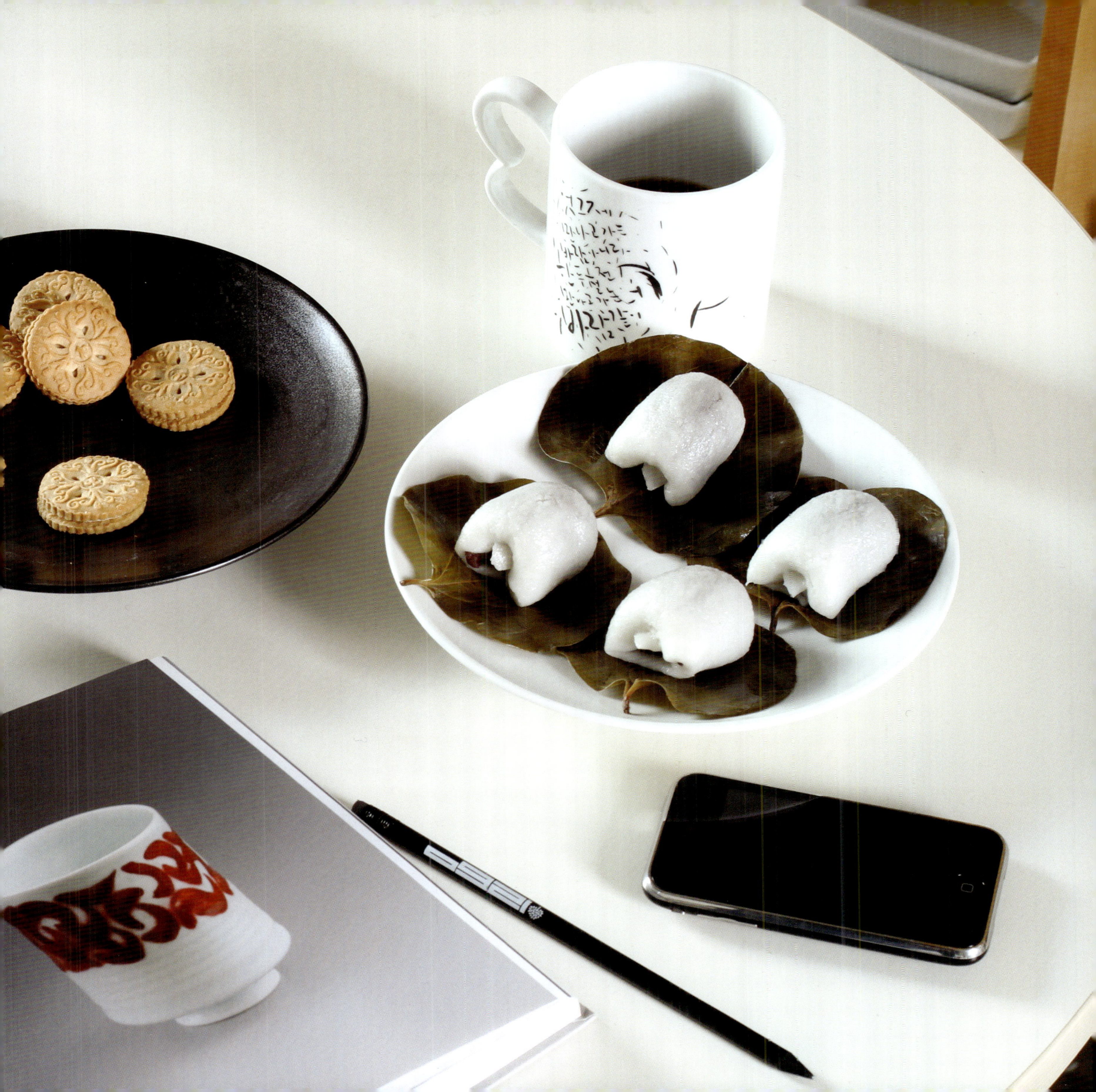

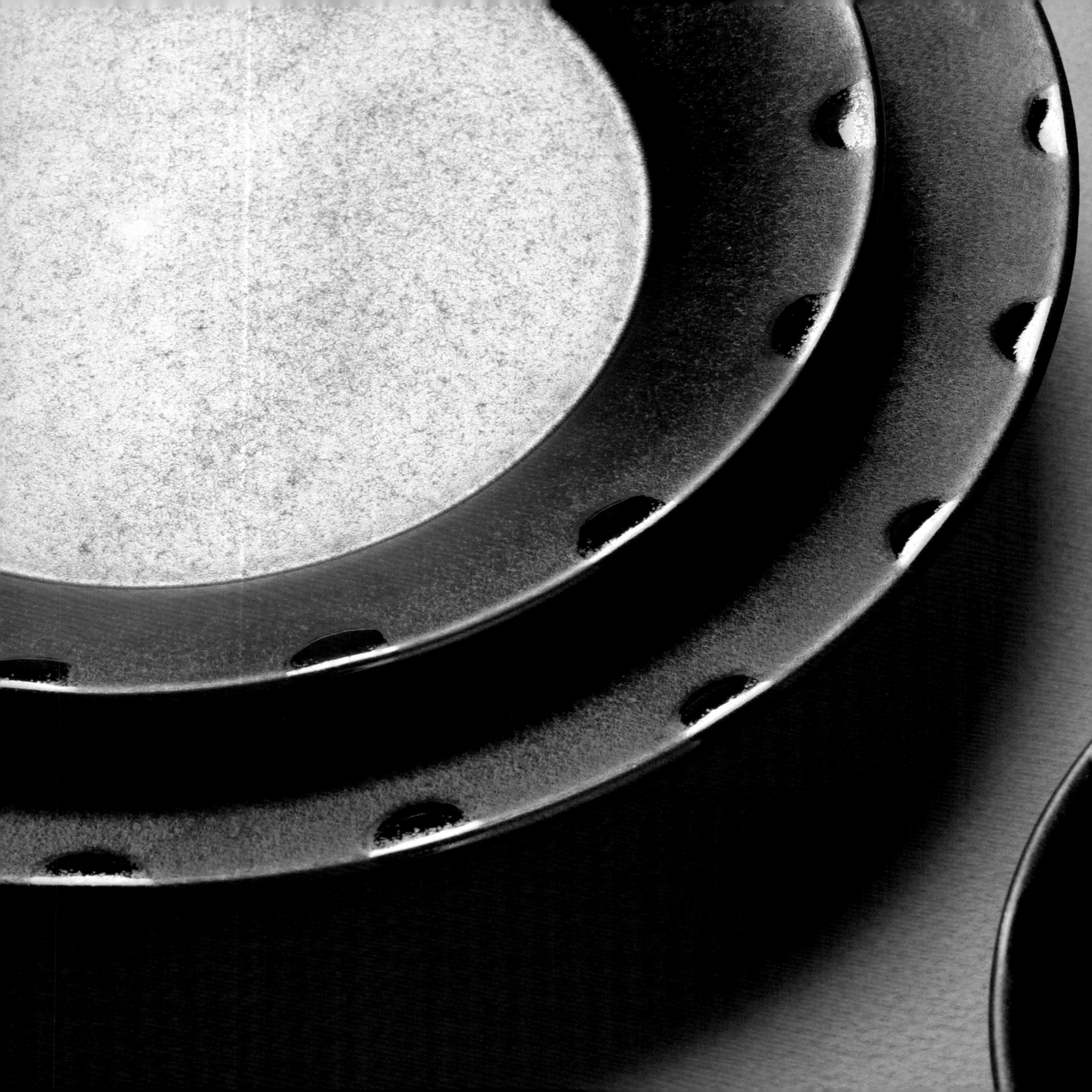

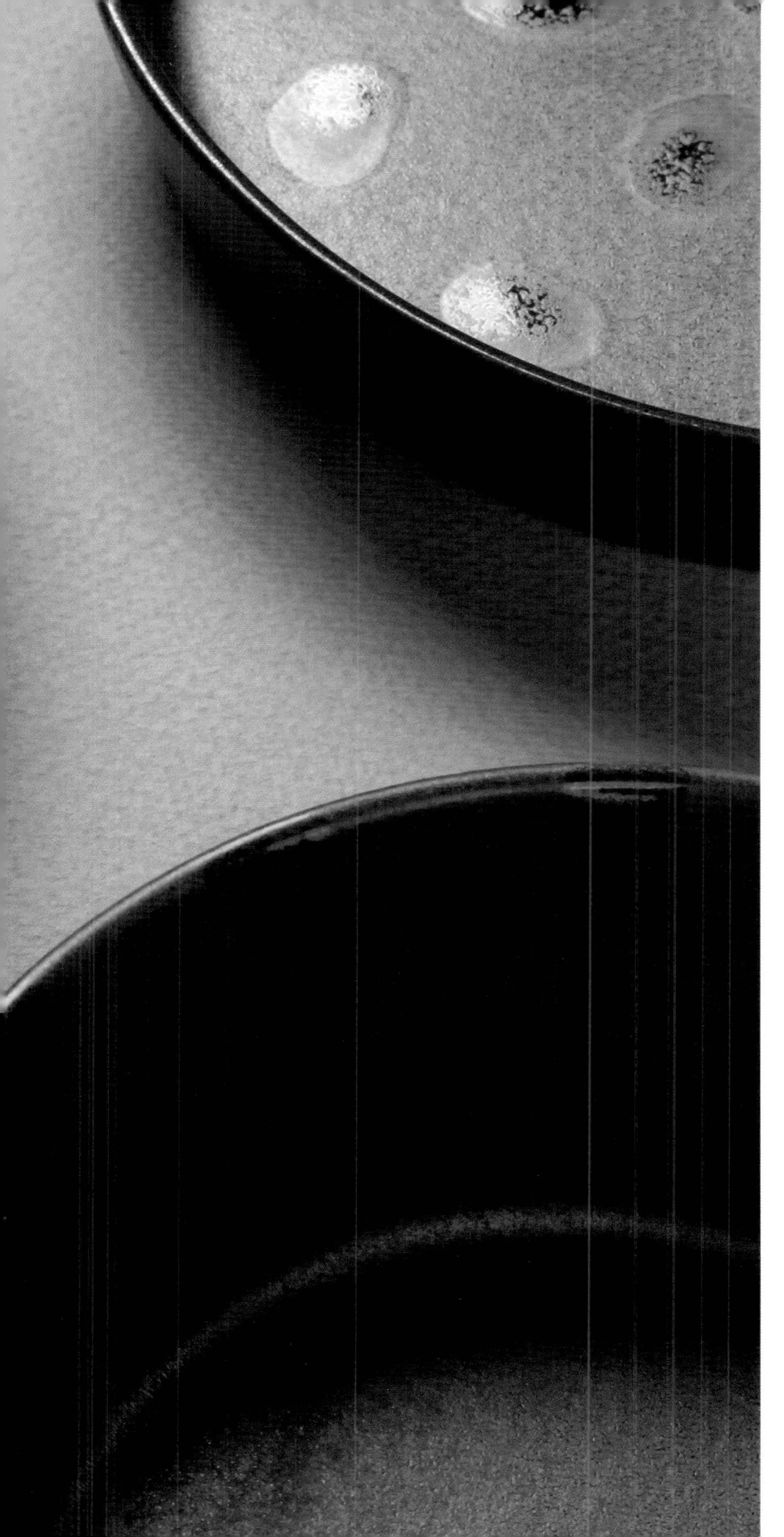

흑우바래기형단반상기
밥그릇) ∮10.5×5.5cm
(국그릇) ∮13×5cm
(접시) 大 ∮23×3cm, 小 ∮18×2cm
(찬기) ∮15×3cm
(종지) ∮9×2.5cm
(물컵) ∮8×8cm
(수저받침) ∮9×3.1×1cm
MJ아트세라믹 作　65

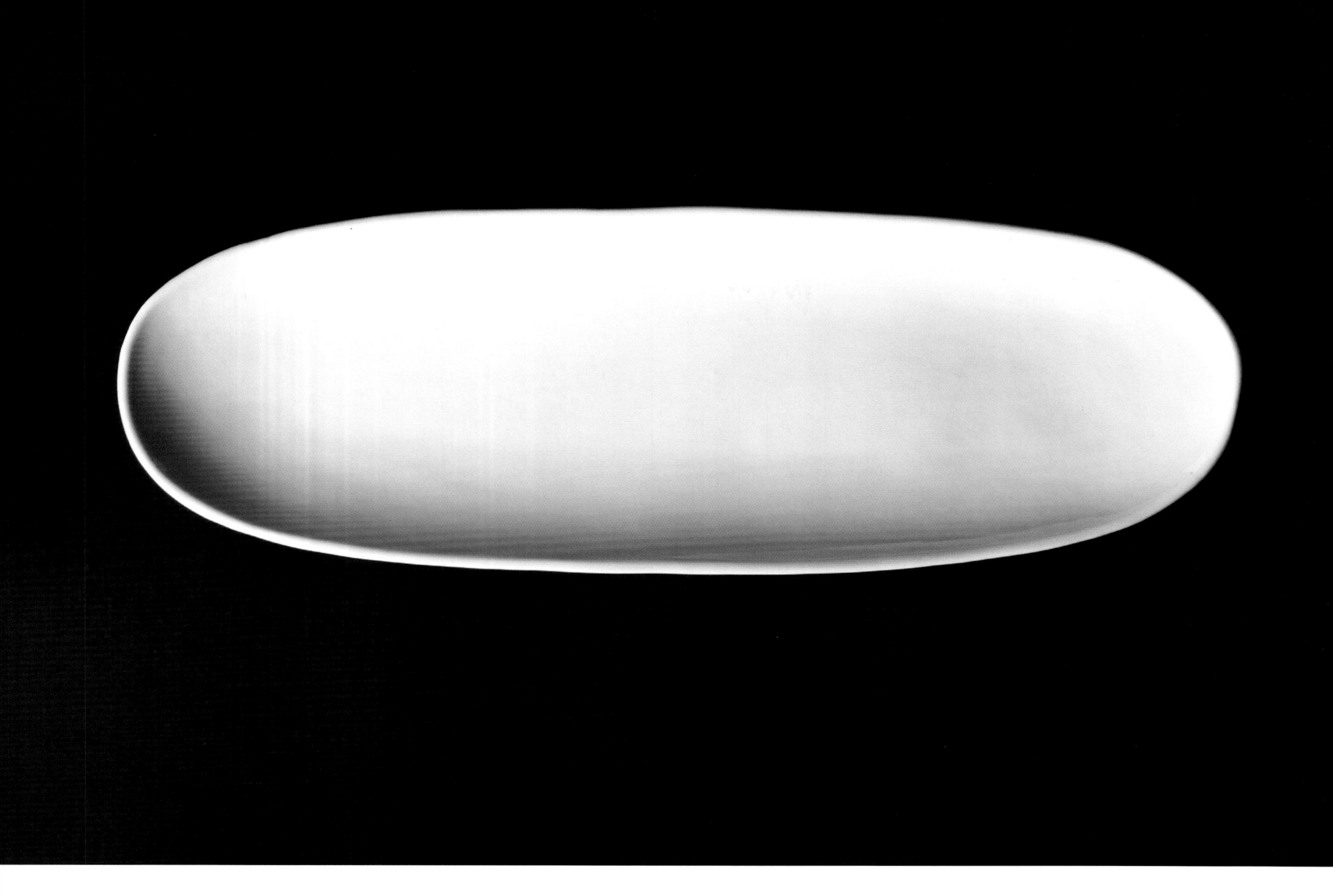

 백자타원형판접시 大 40×13.5㎝ MJ아트세라믹 作

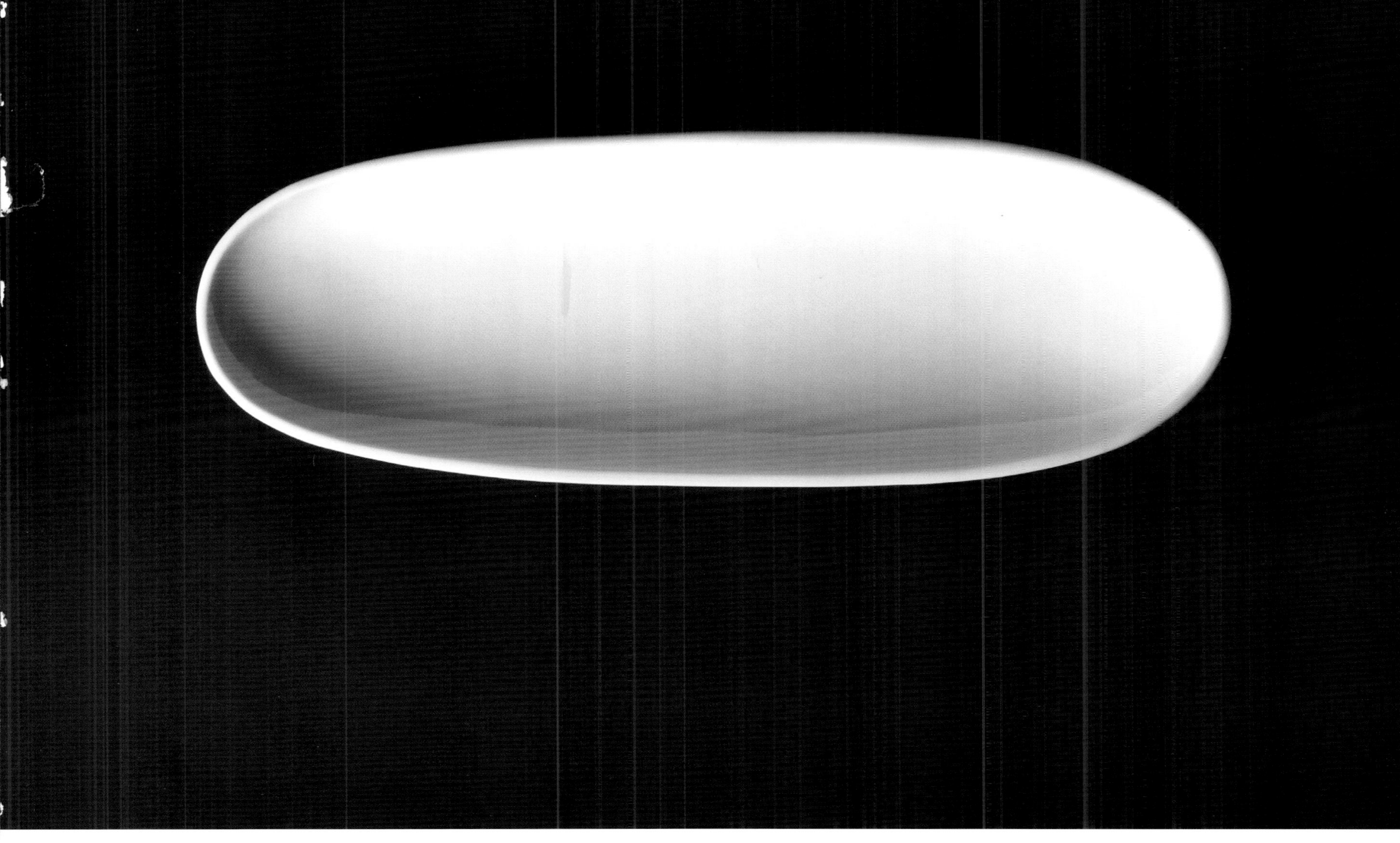

백자타원형판접시 中 35×13.5cm VL아트세라믹 作   67

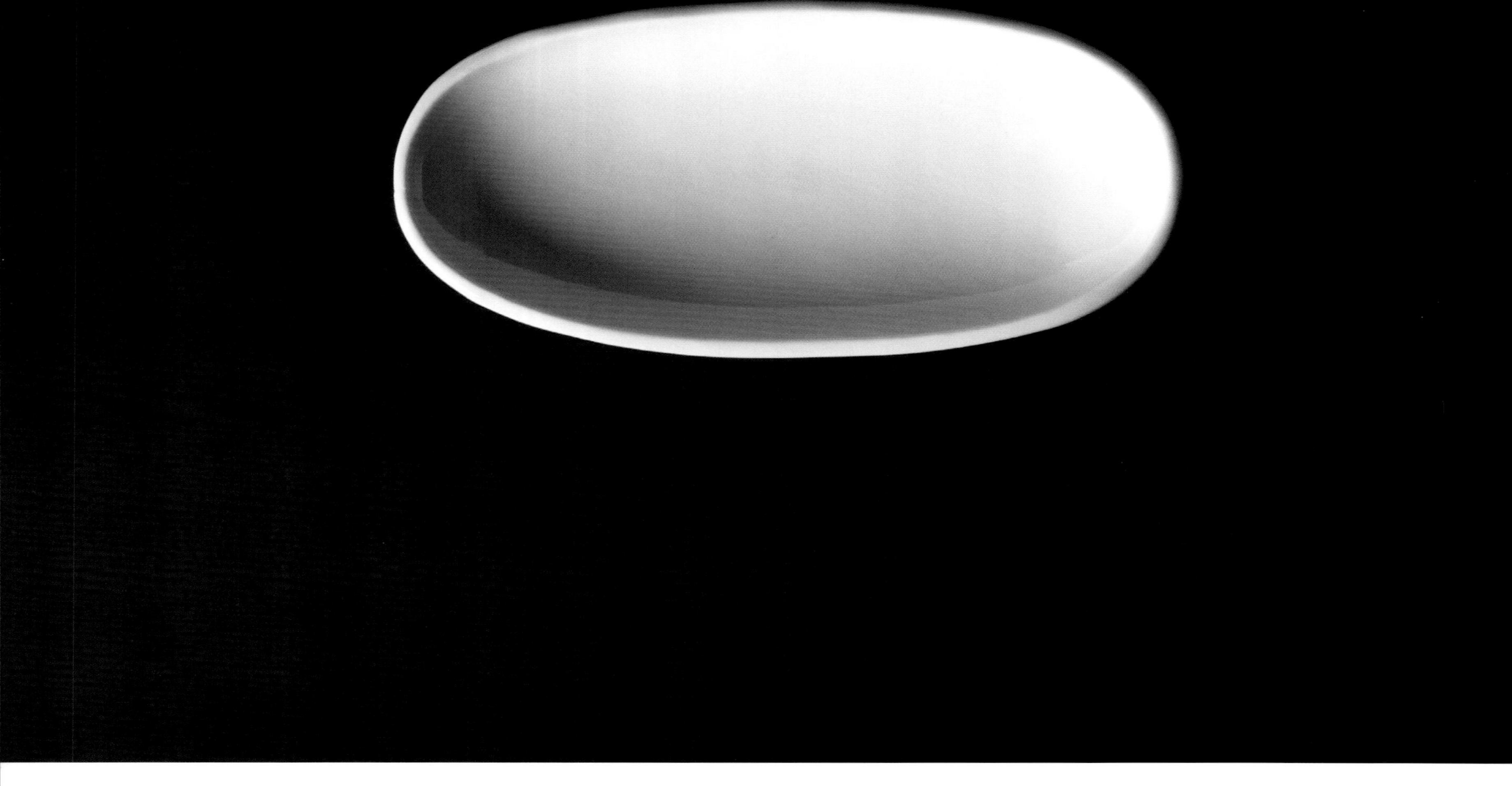

 백자타원형판접시 小 25 × 13.5㎝ MJ아트세라믹 作

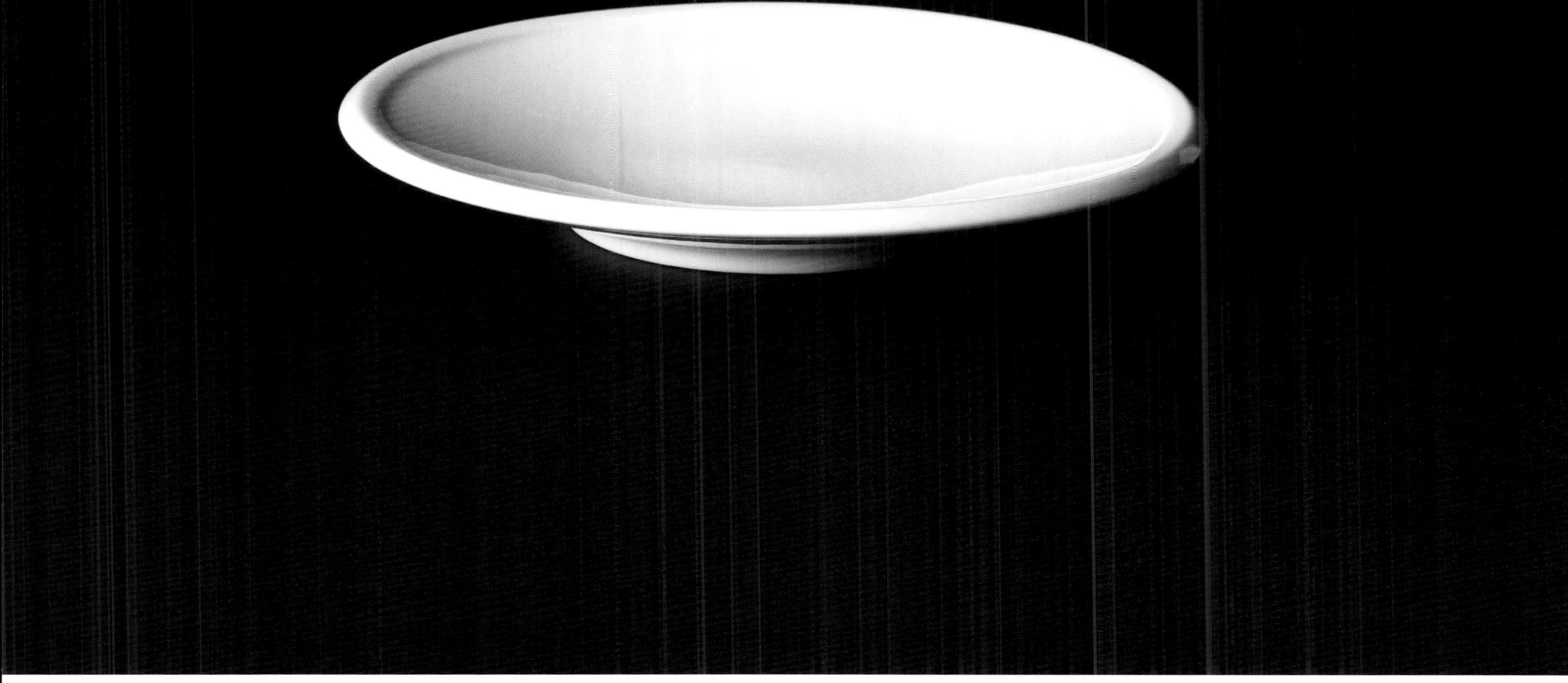

백자원형접시 ∮17.5×2㎝ MJ아트세라믹 作 69

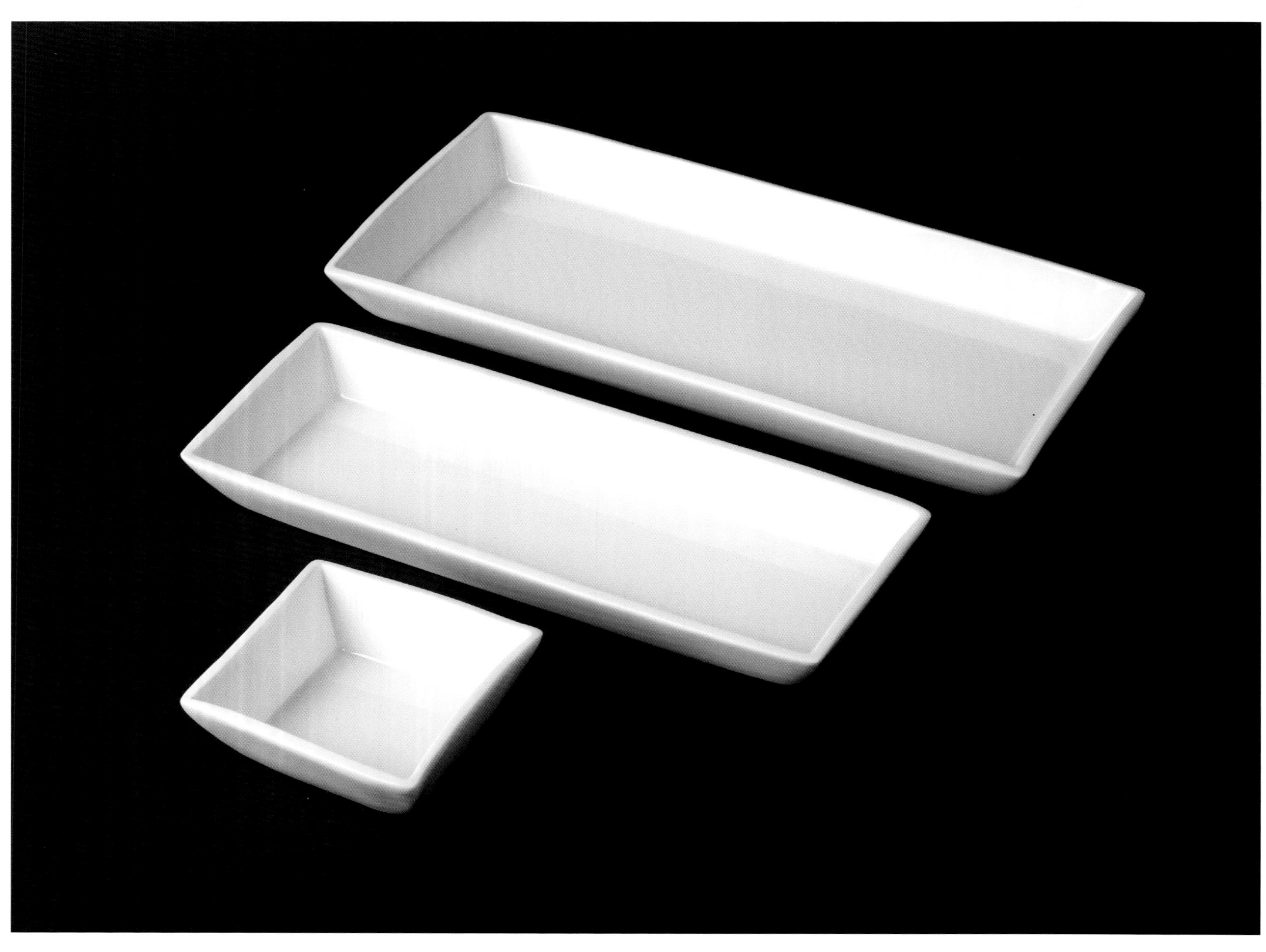

   백자사각판접시 Set   大 36×17cm, 中 32.5×12.5cm, 小 11.5×11.5cm   김선심 作

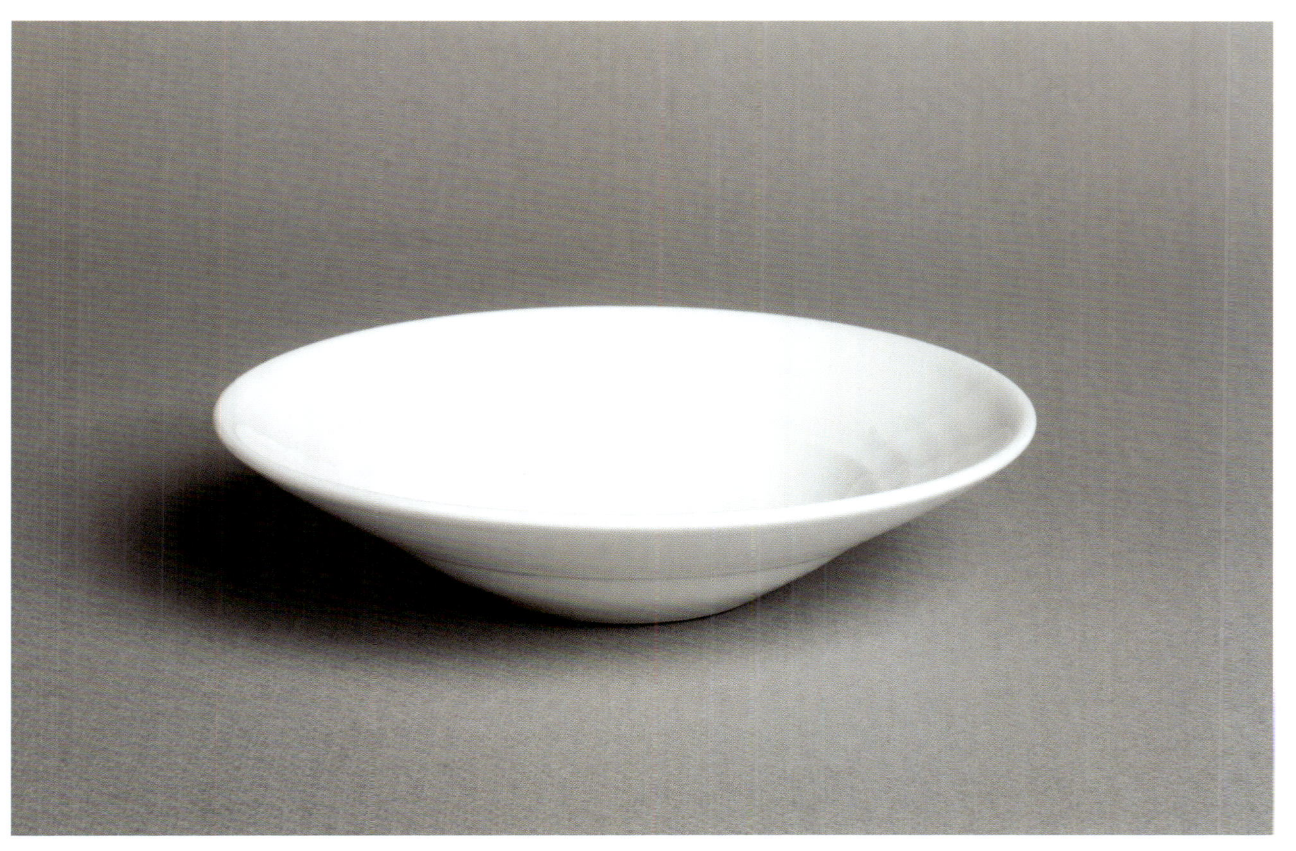

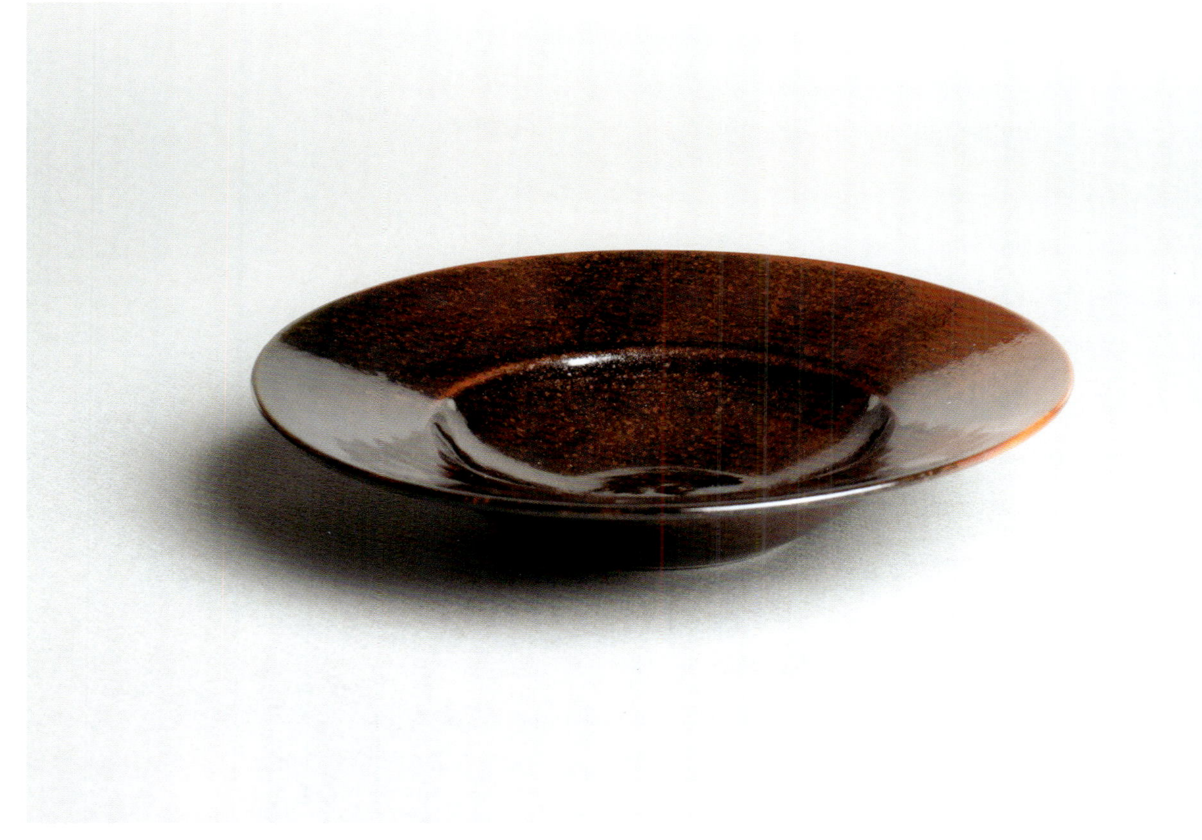

71

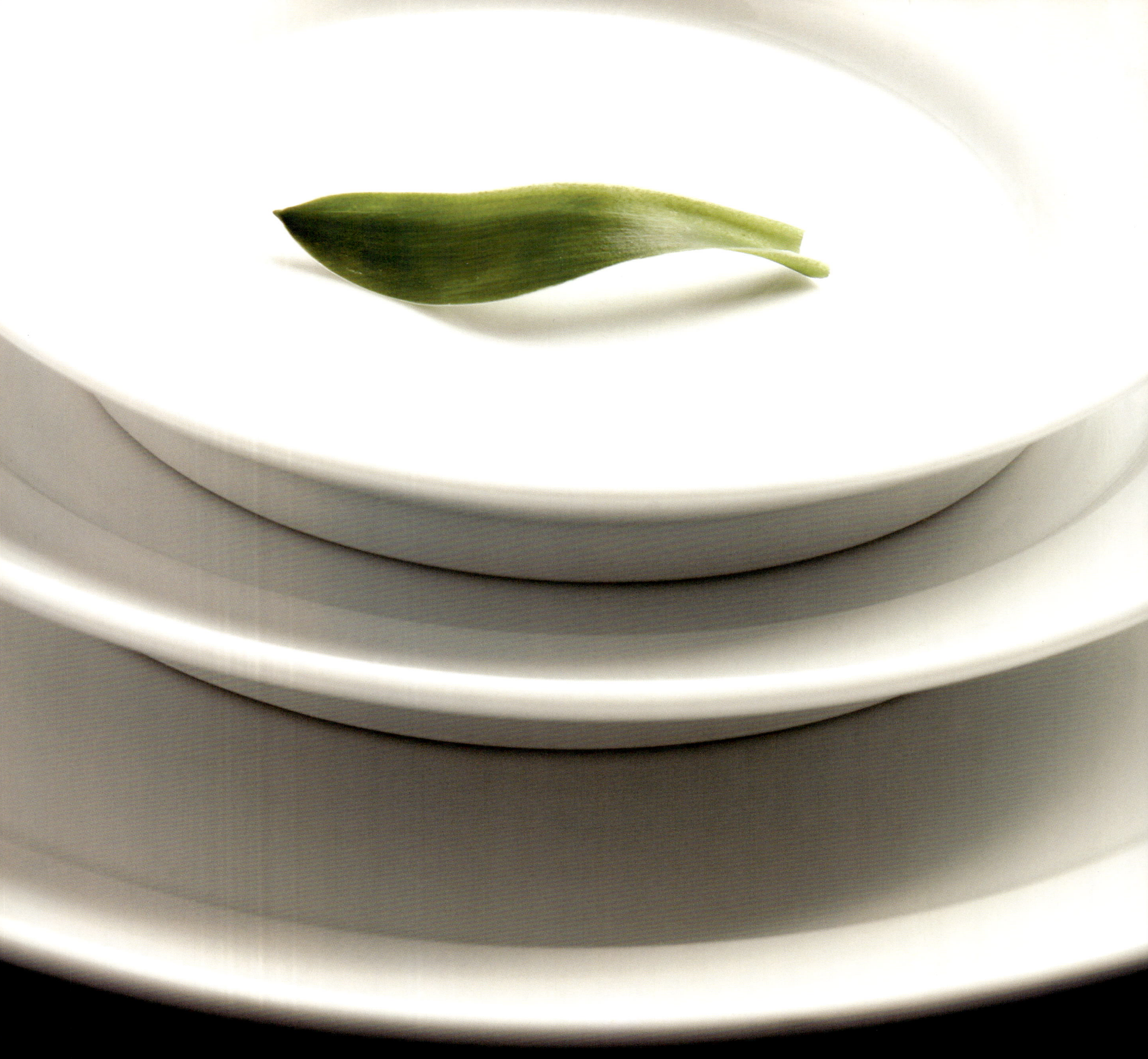

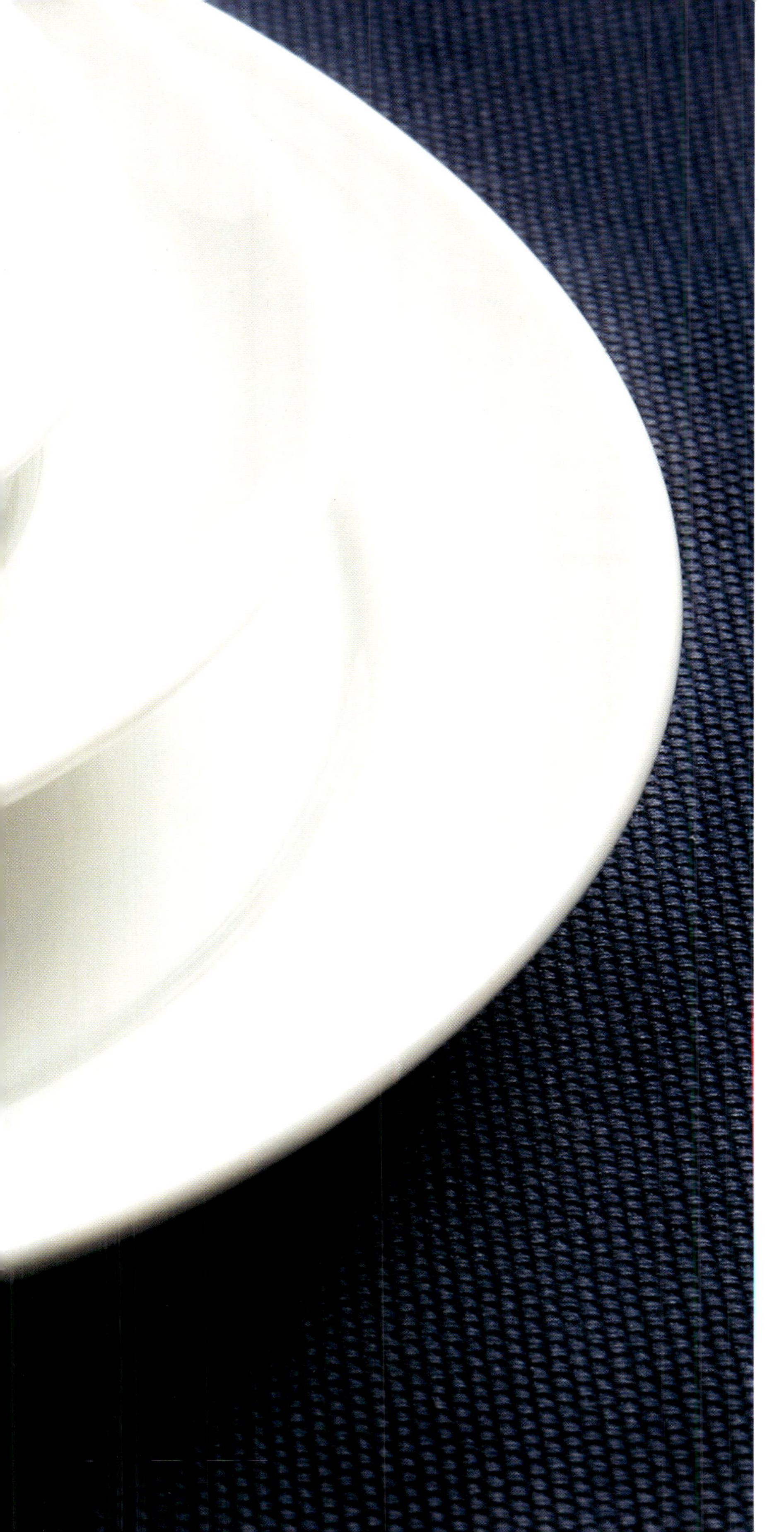

백자접시 大 ∮ 20 × 2.5cr , 中 ∮ 16 × 2.5cm, 小 ∮ 12 × 2.5cm 권영미 作   73

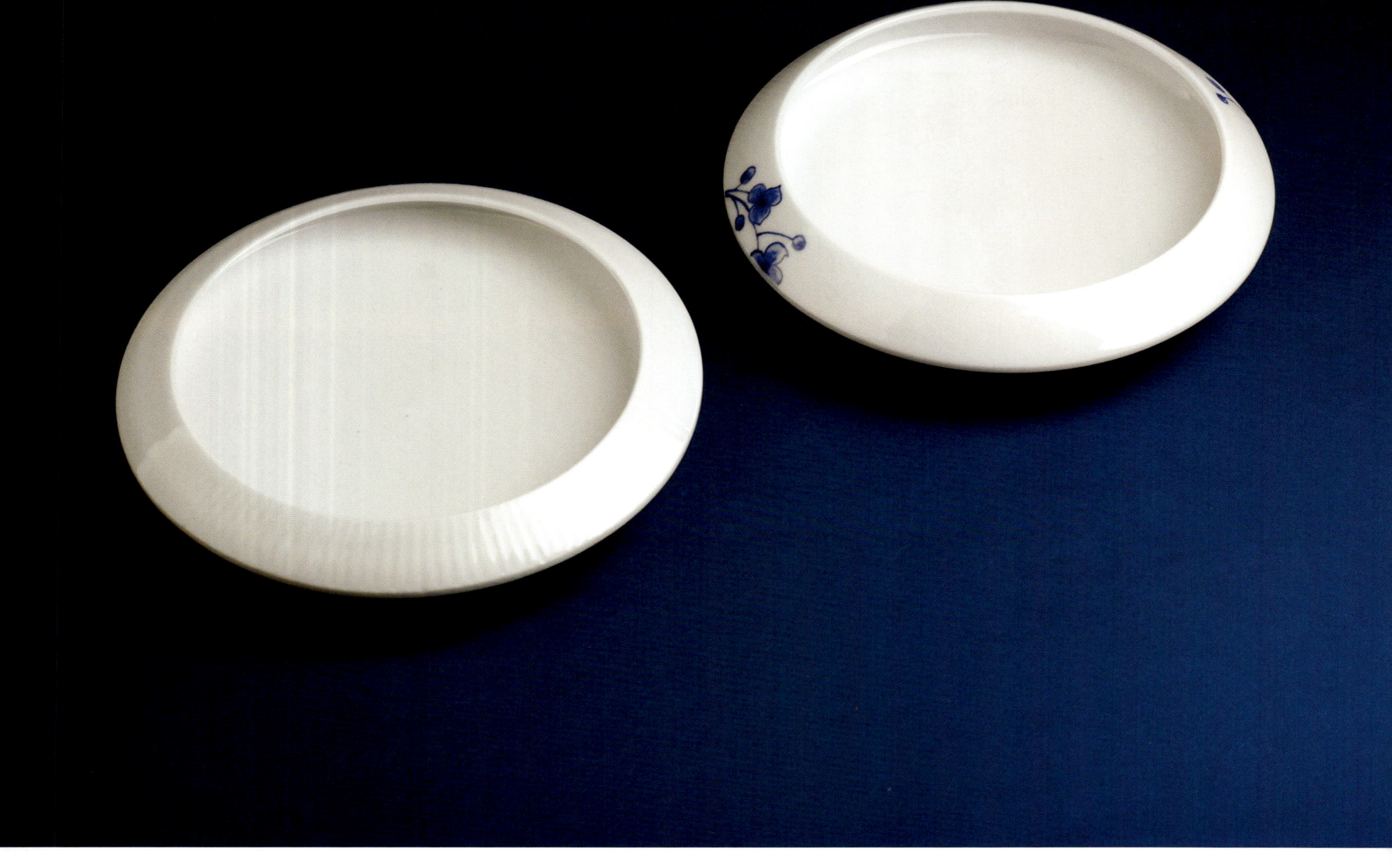

  줄무늬음각접시, 초화문접시 ∅25×3.8㎝ MJ아트세라믹 作

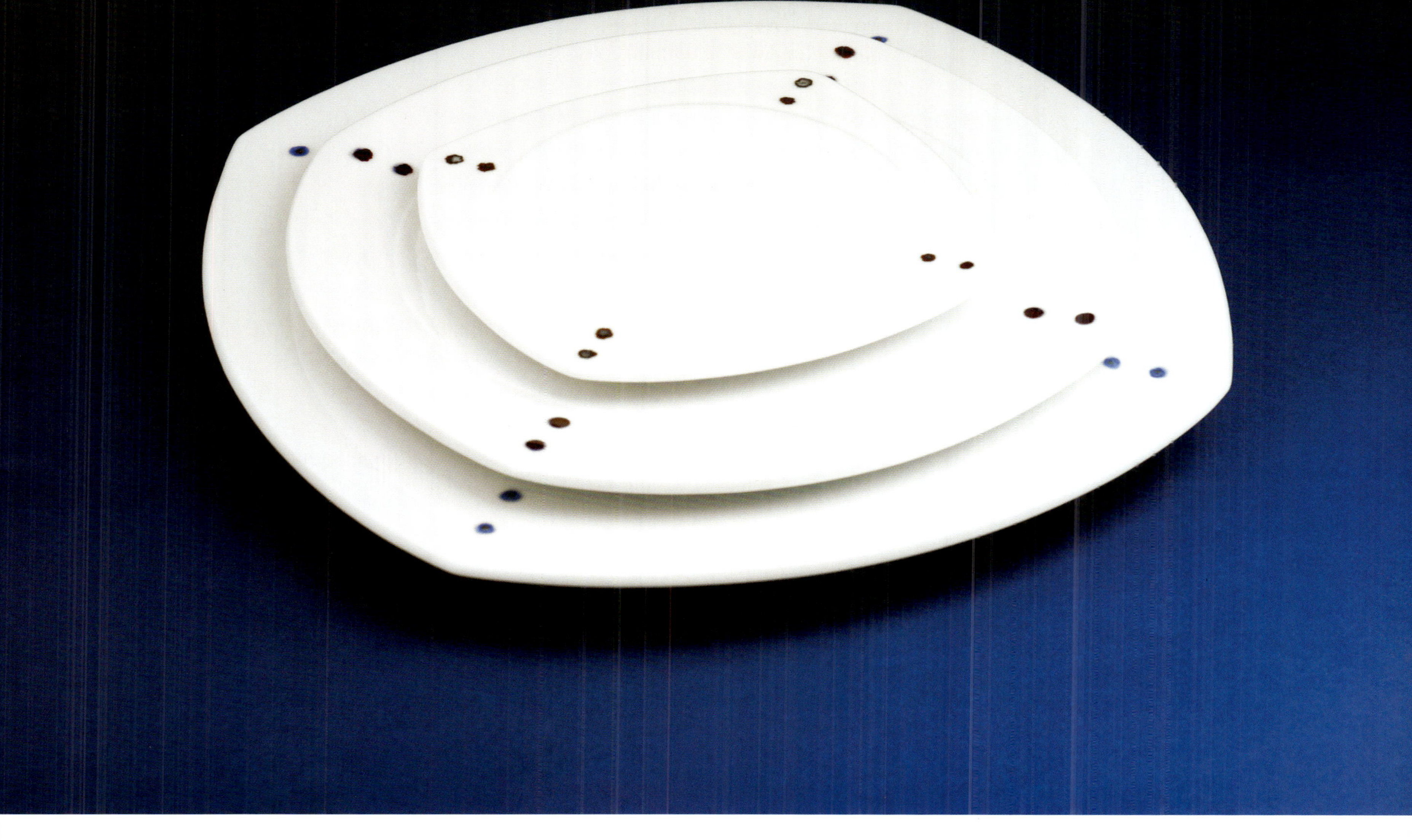

백자점무늬접시 大 26×h4cm, 中 19.5×h3cm, 小 1 ×h2.5cm 정지희 作

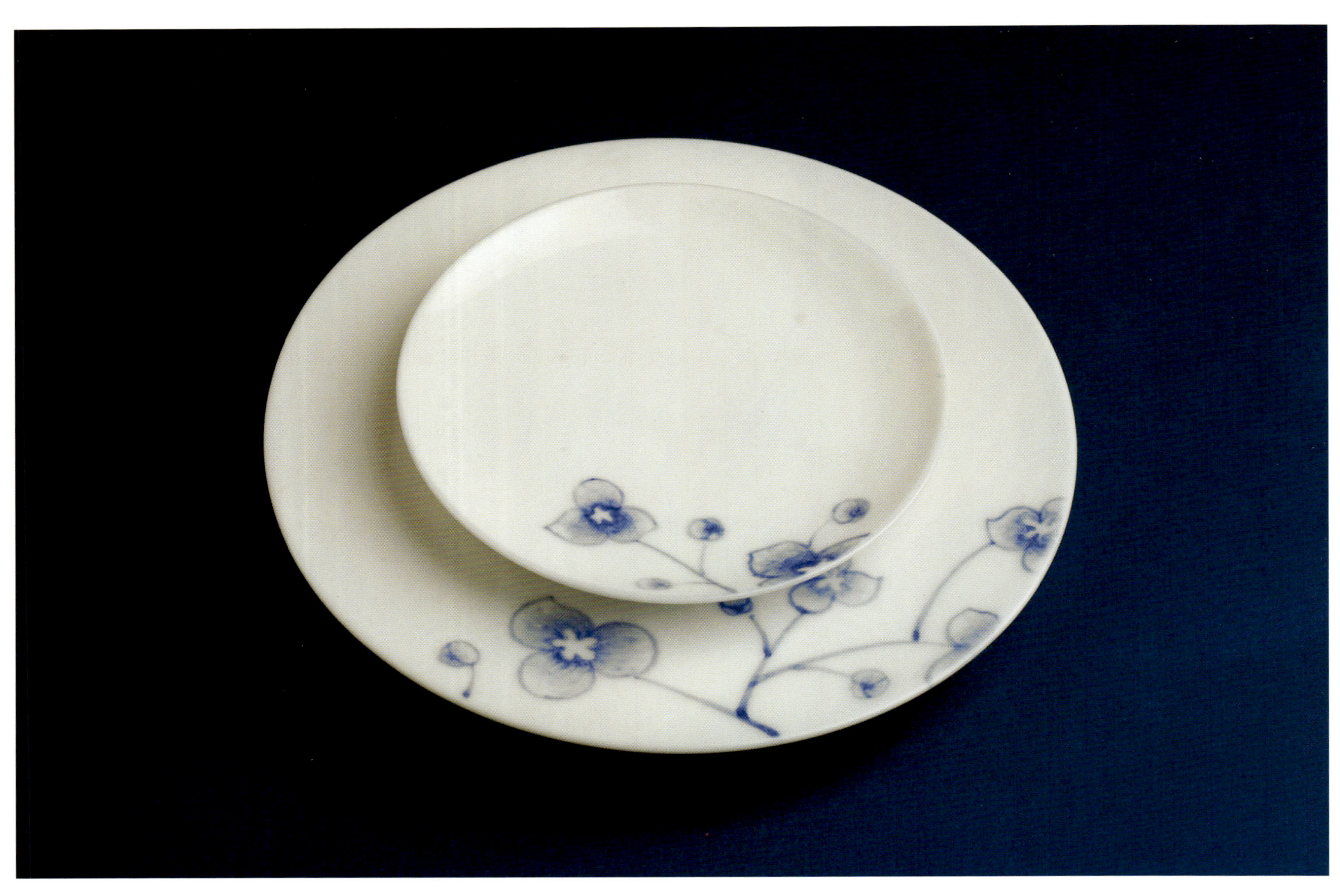

  들꽃문양접시 大 ∅ 20 × 2㎝, 小 ∅ 12 × 2㎝ 남유안 作

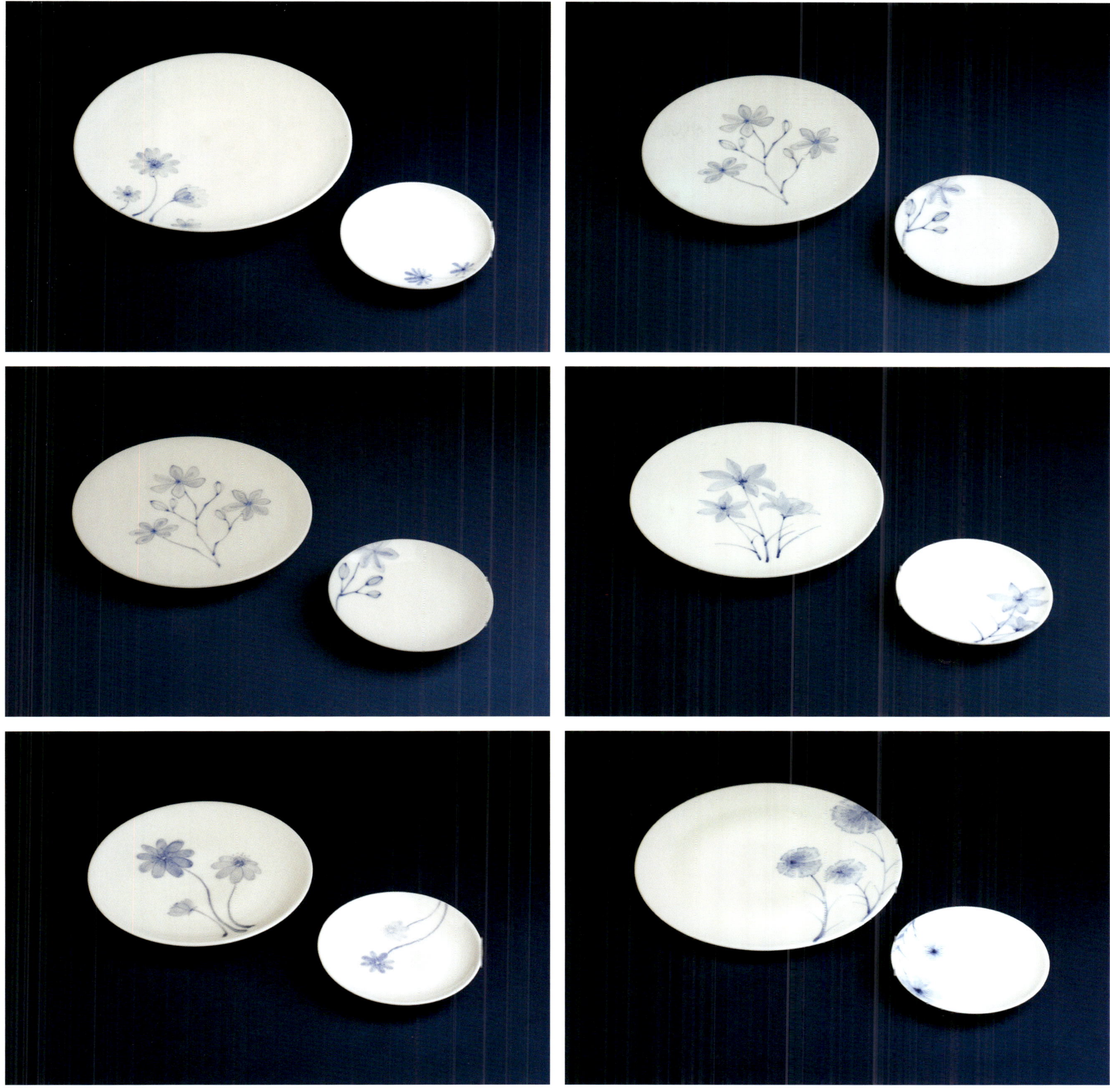

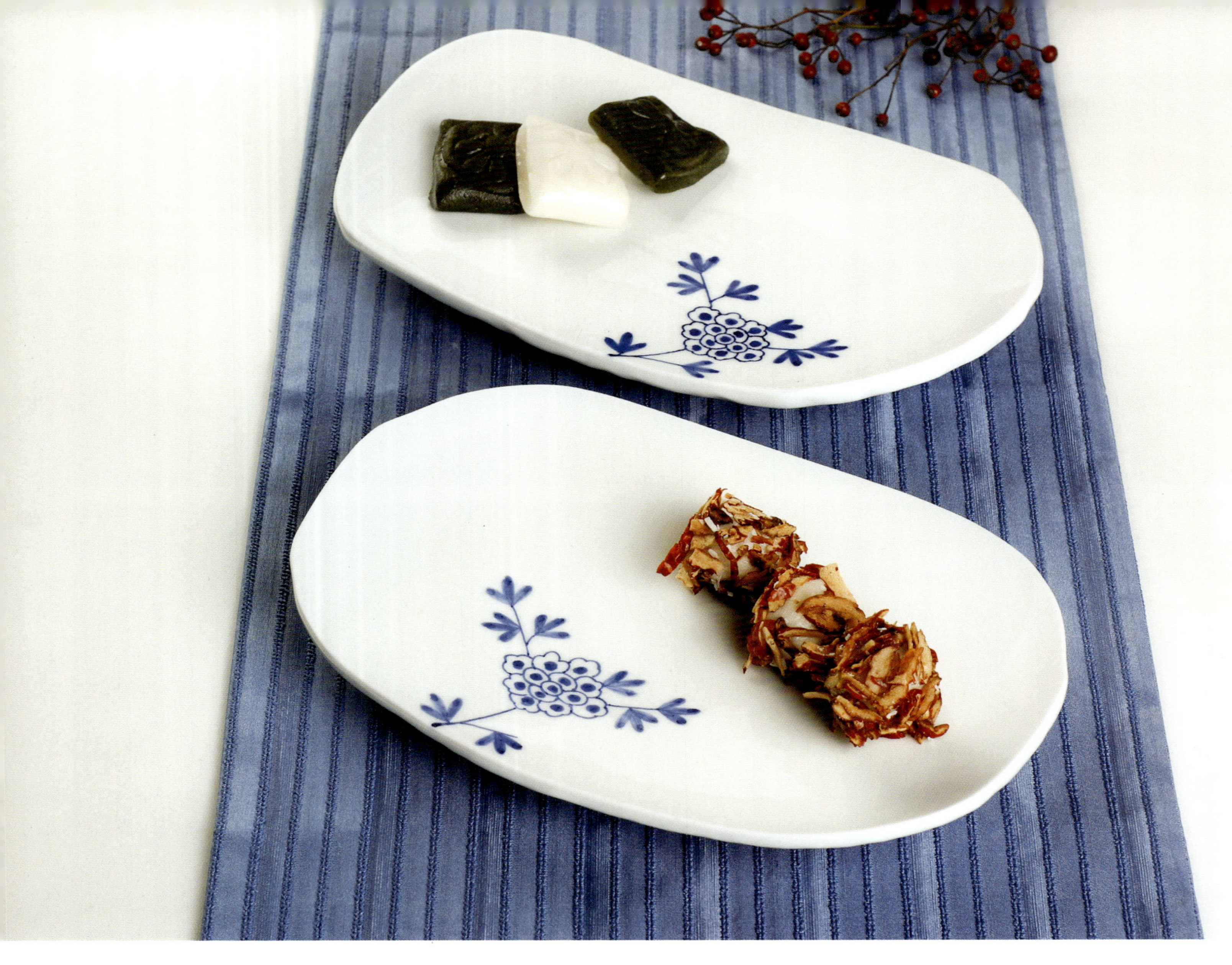

  청화백자모란문판접시 (타원형접시1) 26 x 16 x h4㎝, (타원형접시2) 26 x 23 x h4㎝ 류 진 作

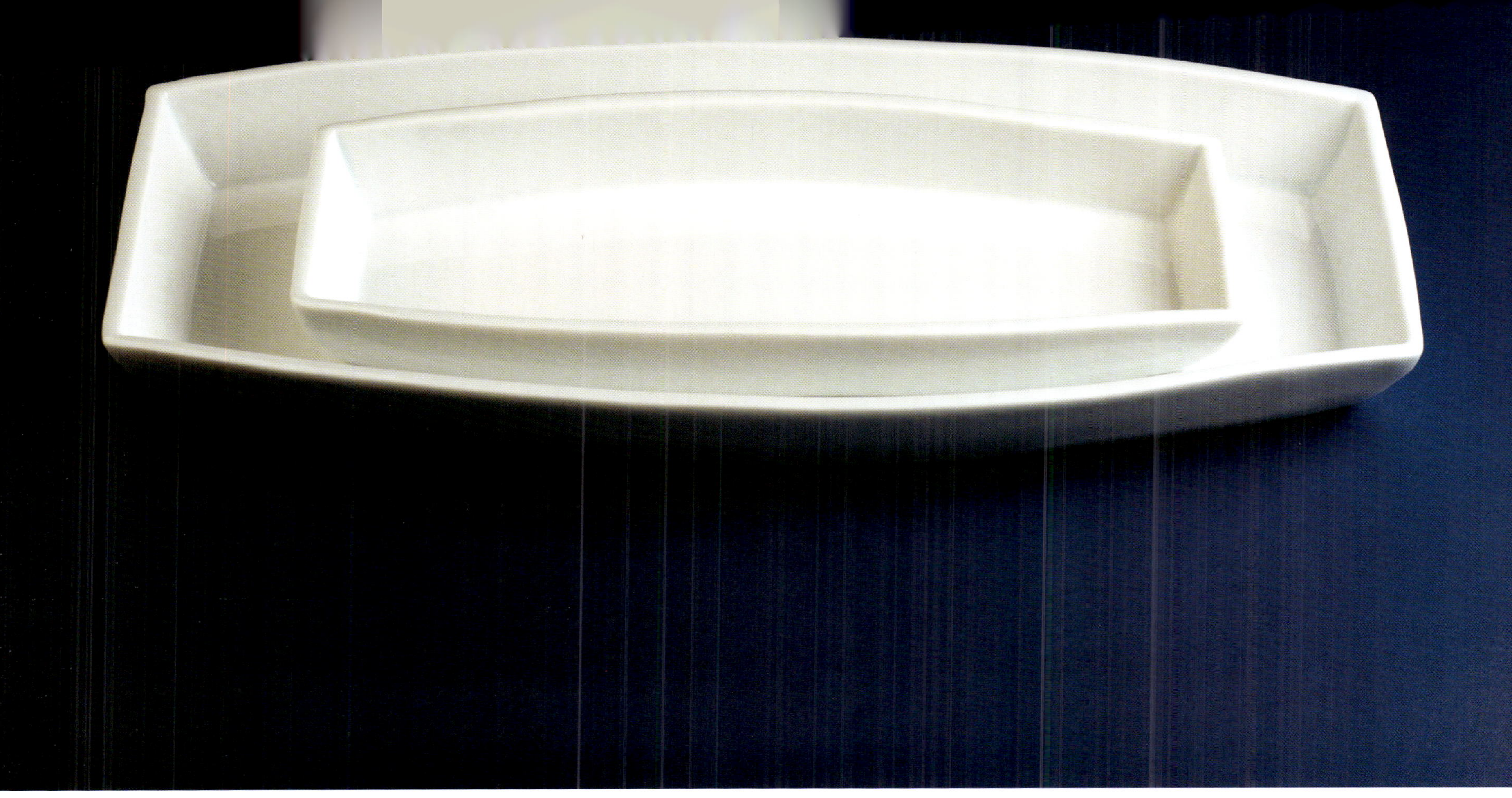

백자배형판접시 Set　大 38×17㎝, 小 27×11.5㎝　조원민 作　79

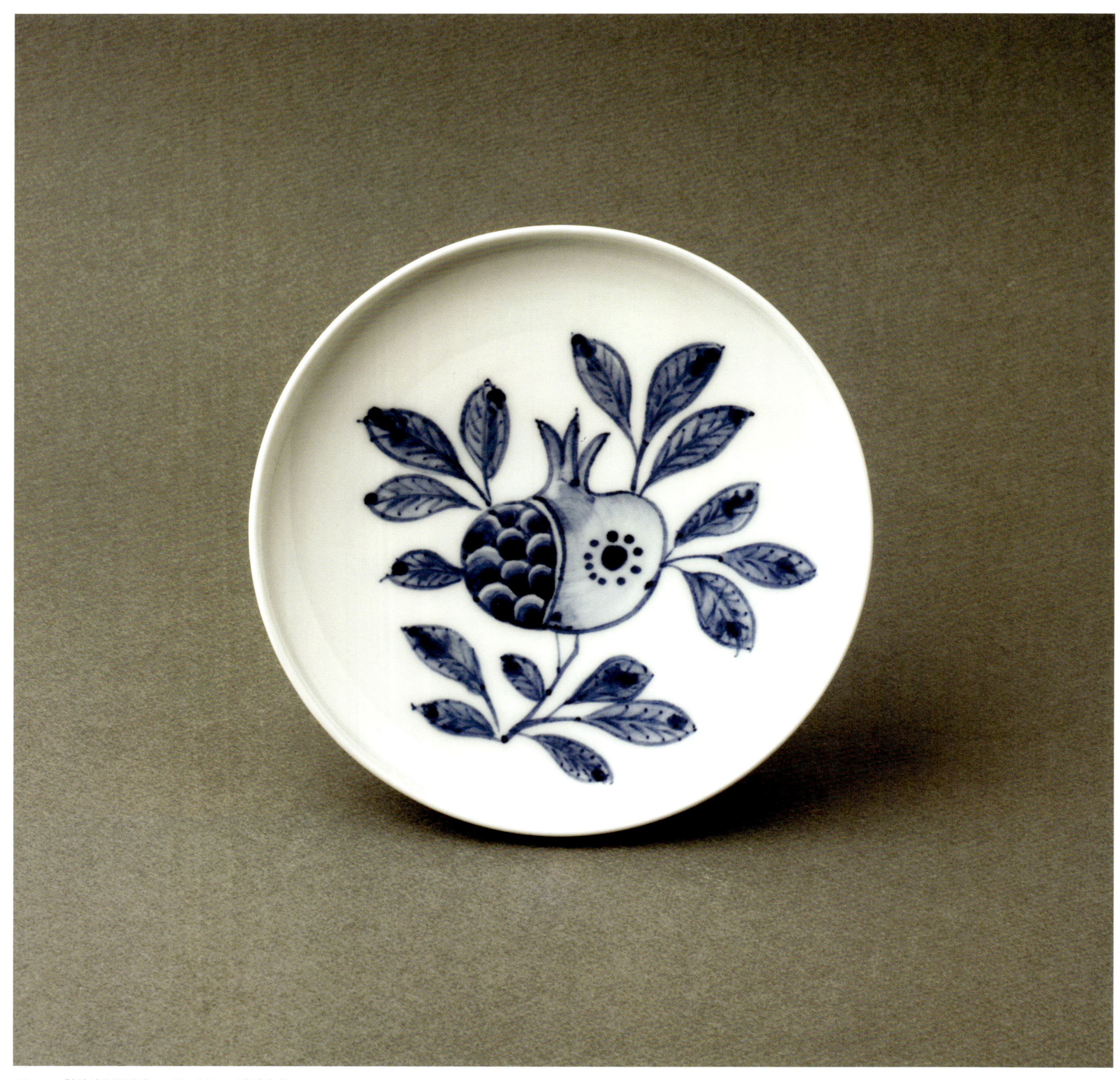

  청화석류문접시 ⌀18 x 3.5㎝ 김미자 作

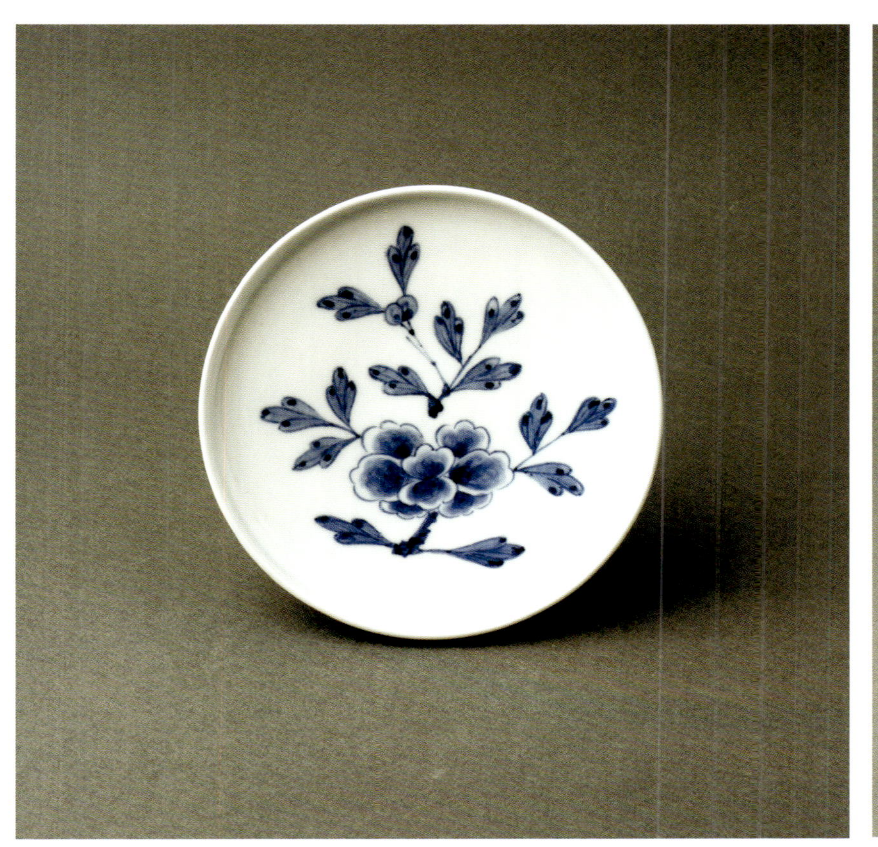 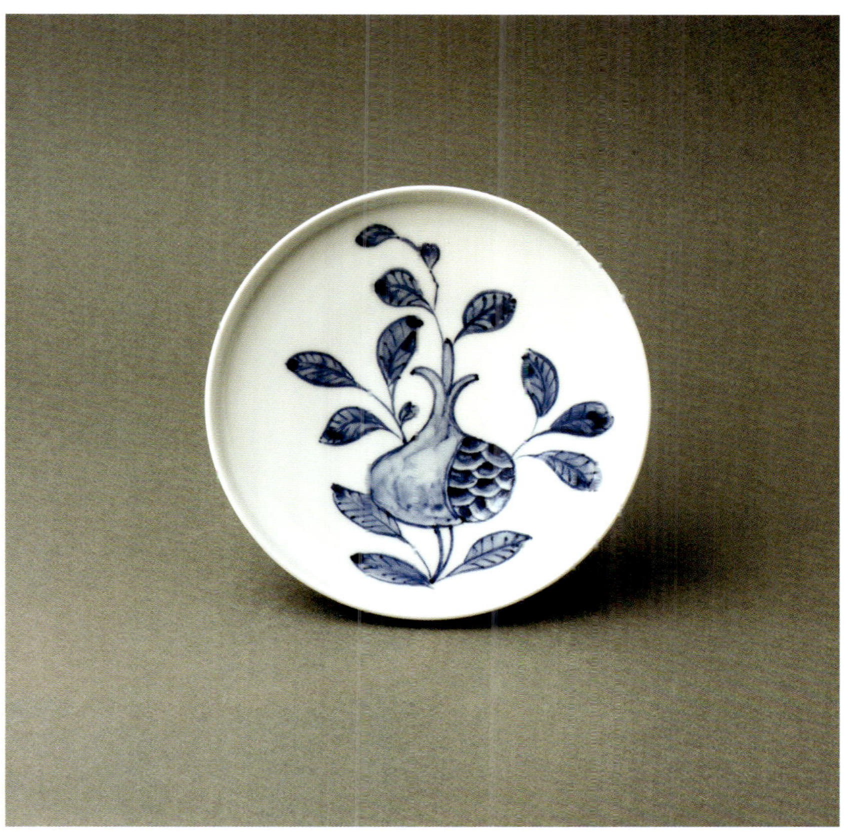

청화모란문접시　∅17✕4cm　**청화석류문접시**　∅18✕3.5cm　김미자 作

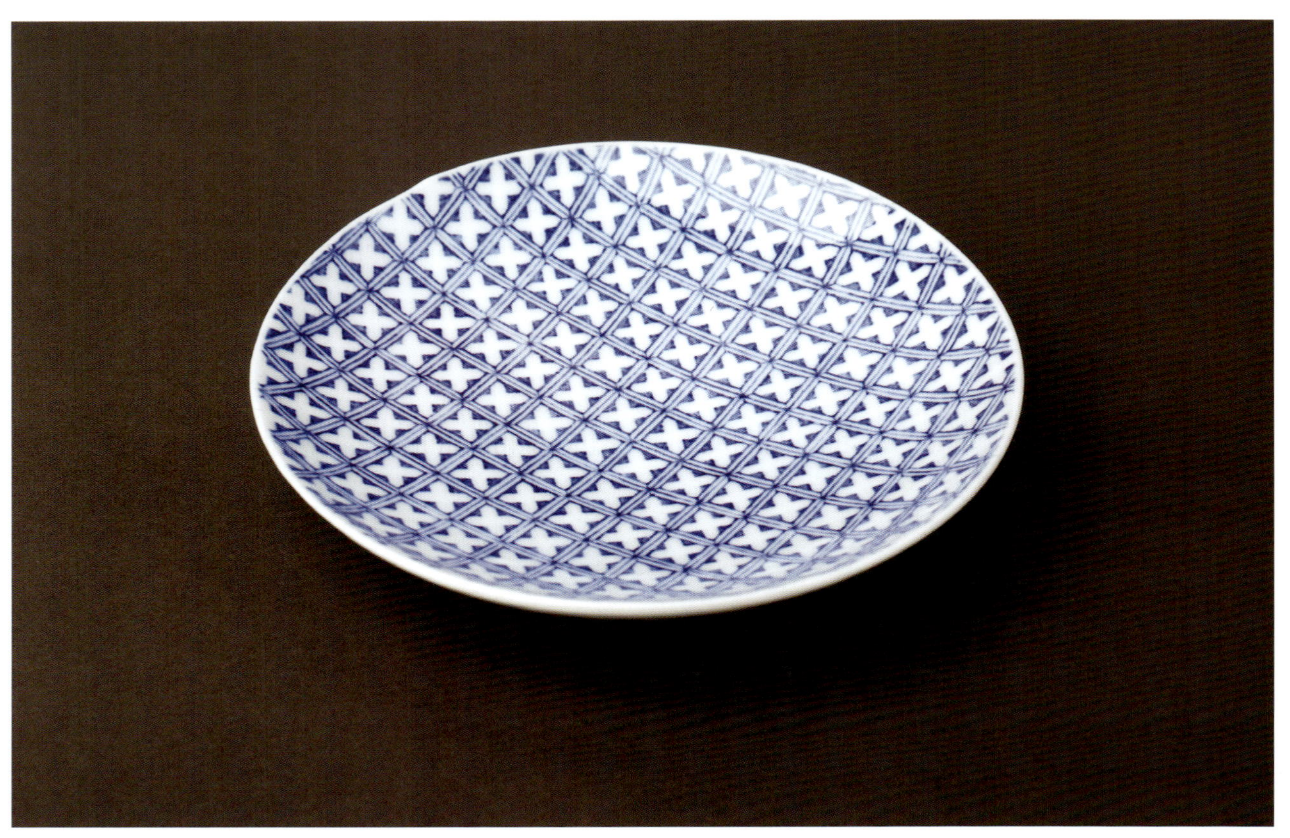

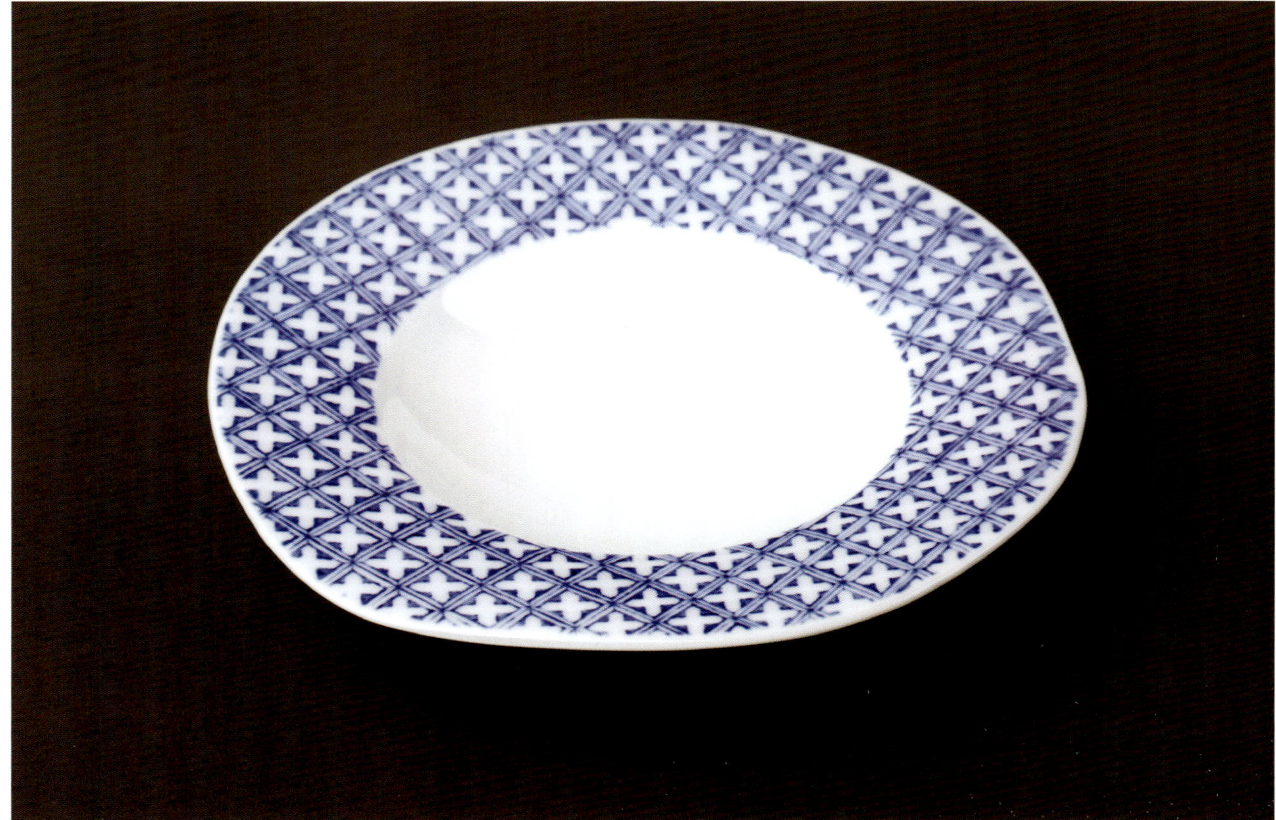

청화백자격자문접시
⌀ 13㎝

청화백자격자문접시
⌀ 20㎝

 유세림 作

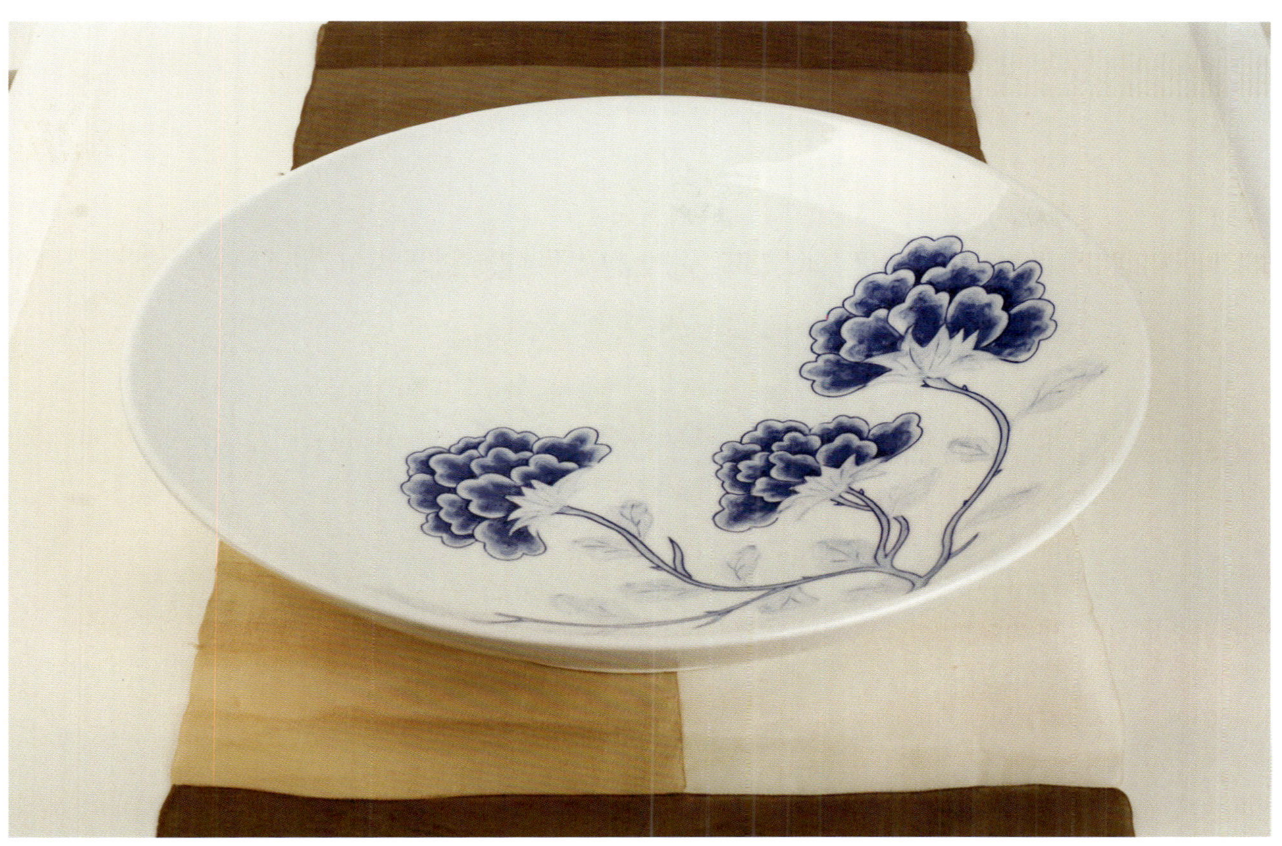

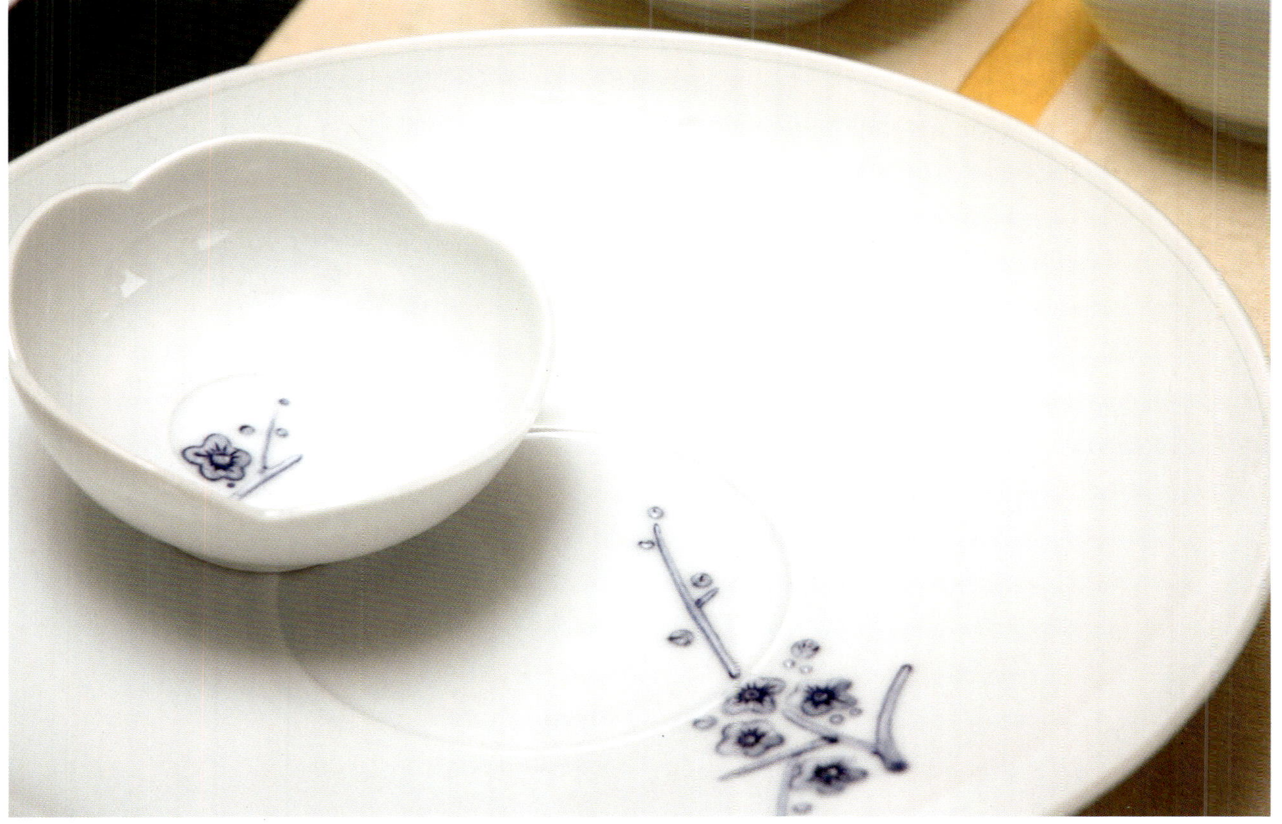

청화백자양각모란문접시
∮ 45.5 x 5cm
남미리 作

청화화형매화문접시
∮ 30 x 4cm
김미자 作

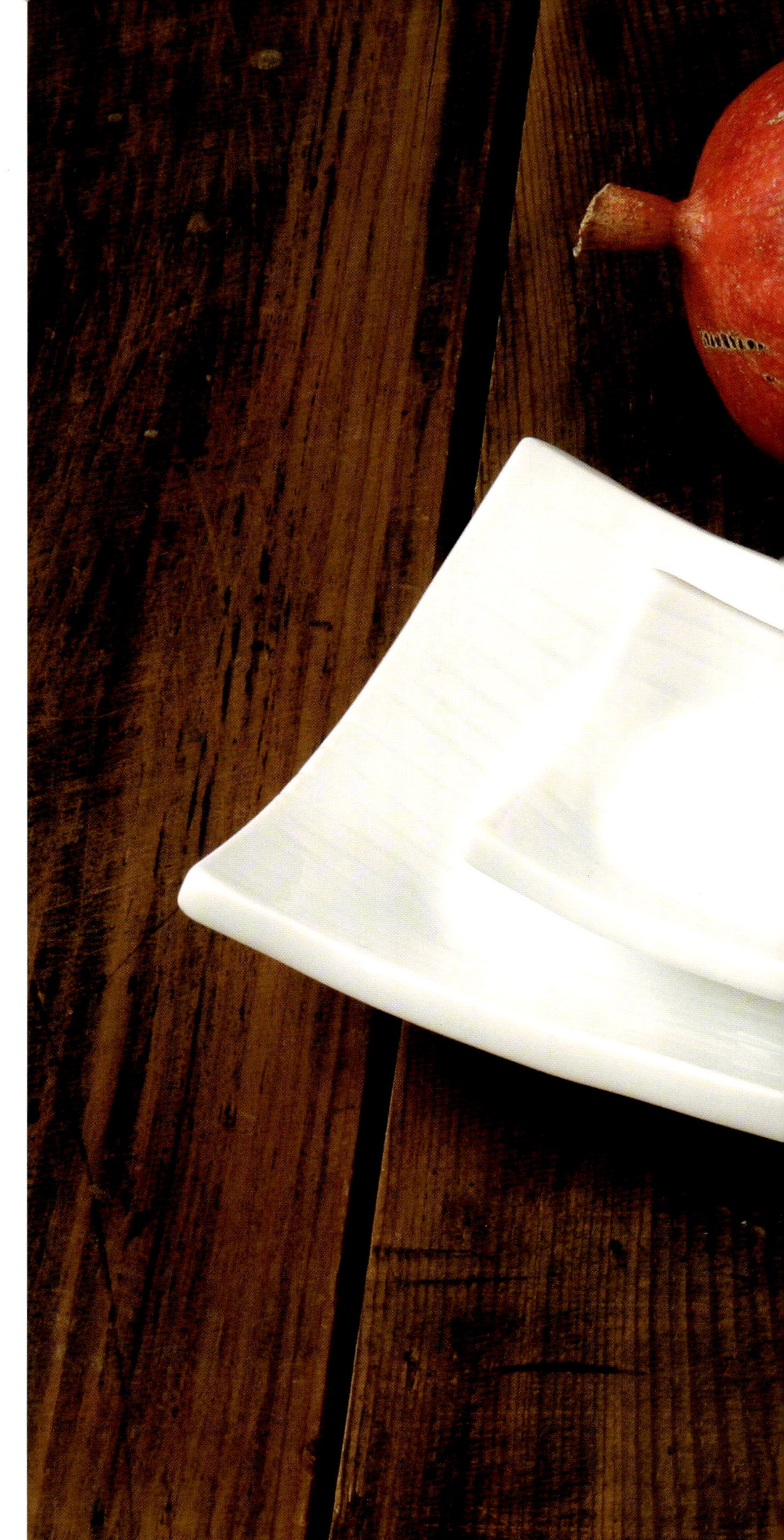

 백자줄무늬접시 大 23×9㎝, 中 8.5×8.5㎝, 小 8×5㎝ 김선심 作

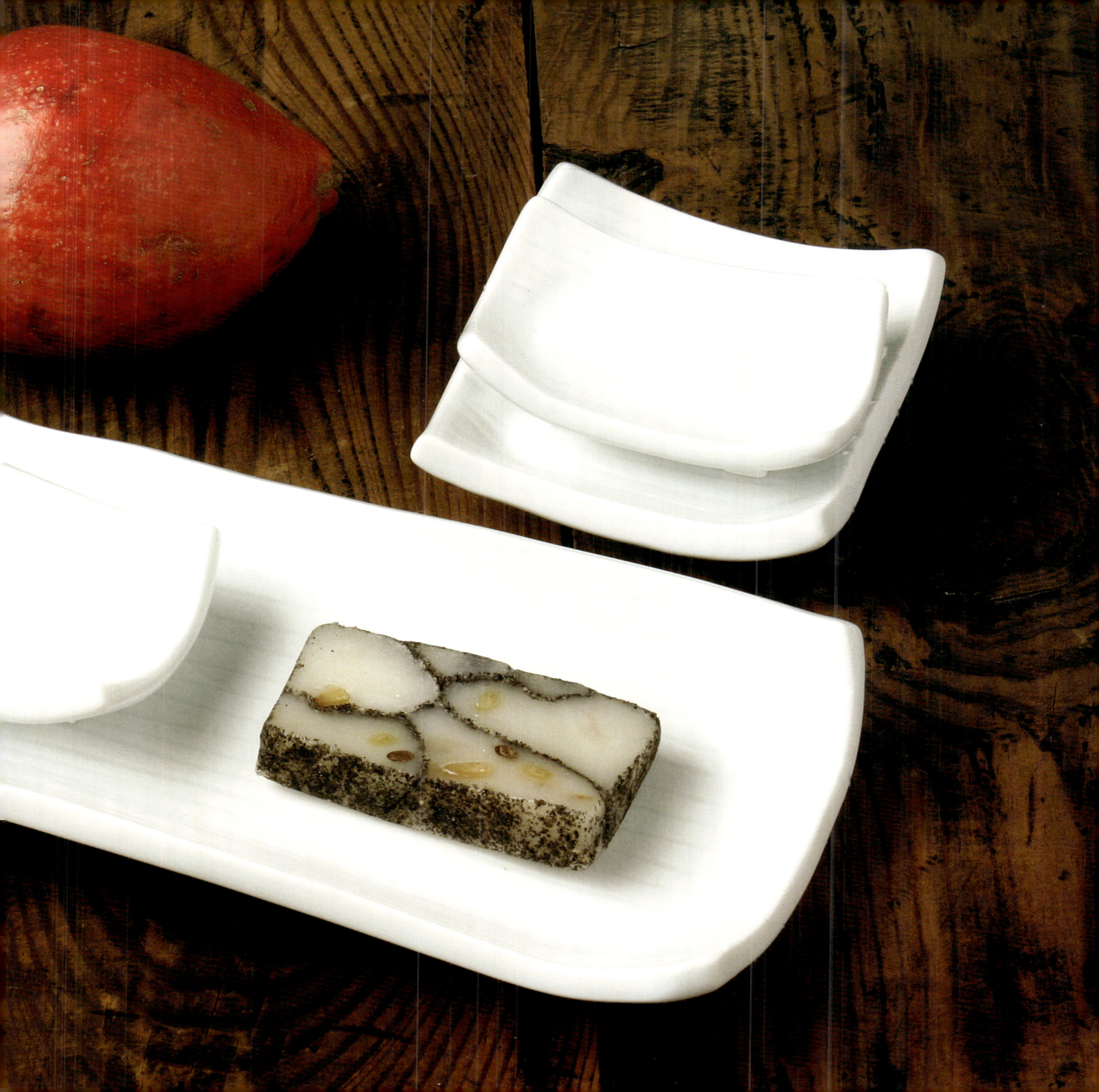

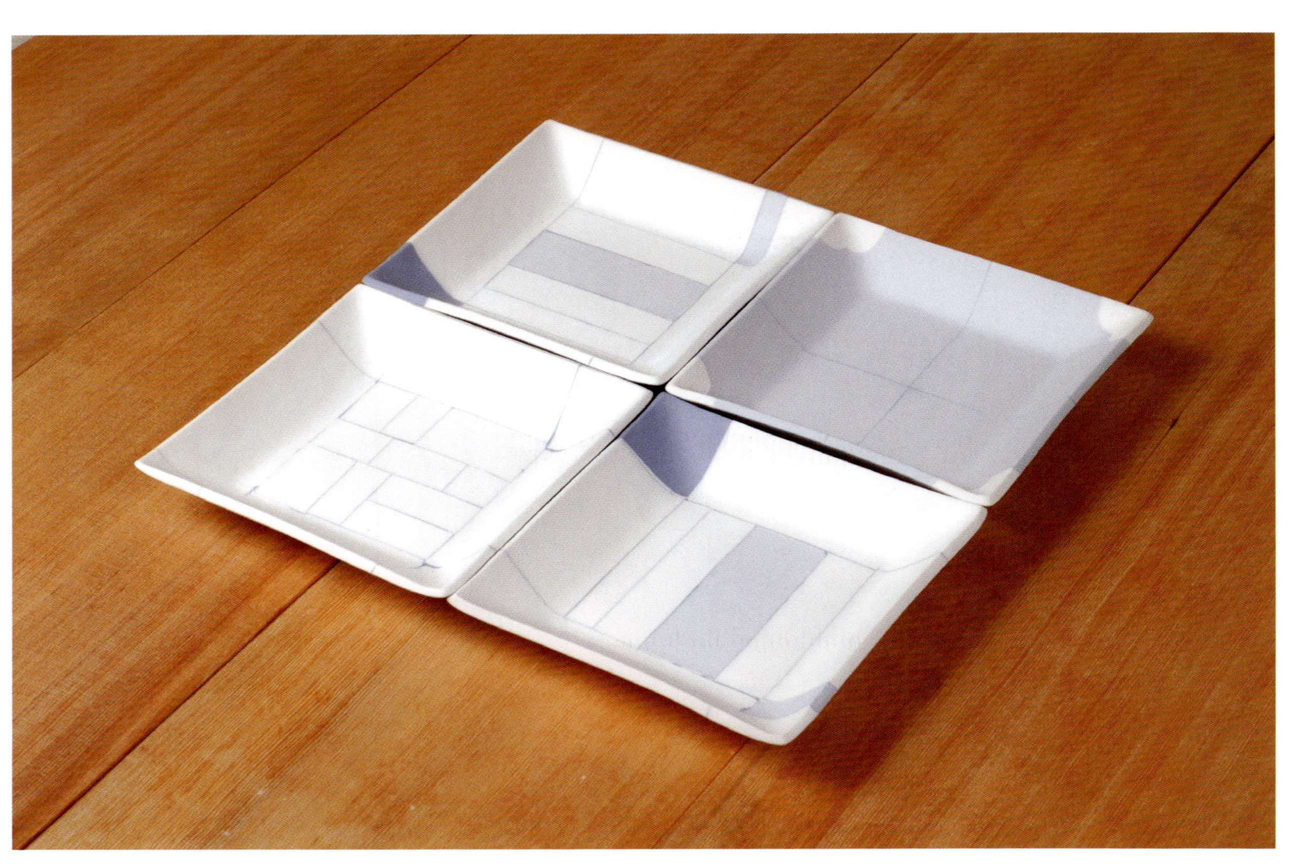

 청화백자조각보사각접시 20 × 20㎝ 유세림 作

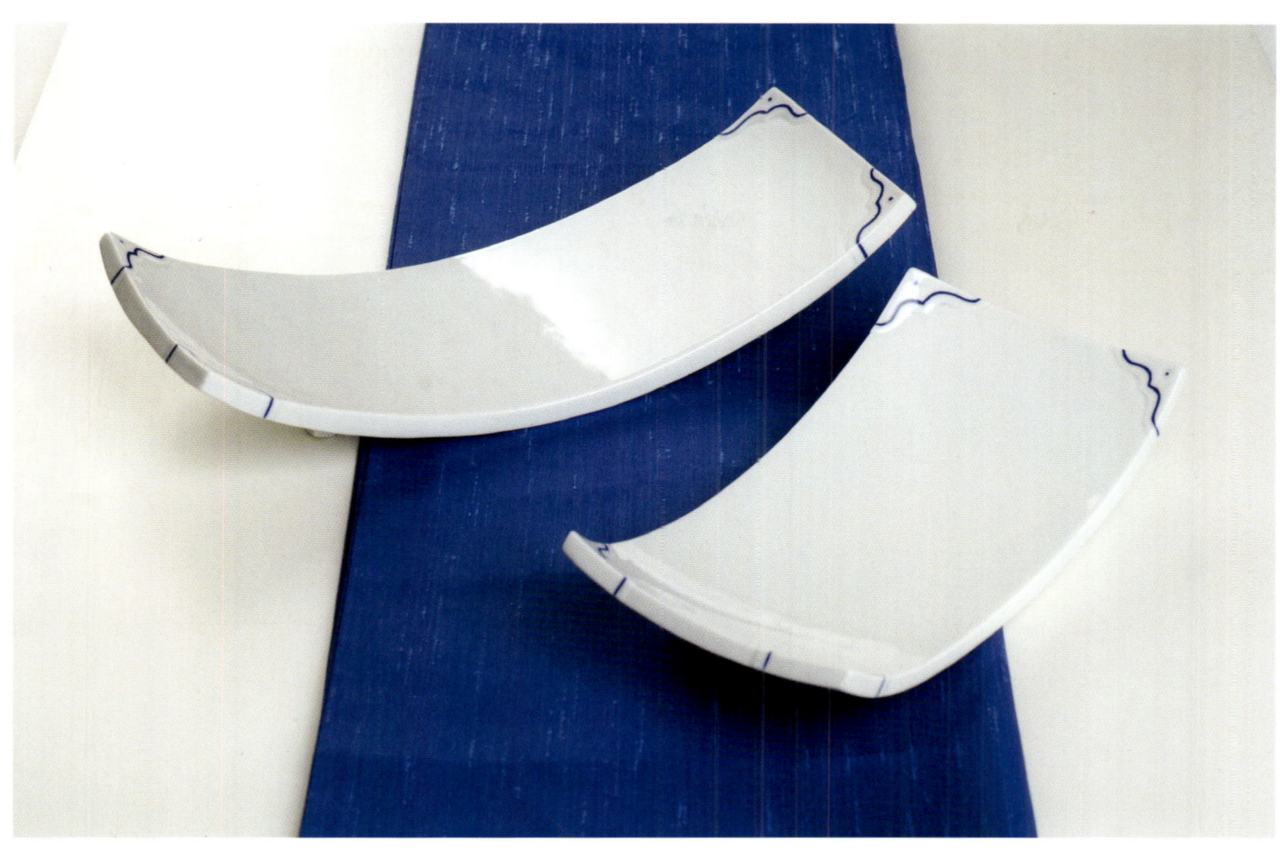

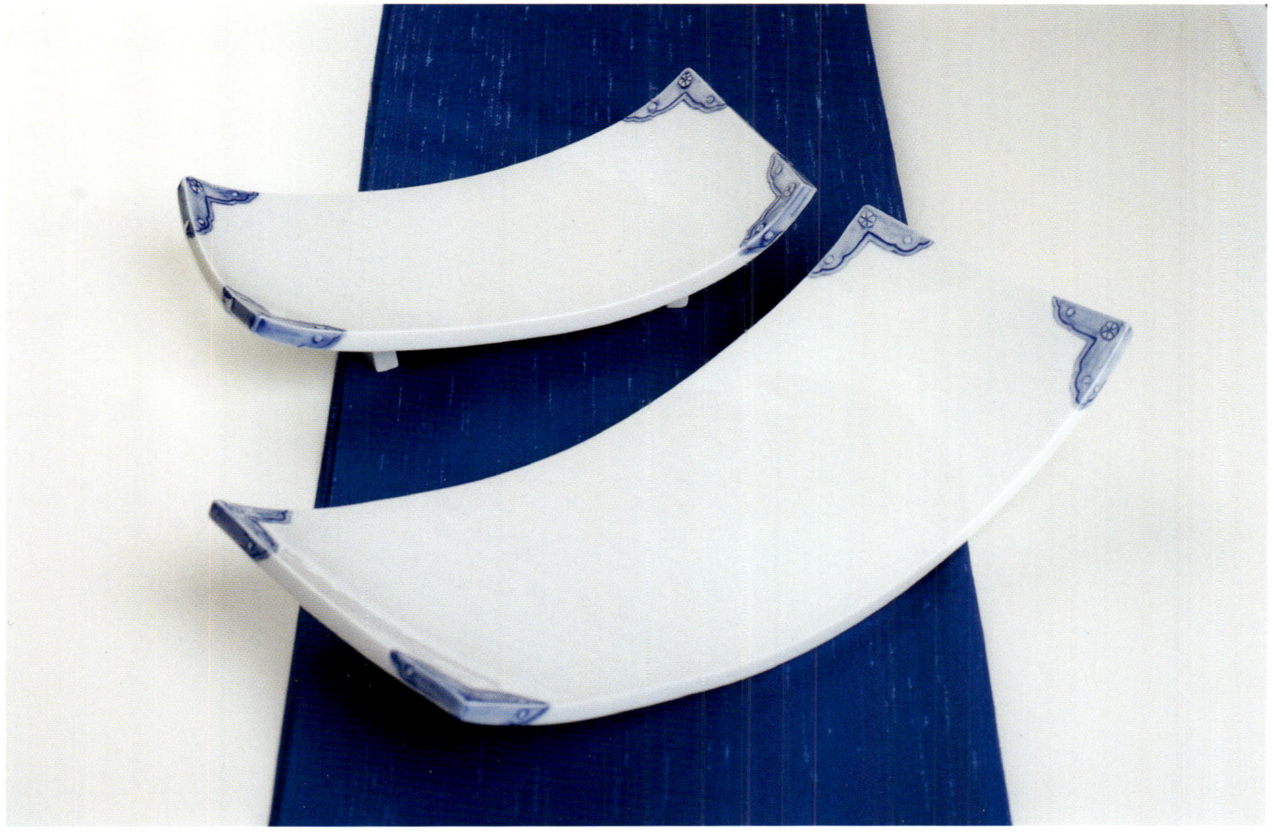

청호·백자경첩문사각접시
38.5 x 16 x 4.5㎝

청호·백자경첩문사각접시
38.5 x 16 x 4.5㎝
류 진 作　87

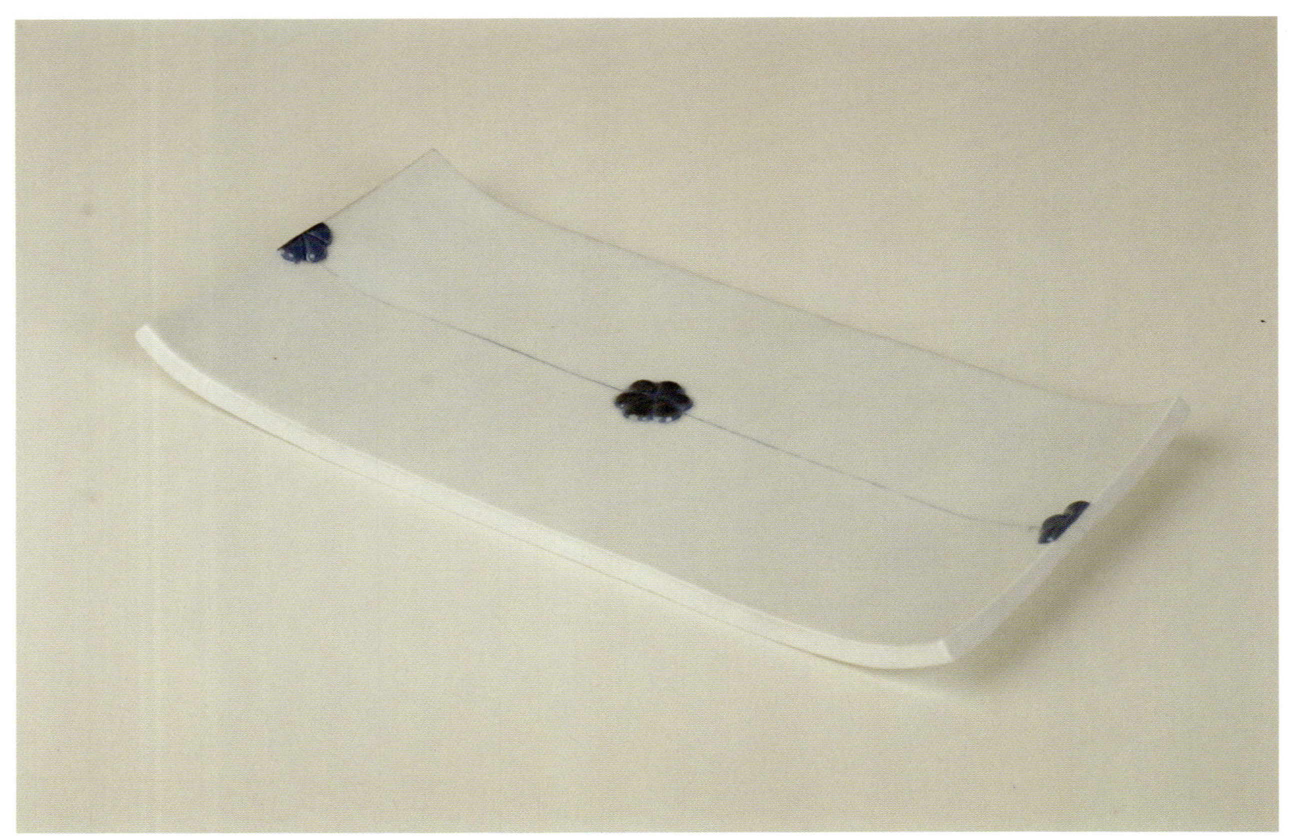

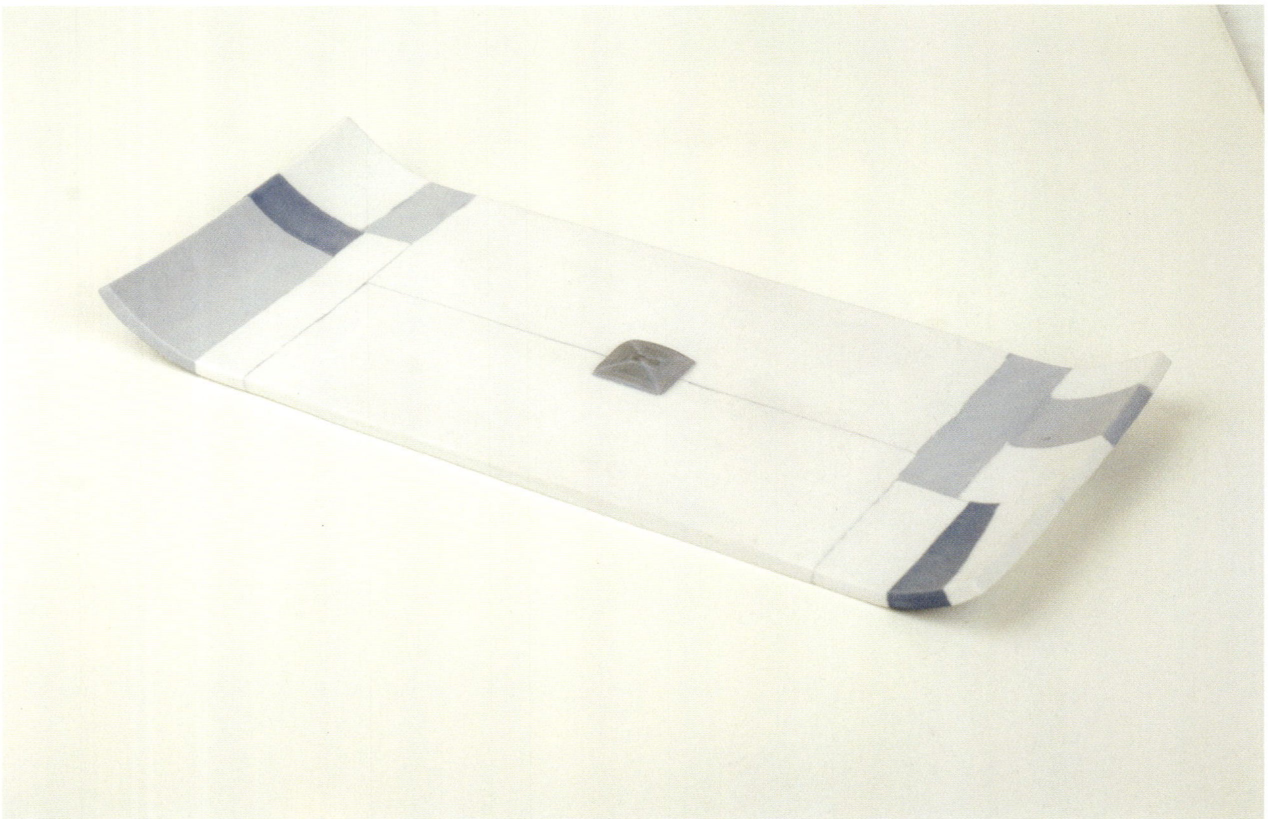

청화백자조각보사각접시
37 x 15.5 x 3.5㎝

청화백자조각보사각접시
38 x 15.5 x 3.5㎝

88　유세림 作

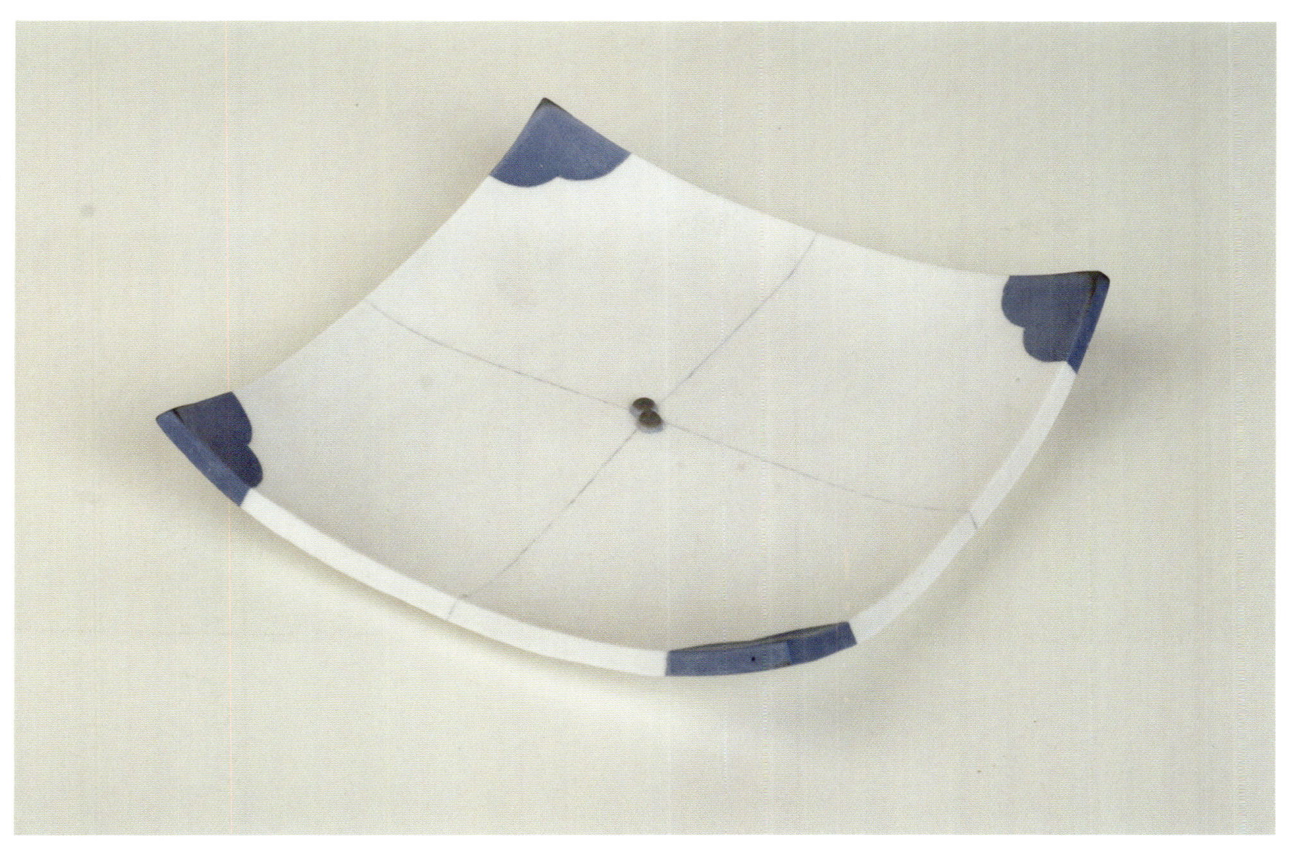

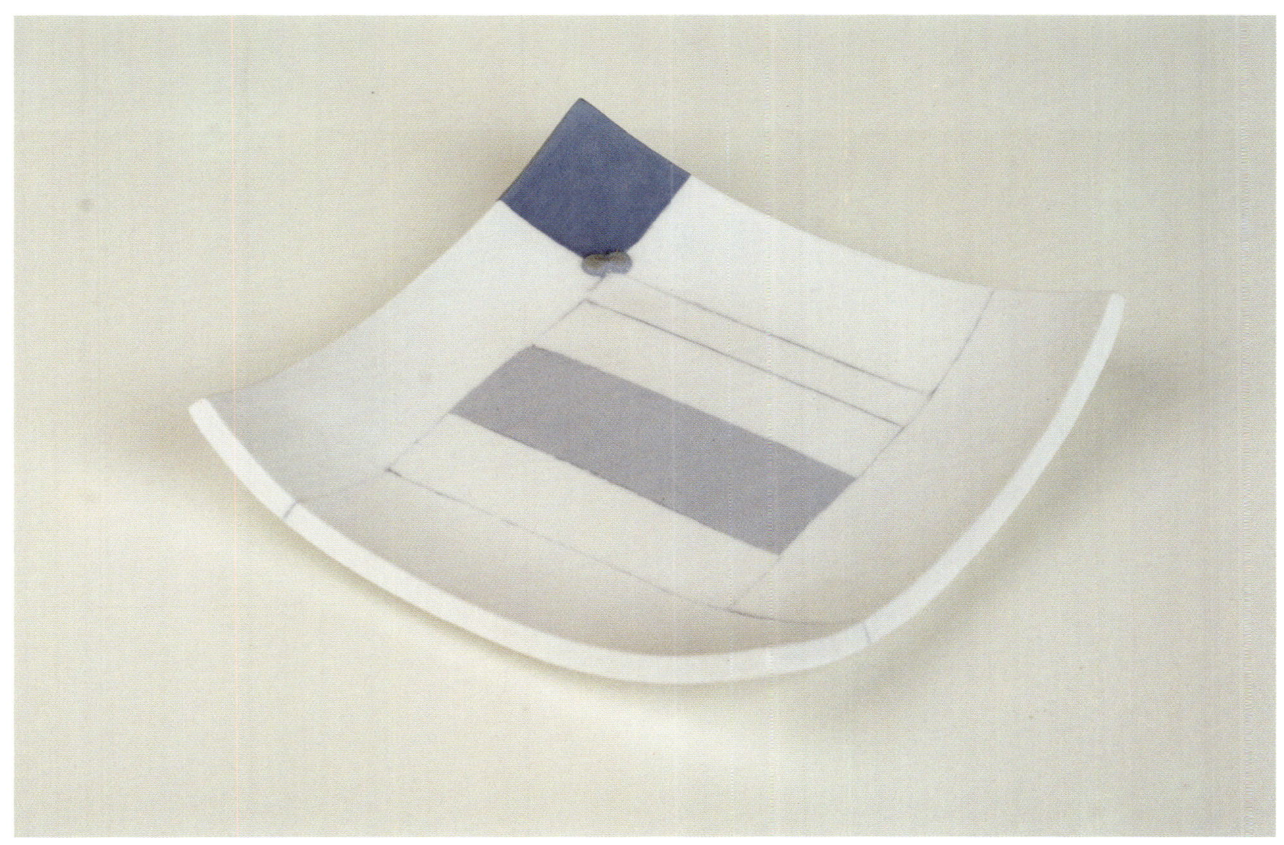

청화반 자조각보사각접시
28 x 28 x 3.5cm

청화반 자조각보사각접시
28 x 28 x 3.5cm
유세림 作　89

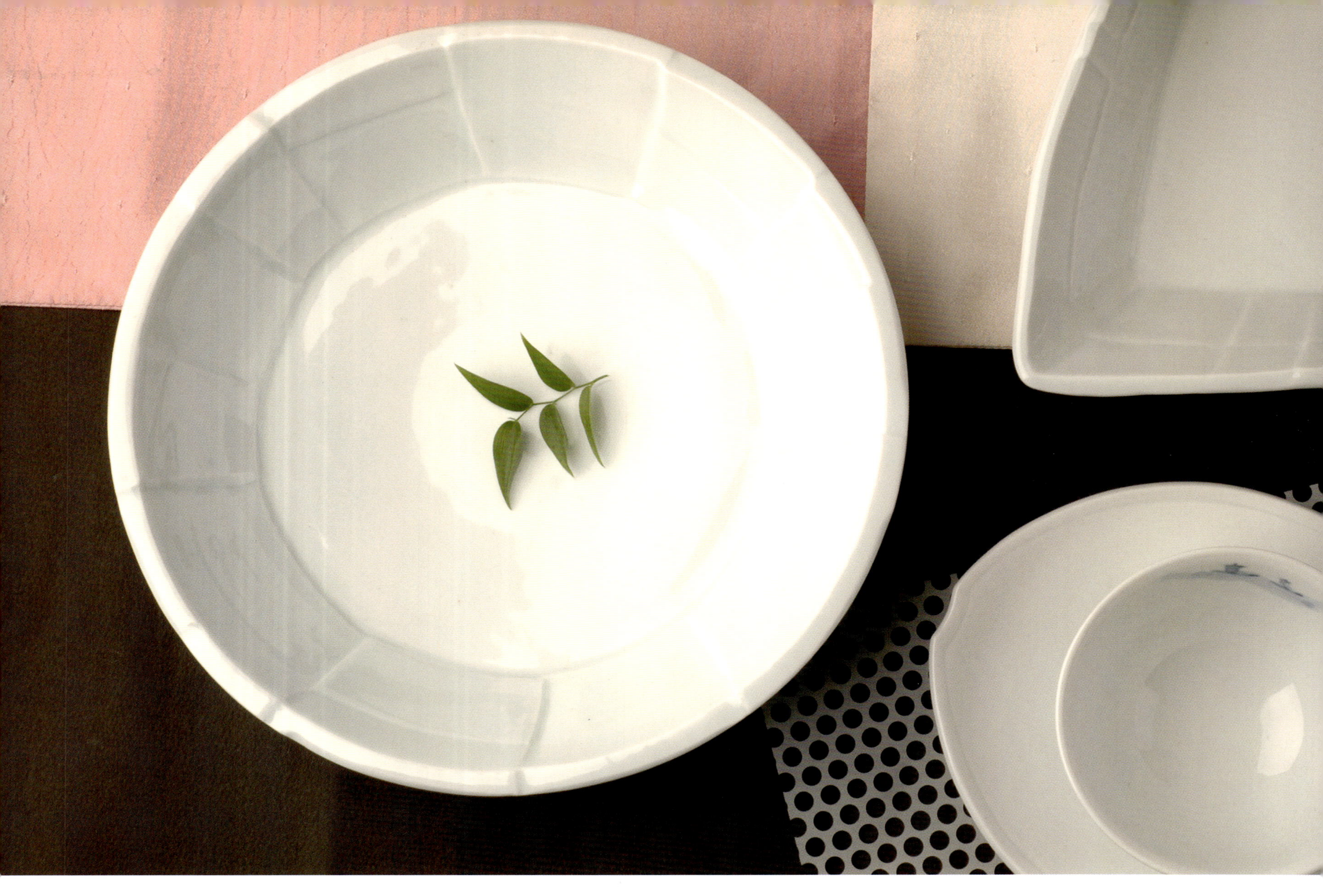

 사과형개인접시 ⌀25.5 x 22 x h2.5cm, **백자샐러드볼** ⌀23 x 4.5cm 전현주 作

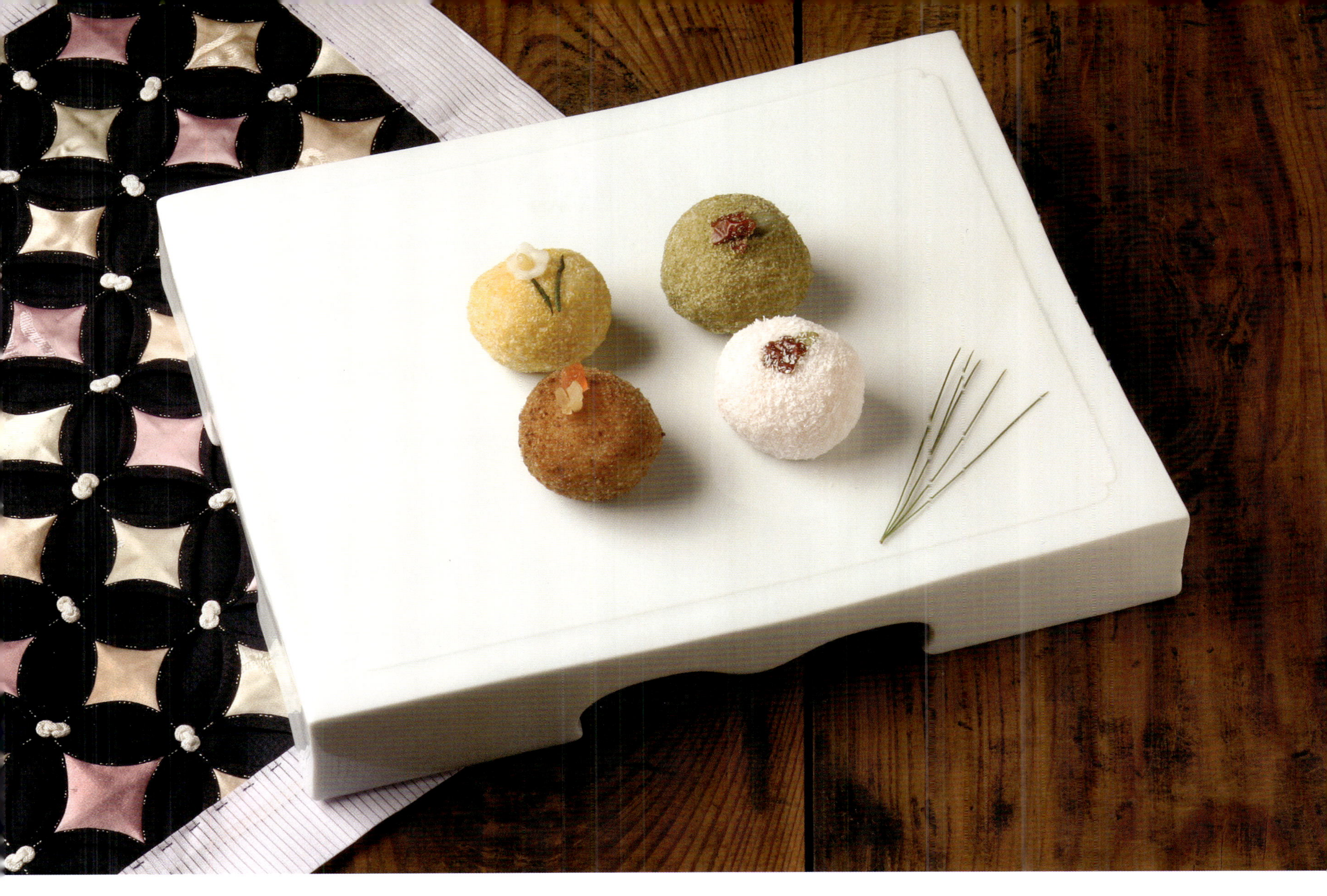

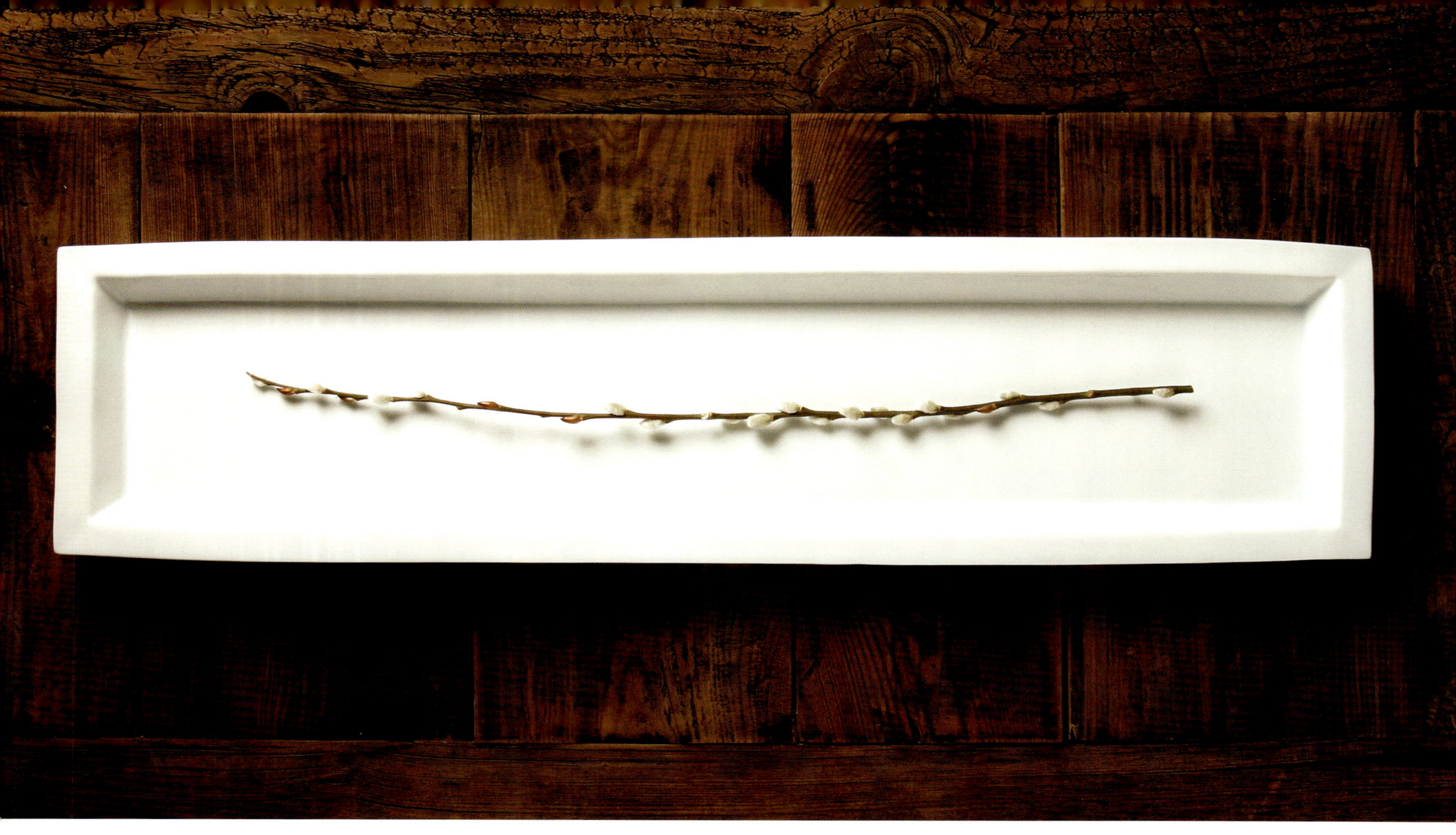

 백자사각판접시 82 x 21 x 3cm   조원민 作

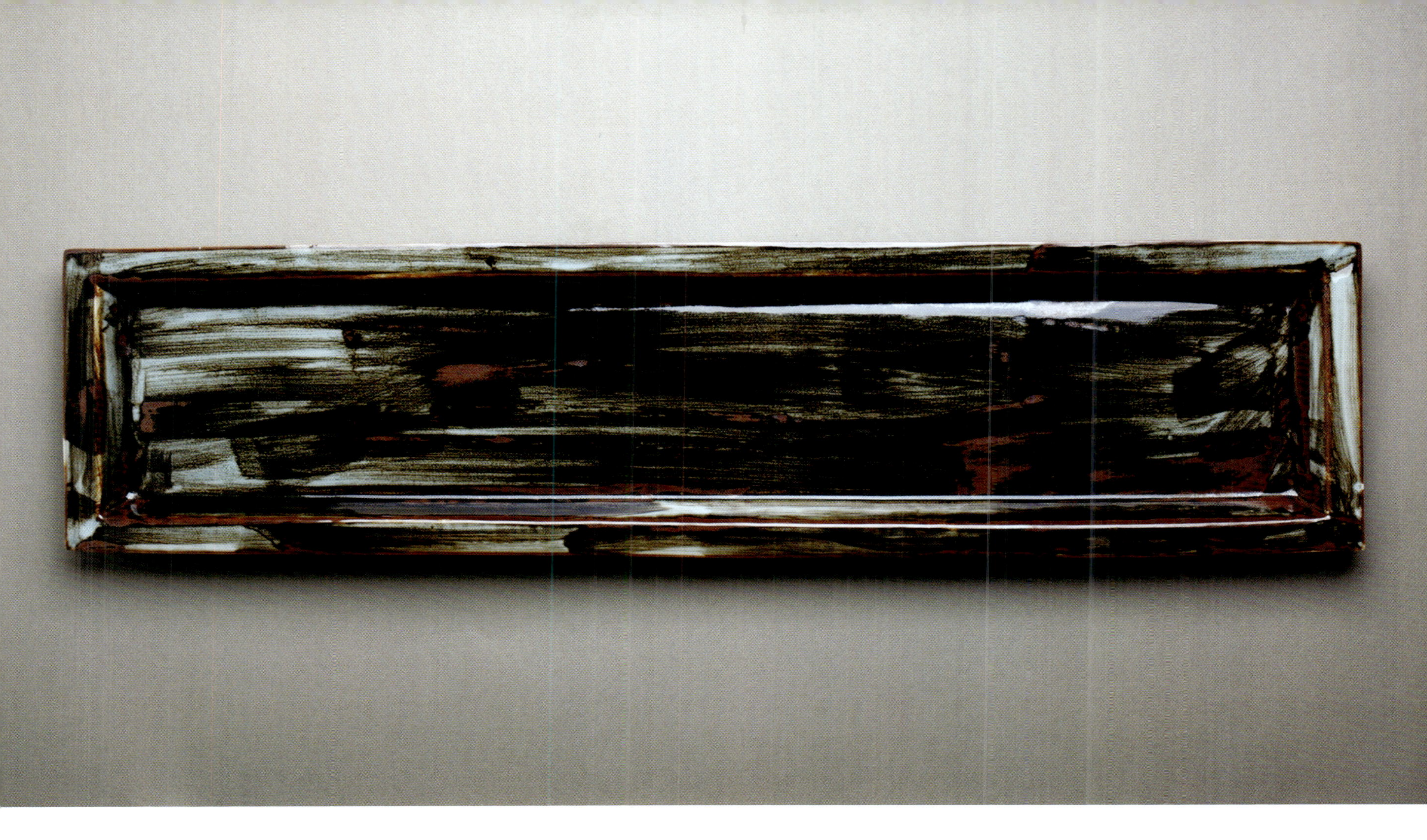

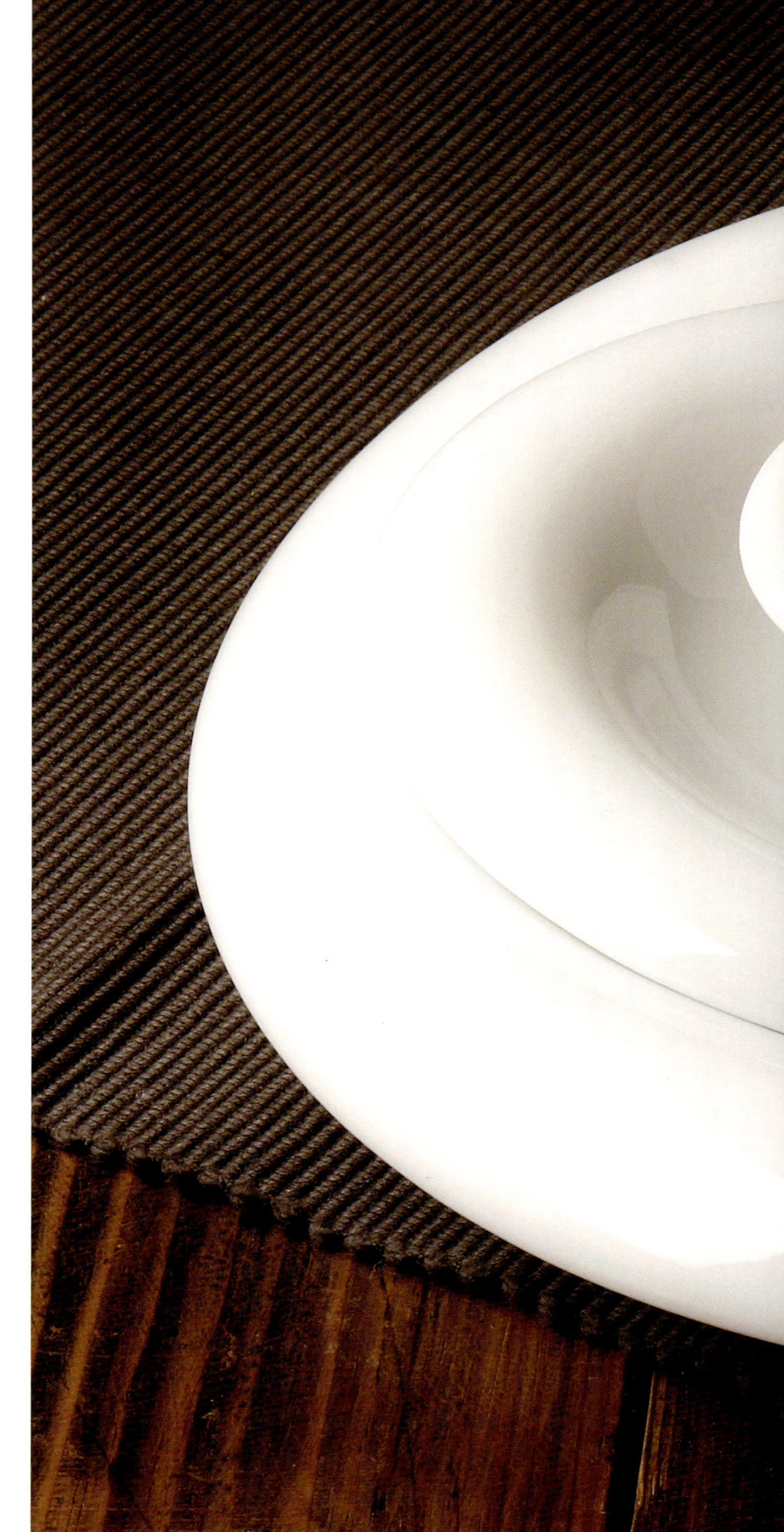

백자접시
大 ∮ 28 × 3.5cm, 中Ⅰ ∮ 16.4 × 2.5cm, 中Ⅱ ∮ 12 × 1.6cm, 小 ∮ 8.1 × 2cm **최난영** 作

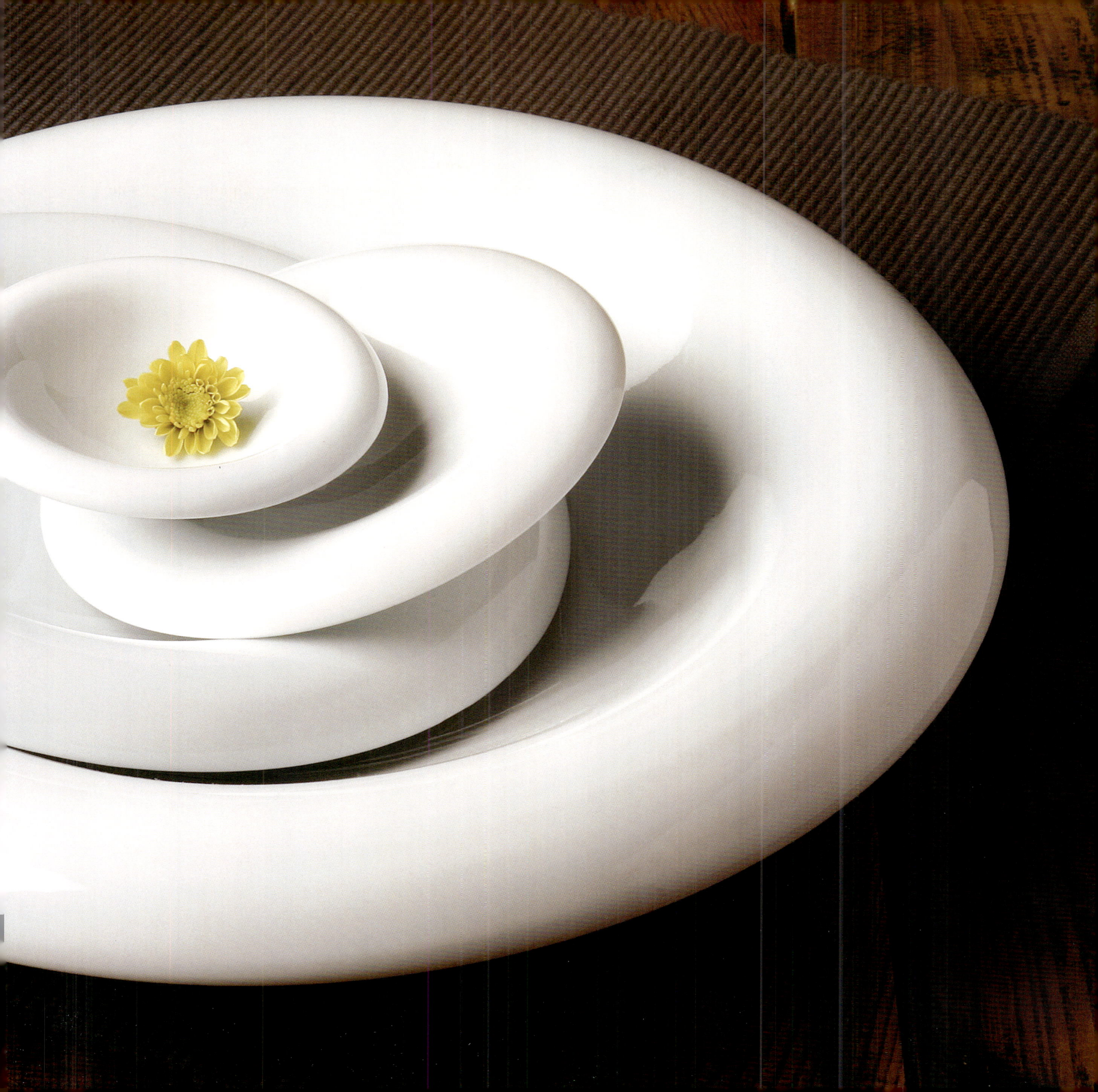

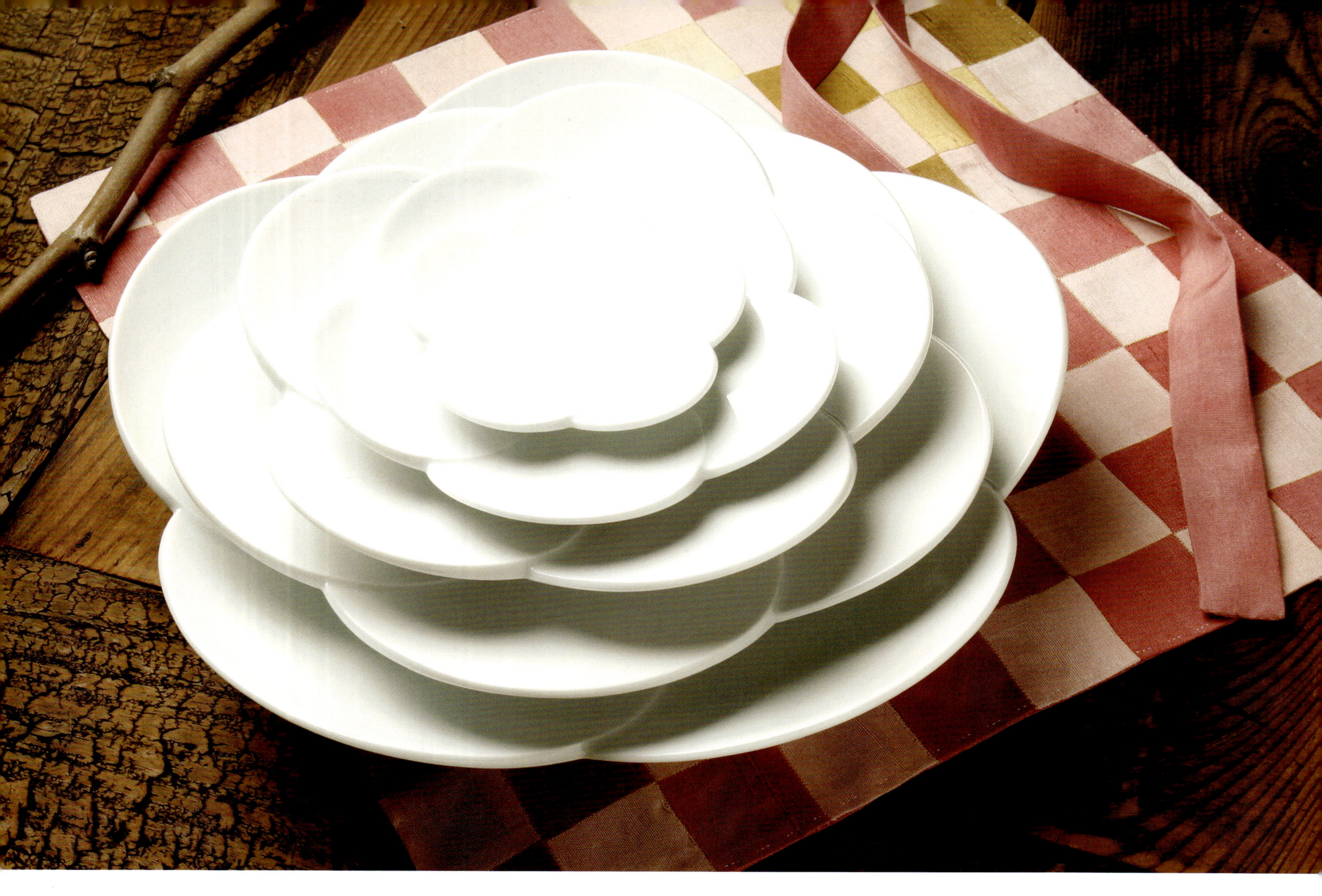

  백자화형접시 ⚡30 ⚡25 ⚡20 ⚡15 ⚡10 임헌관 作

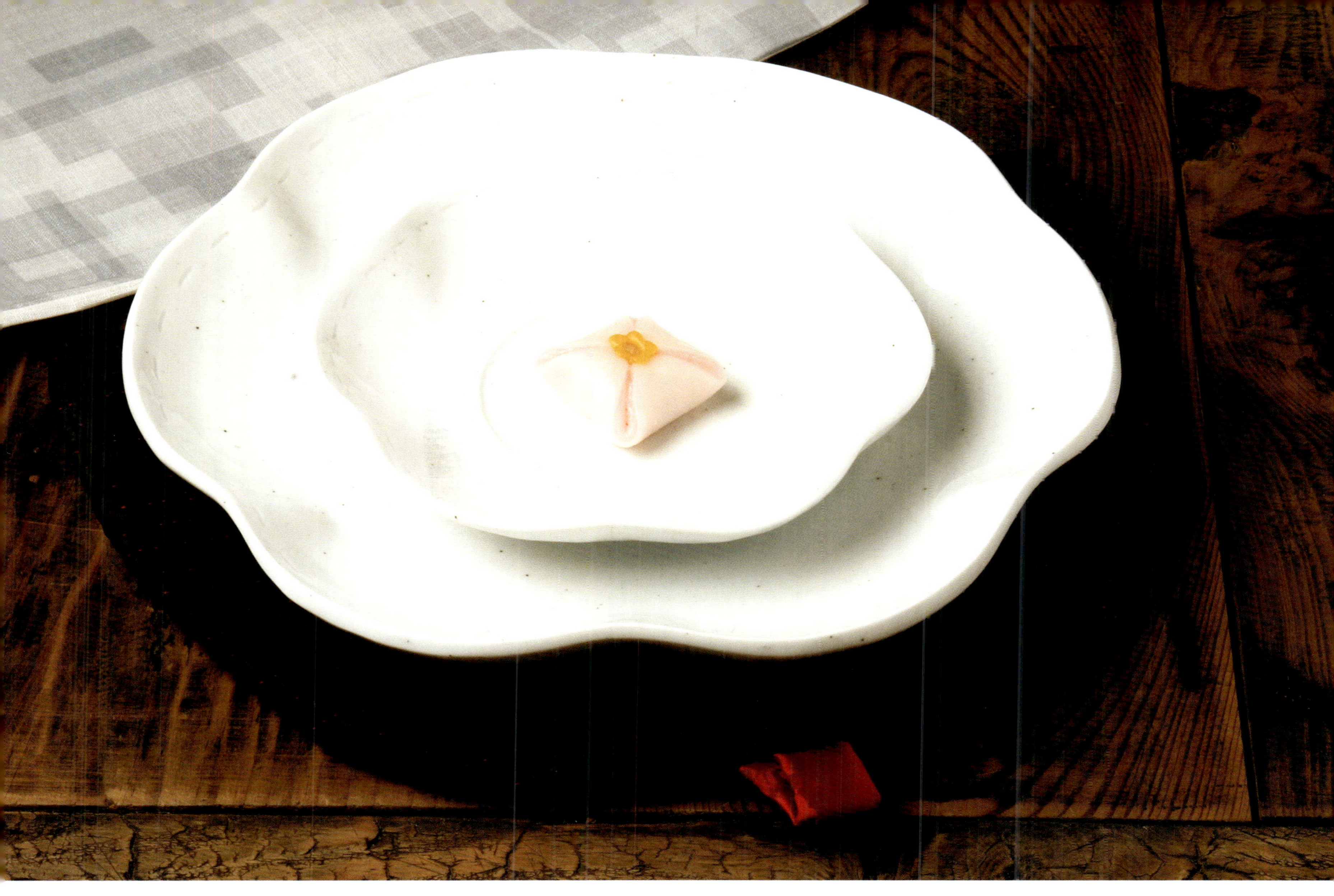

백자화형접시 大 ∮ 26㎝, 小 ∮ 17㎝   최윤경 作   97

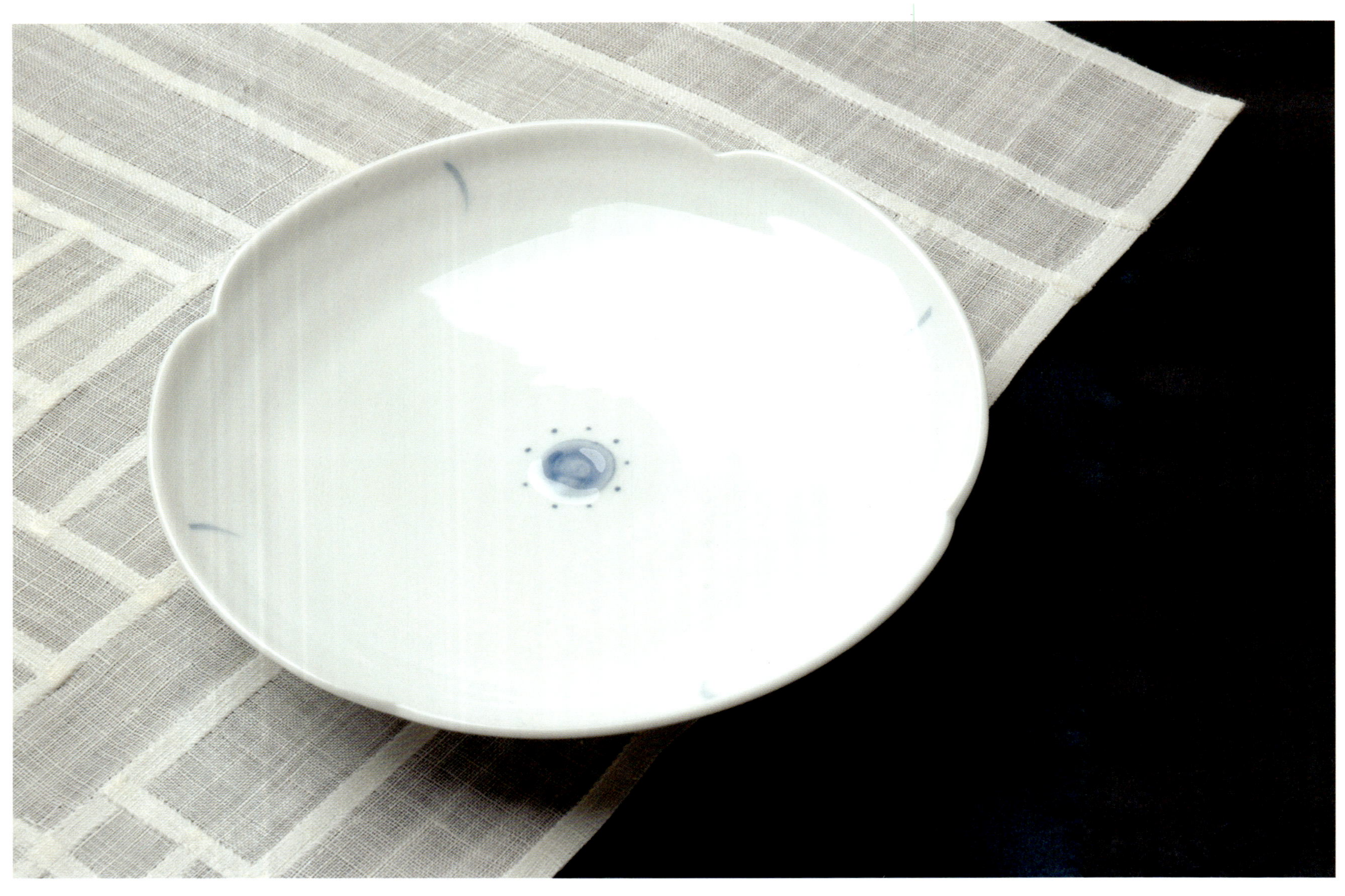

 청화백자화형찬기 ∅14×3cm 최윤경 作

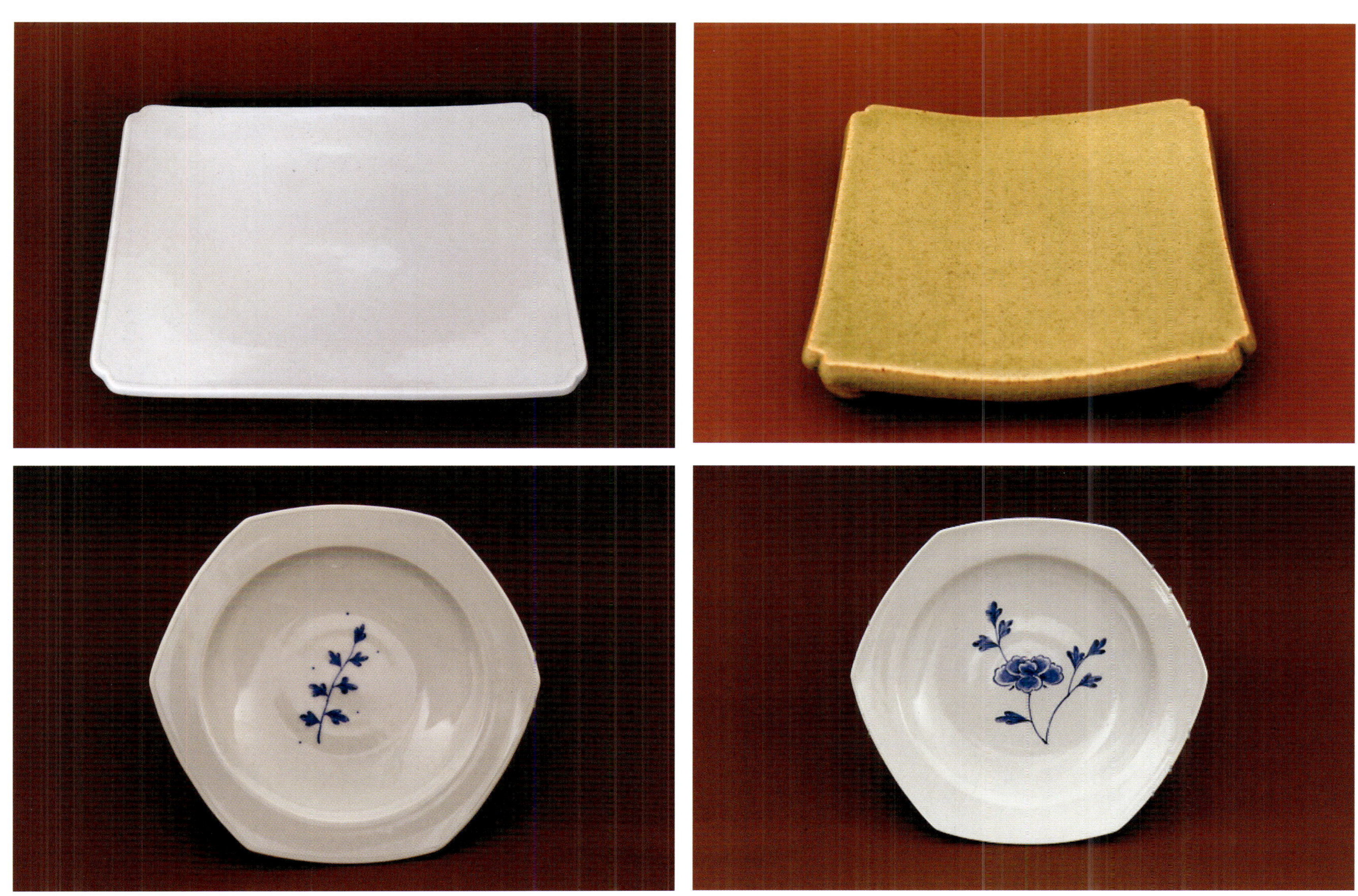

사각접시 32.2×3cm 김미자 作 | **사각접시** 16×8×ㅏ4cm 김정미 作
청화육각형접시 ∮24×3cm 김미자 作 | **청화모란문육각형접시** ∮24×3cm 김미자 作

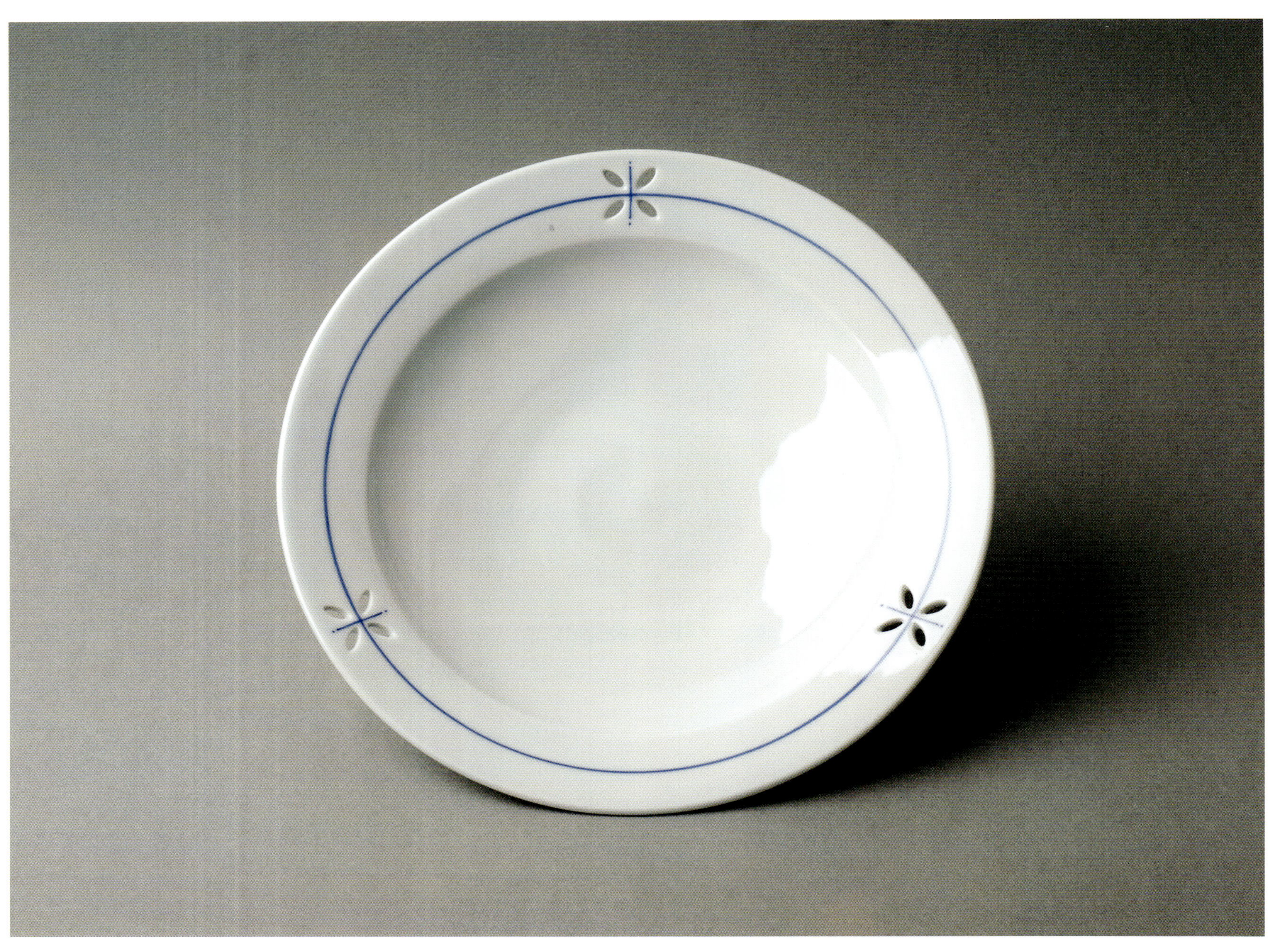

 청화백자초화문투각접시 ⌀32×3.5㎝   조원민 作

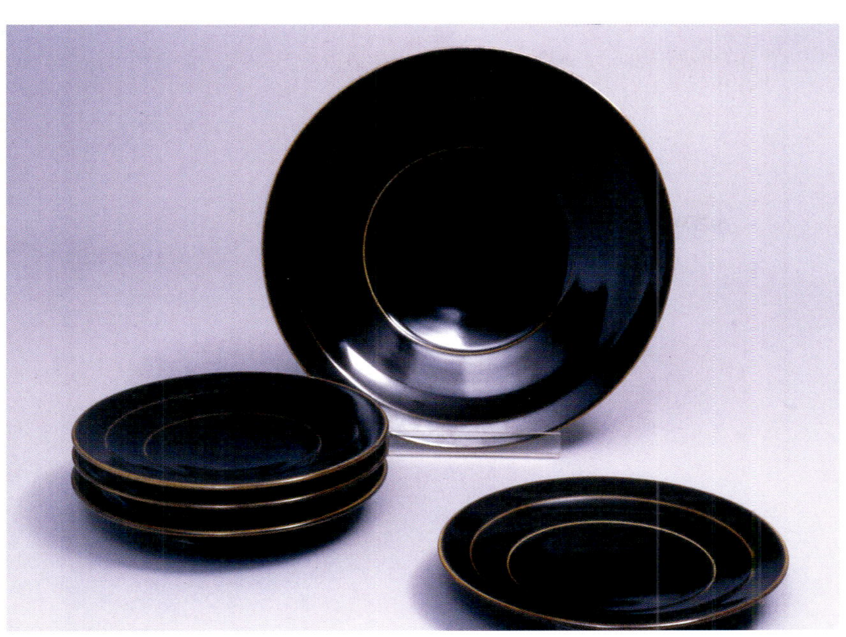

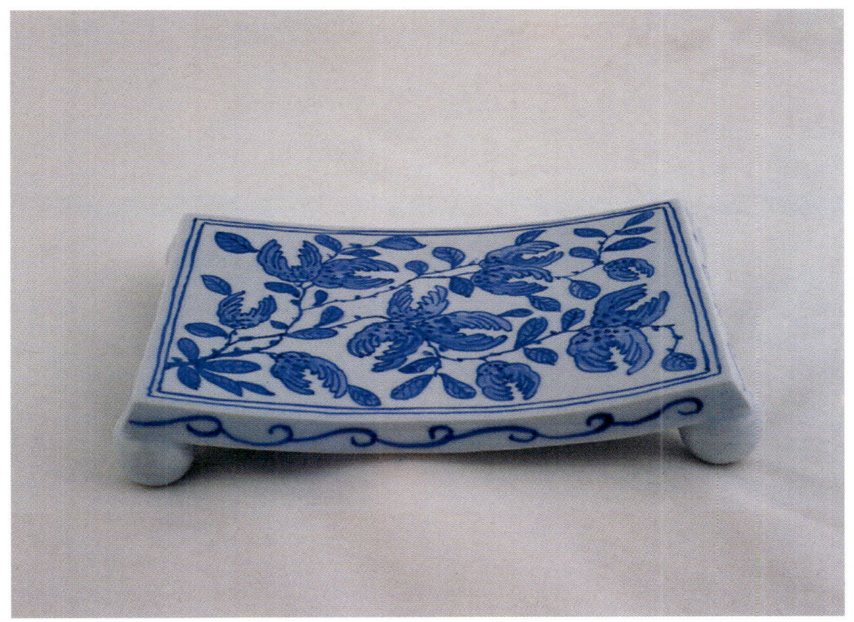

백자천목접시
大 ∮ 25 x 3cm, 小 ∮ 20 x 2.5cm
유세림 作

청화백자·석류문사각제지접시
25 x 17 x h4cm
김정미 作

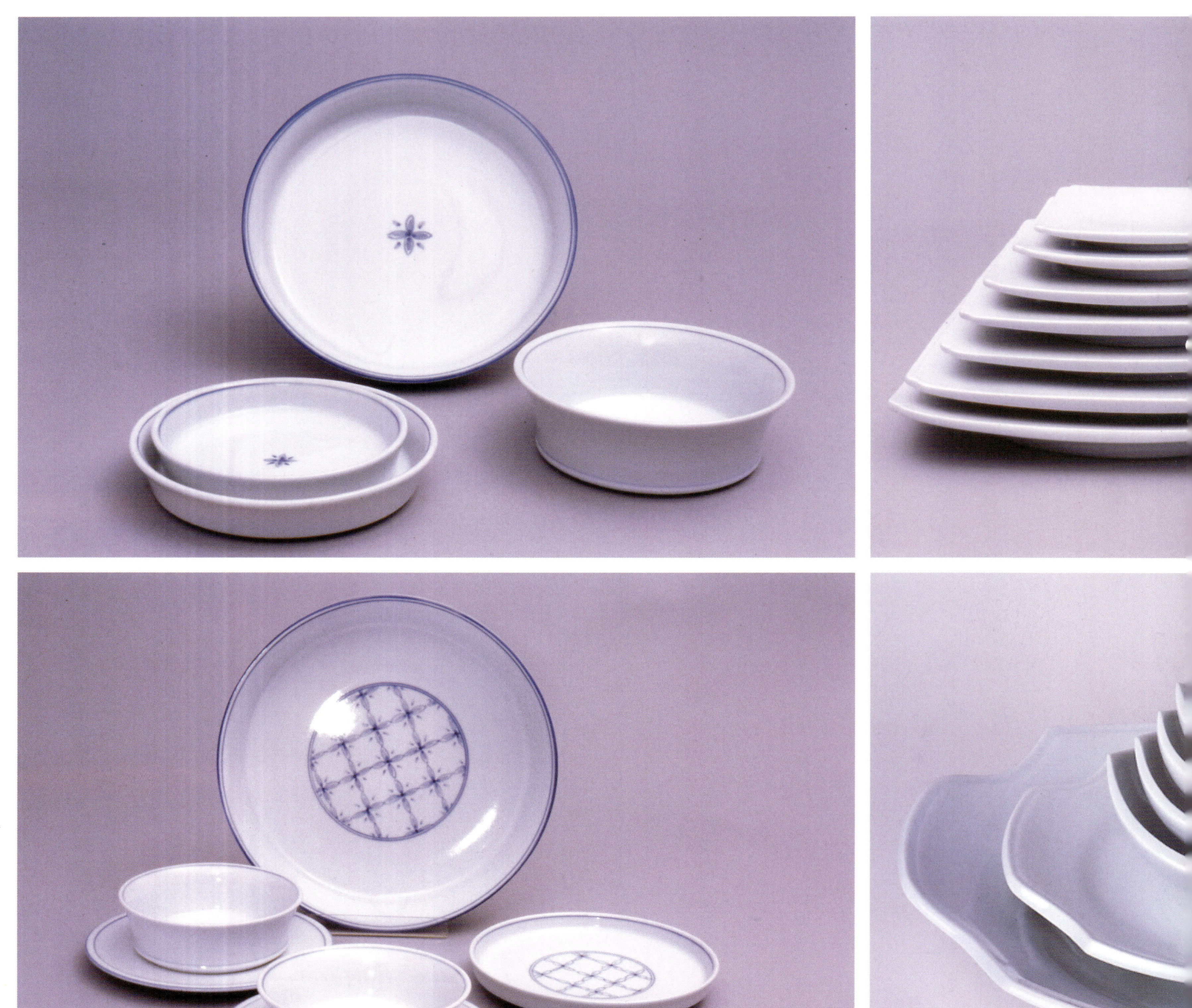

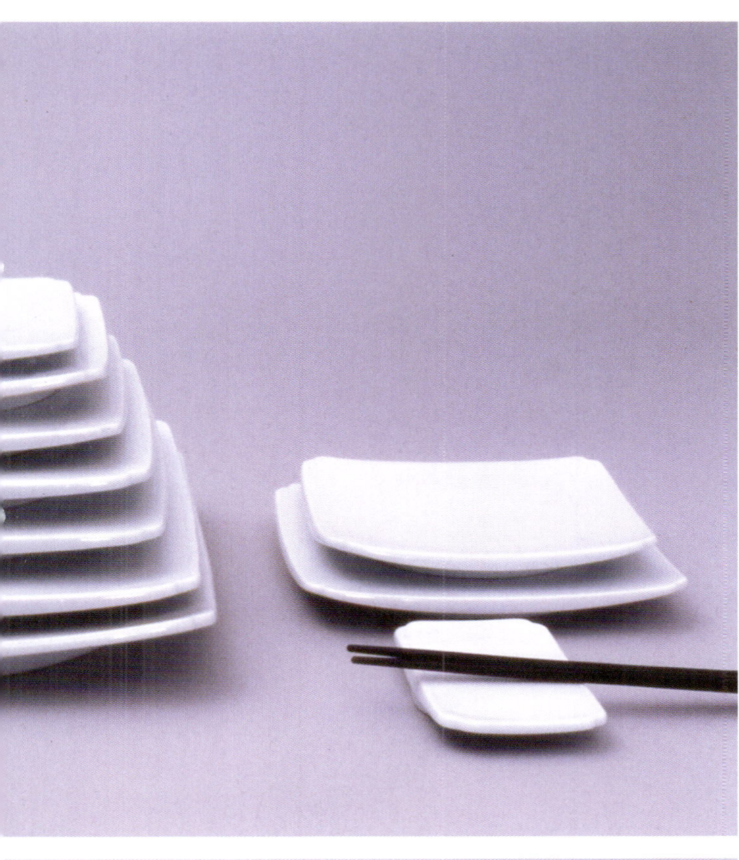

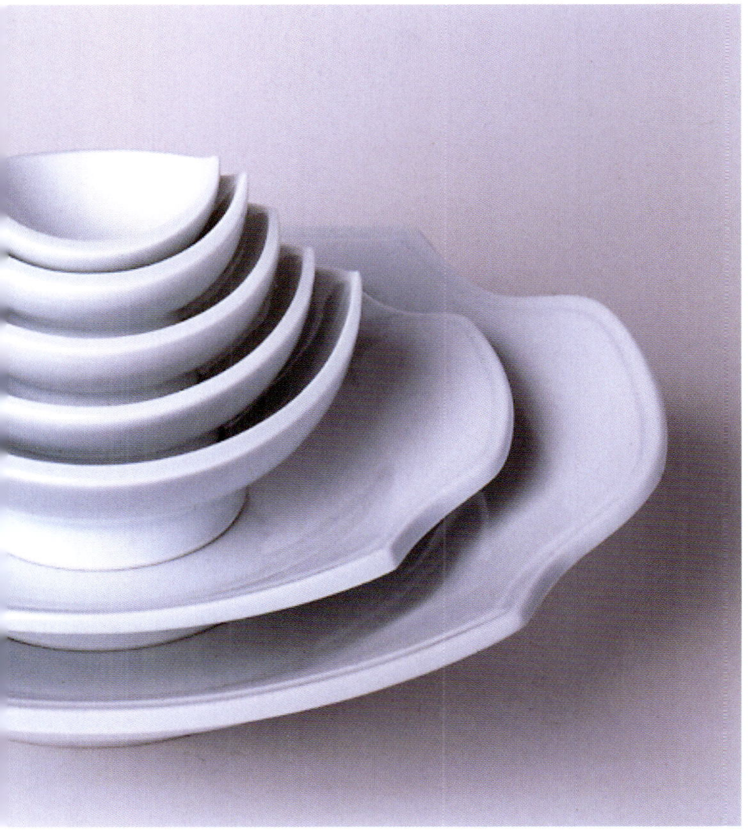

청화초화문접시 Set
大 ∮ 26 × 4㎝, 中 ∮ 15.5 × 3㎝
小 ∮ 12 × 2.5㎝(人·발), ∮ 15.5 × 6㎝
김미자 作

사각접시 Set
김미자 作

청화초화문접시 Set
(접시) 大 ∮ 26 × 3㎝, 小 ∮ 15.5 × 3㎝
(앞접시) ∮ 18 × 3㎝(人·발), ∮ 12.5 × 6㎝
김미자 作

백자스파게티그릇 Set
(접시)大 31 × 24 × 6.5㎝, 小 23 × 18 × 4㎝
(스파게티접시) Ⅰ ∮ 15 Ⅱ ∮ 12 Ⅲ ∮ 10 Ⅳ ∮ 8 Ⅴ ∮ 6.5㎝
유세림 作

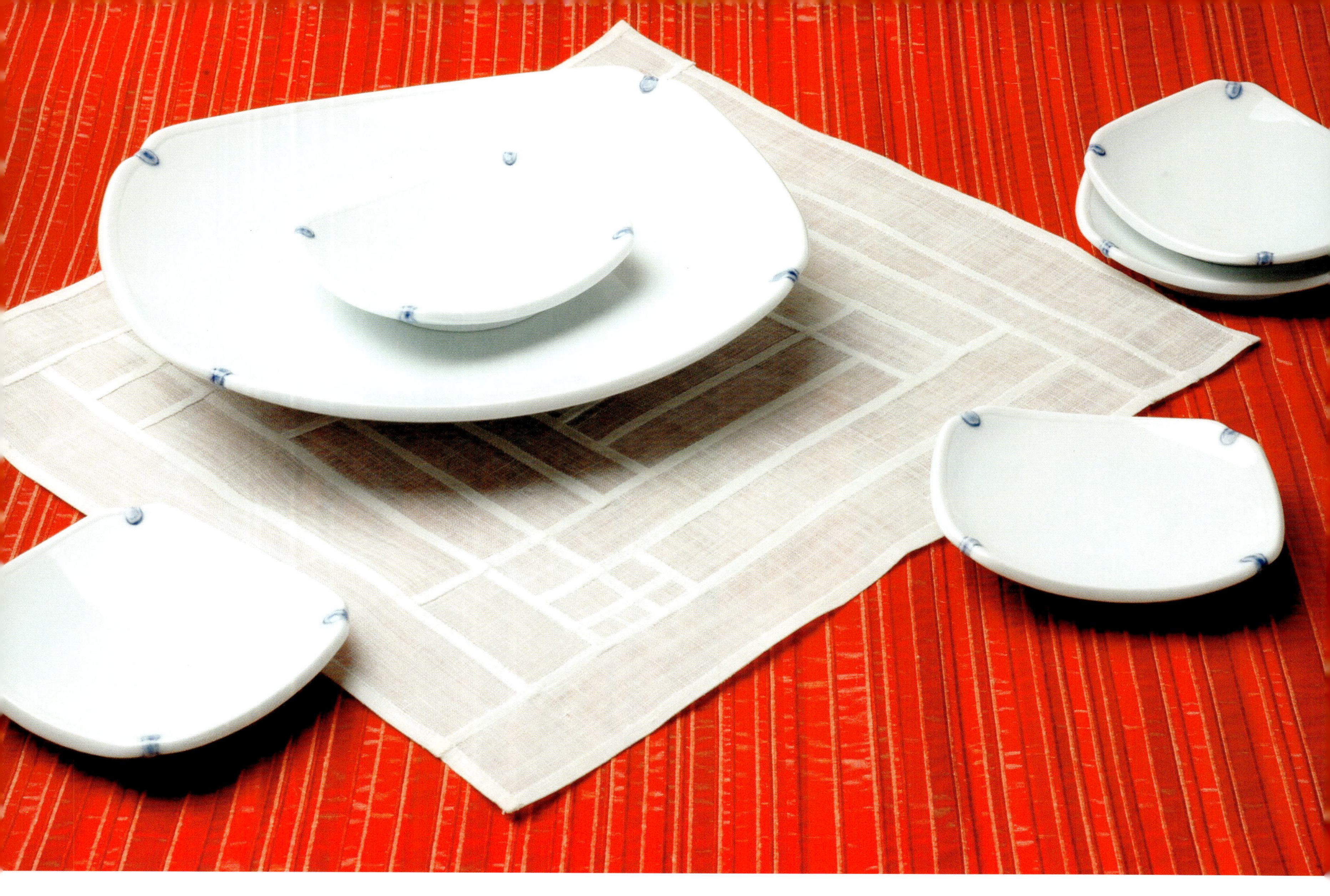

  청화라면볶이사각접시 ∮ 24 x 5㎝, (앞접시) ∮ 11 x 2.4㎝   이은아 作

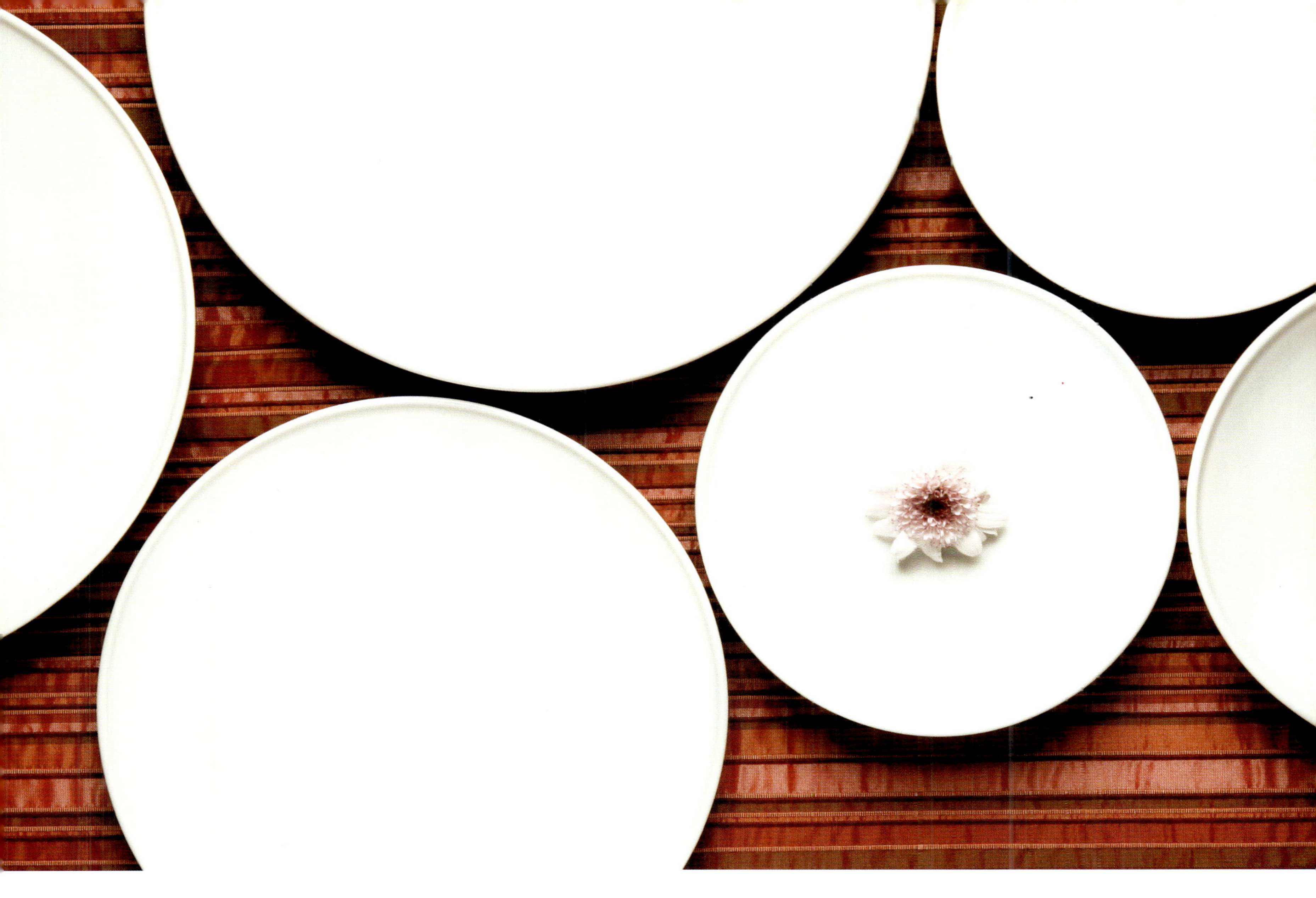

백자접시 大 ∅ 20 × 3.5cm, 中 ∅ 17 × 2.5cm, 小 ∅ 14 × 2cm 최유정 作

주전자

"21세기 공예문화의 진정한 가치제고를 위해선
공예의 산업화가 아니라 삶을 변화시키기 위한
차원에서 공예를 바라봐야 한다."

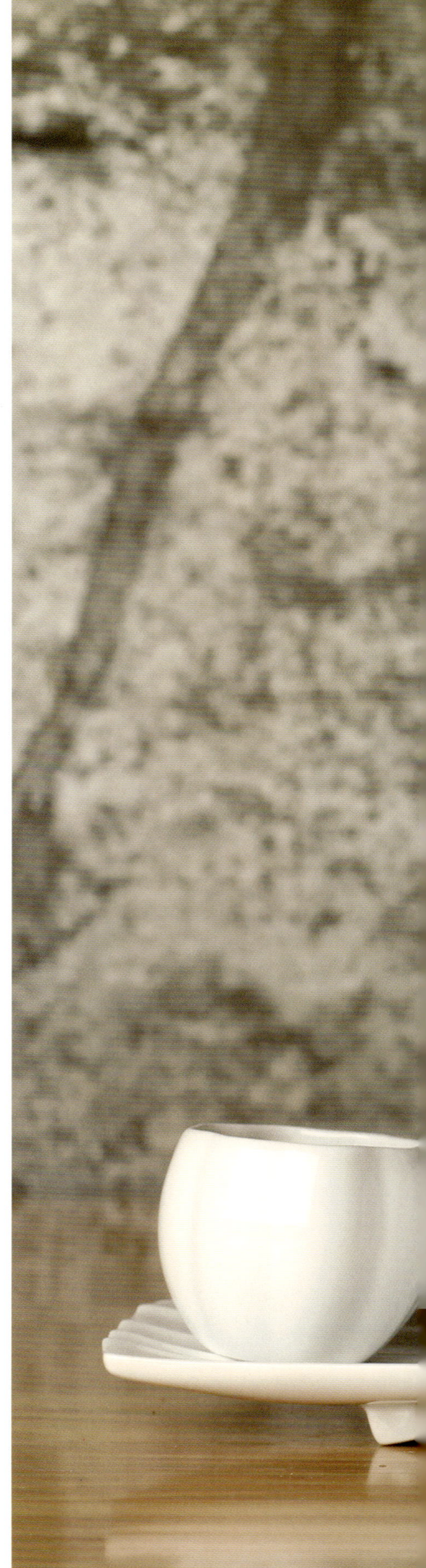

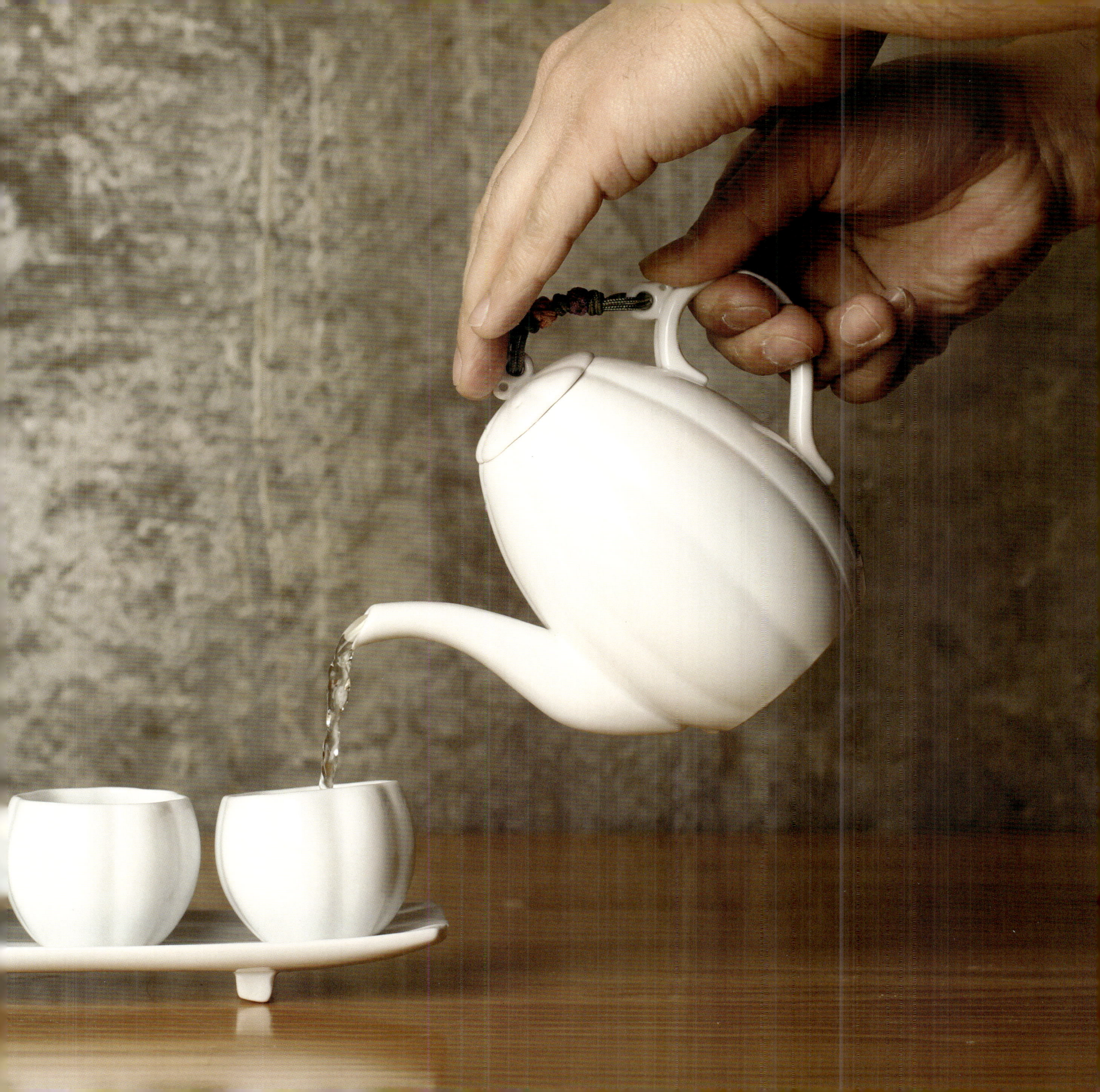

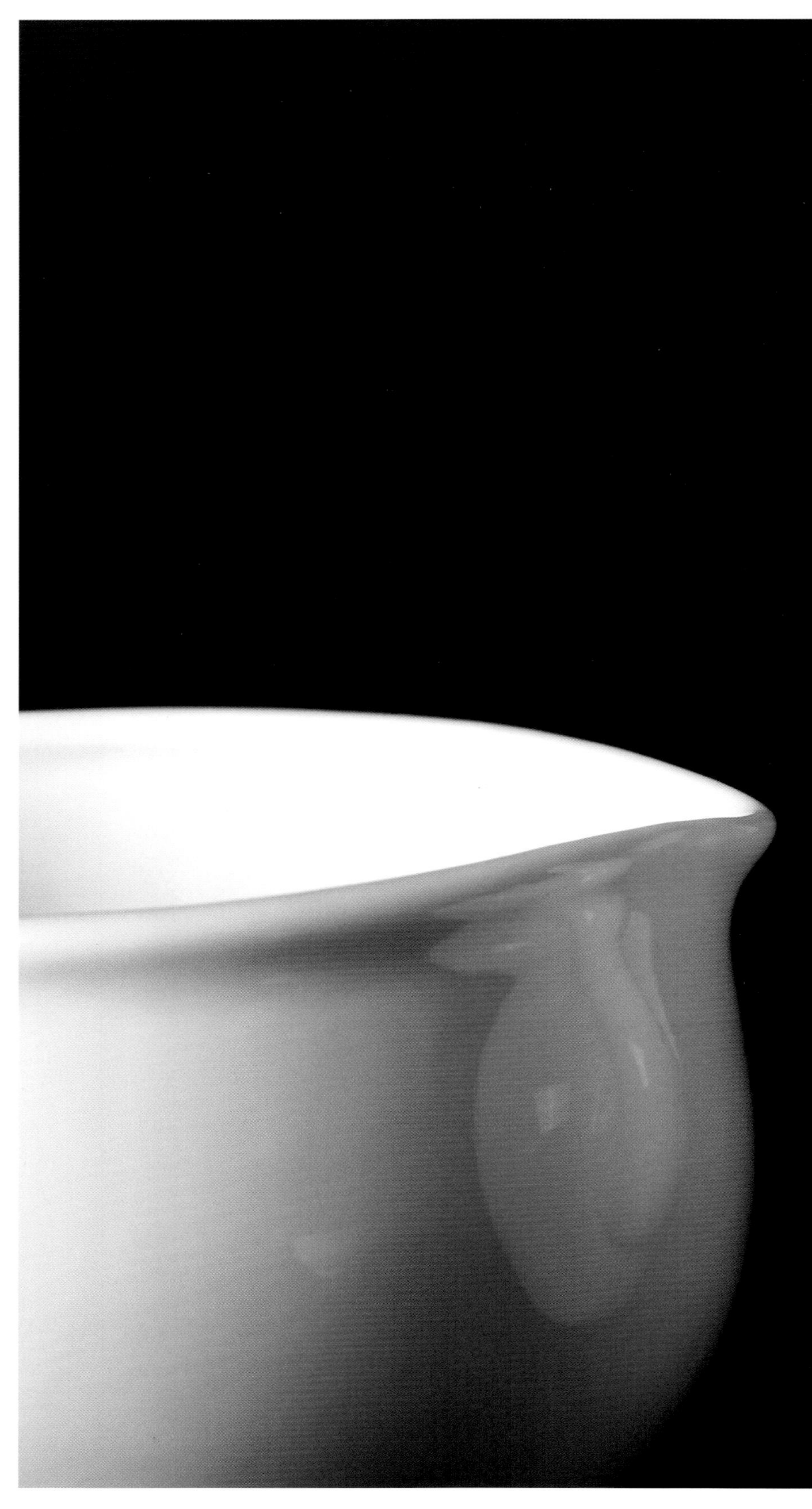

 백자3人다기 Set (주전자) ∮10×12cm, (숙우) ∮9×6cm, (잔)7×4cm   MJ아트세라믹 作

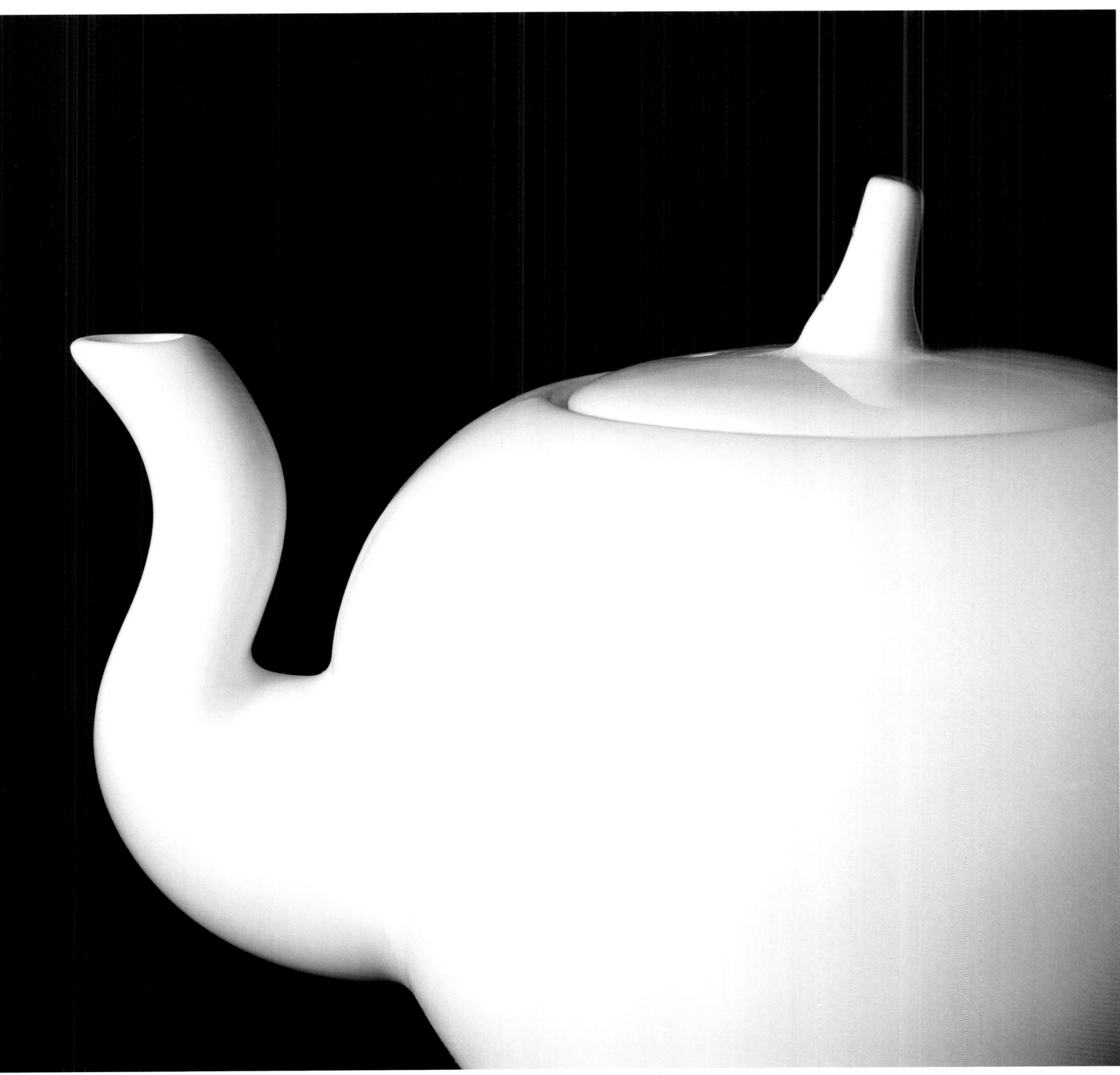

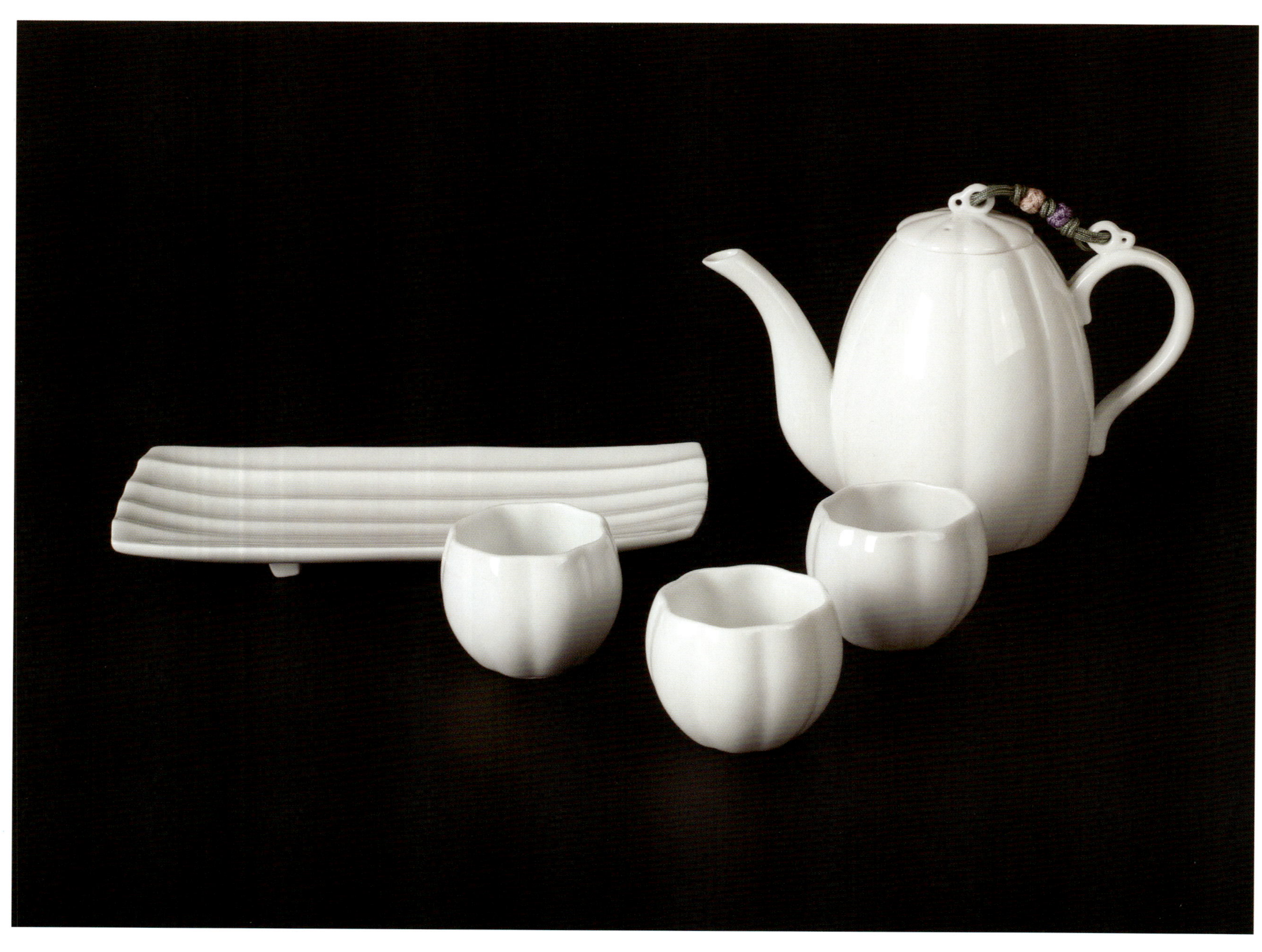

   백자참외형다기 Set   (주전자) ∮15 × 12.5cm, (잔) ∮5.5 × 4.5cm, (접시)19 × 9.2cm   MJ아트세라믹 作

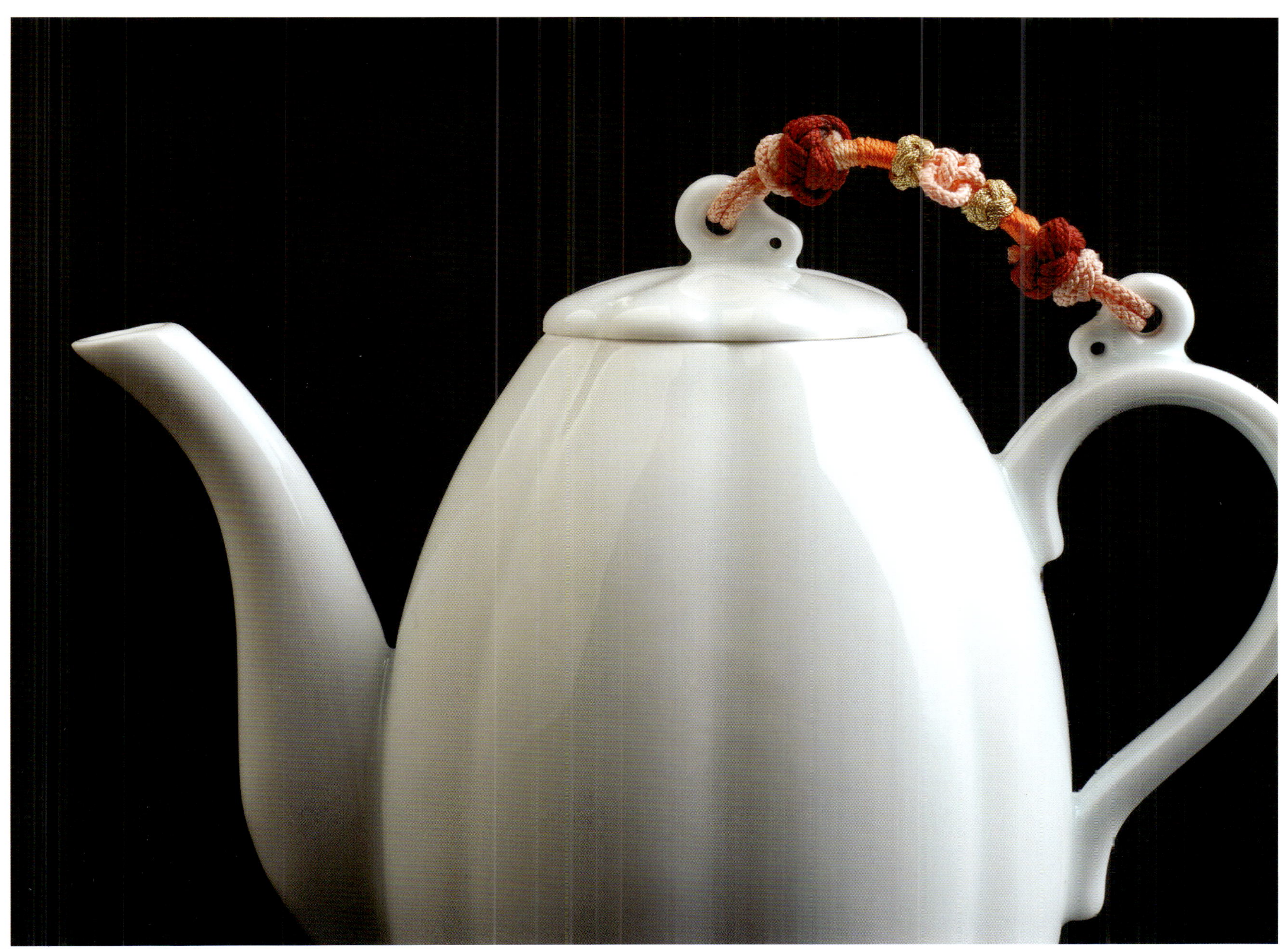

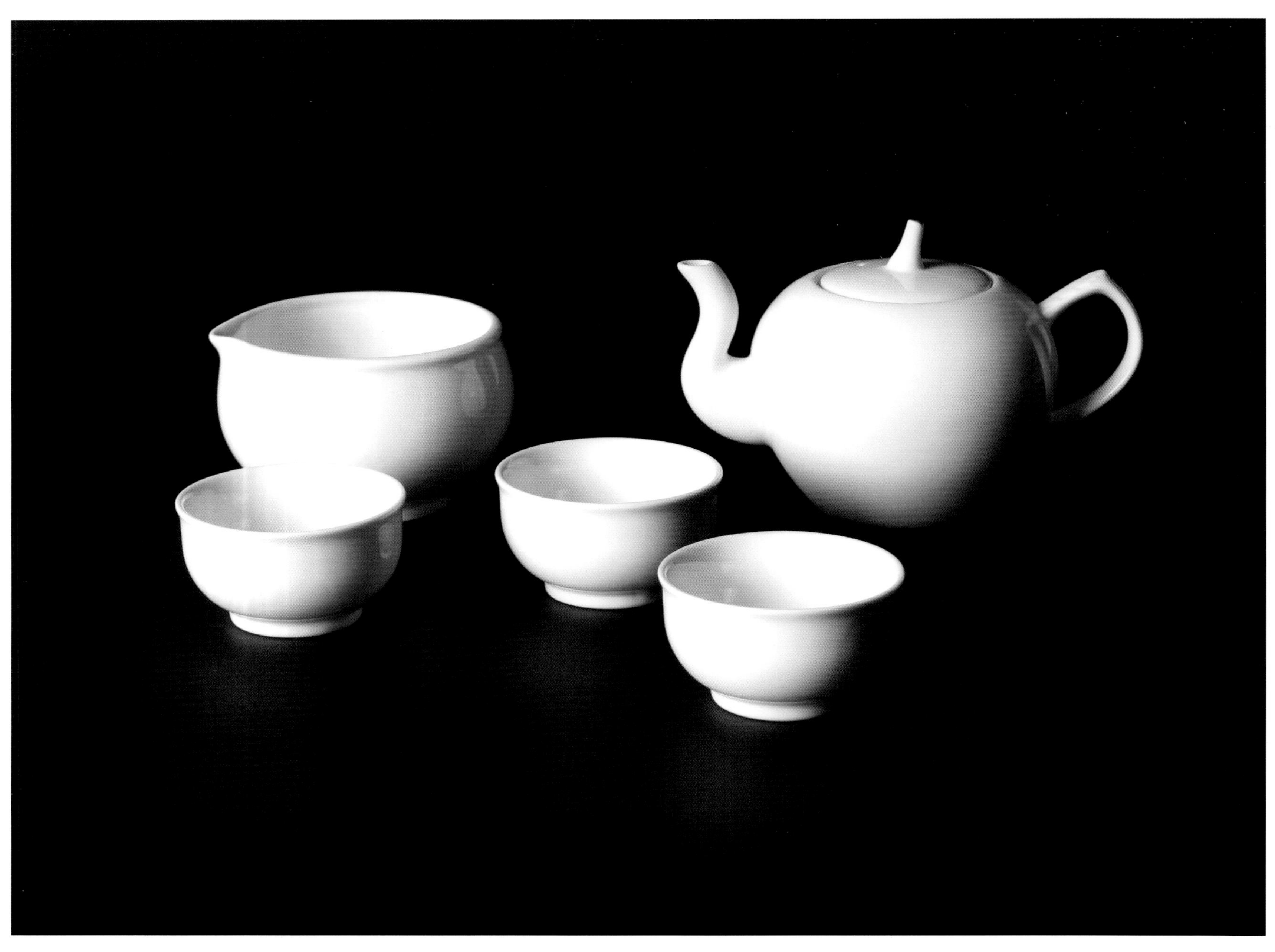

 백자3人다기 Set (주전자) ∮10×12㎝, (숙우) ∮9×6㎝, (잔)7×4㎝   MJ아트세라믹 作

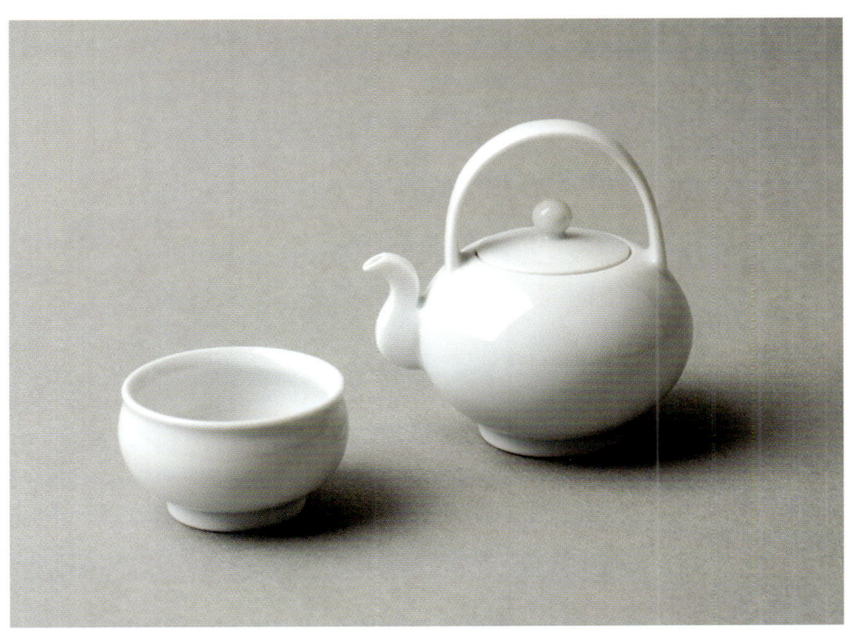

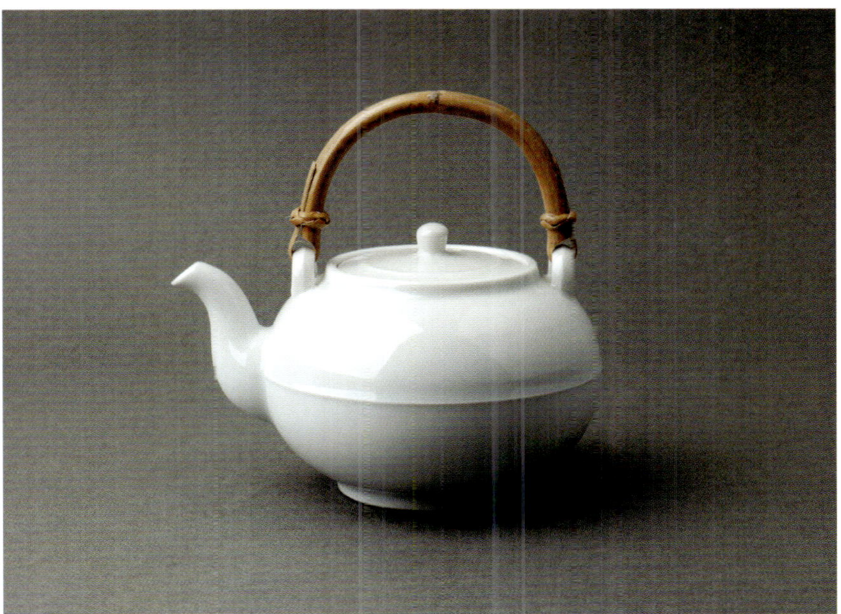

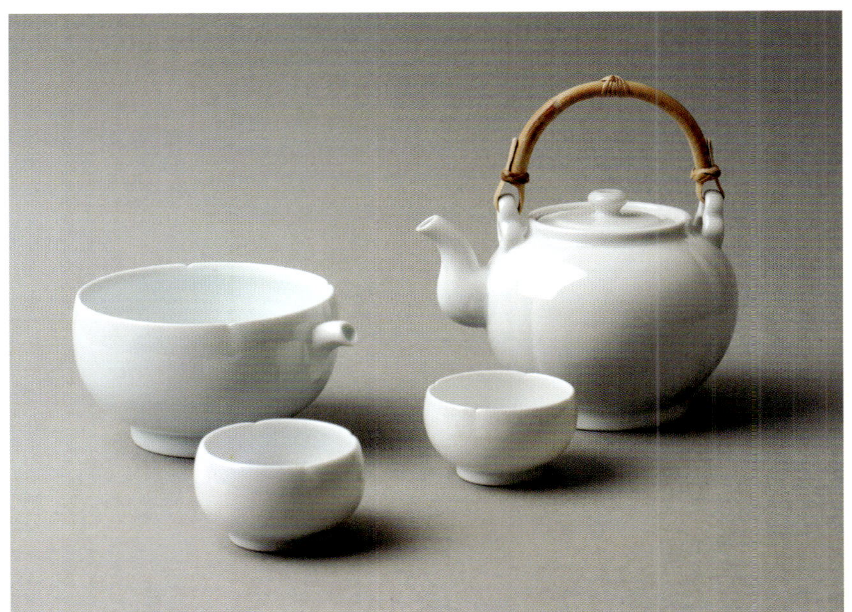

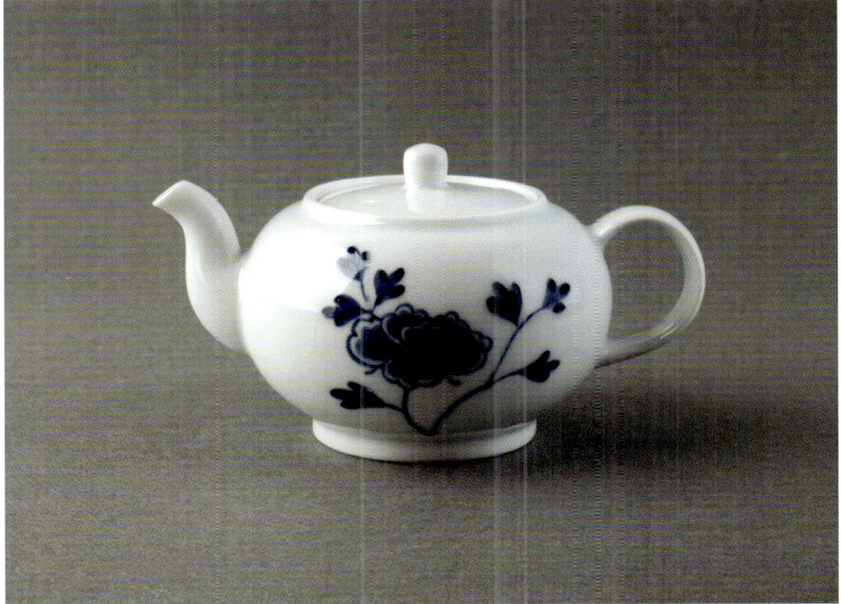

인다기 Set　(주전자) ∮10×11cm, (잔) ∮7×6.5cm　조원민 作 | **백자다기주전자**　∮12×11cm　김미자 作
3인다기set　(주전자) ∮10×14cm, (잔) ∮7×6.5cm, (숙우) ∮10×8.5cm　조원민 作 | **청화백자 모란문 주전자**　∮13×11cm　김미자 作

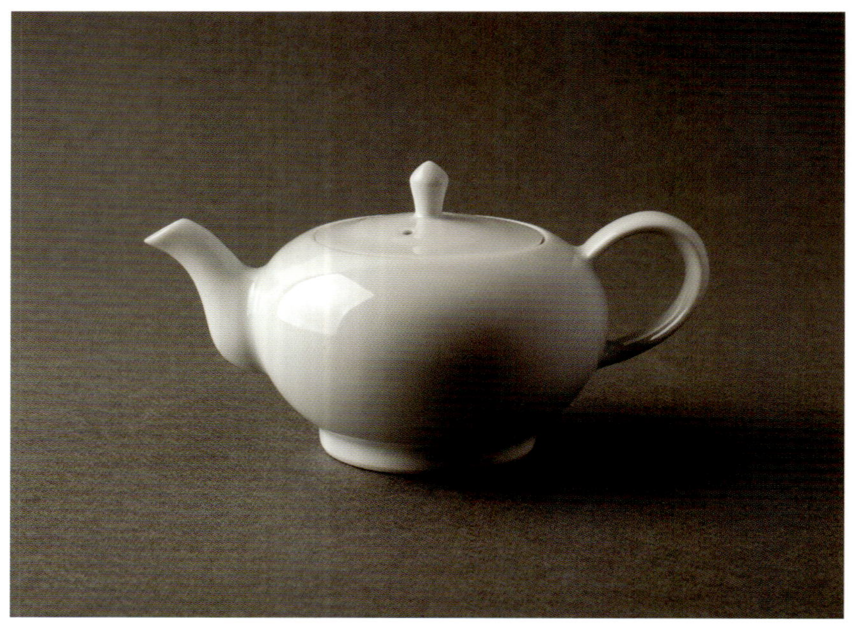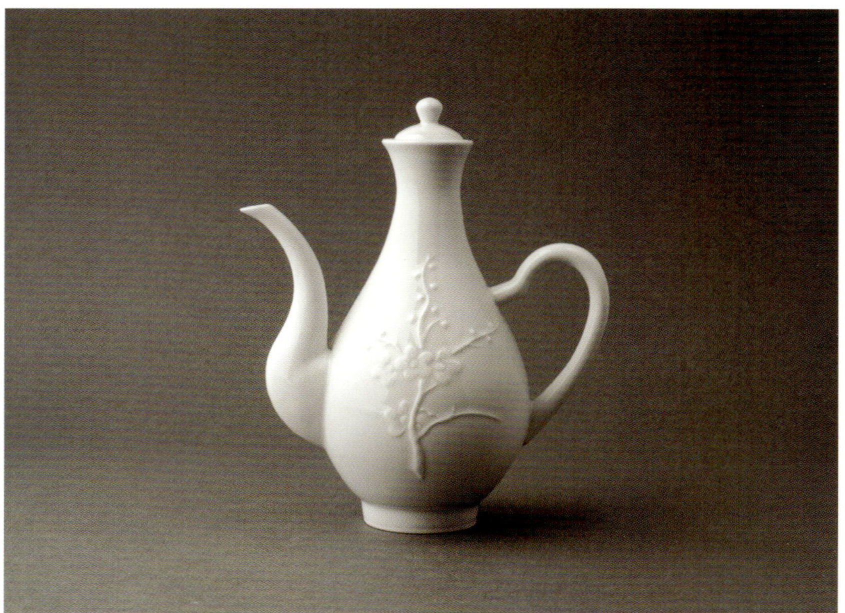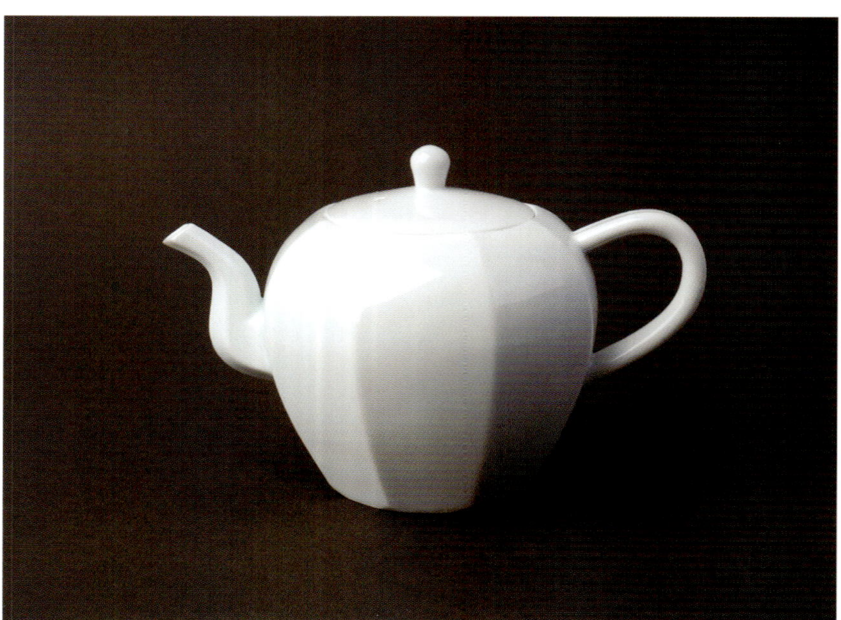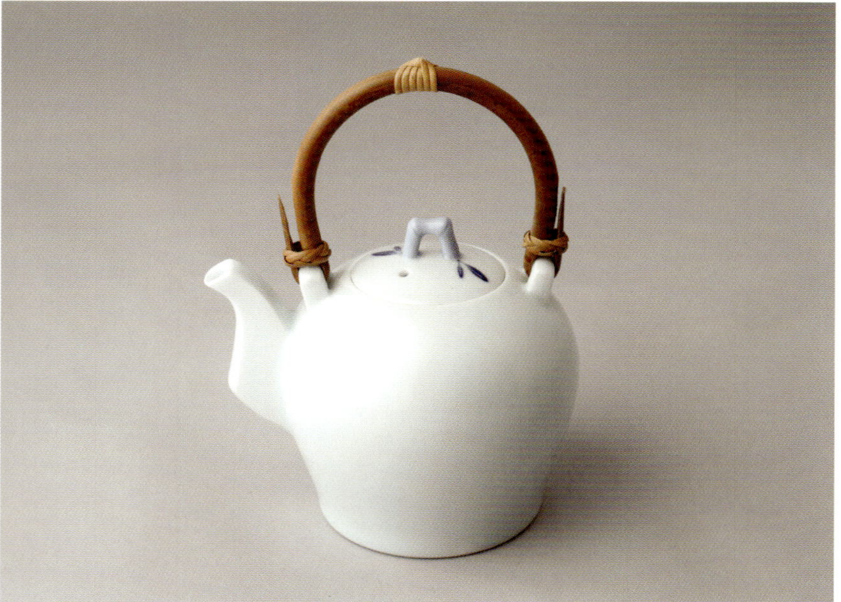

백자자기주전자 ∮ 12 × 7.5cm 김정미 作 | 백자매화문양각주자 ∮ 10 × 20cm 남미리 作

114 백자각면주자 ∮ 10.5 × 11cm 유세림 作 | 대L-무형손잡이주자 ∮ 10 × 11cm 전현주 作

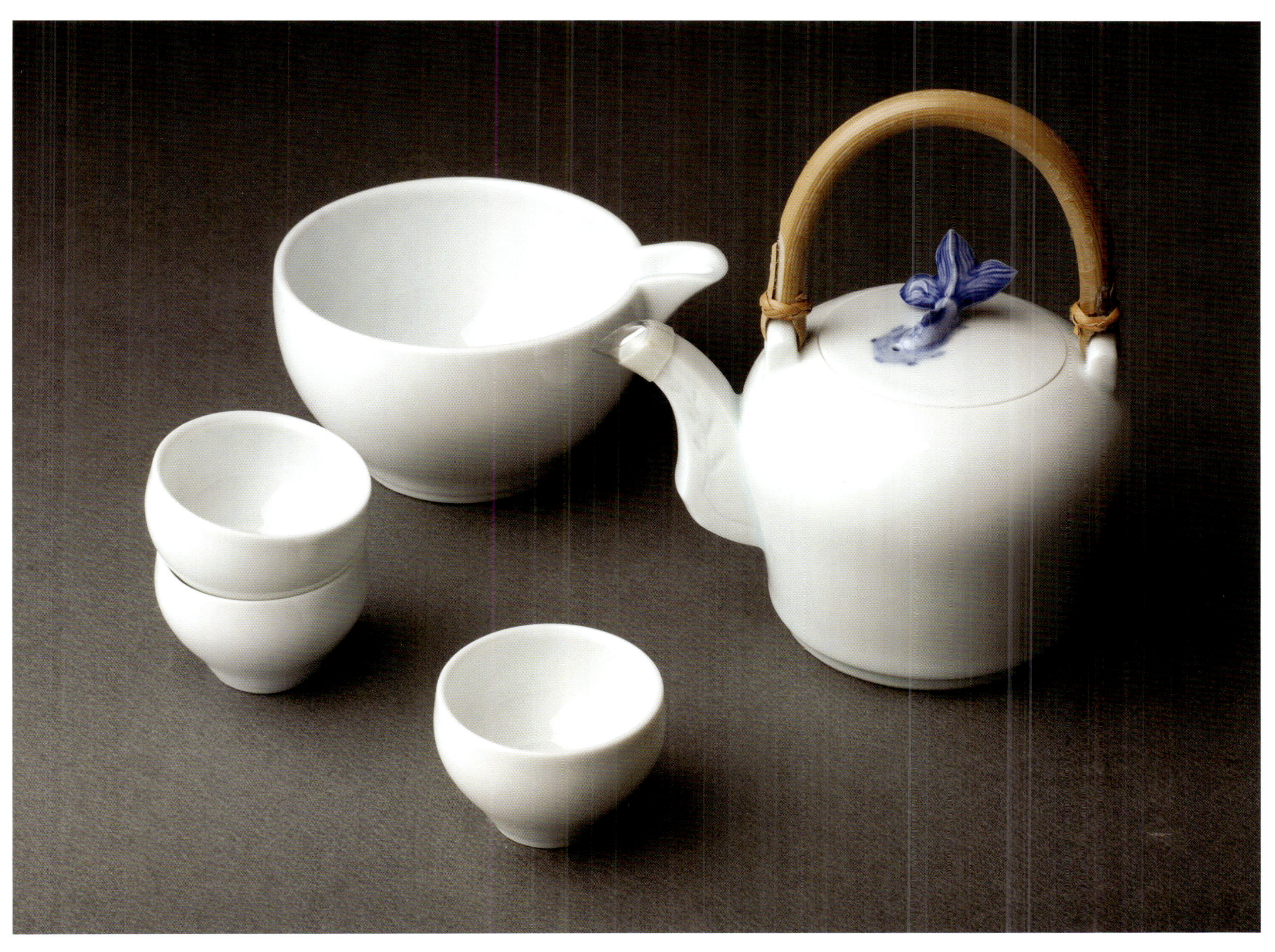

청화백자물고기다기 Set (주전자) ∅15.7 × 18.5cm, (잔) ∅6.5 × 4.5cm, (숙우) ∅15 × 7.7cm 전현주 作   115

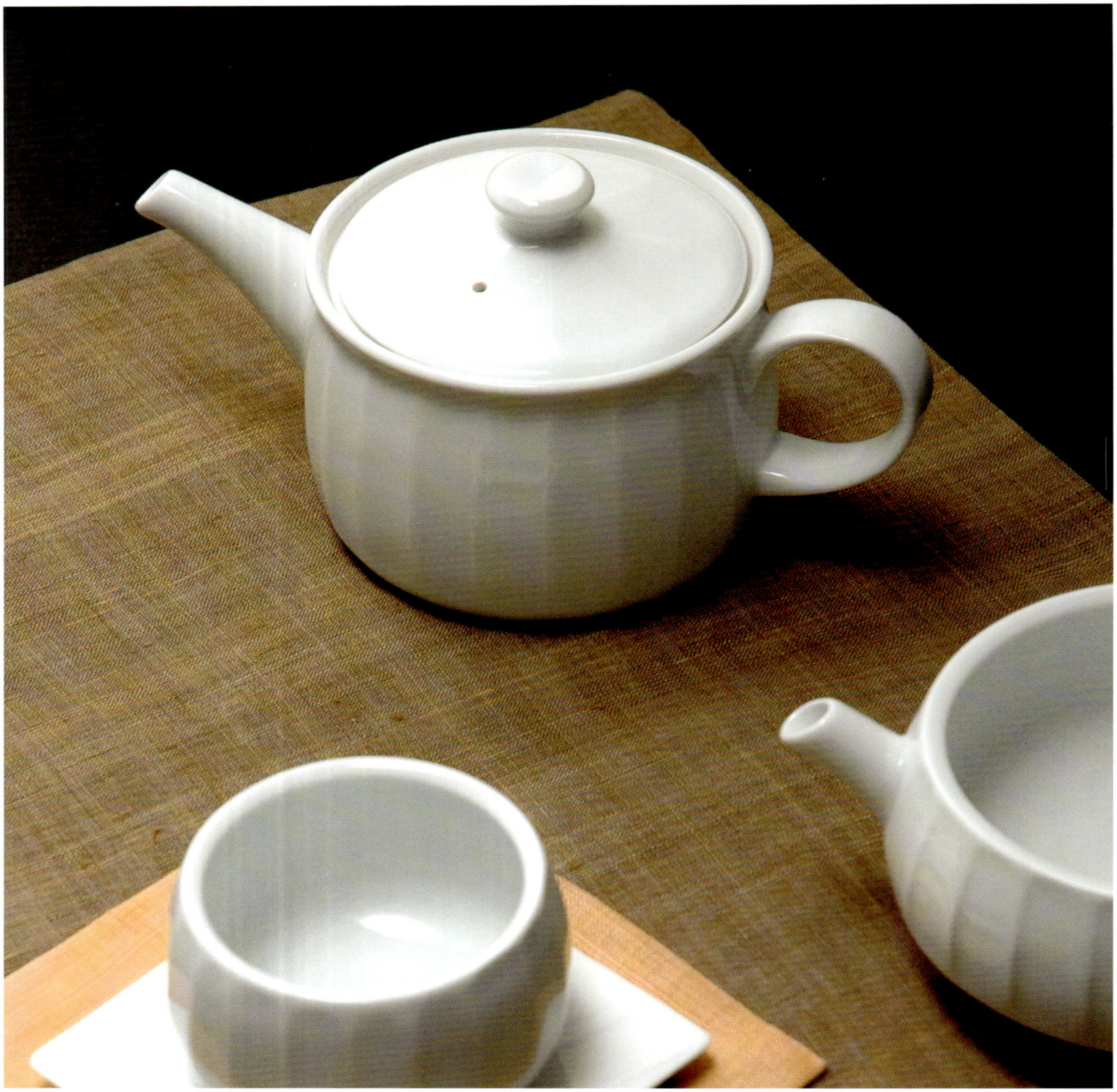

 백자각면다기 Set (주전자) ∮16×7.5cm, (숙우) ∮11×5cm, (잔)6×4.5cm, (잔받침) ∮8.5 김선심 作

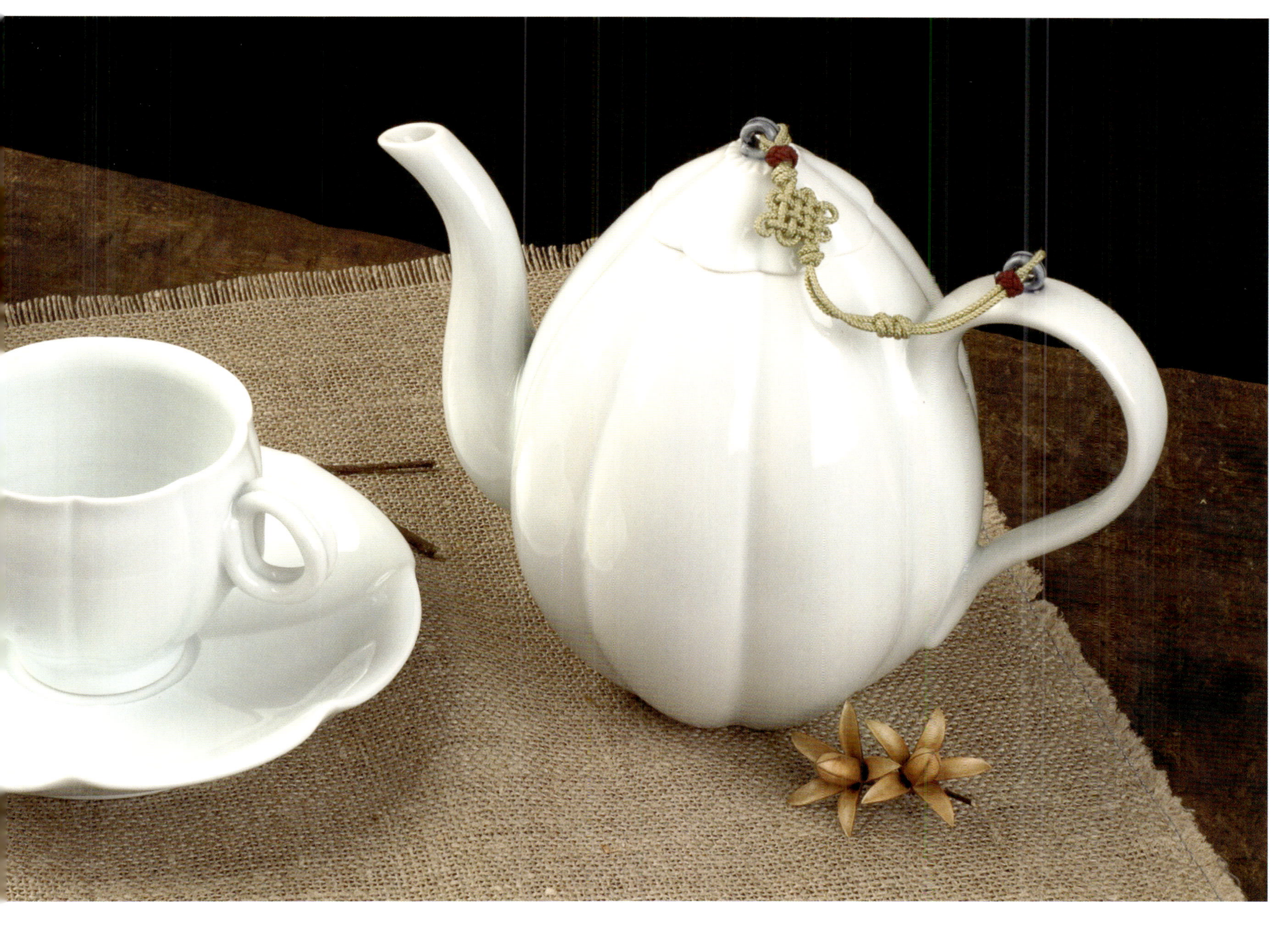

백자참외형커피 Set　(주전자) ∅20 x 16cm,　(커피잔) ∅7 x 10.5cm,　(잔받침) ∅15 x 3.5cm　김미자 作　117

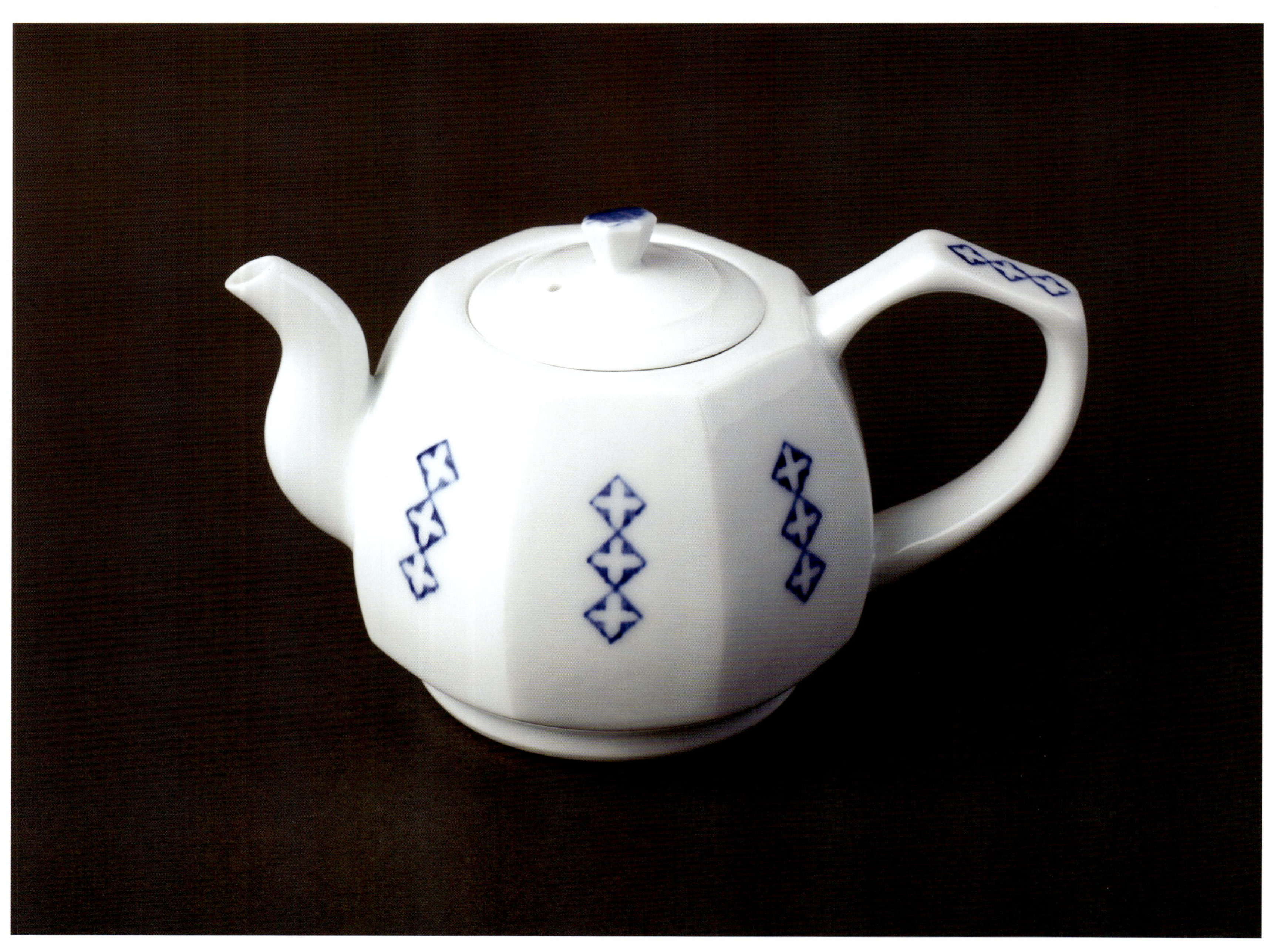

  청화격자문주전자 ⚡8.5×9㎝ 유세림 作

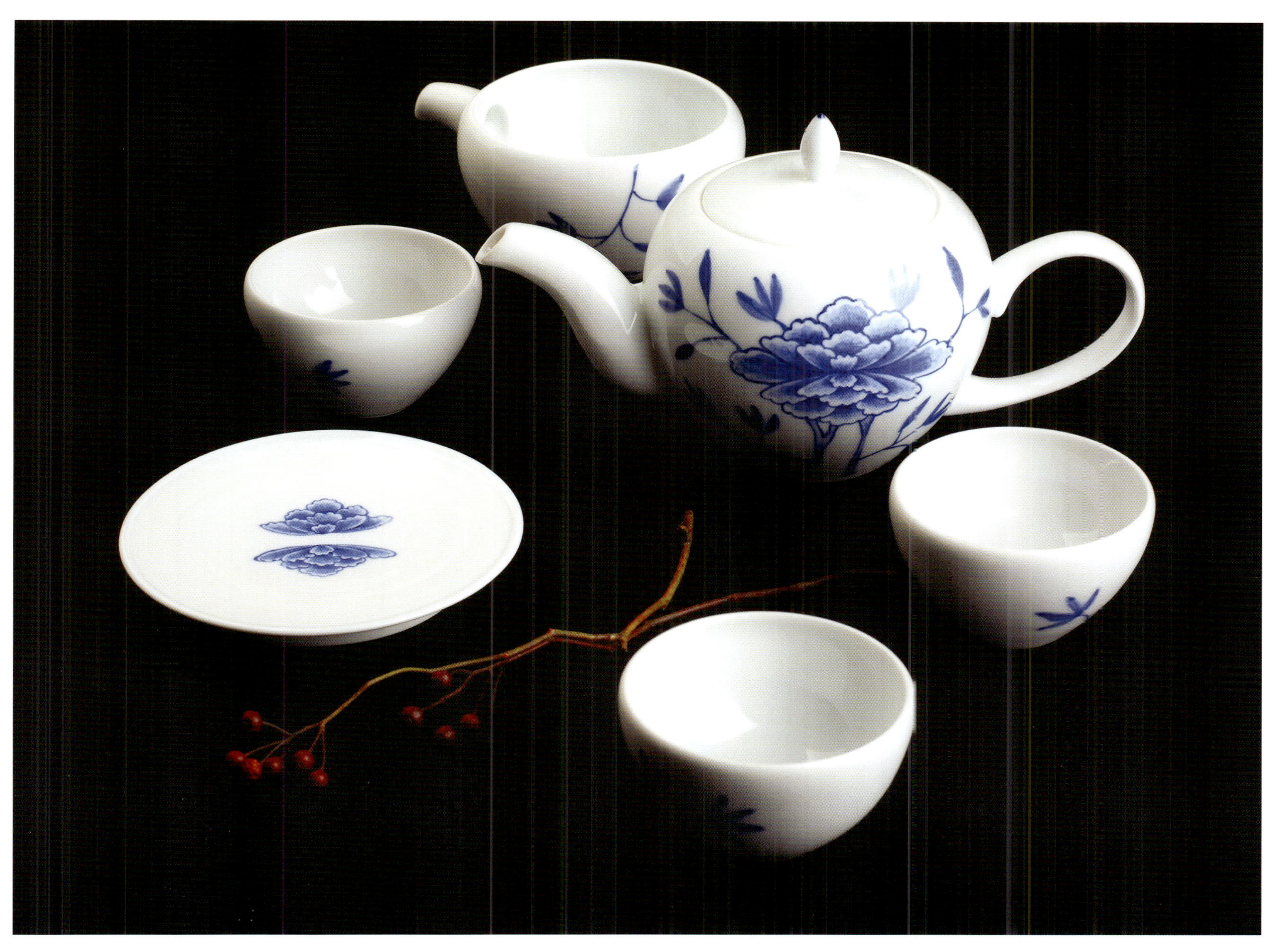

청화백자모란문5人다기 Set (주전자) ∅11×12㎝, (잔) ∅7×5㎝, (숙우) ∅13×6.5㎝, (접시) ∅15 남유안 作

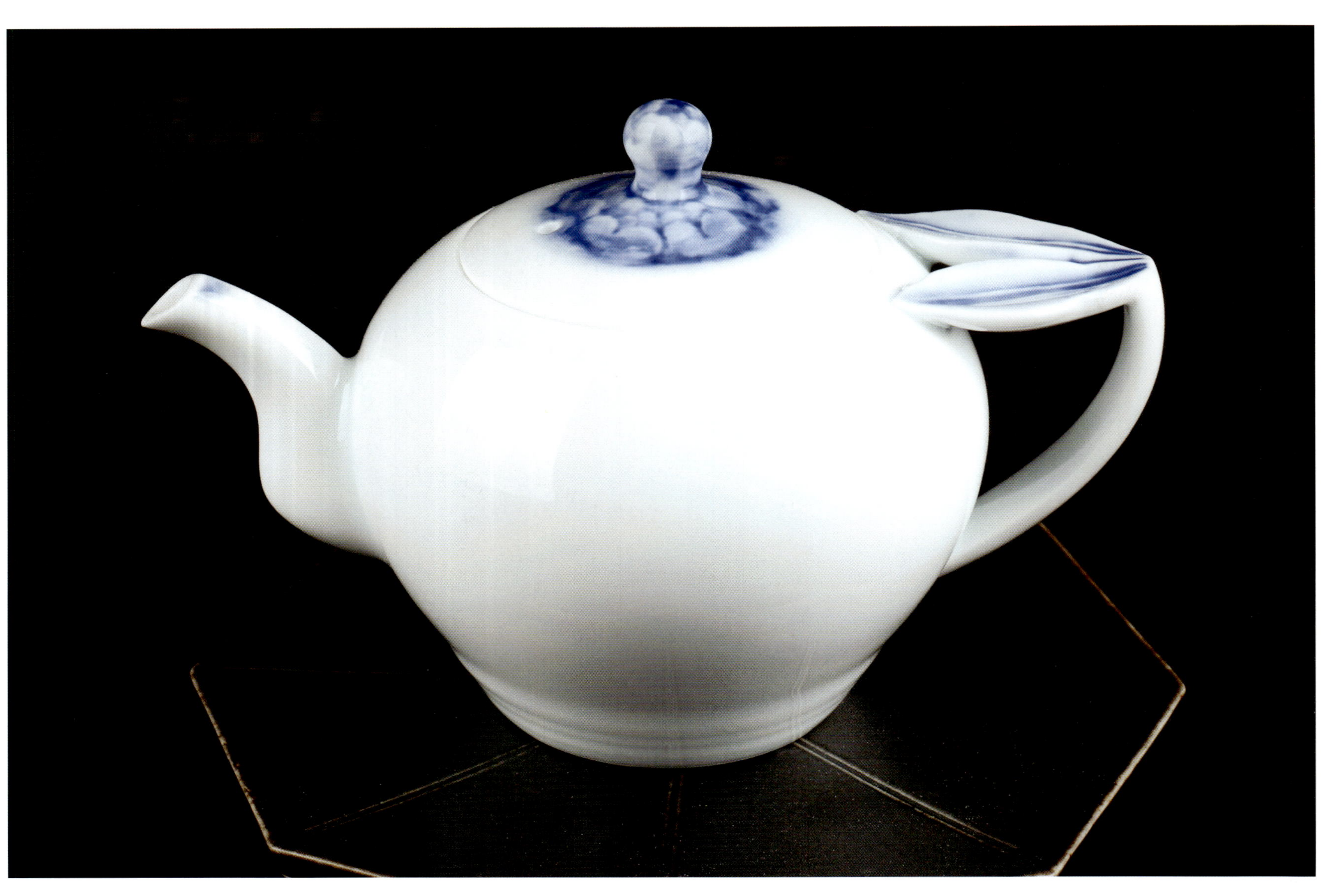

  청화백자잎새문주자 ∅14×14.9cm 전현주 作

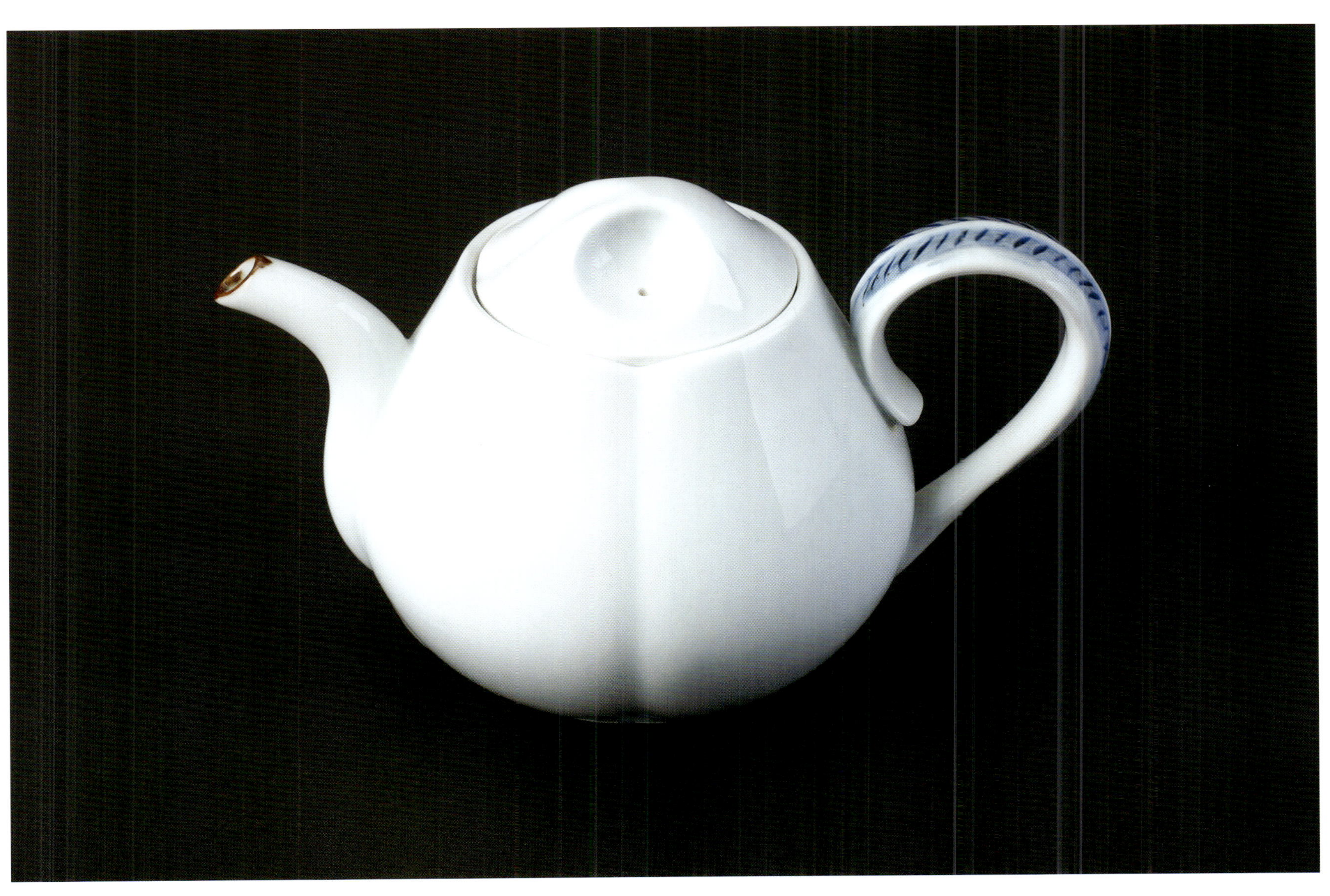

청화백자복숭아형주자 ↕15×10㎝ 유세림 作   121

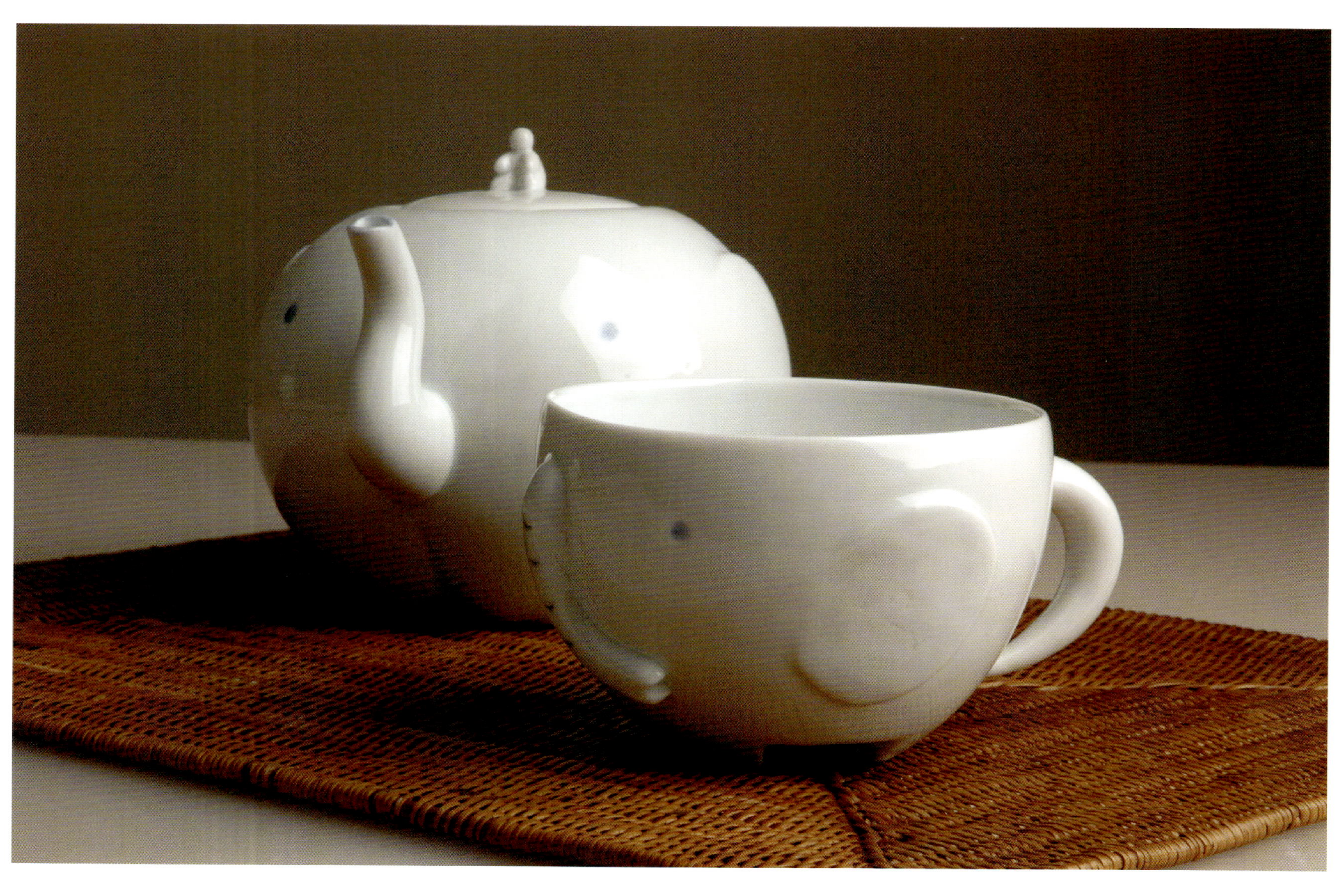

  청화백자코끼리형커피포트 Set (커피포트) ∮ 20 × 14cm, (머그잔) ∮ 14.5 × 7.8cm 남미리 作

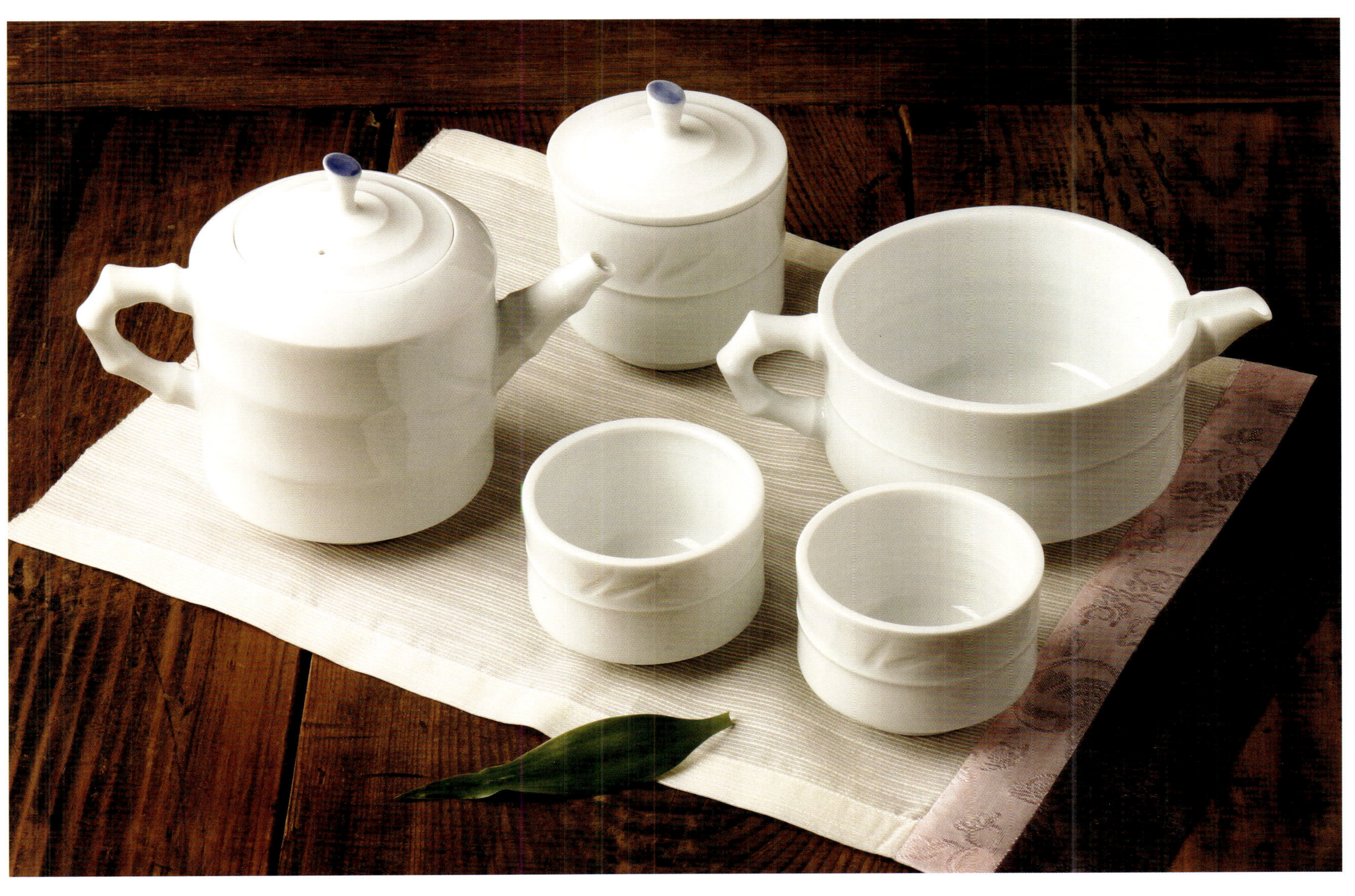

백자 나무형5人다기 Set　(주전자) ∮16×12.5cm, (잔) ∮6.7×5cm, (숙우) ∮16.5×6.5cm, (디통) ∮7.5×9.5cm　이은아 作　

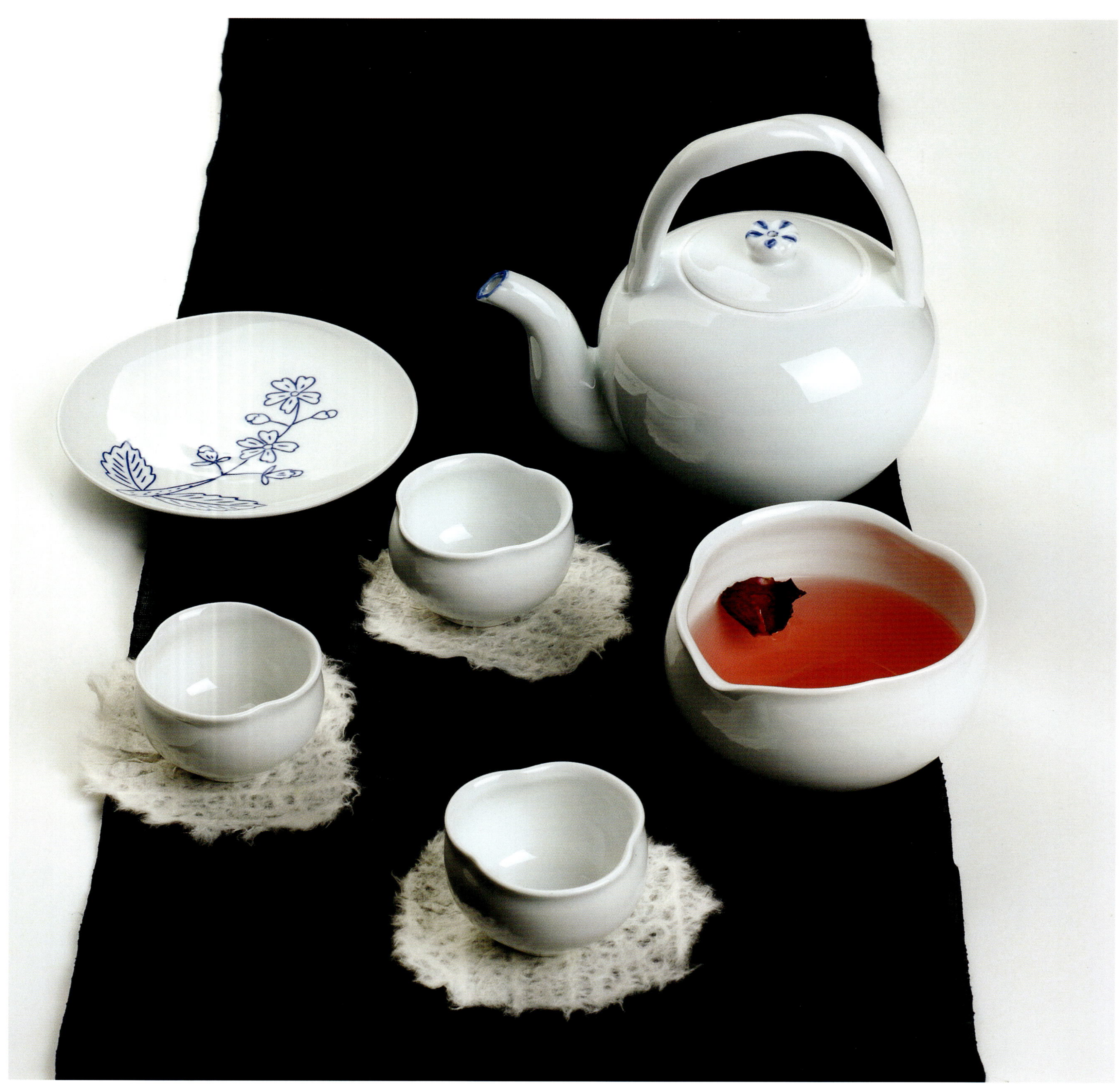

  청화백자상감다기세트 Set (주전자) ∅18.5×13cm, (숙우) ∅13×8.5cm, (잔) ∅7×5cm, (접시) ∅18cm 정지희 作

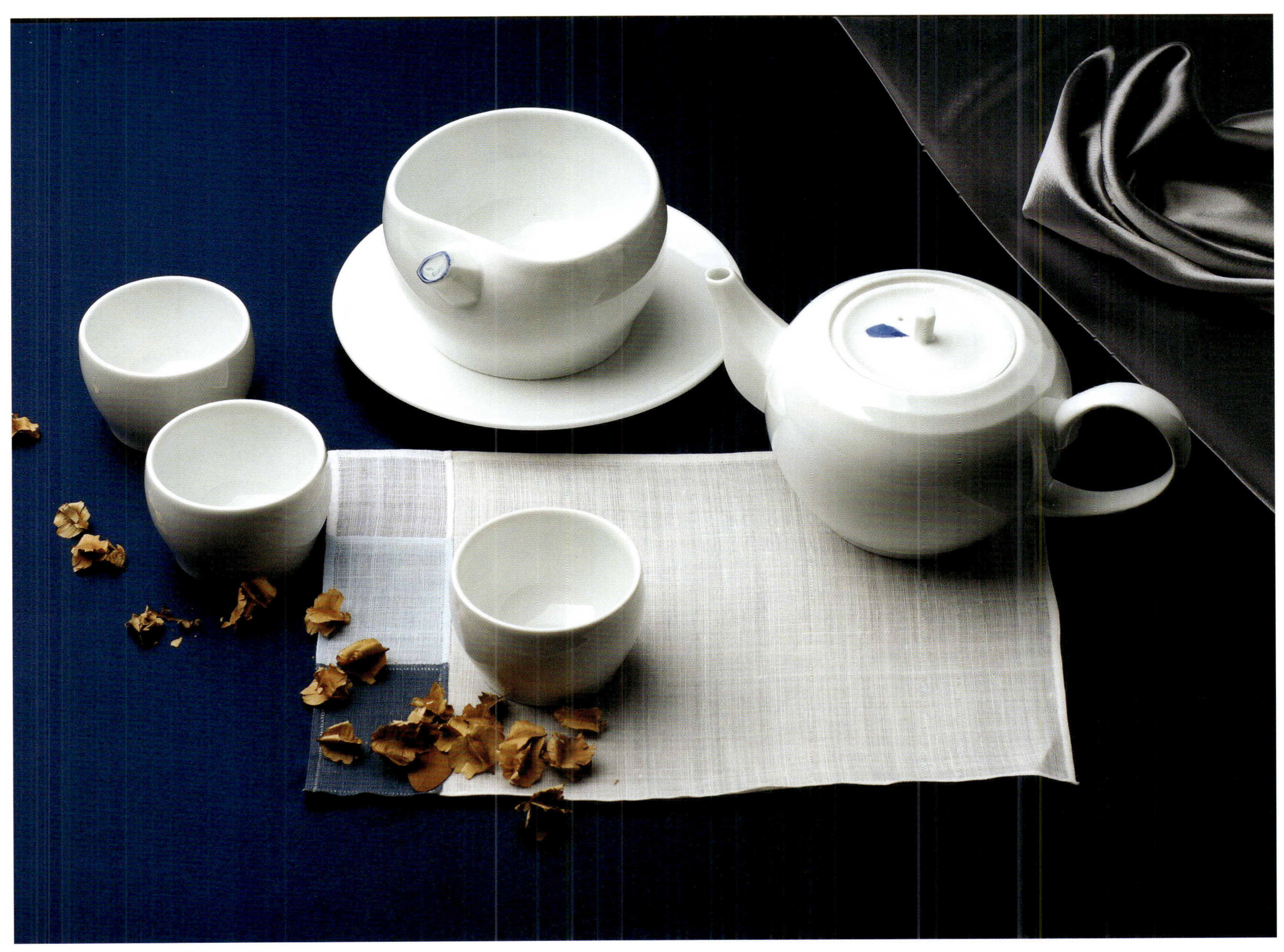

청화백자초화문다기 Set (주전자) ∮ 12 × 10㎝, (잔) ∮ 7 × 5㎝, (숙우) ∮ 13 × 7㎝, (접시) ∮ 17 민윤희 作

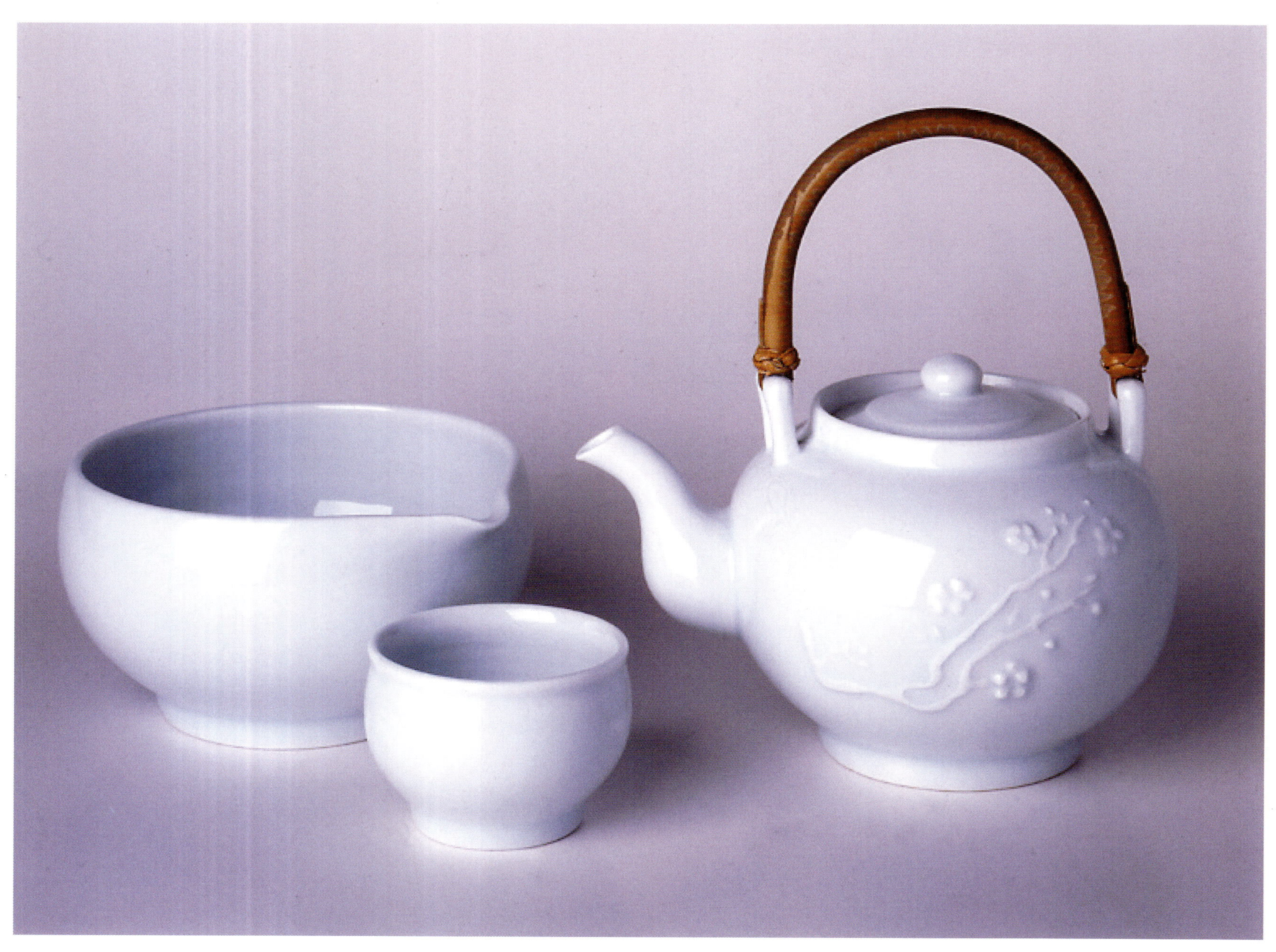

  백자양각매화문다기 Set (주전자) ∮ 15 × 12.9cm, (잔) ∮ 6 × 6.5cm, (숙우) ∮ 12 × 11.5㎝   조명식 作

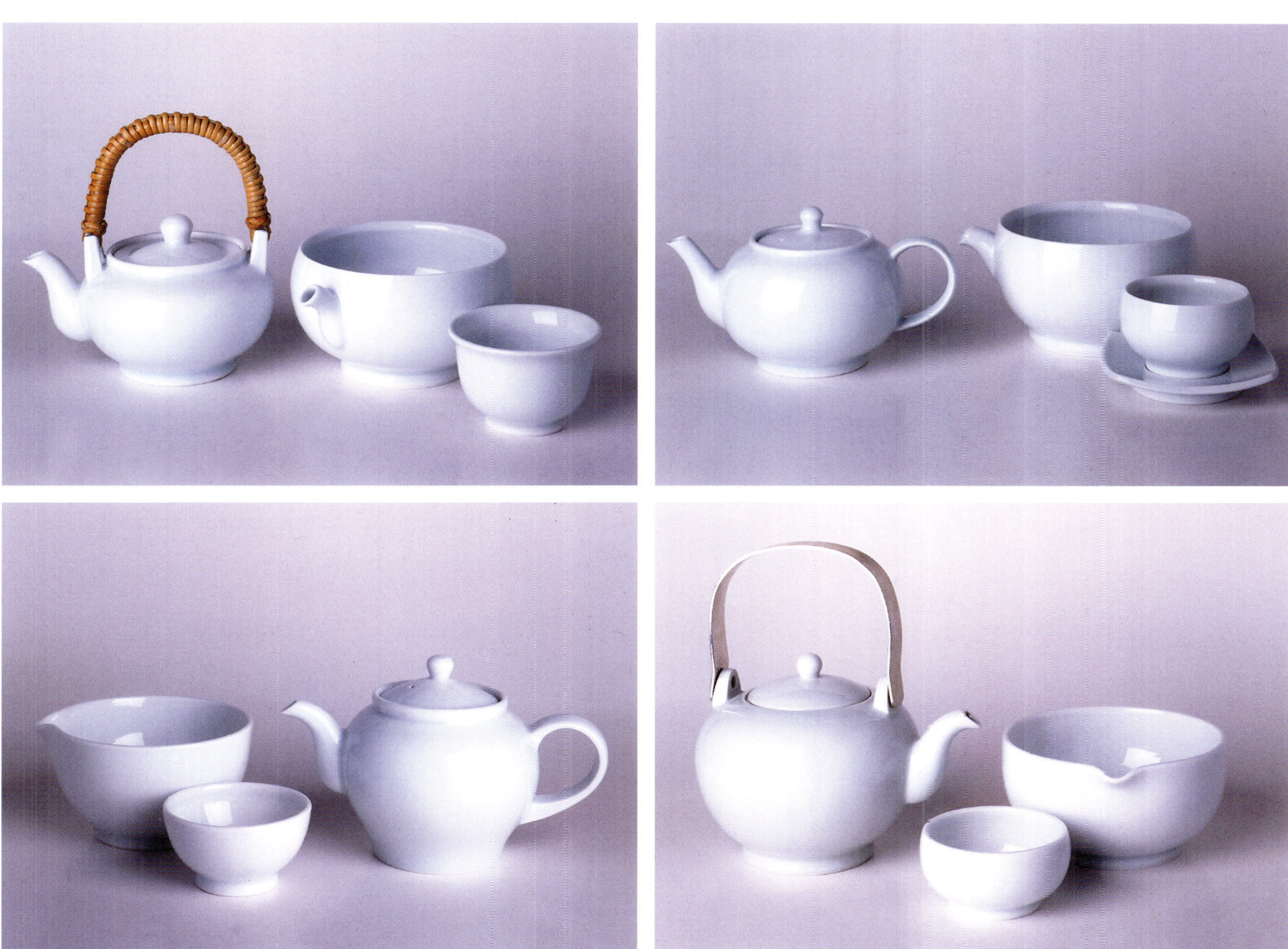

3인다기 Set (주전자) ∅ 12×10cm, (숙우) ∅ 12×8cm, (잔) ∅ 7×7.5cm 이은아 作 | **3인다기 Set** (주전자) ∅ 15×12cm, (잔) ∅ 7×8cm, (잔받침) ∅ 13cm, (숙우) ∅ 15.5×12cm 김미자 作
백자1人다기 Set (주전자) ∅ 15×16.9cm, (잔) ∅ 8×6.5cm, (숙우)12×10cm 정 미 作 | **3인다기 Set** (주전자) ∅ 15×17cm, (숙우) ∅ 14.8×10cm, (잔) ∅ 8×6cm 임헌관 作

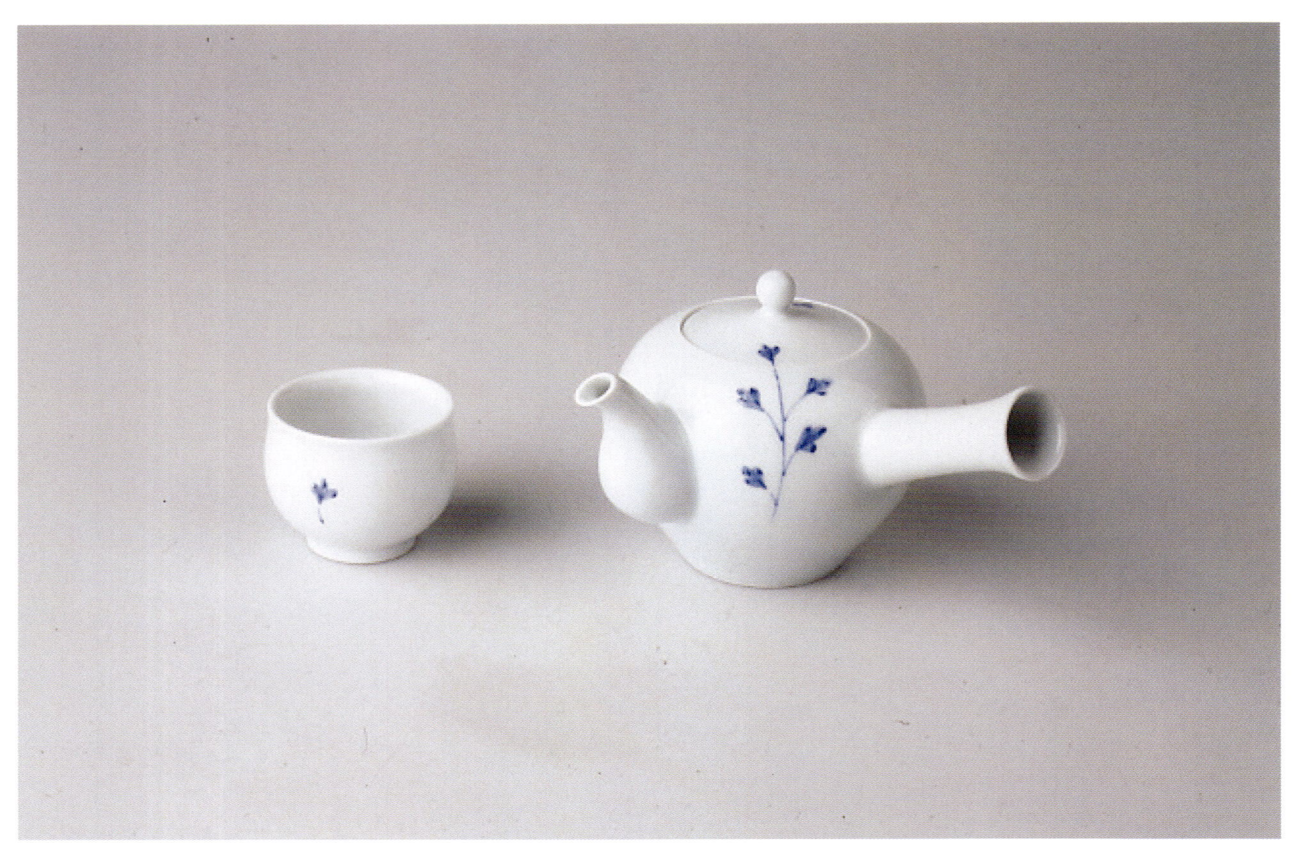

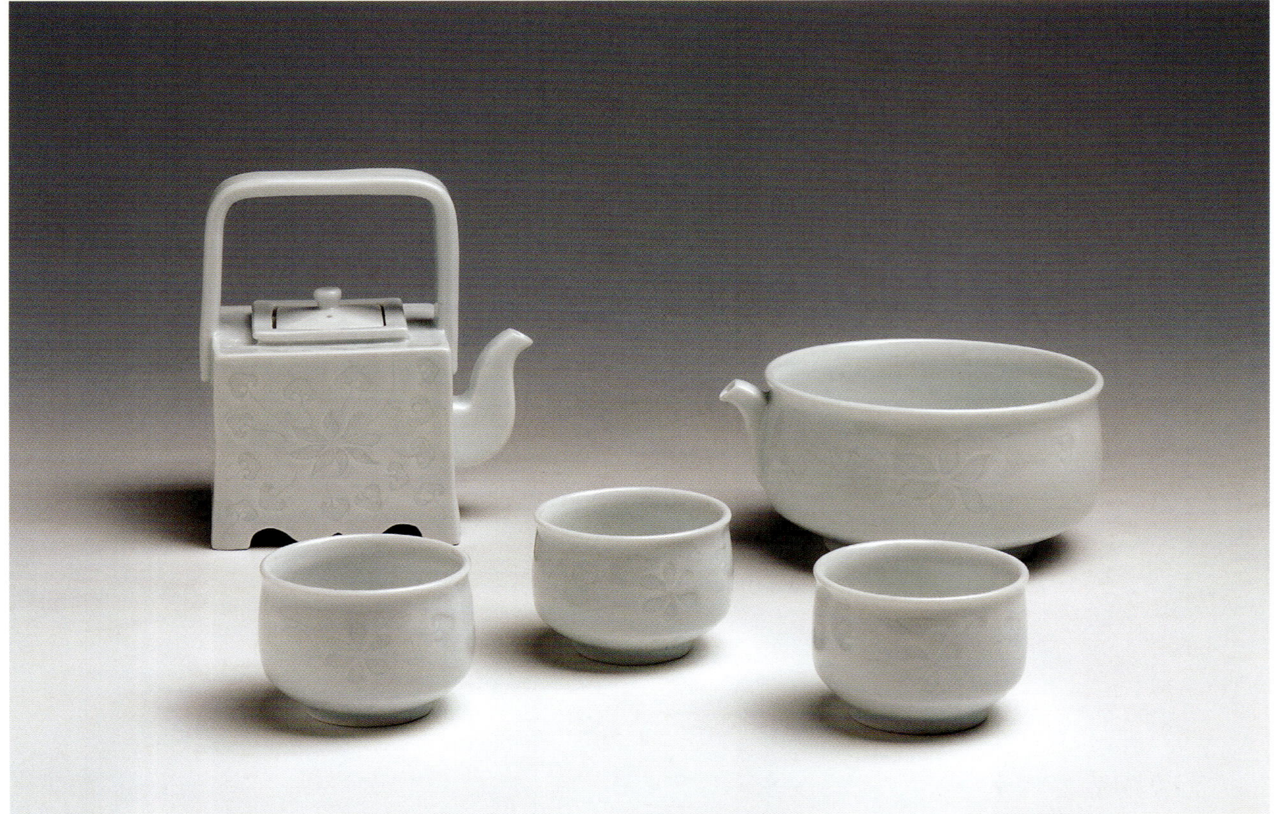

청화백자모란문주자, 잔
(주전자) ∅15 × 10cm, (잔)5.5 × 6.5cm
조원민 作

음각모란문사각다기 Set
(주전자) ∅10 × 9cm, (잔) ∅5 × 6cm
(숙우) ∅12 × 9.5cm

  김선심 作

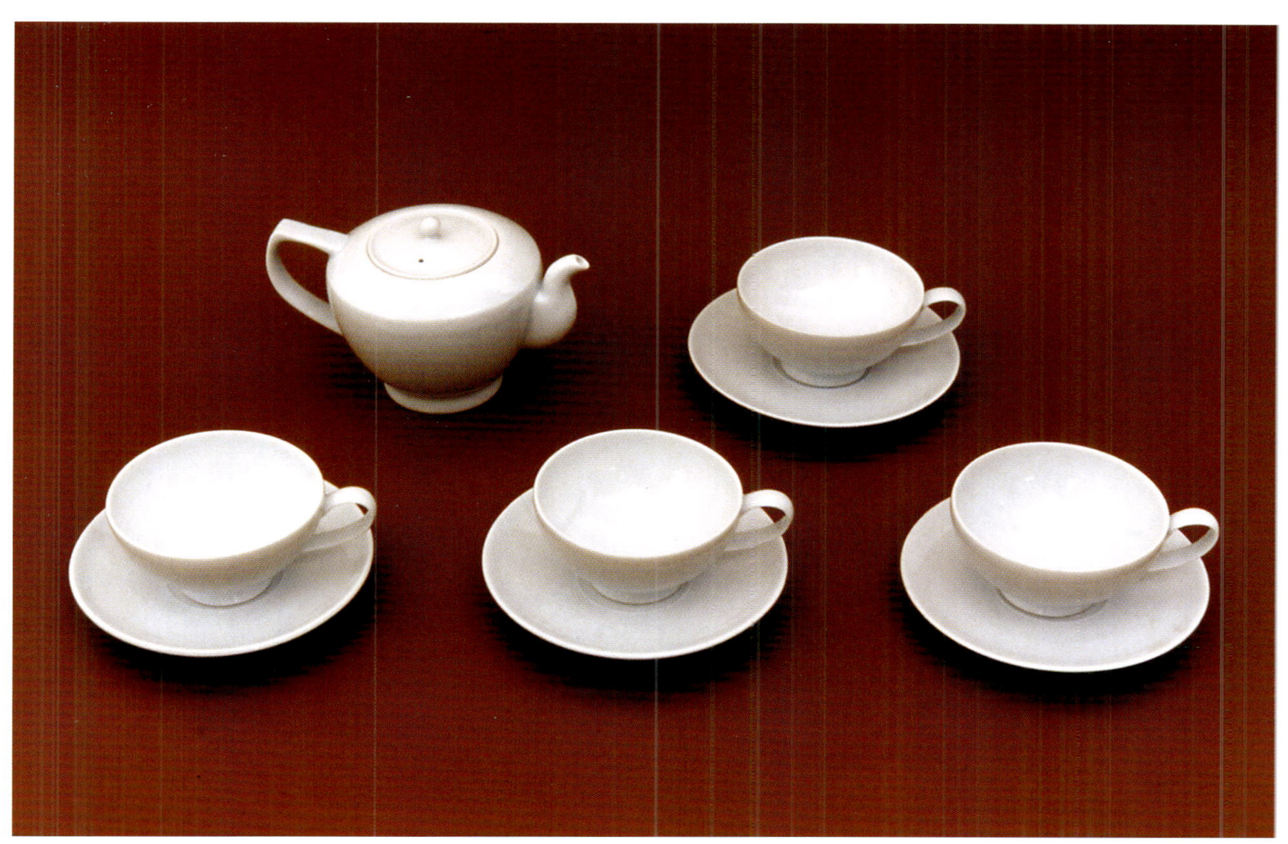

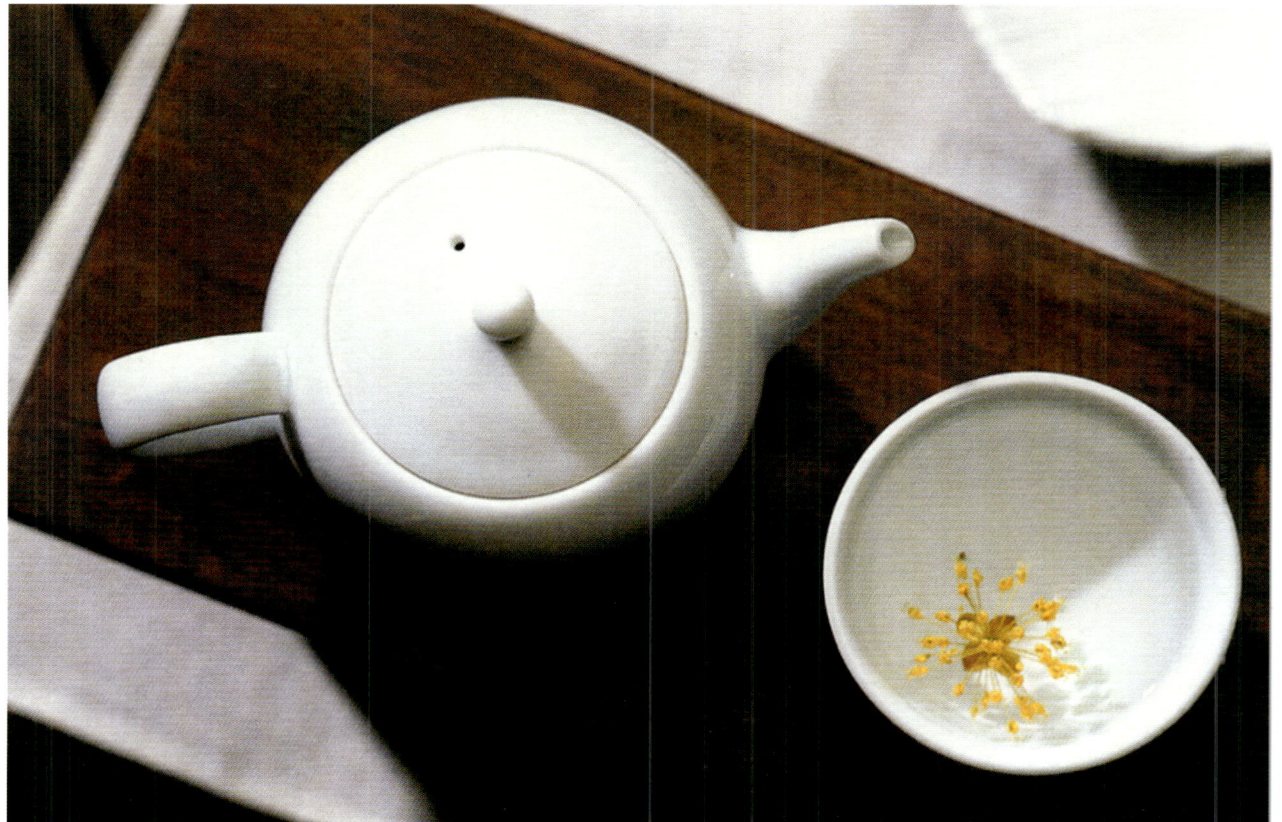

백자홍차주전자 Set
(즈전자) ∮ 15 × 12cm
(잔) ∮ 7 × 9.5cm
(잔받침) ∮ 13 × 2cm
유세림 作

백자1人다기 Set
(즈전자) ∮ 15 × 12cm
(잔) ∮ 7 × 9.5cm
김정미 作

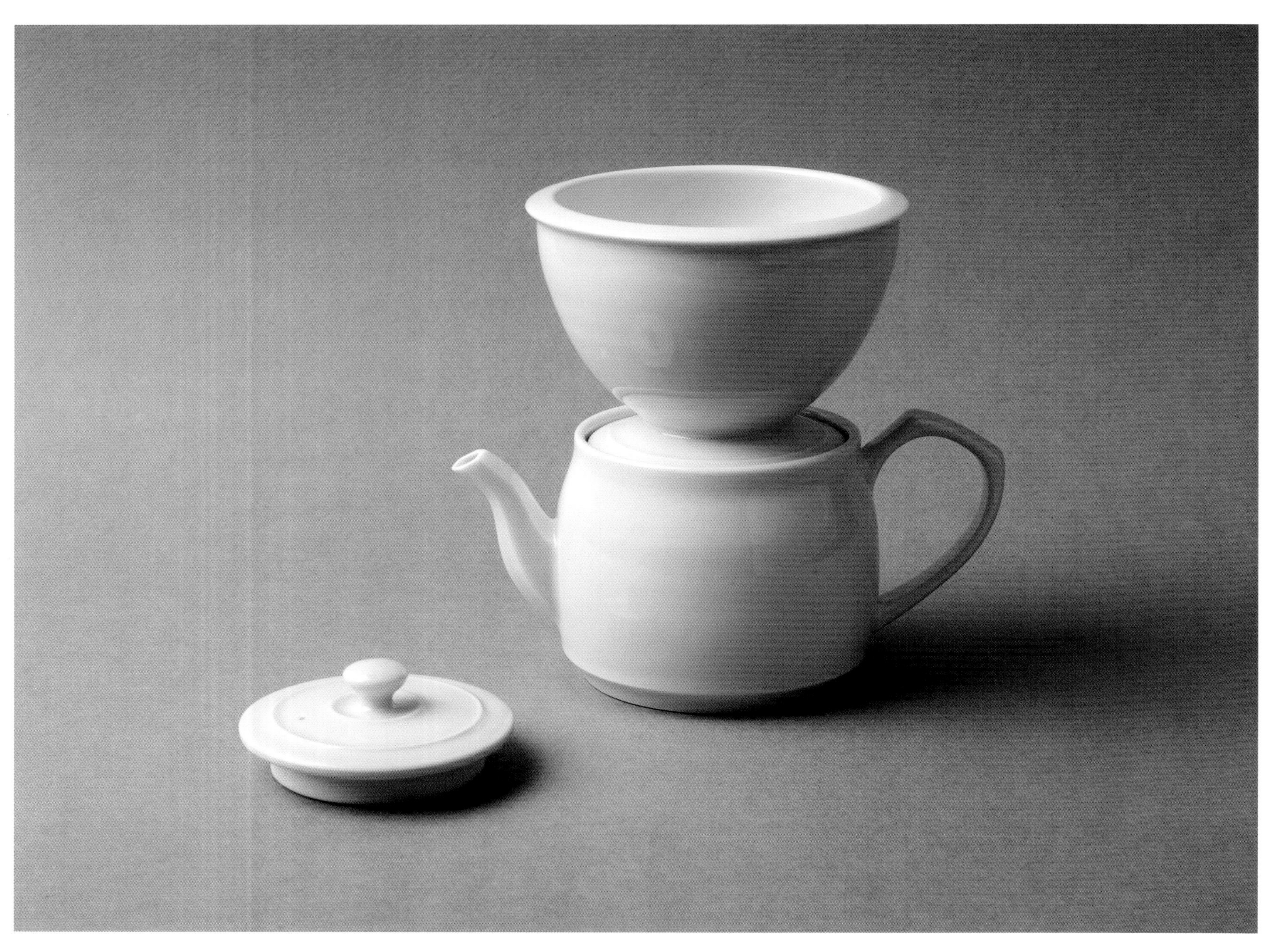

 백자원두커피주전자 (주전자) ∅14×10.9㎝, (드리퍼) ∅12×10㎝   조원민 作

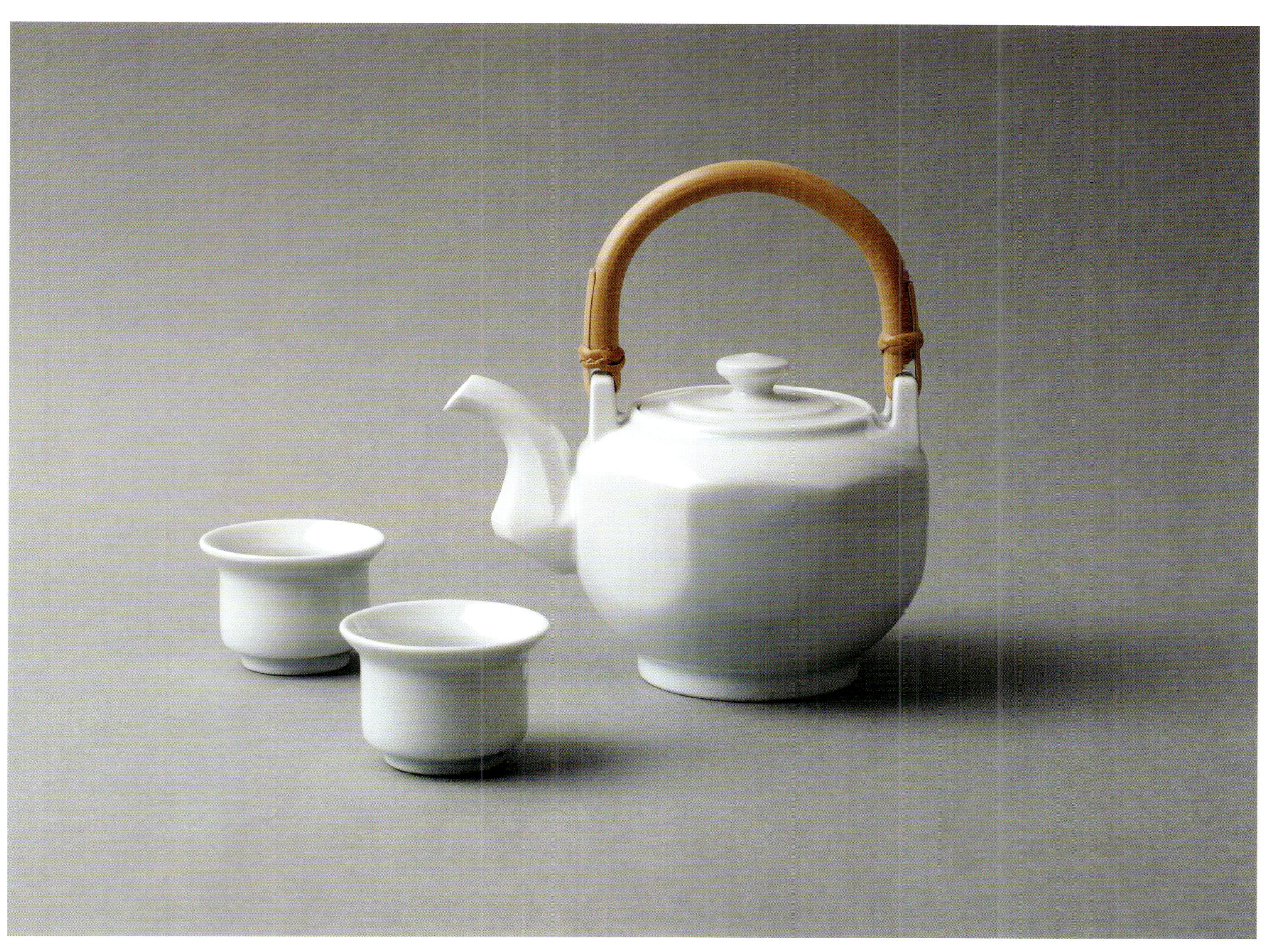

백자각주자 (주전자 ∅10.5×11cm, (잔) ∅7×5.5cm 조원민 作   131

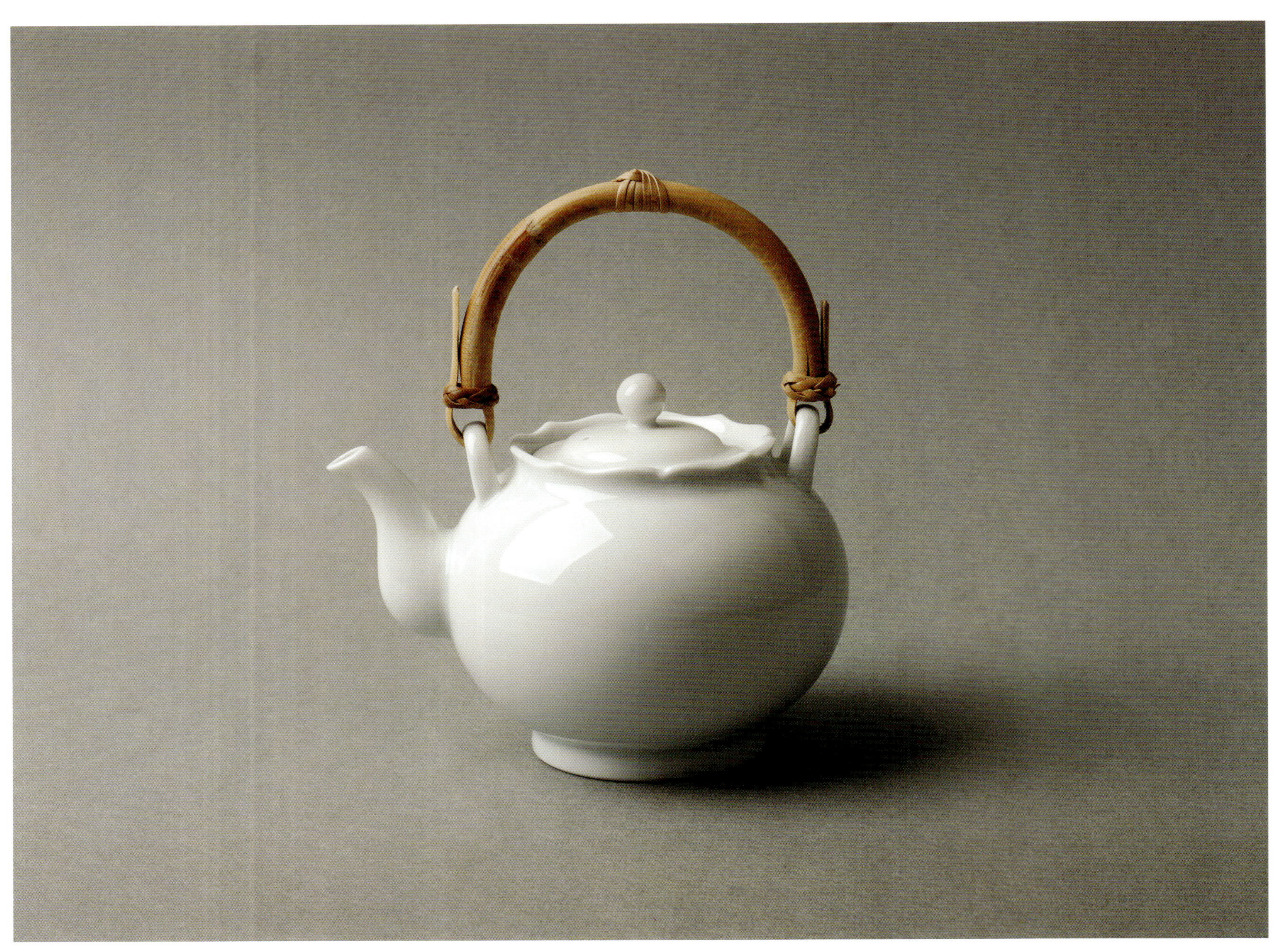

 3인다기주전자 ⌀13.5×14.9cm   조원민 作

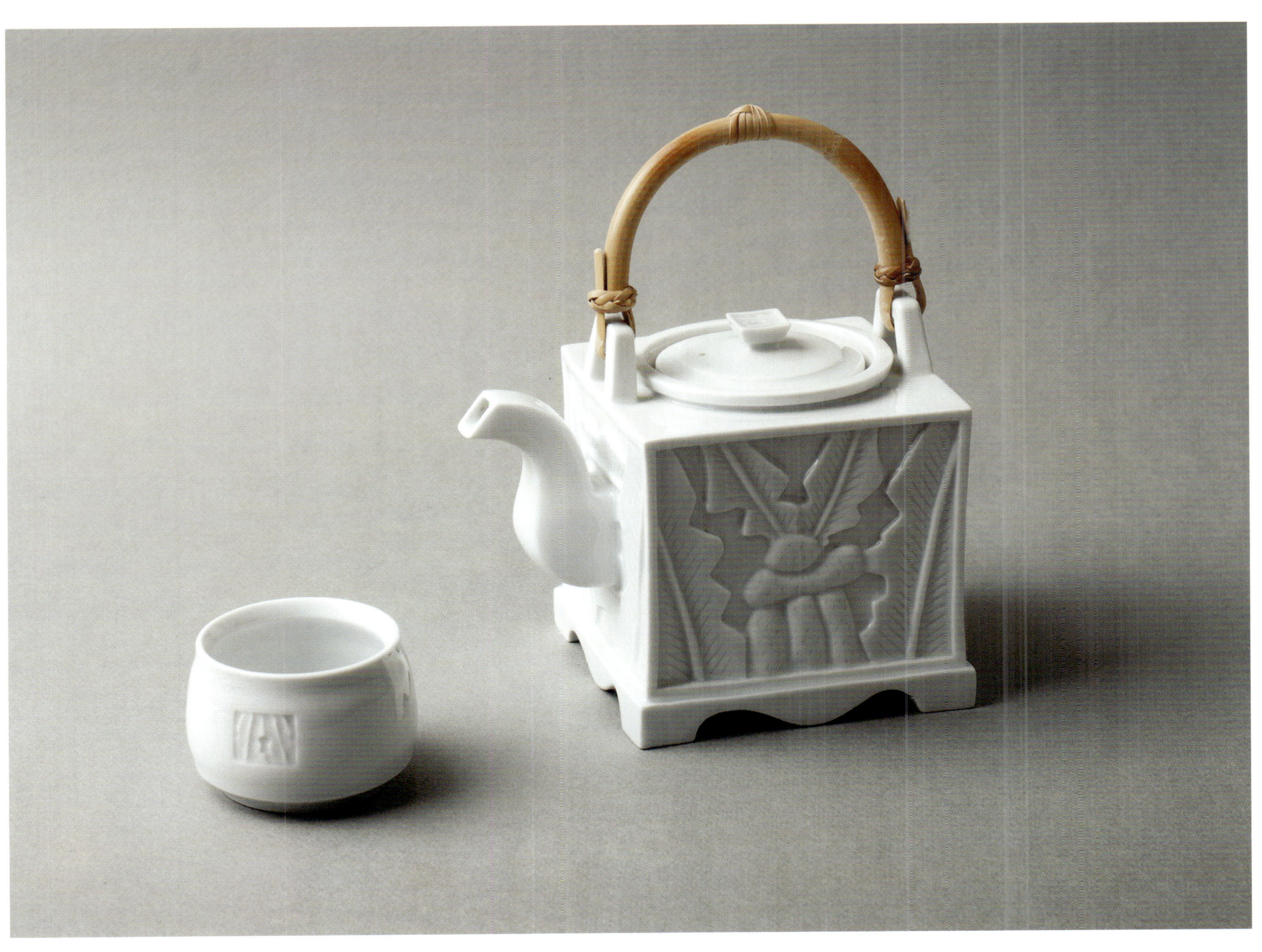

파초문양각주전자 (주전자) ∅12×13.5cm, (잔) ∅4.8×4.5cm 조원민 作 133

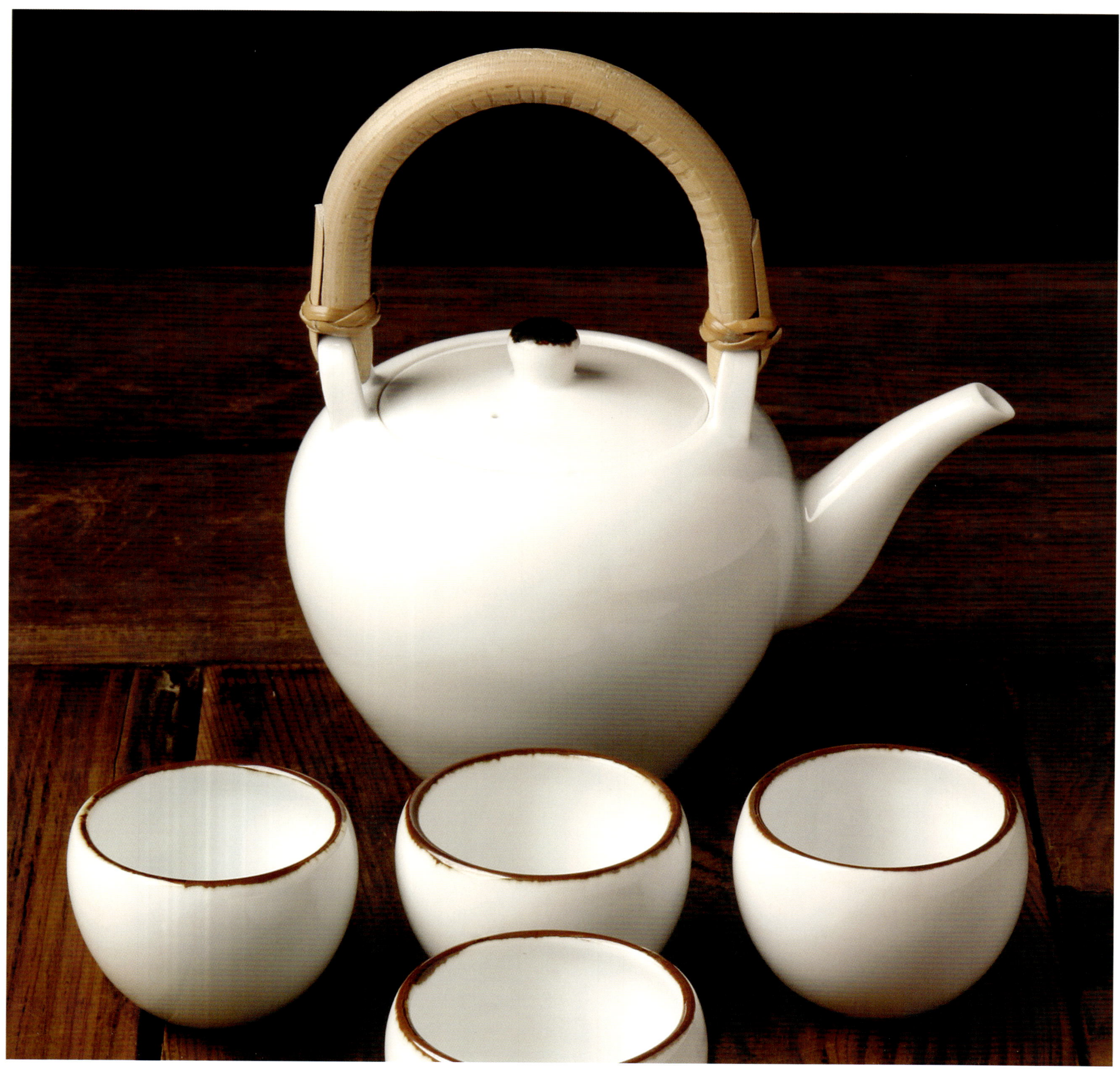

 철화백자주기 Set (주전자) ⌀15×17㎝, (잔) ⌀5.4×3.9㎝ 최난영 作

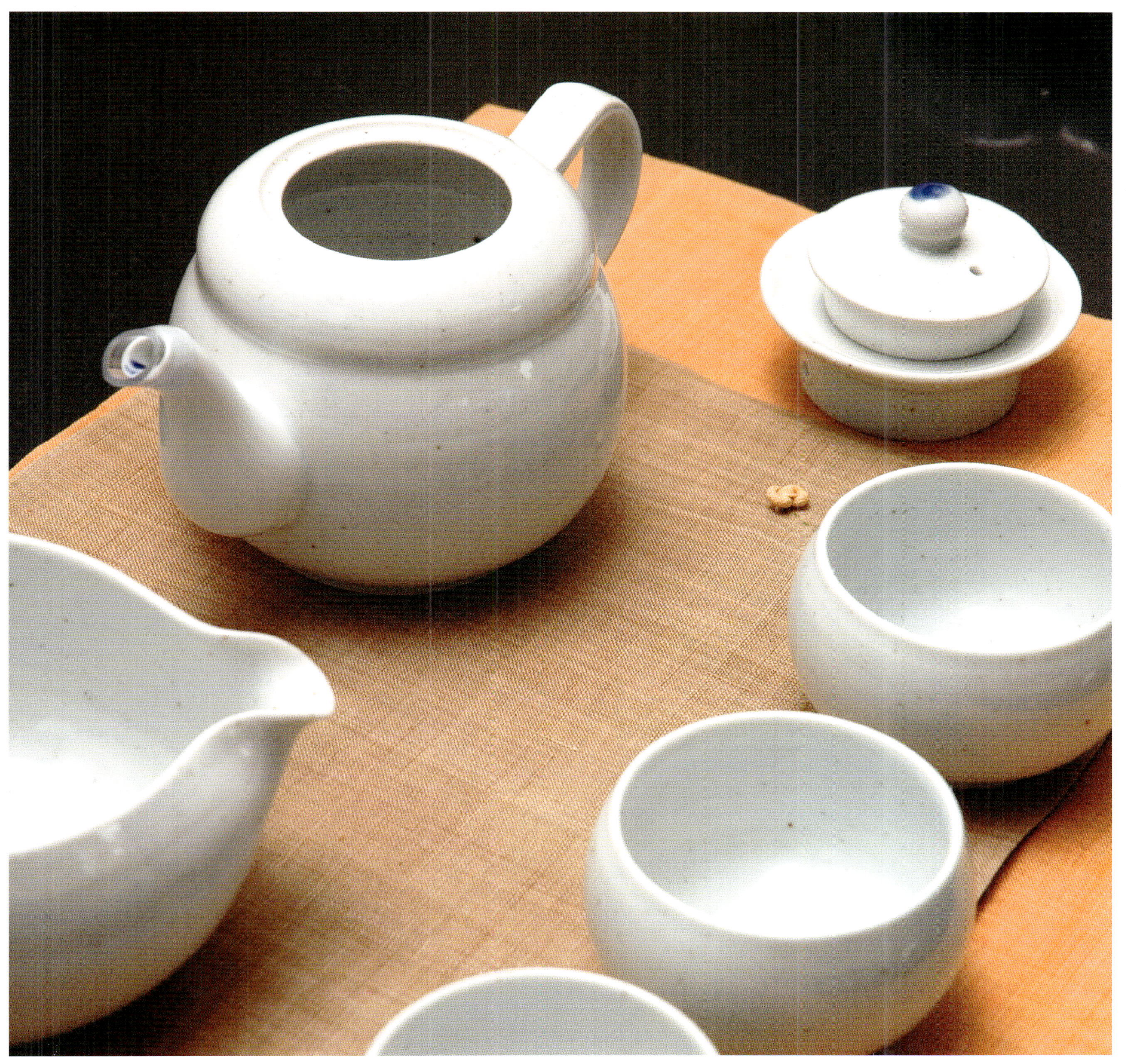

3인다기 Set (주전자) ∅14×16.4cm, (잔) ∅7×5.5cm, (숙우) ∅ 2 ×1 .5cm **최윤경** 作   135

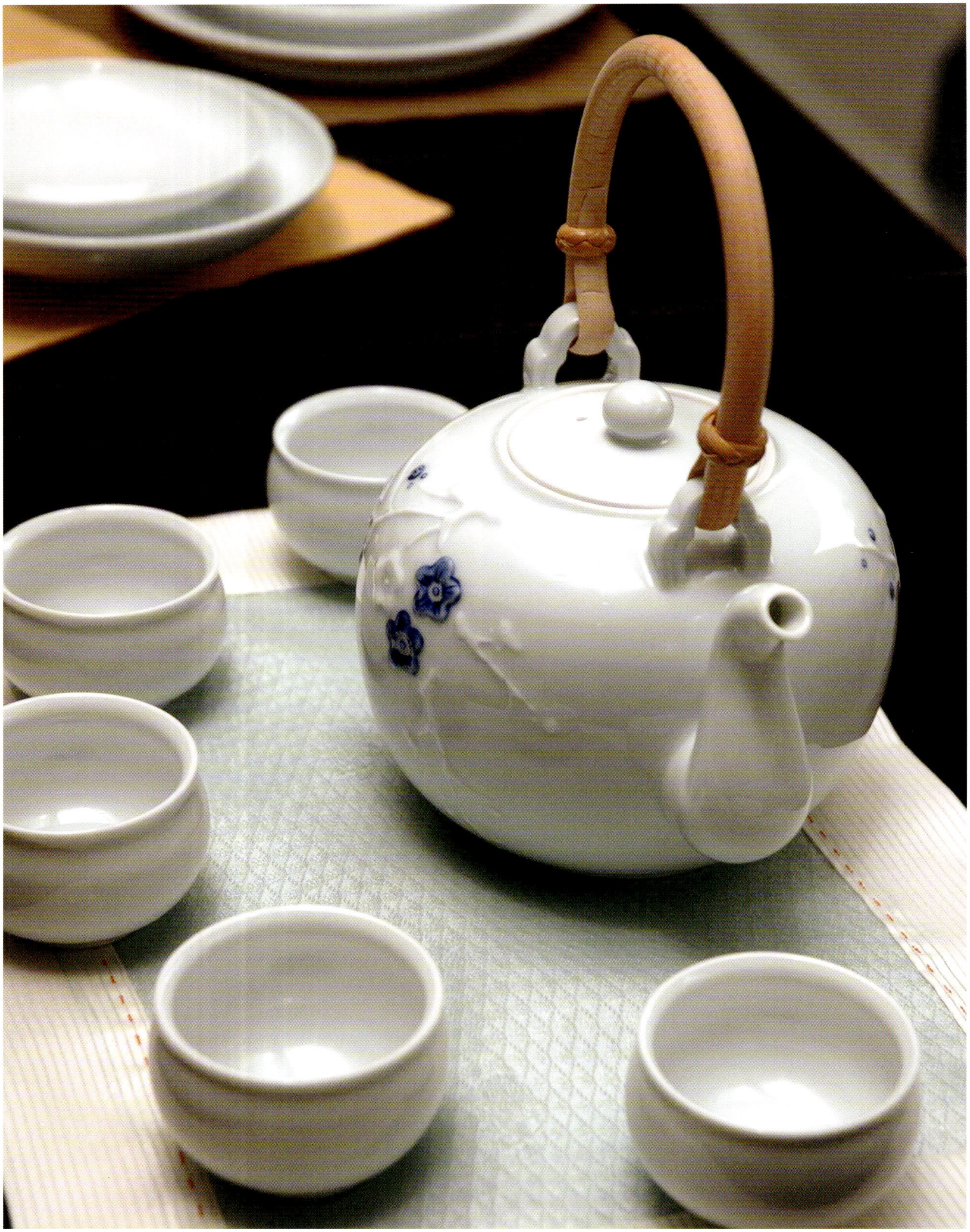

  청화양각매화문주기5인 Set (주전자) ⌀14×15㎝, (잔) ⌀4×4.5㎝ **최윤경** 作

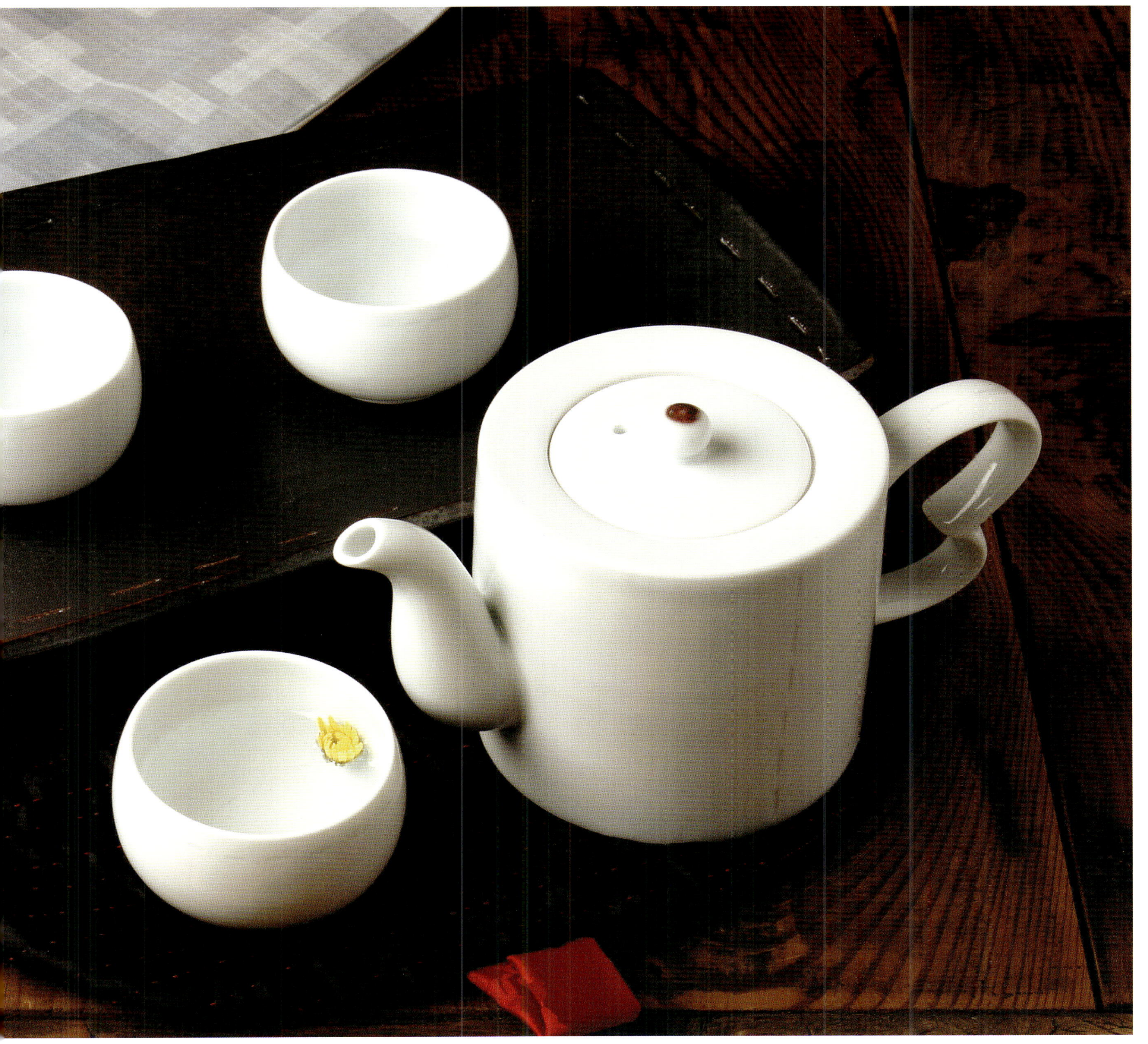

백자다기 Set (주전자) ⌀13.2 x 11.1cm 최윤경 作

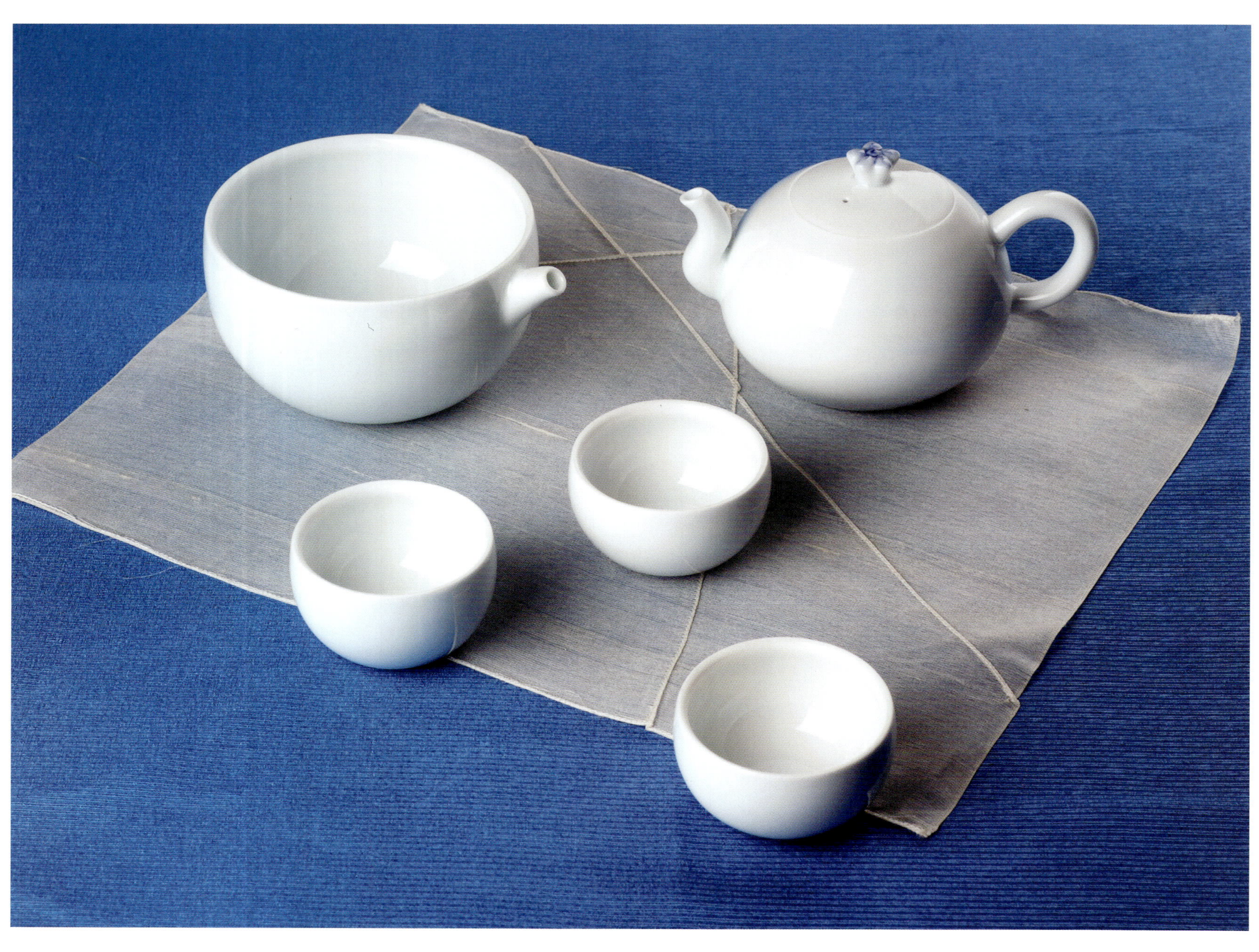

  청화백자3인다기 Set (주전자) ∮ 14 × 9㎝, (숙우) ∮ 13 × 6㎝, (잔) ∮ 6 × 3.5㎝ **최난영** 作

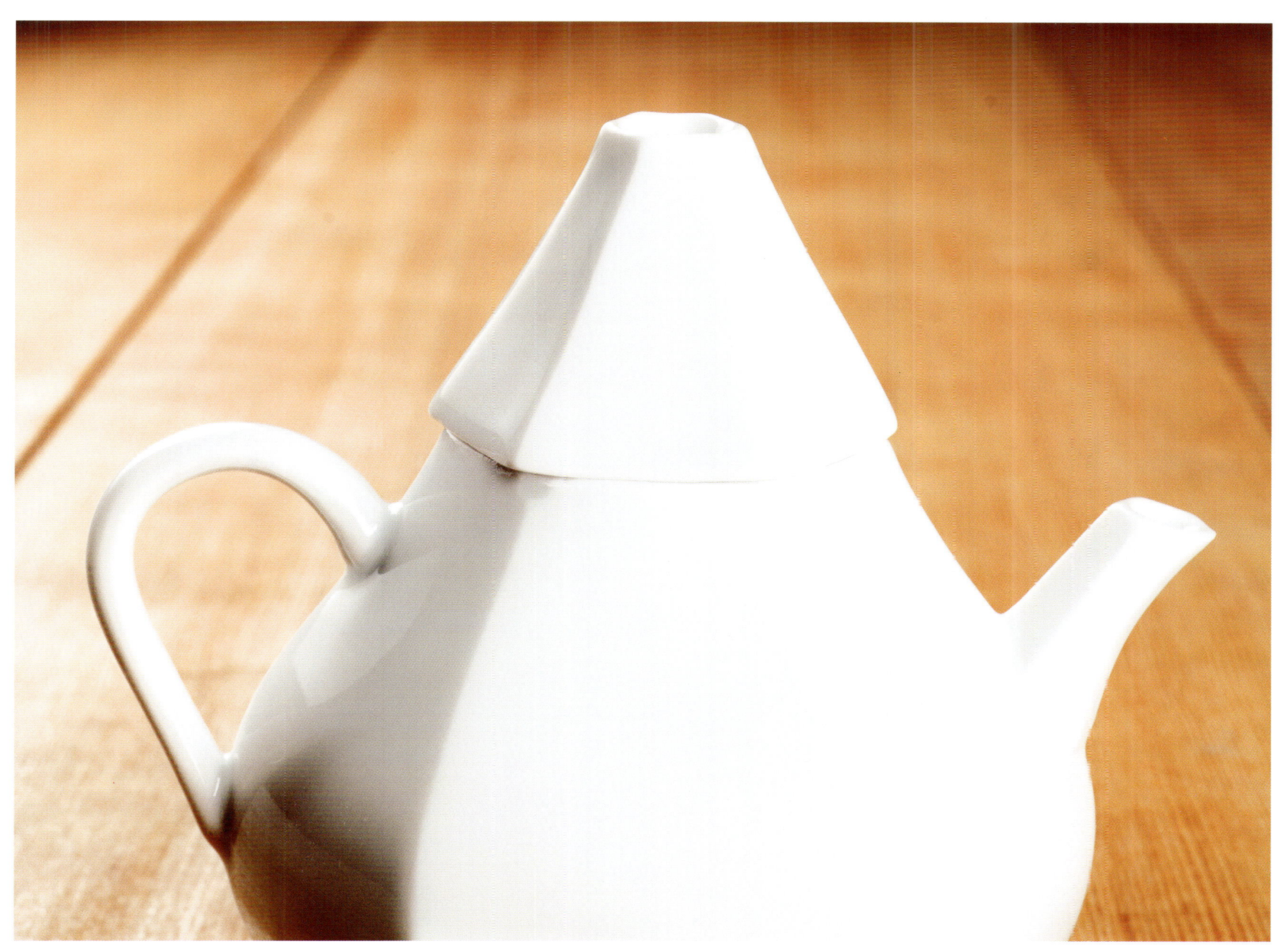

백자마늘형1인다기 Set (주전자) ∮11.5×11cm, (잔) ∮5.5×4cm (접시) ∮15×15cm 정지희 作

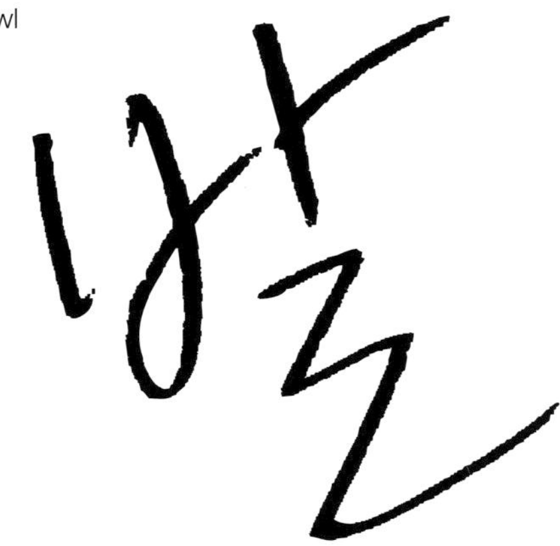

"일의 즐거움이 없으면 삶의 즐거움도 없다"
- 토마스 아퀴나스

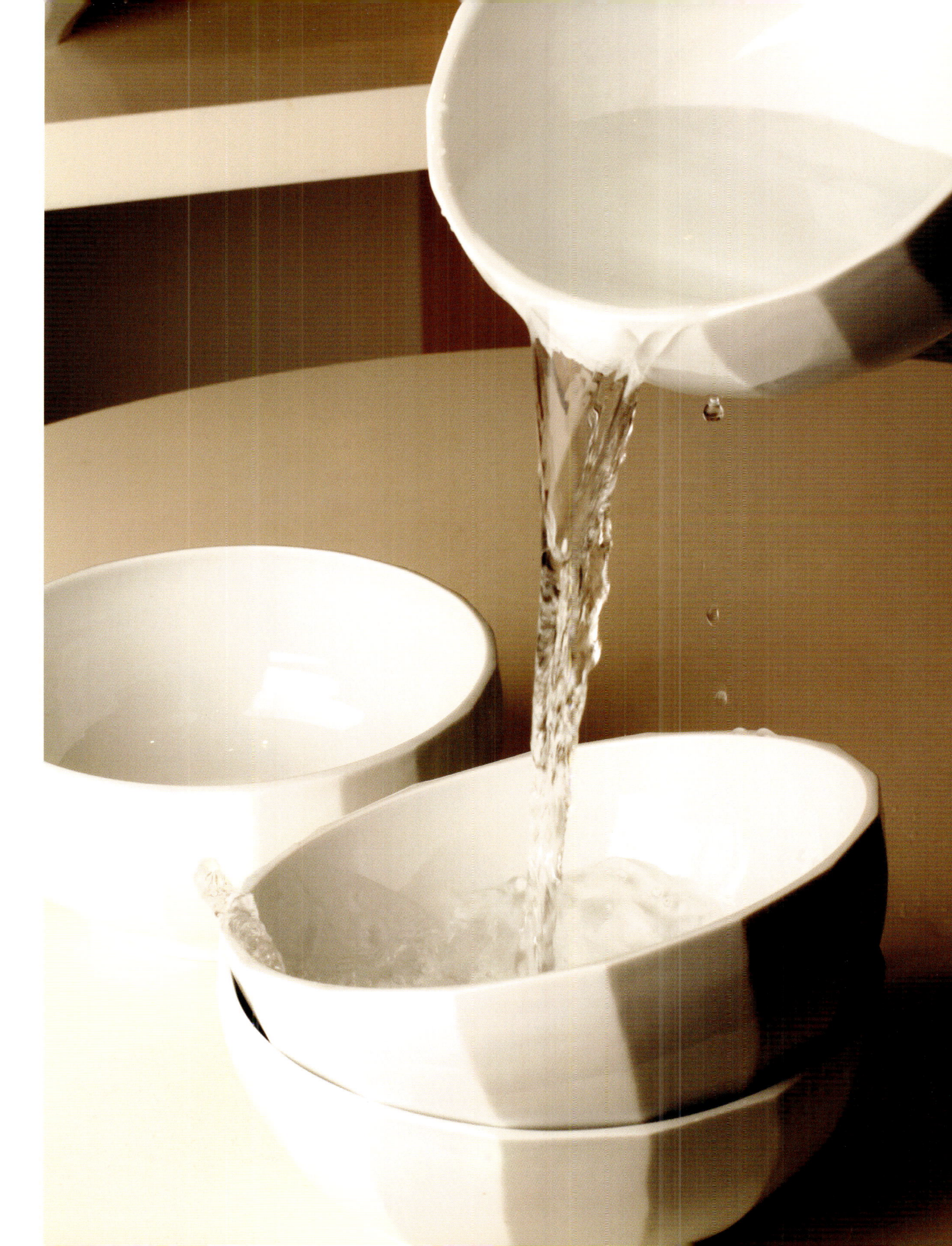

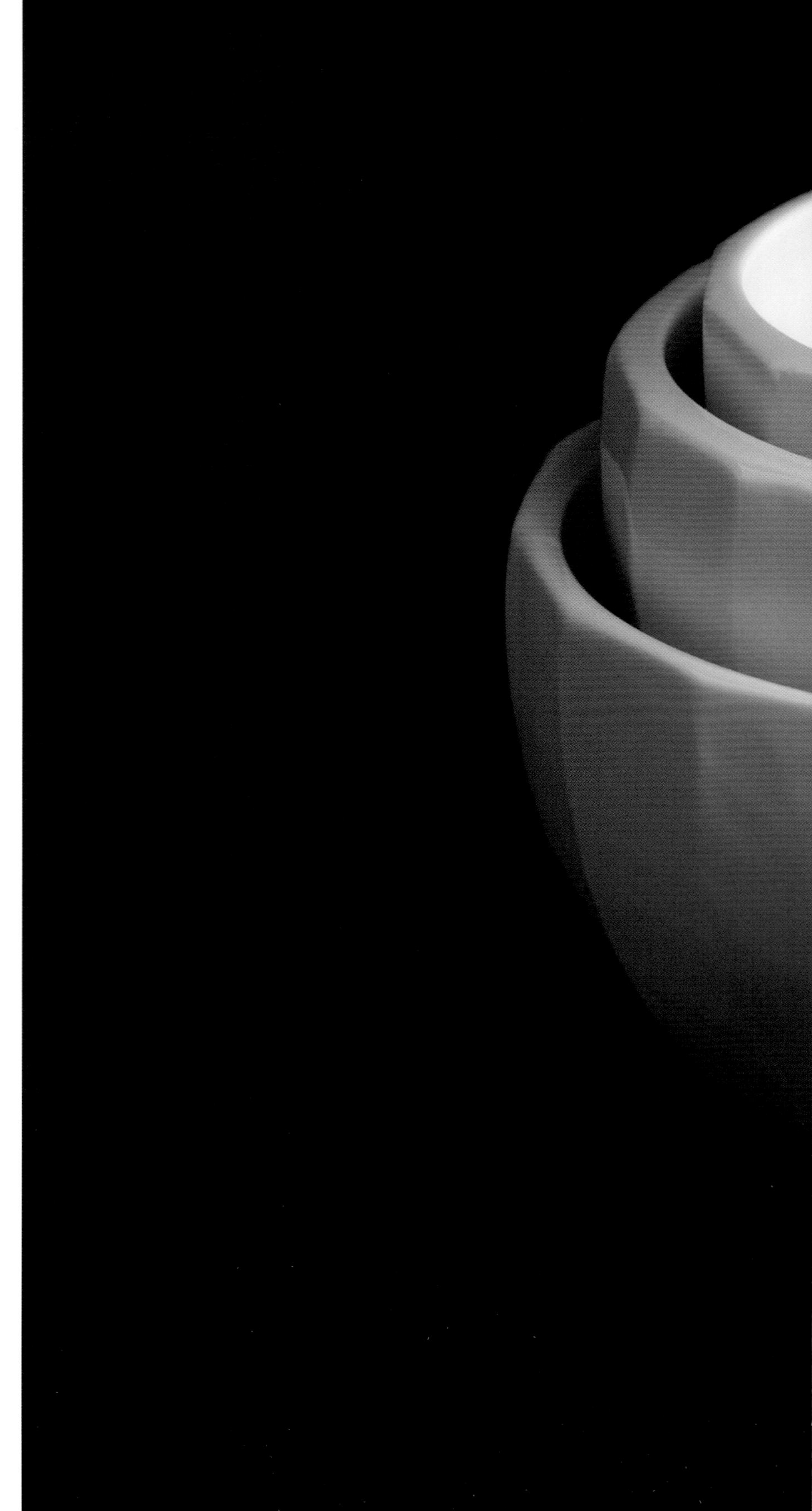

 백자다면각발사발 大 ∮19 x 10㎝, 中 ∮16.5 x 10㎝, 小 ∮14 x 9.5㎝ 유세림 作

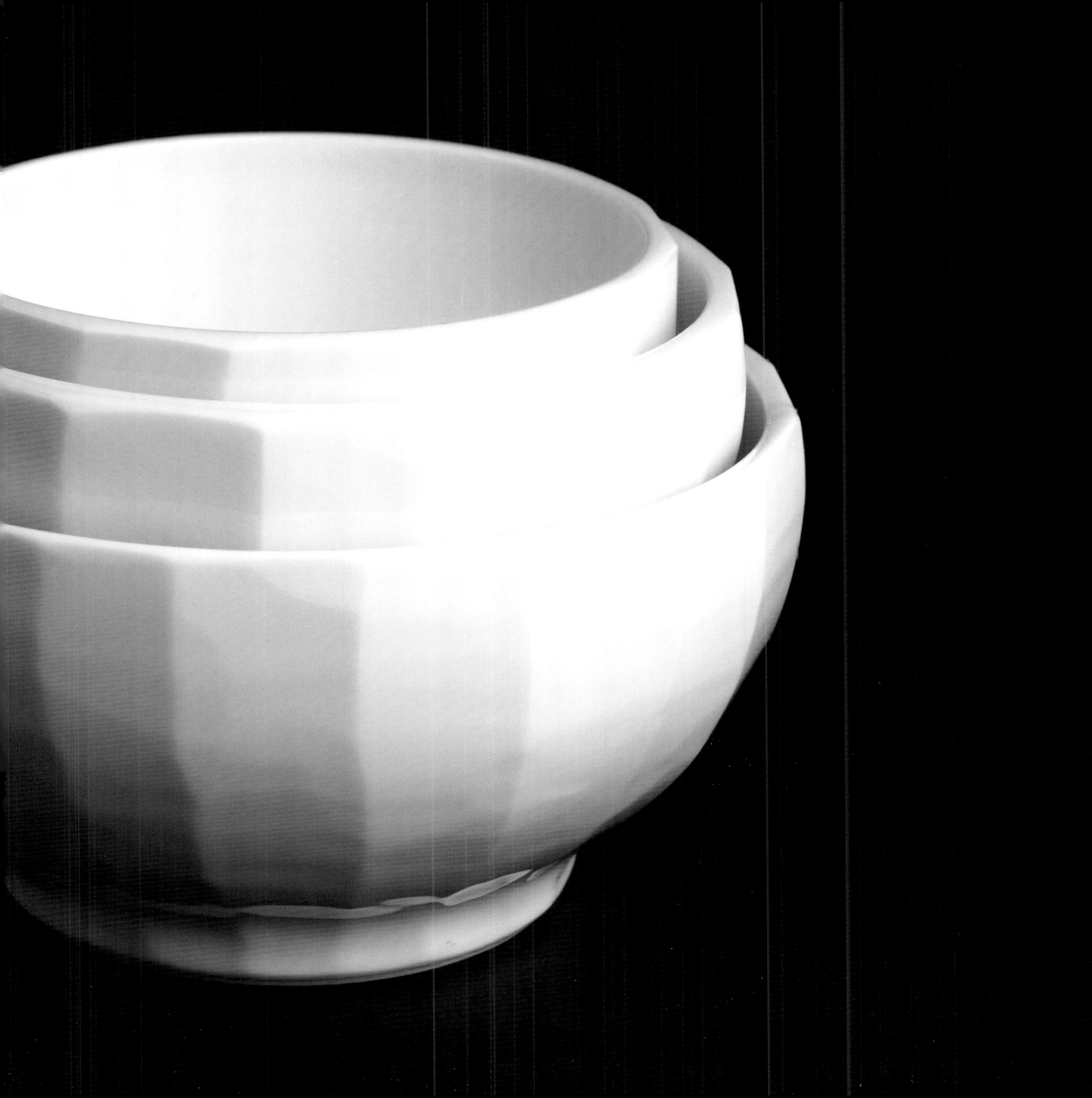

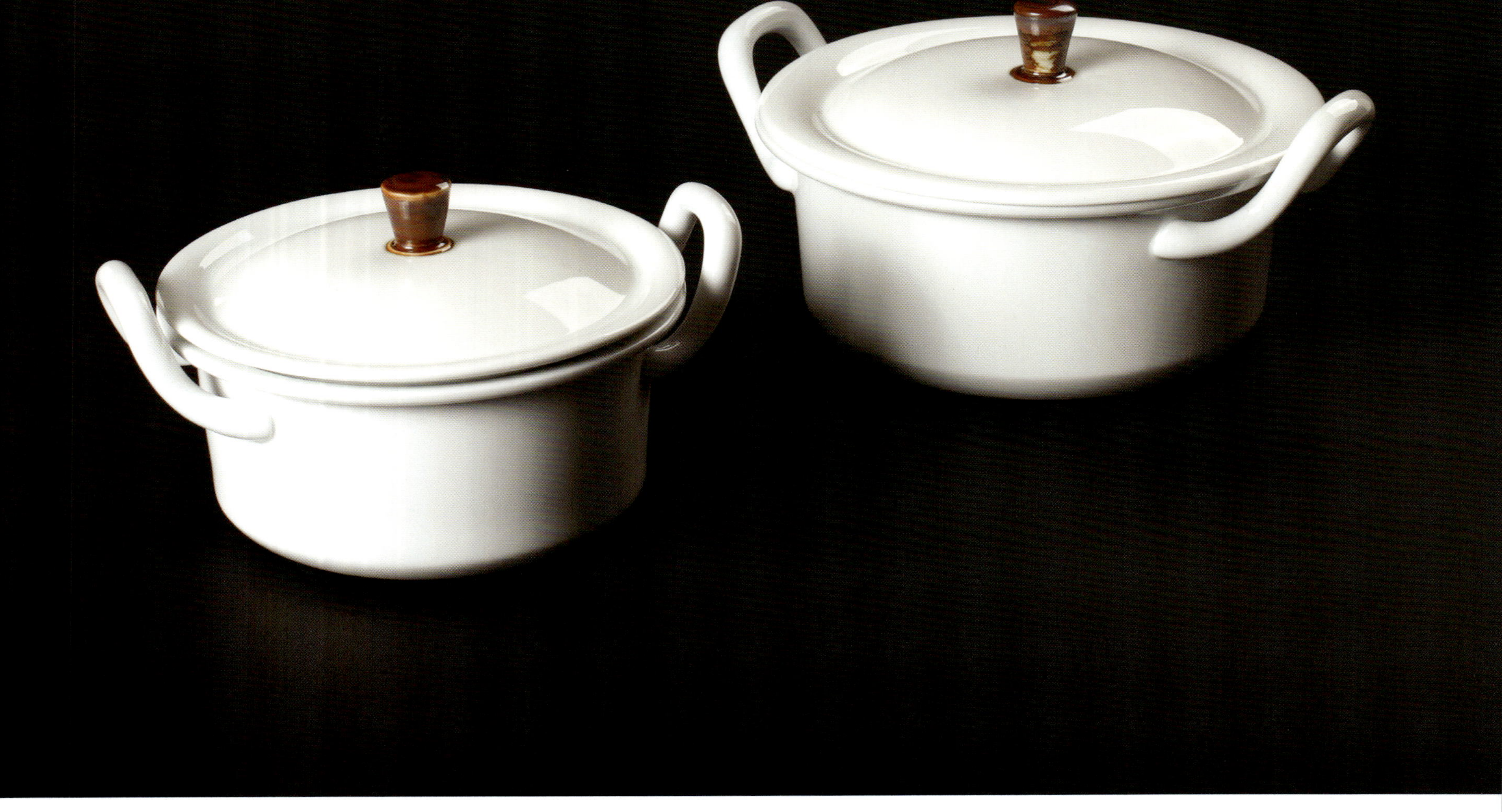

 백자라면사발 小 ∅ 18.5 × 8.5cm, 大 ∅ 21 × 11cm 임헌관 作

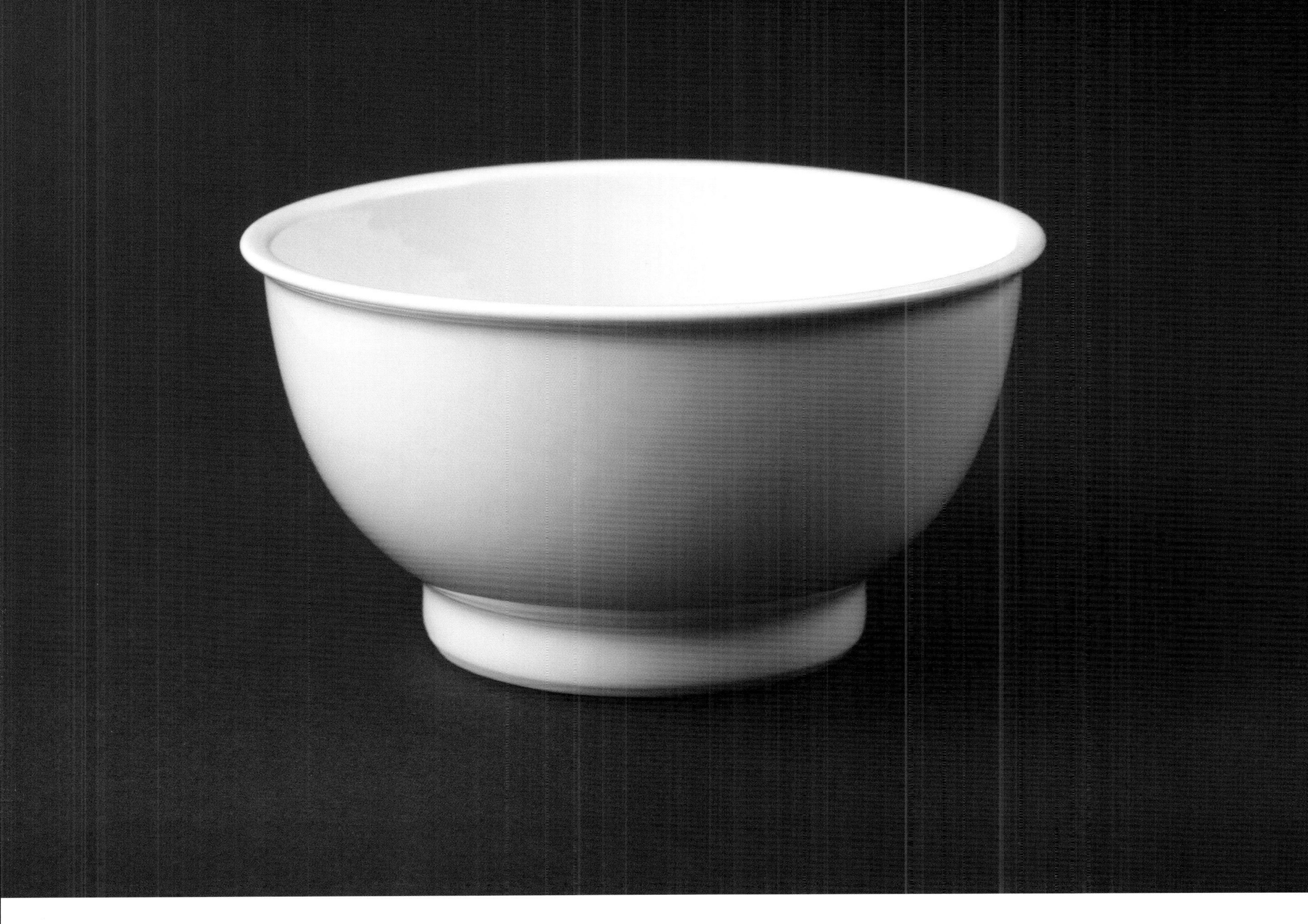

백자사·발 ∅16 x 8.5㎝ 유세림 作 145

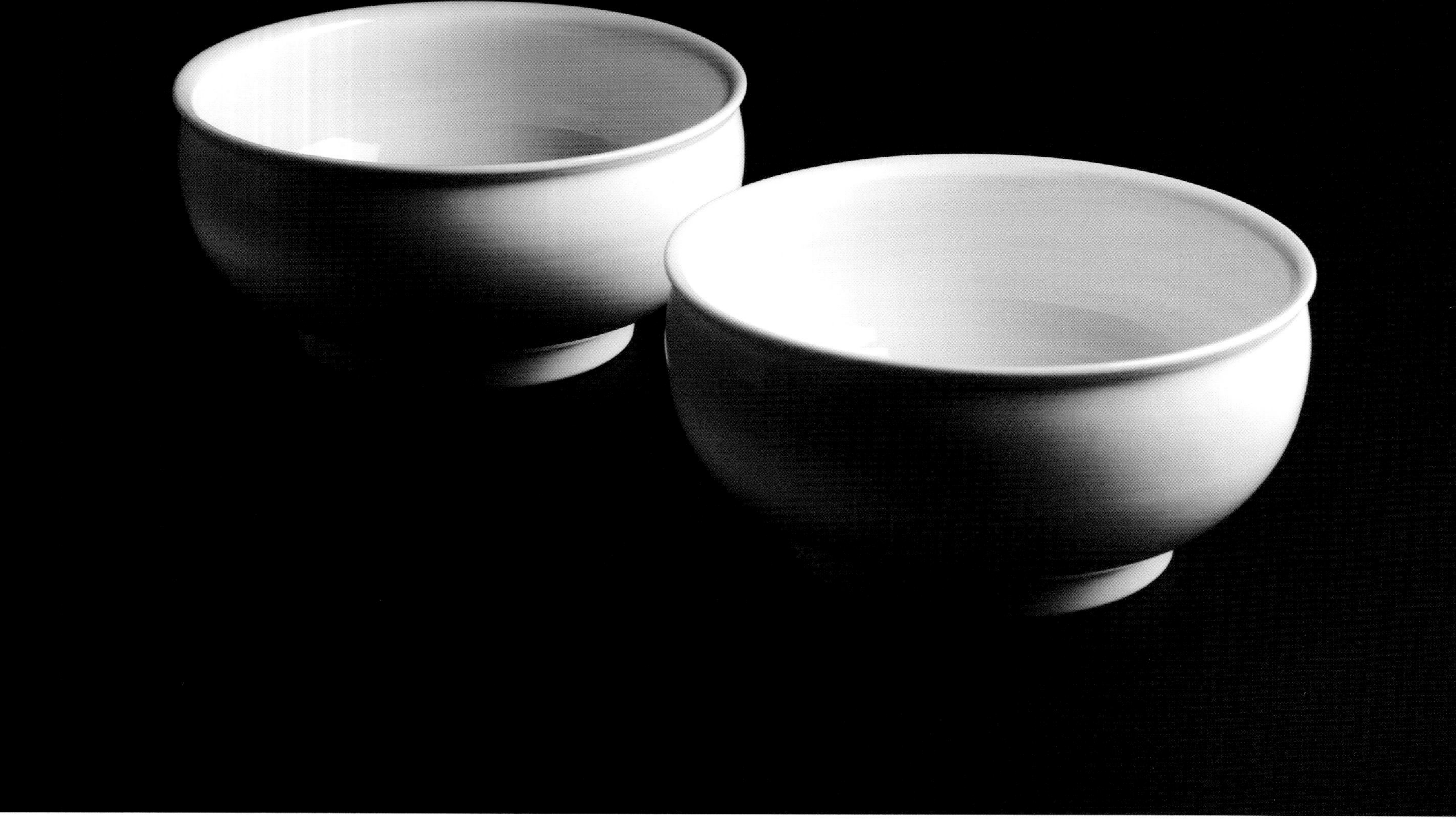

 백자면기 ⌀18×9cm 유세림 作

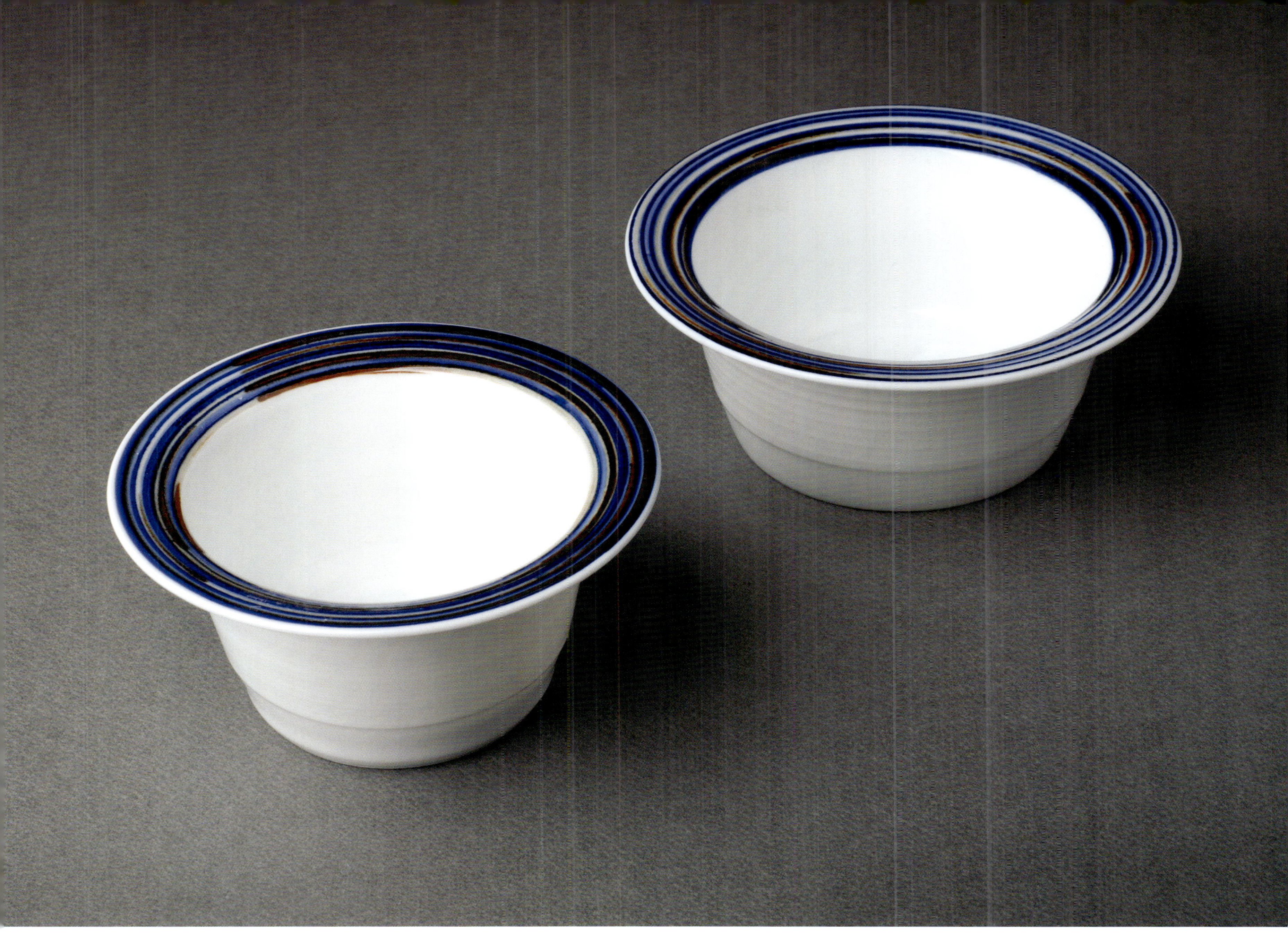

청화백자 띠문사발 大 ∮18.5×8.5㎝, 小 ∮16×8.5㎝　MJ아트세라믹 作　

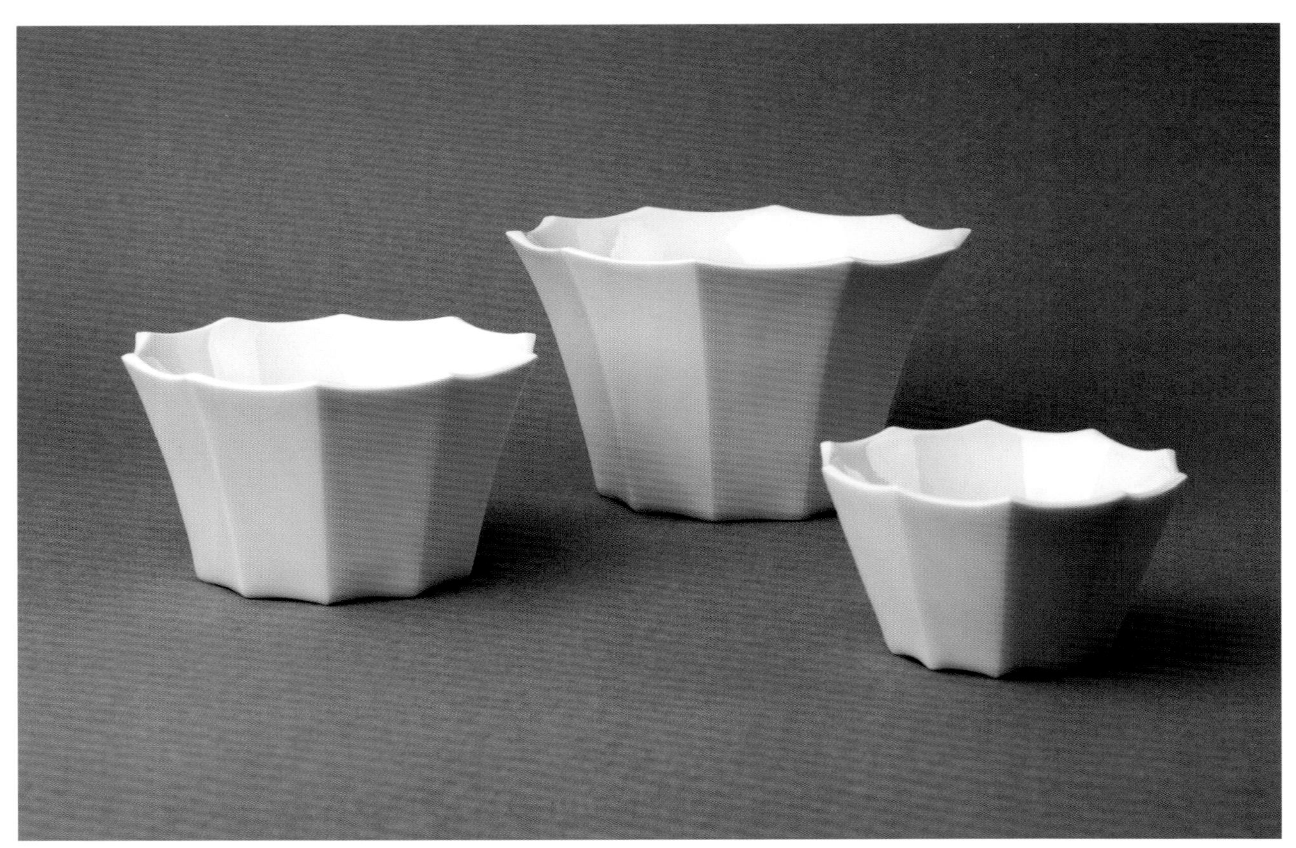

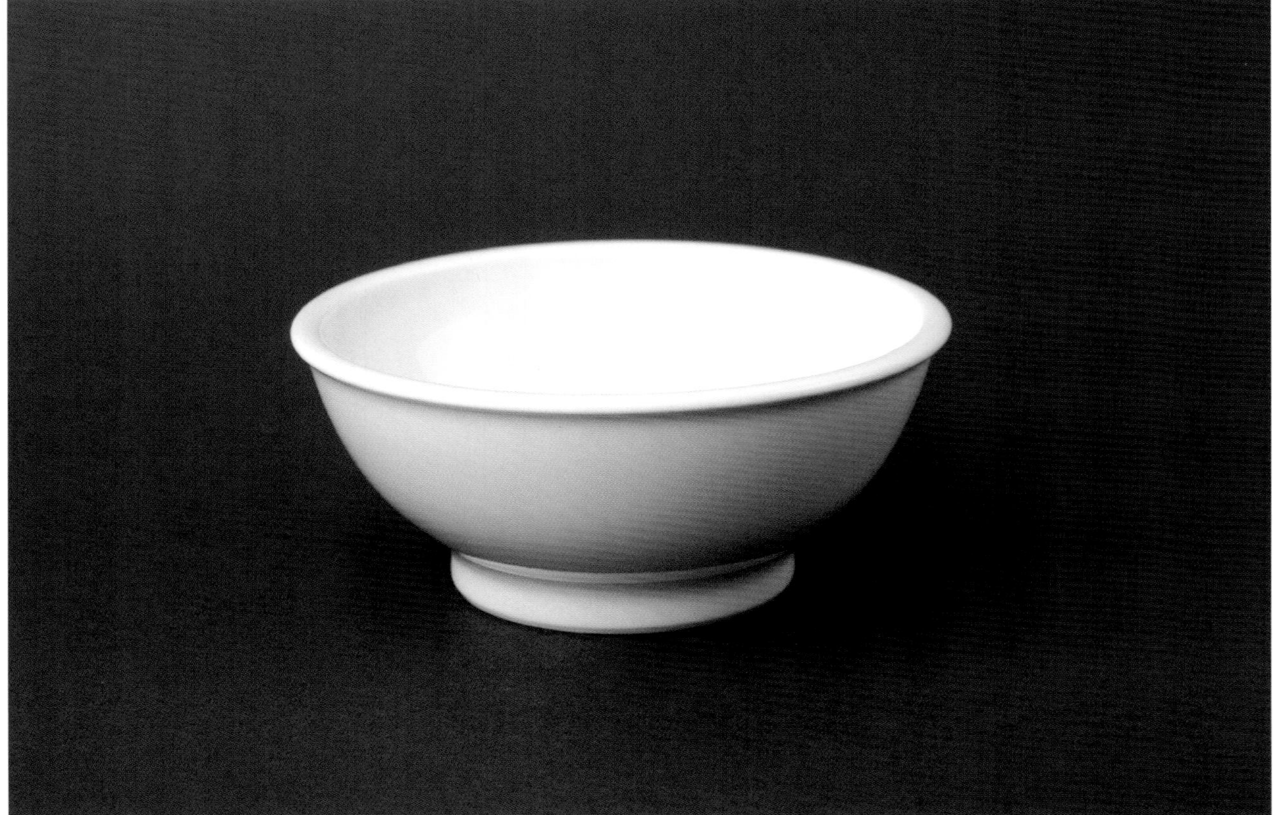

백자제기형사발
大 ∮19 x 11㎝, 中 ∮15.5 x 9㎝
小 ∮12 x 7㎝

백자제기(탕기)
∮13 x 8㎝

148　유세림 作

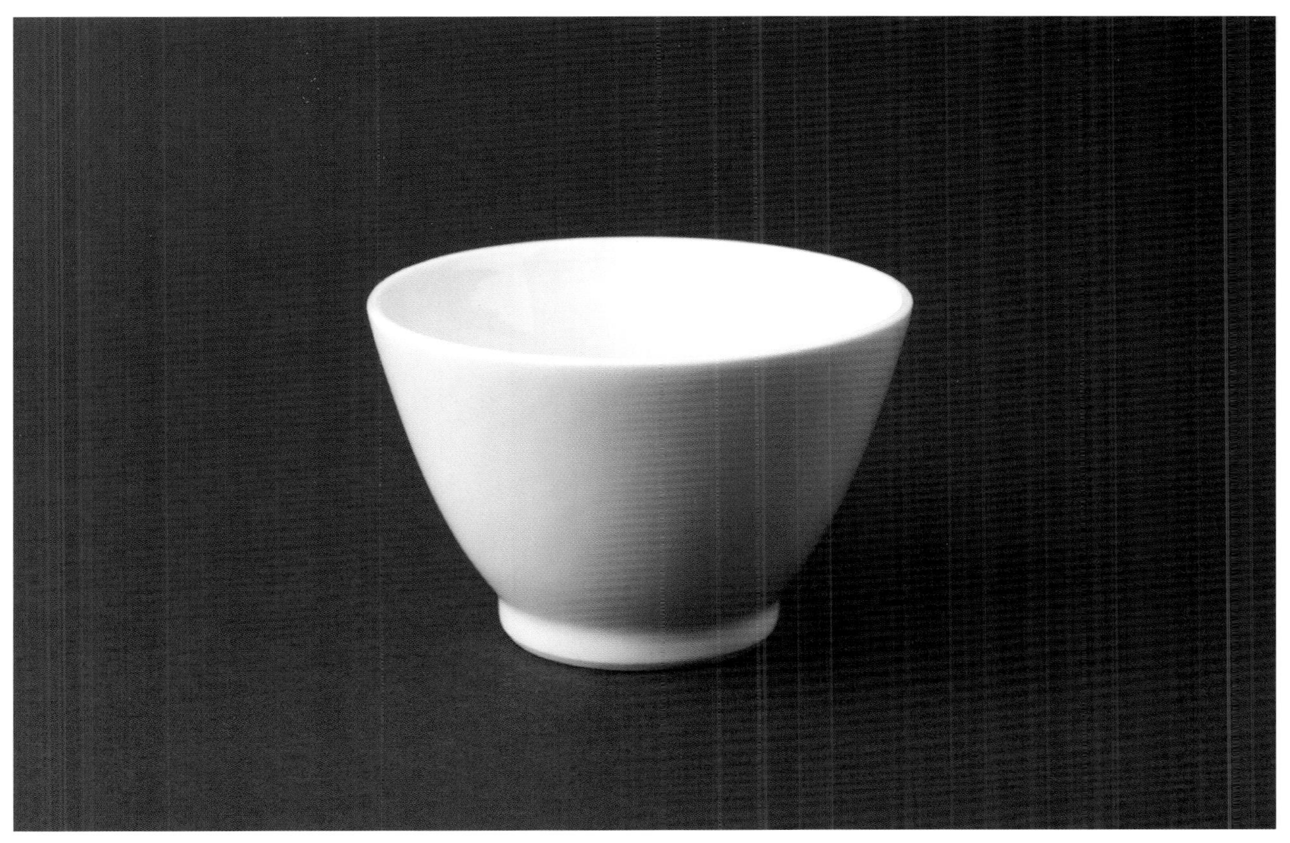

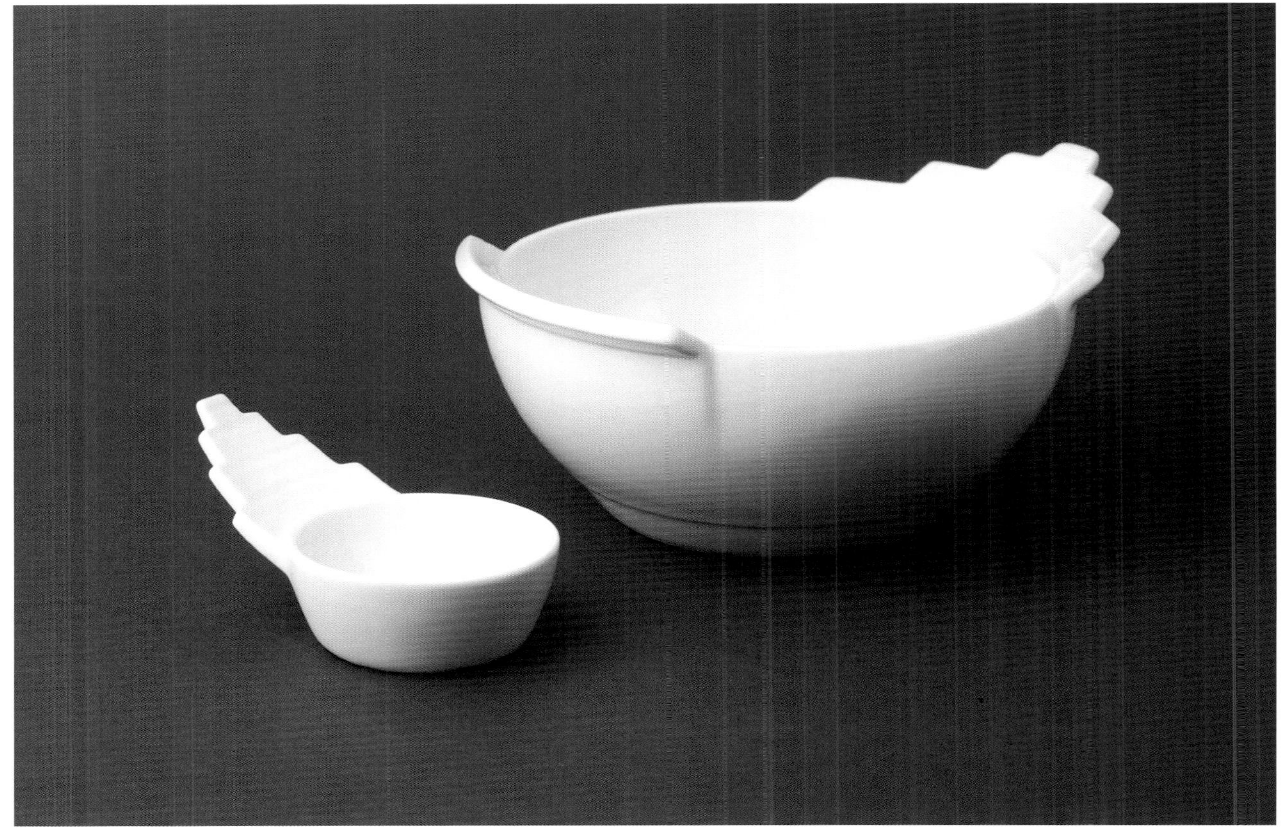

백자제기(탕기)
∮ 12 × 10㎝

백자각형라면사발
∮ 21.5 × 8㎝
유세림 作　149

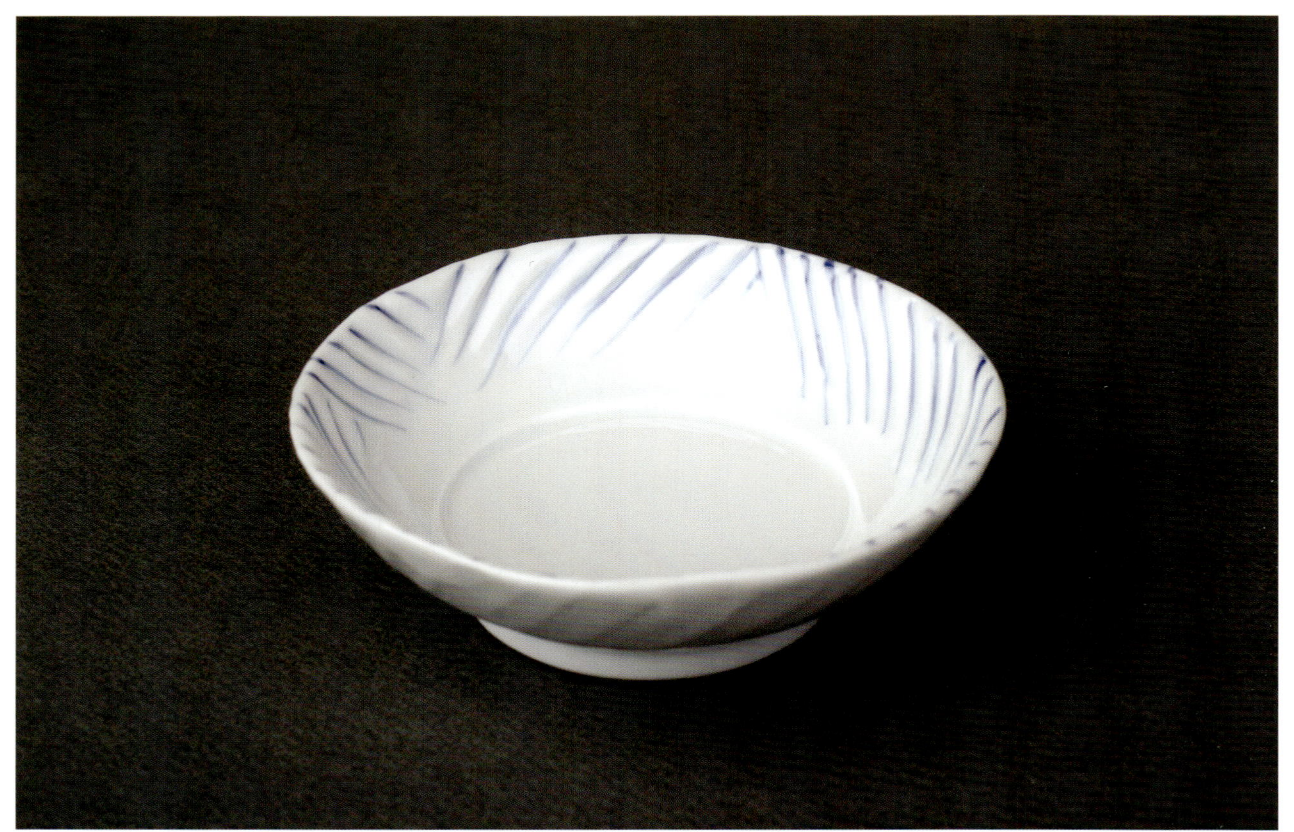

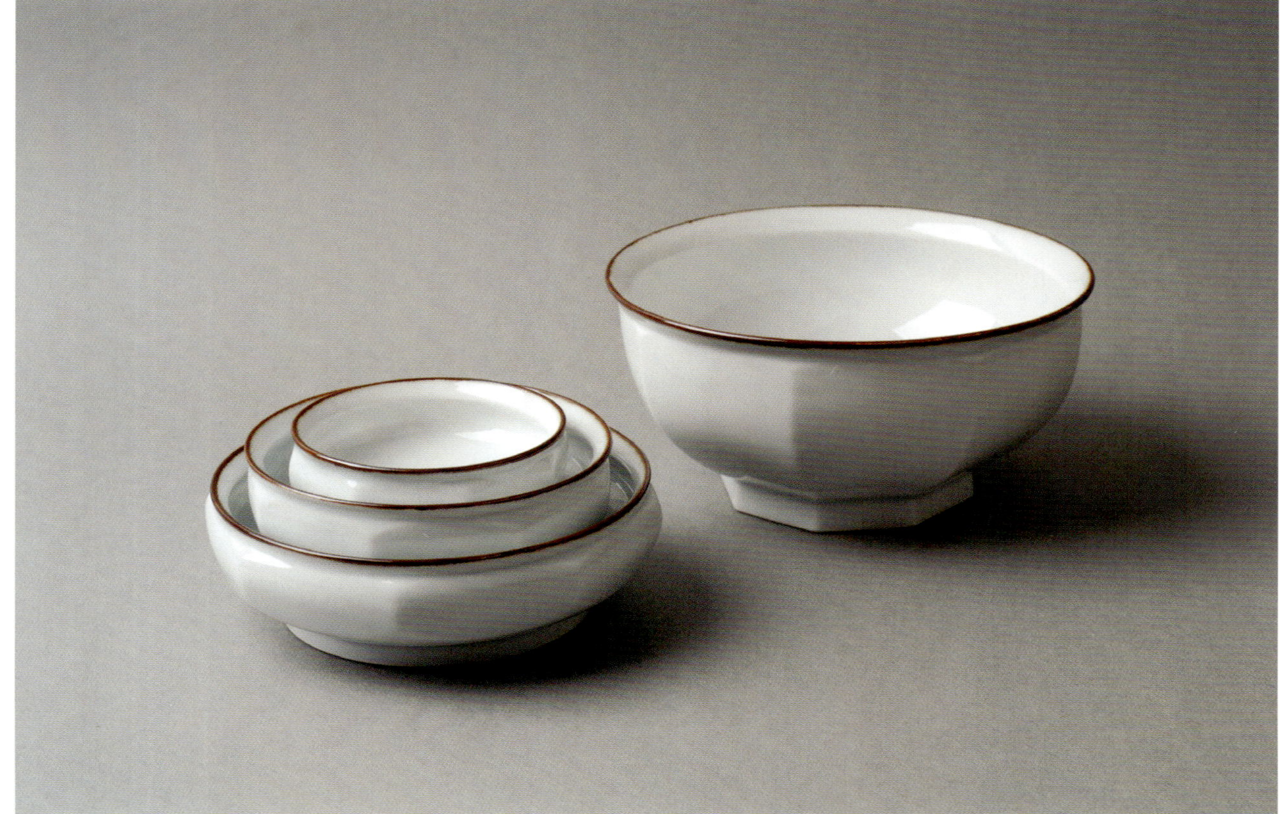

청화양각줄문사발
⌀14 x 3.5cm
전현주 作

철화팔각면기 Set
(사발) ⌀16 x 7cm
(찬기) 大 ⌀16 x 5cm
中 ⌀13 x 5cm, 小 ⌀9.5 x 4cm
조원민 作

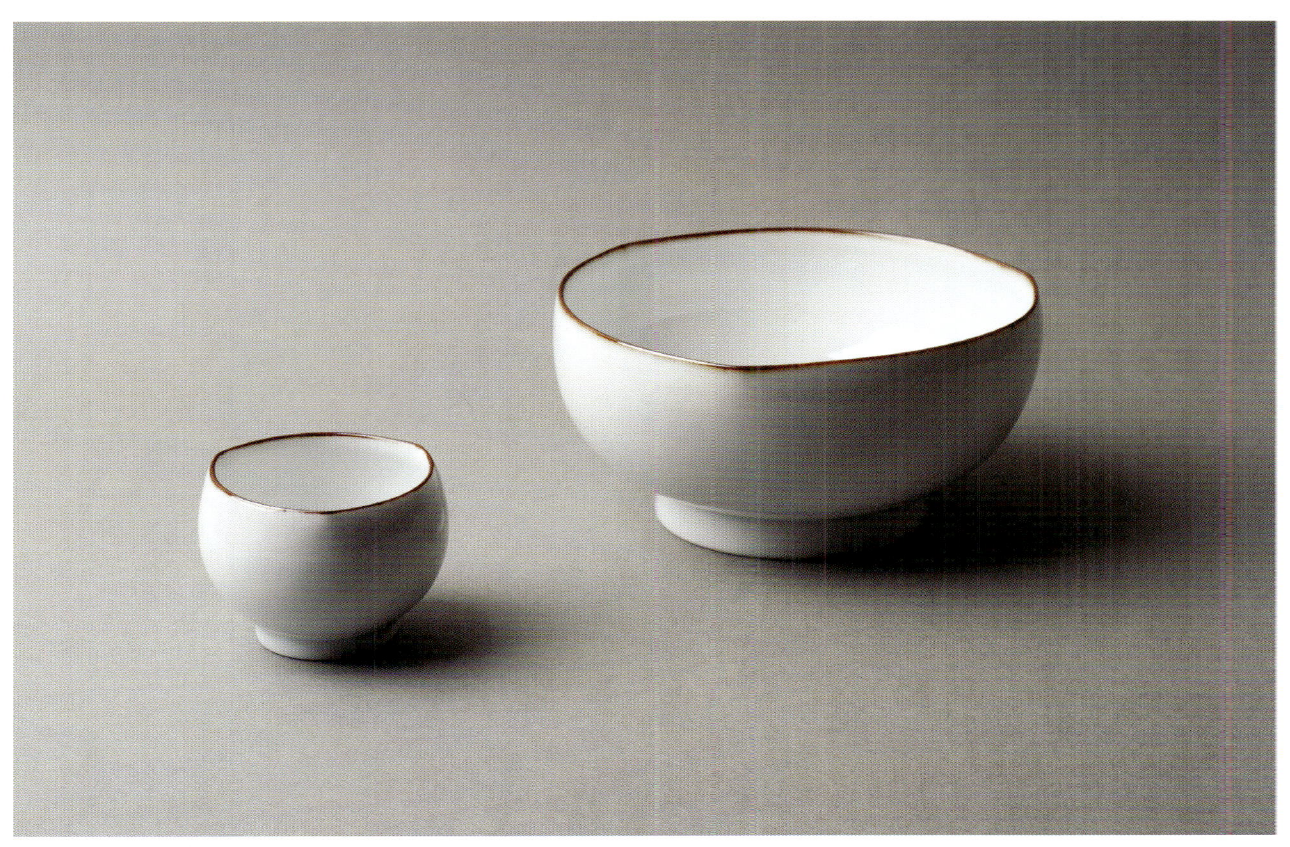

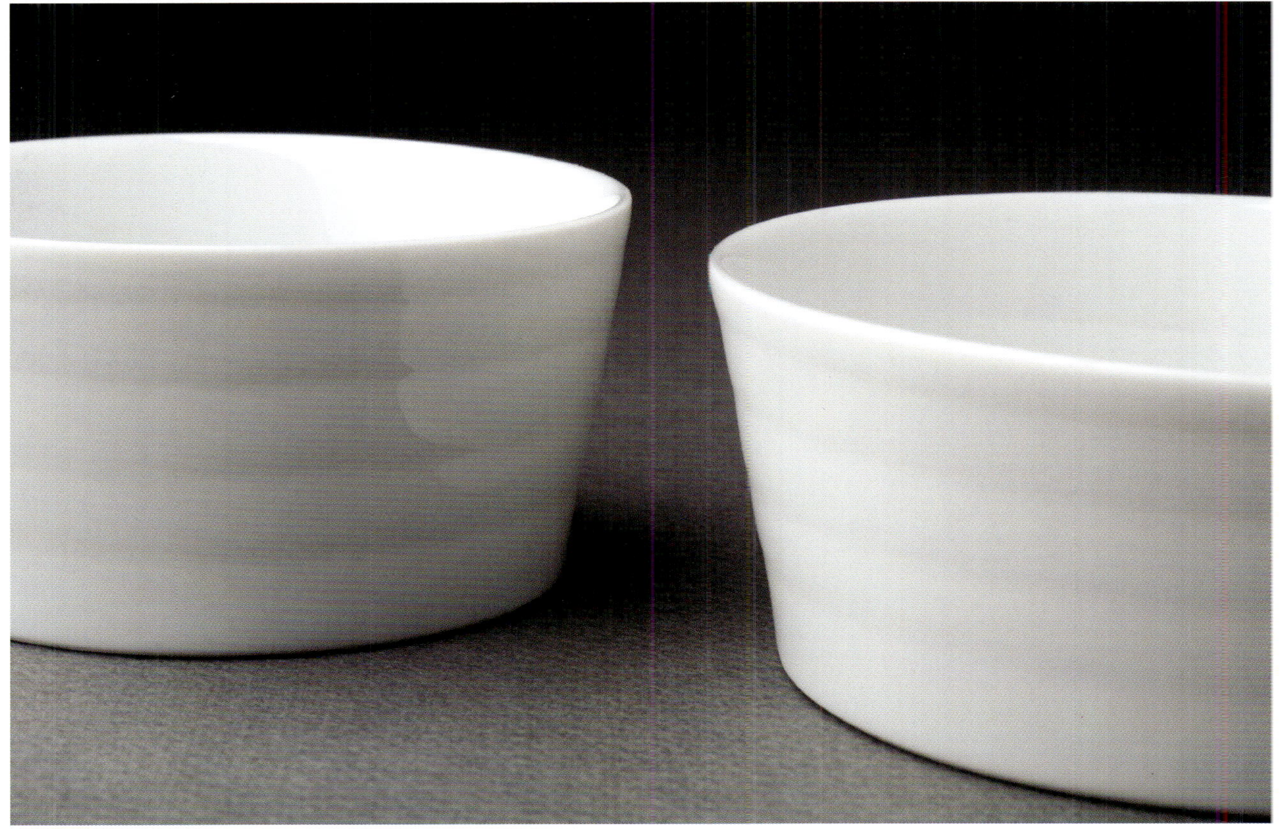

철사면기 Set
(사발) ∮18 × 10cm
(컵) ∮9 × 8.5cm
조원민 作

쌕자바라기형대접
∮13.5 × 5cm
MJ아트세라믹 作　151

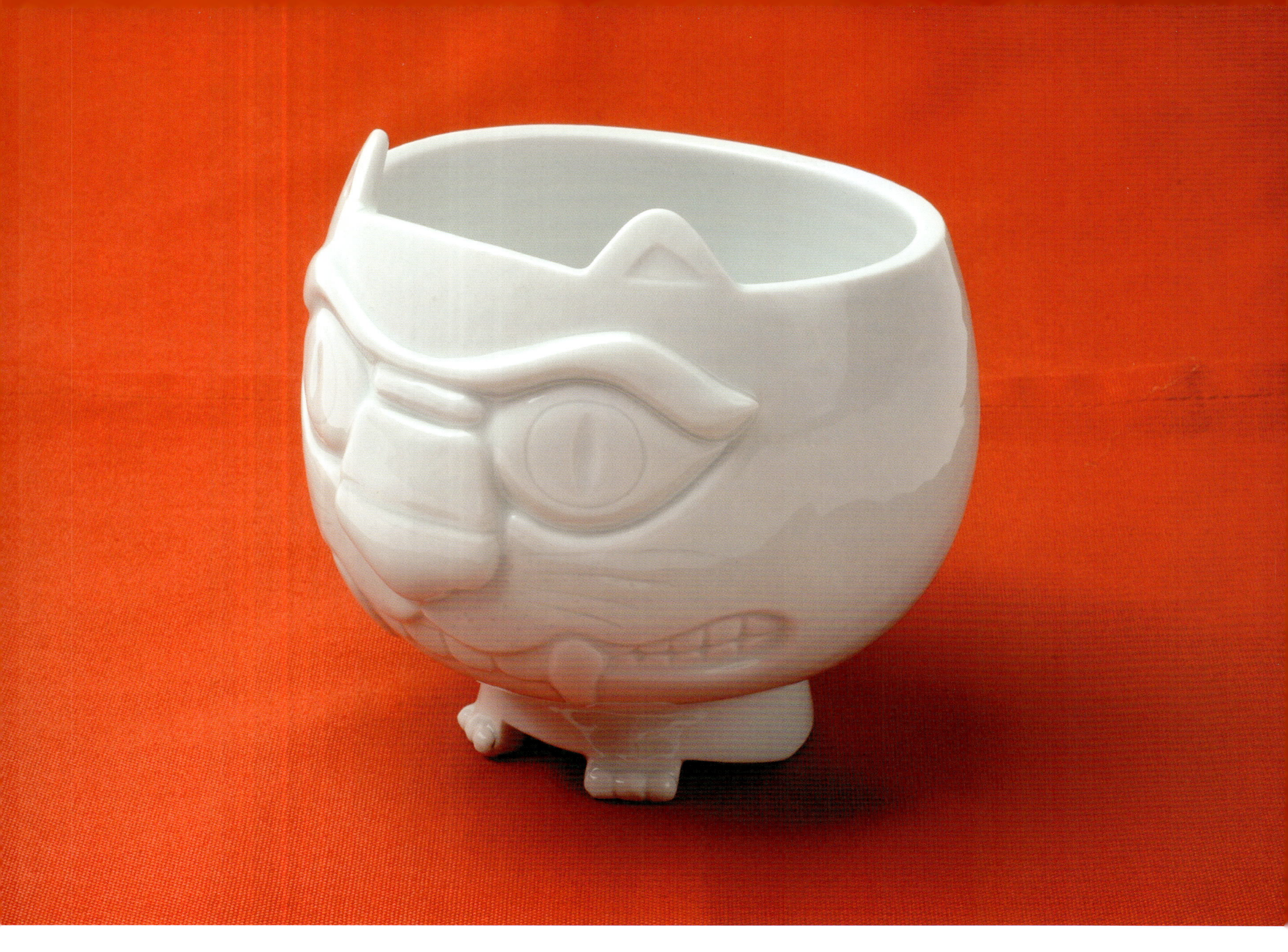

 백자호랑이형라면사발 ⌀10.5×10㎝ 권영미 作

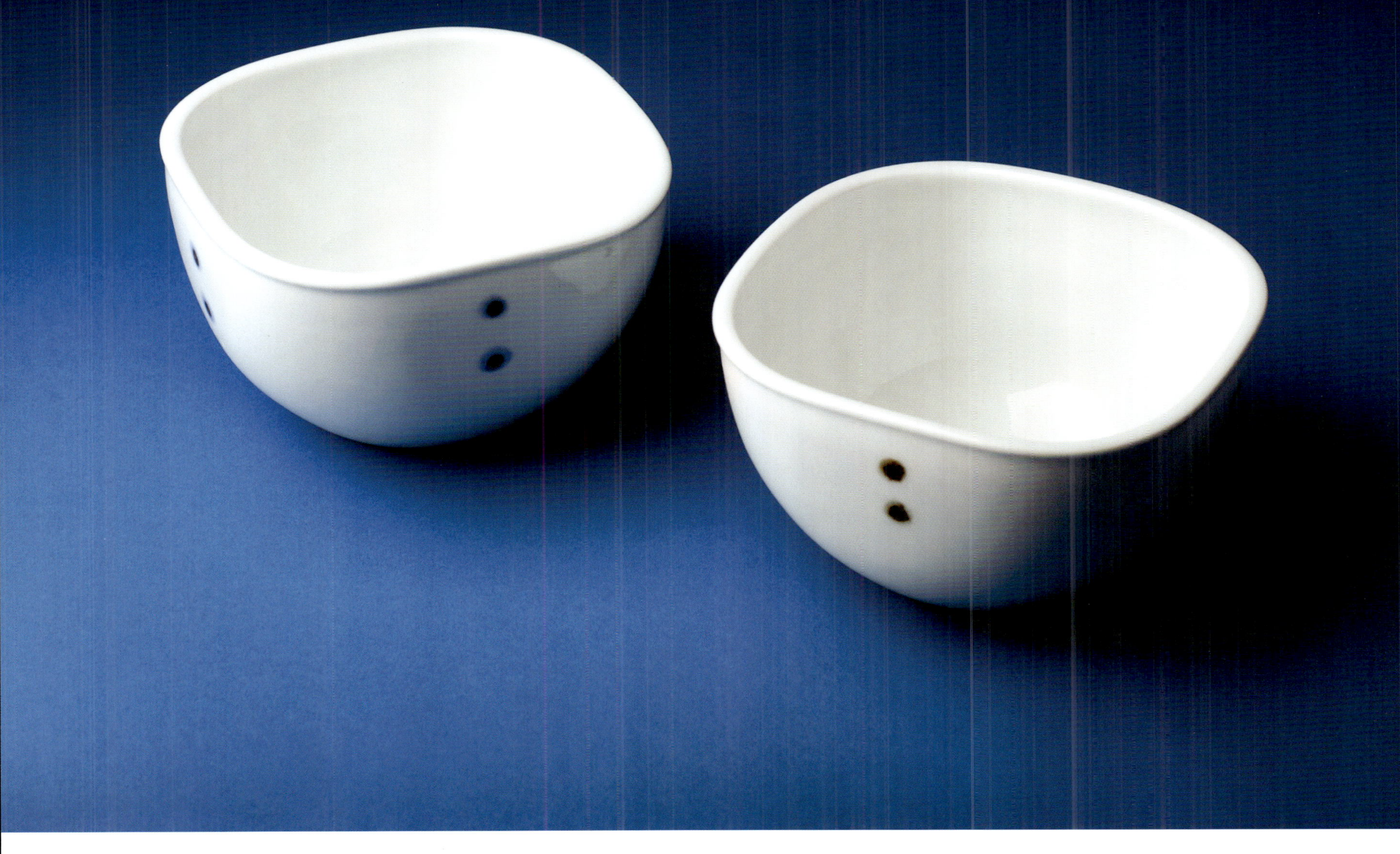

청화점무느 사발 ∅15×9cm 민윤희 作 153

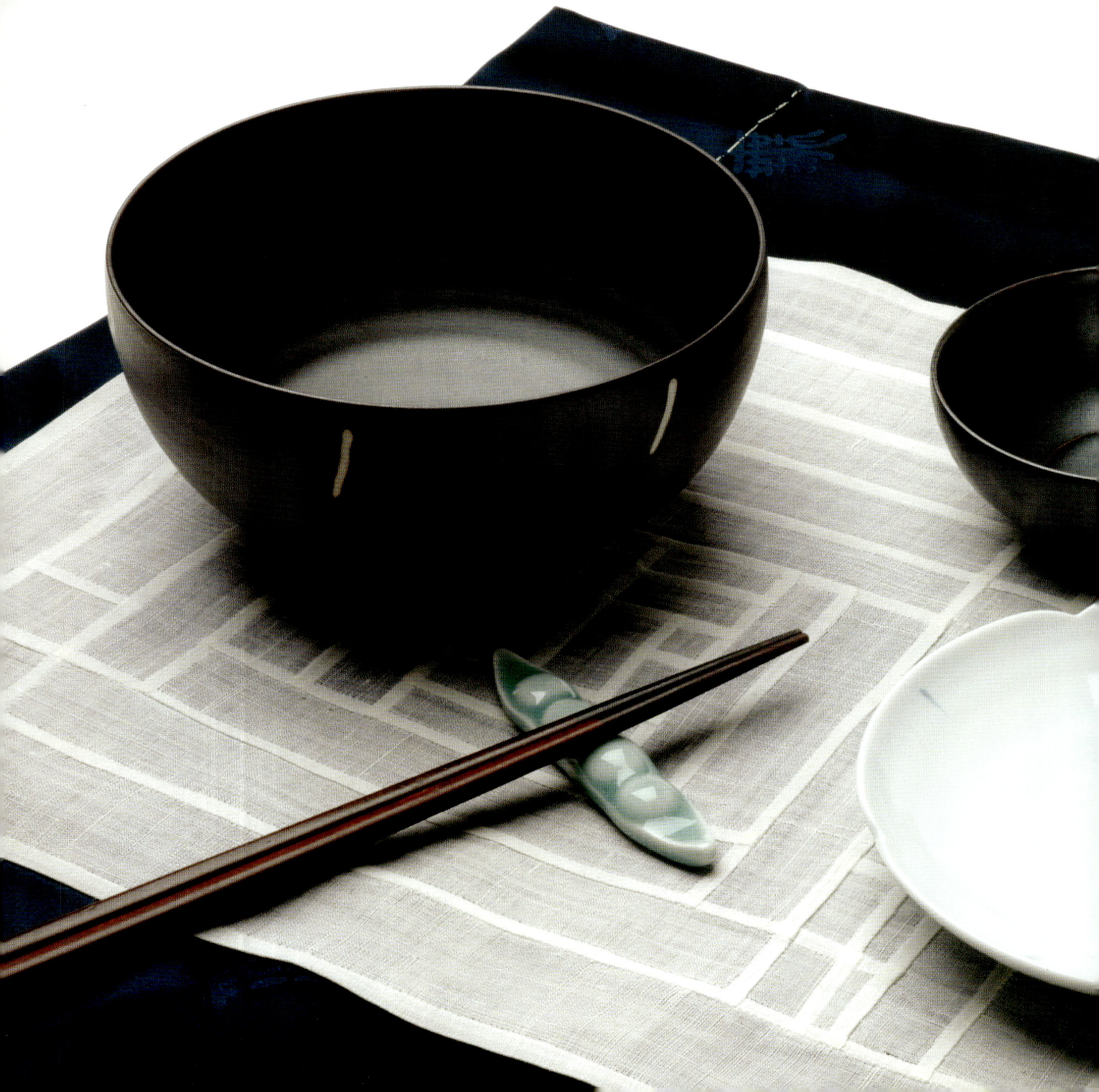

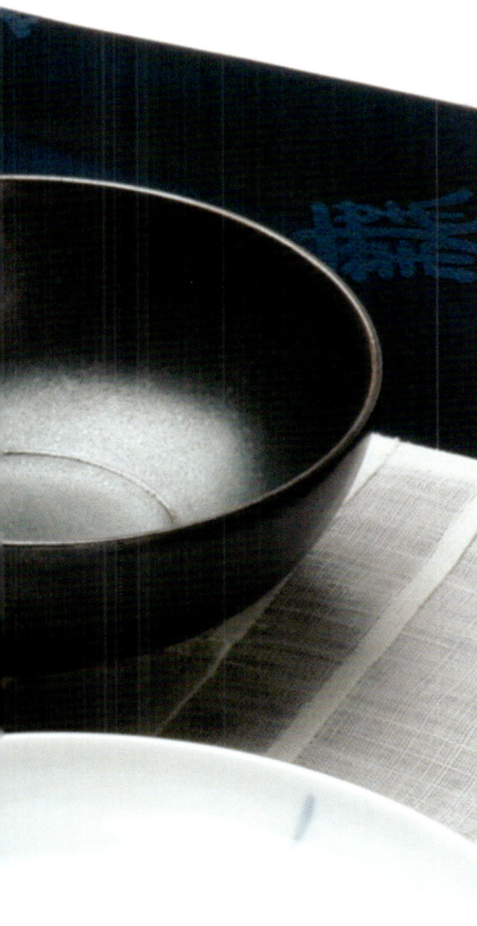
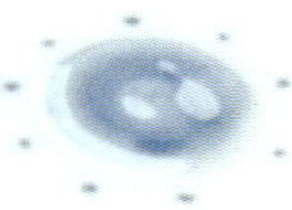

흑유백자사발 (사발) ∮16×7㎝, (종지) ∮10×3.5㎝ 최윤경 作 155

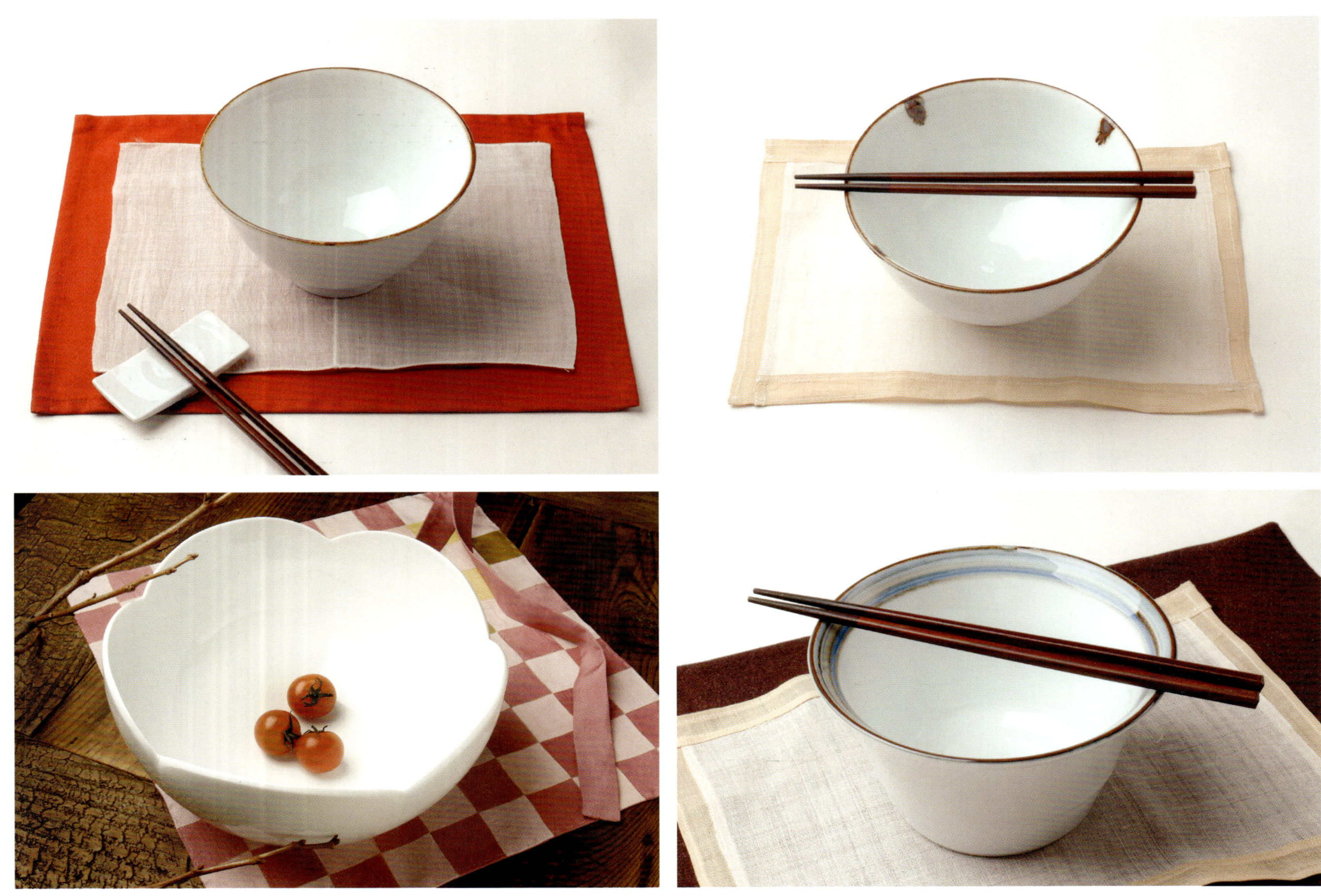

철화백자사발 ∮17×8㎝ MJ아트세라믹 作 | **철화백자점무늬사발** ∮17.5×8.5㎝ MJ아트세라믹 作
백자화형발 ∮25×13㎝ 임헌관 作 | **청화백자사발** ∮16×8㎝ MJ아트세라믹 作

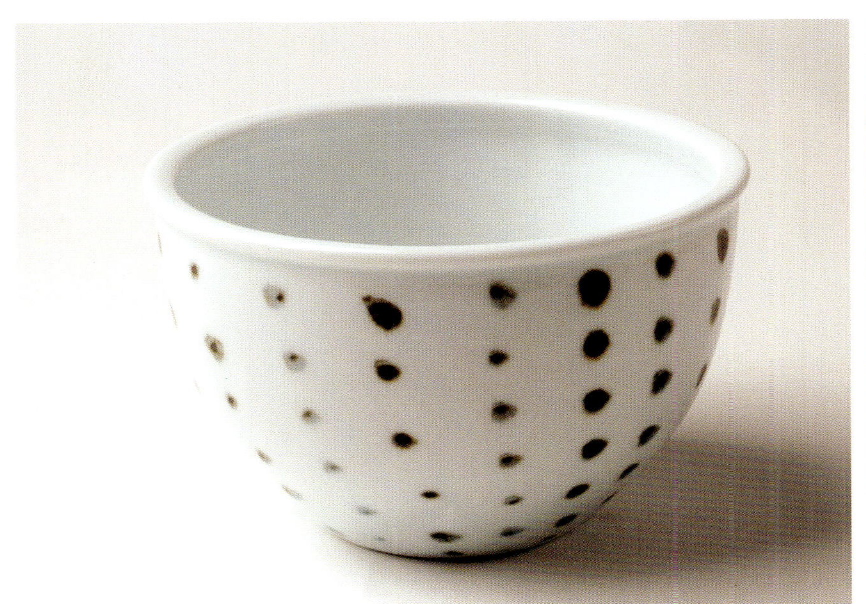 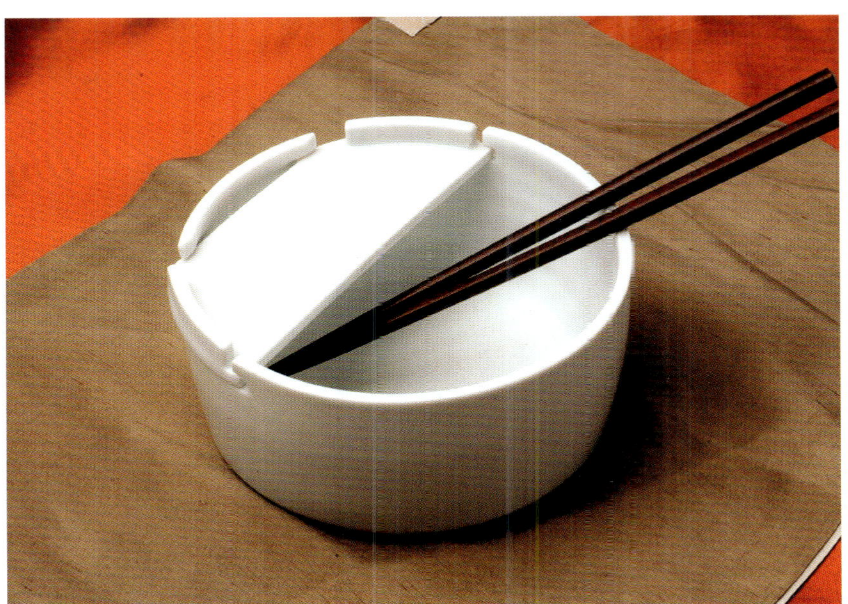

백자점무늬라면사발 ⌀17.5×8.5㎝　MJ아트세라믹 作 ｜ **백자라면사발** ⌀13×8㎝　최유정 作

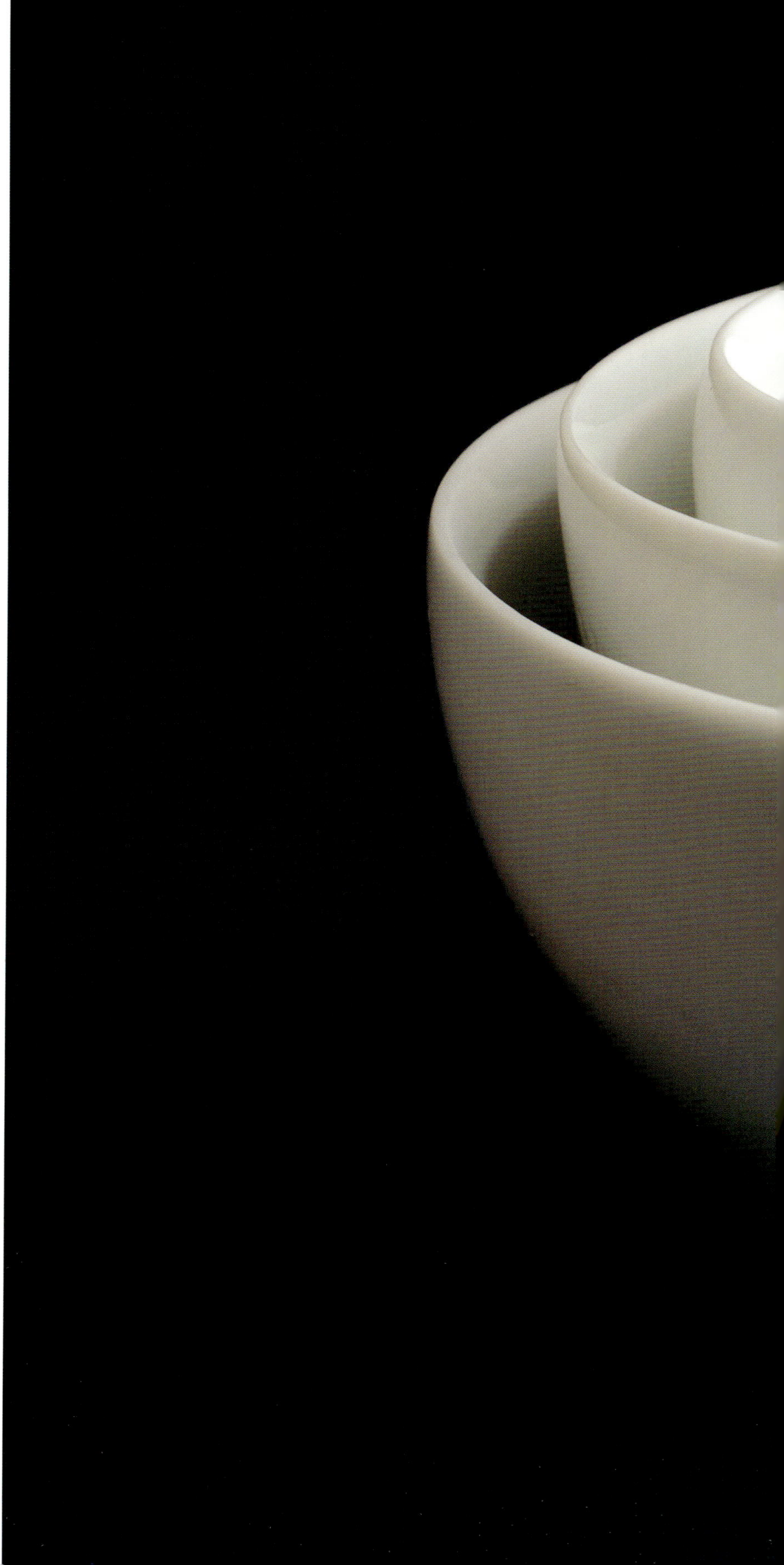

 백자면기 Set 大 ∅17.7×9㎝, 中 ∅15.5×8.5㎝, 小 ∅12.5×7㎝ 최난영 作

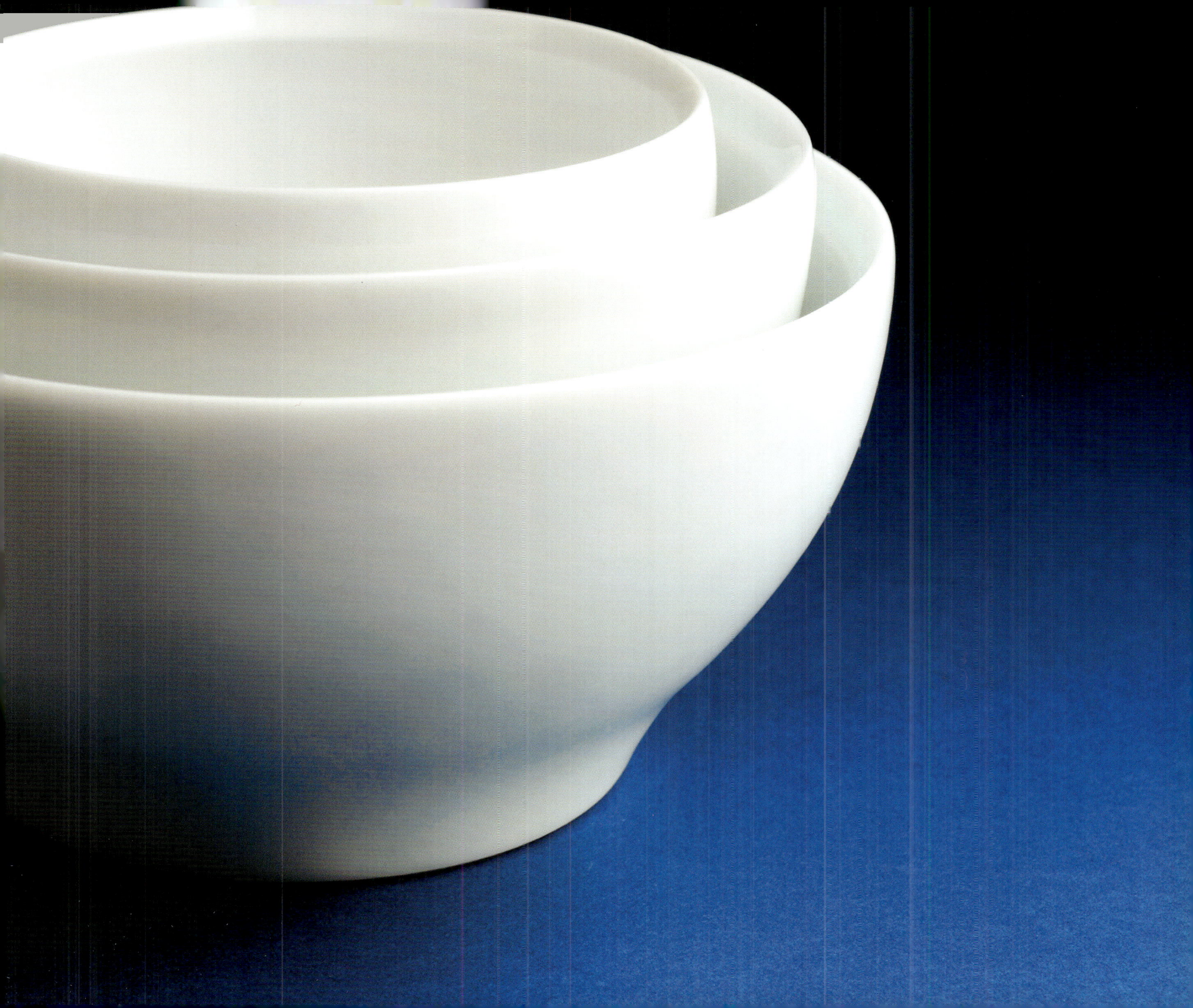

함

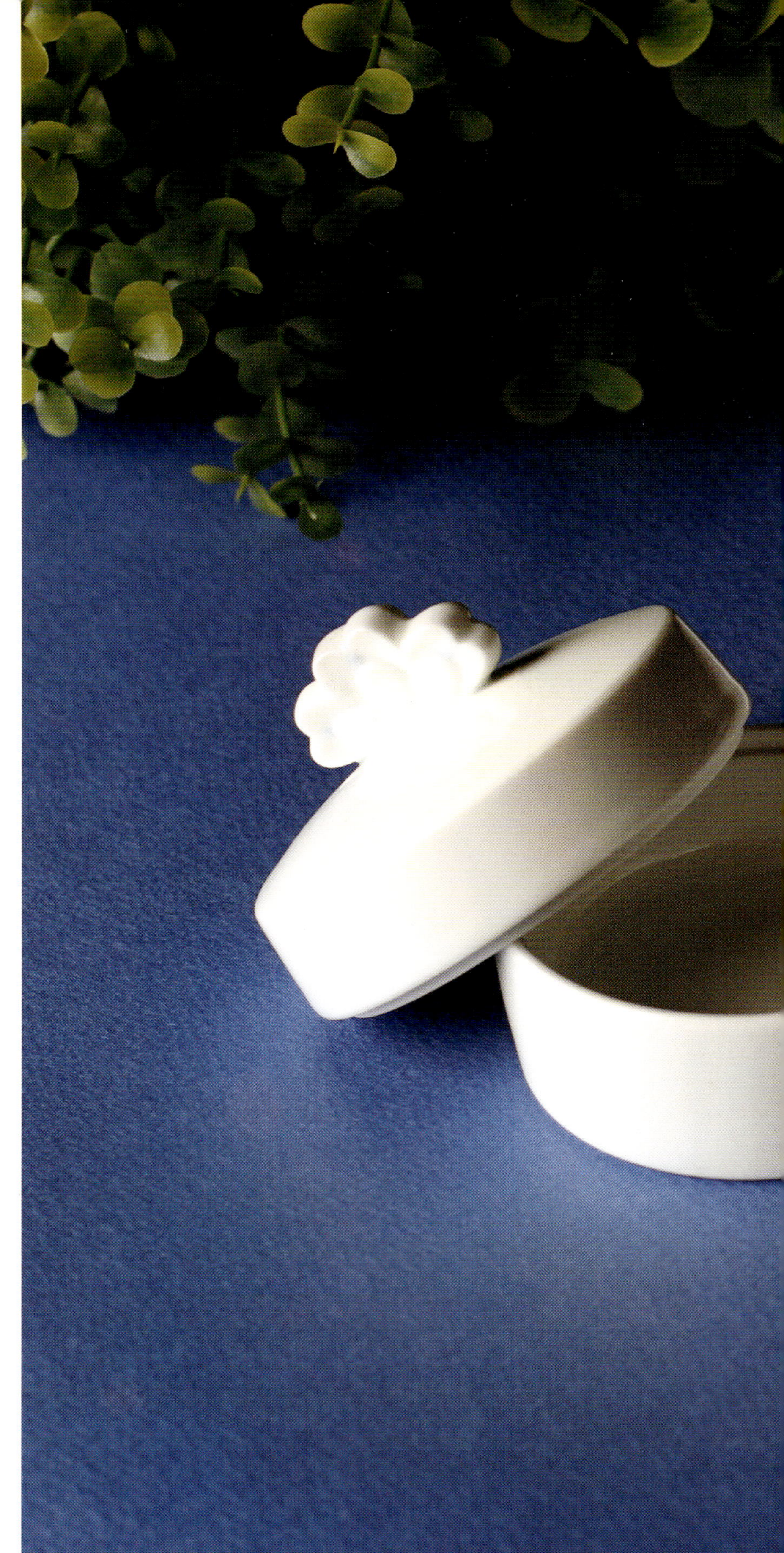

"아난다 쿠마라스와미는 "예술가가 특별한 부류
의 인간인 것이 아니라 모든 인간이 특별한 부류
의 예술가이다" 라고 했다. E.F 슈마허는"이것
이 바로 좋은 노동의 형이상학이다." 라고 말했
다. 공예의 노동형태는 그 같은 형이상학의 근
저를 이룬다."

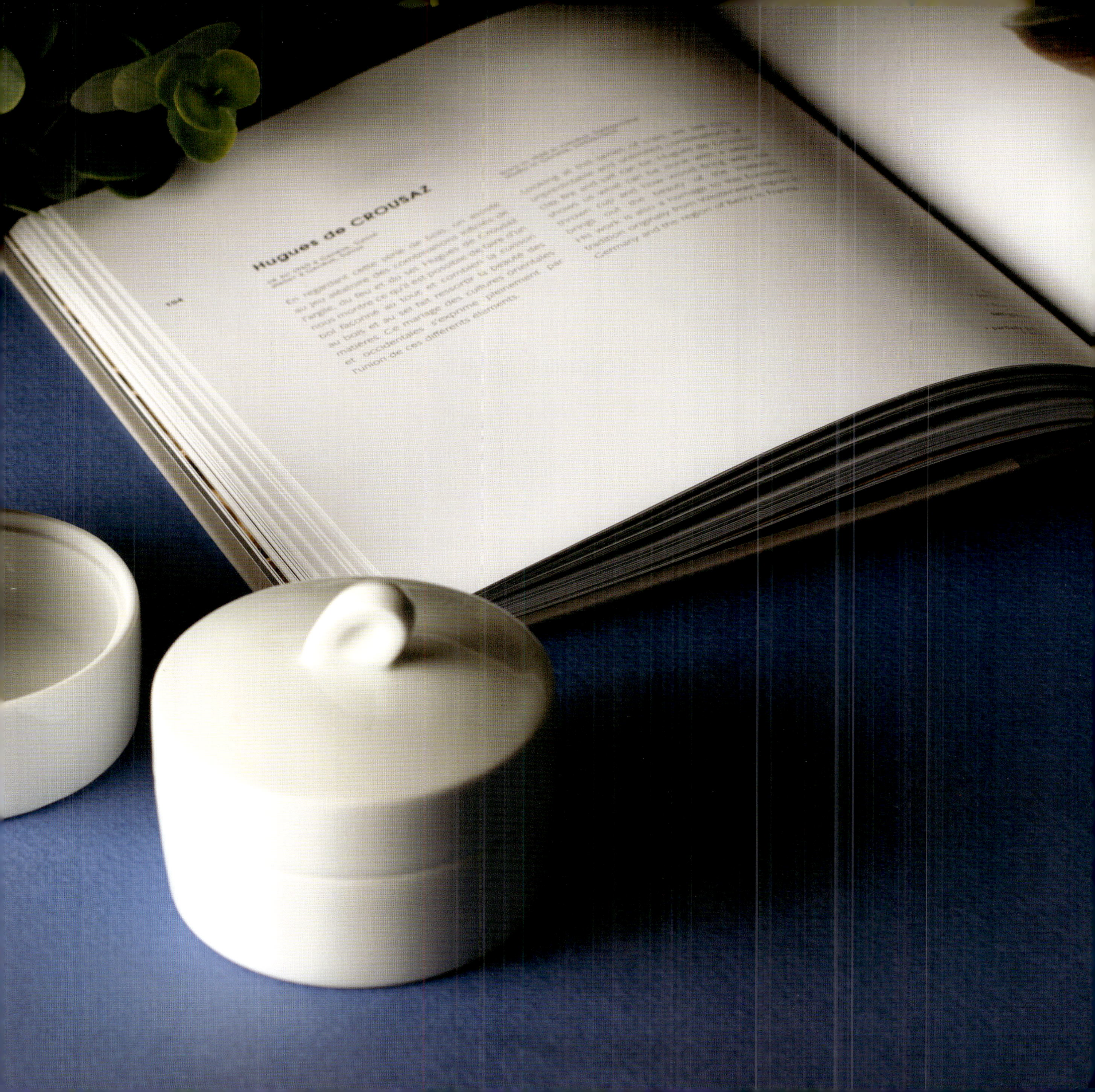

Hugues de CROUSAZ

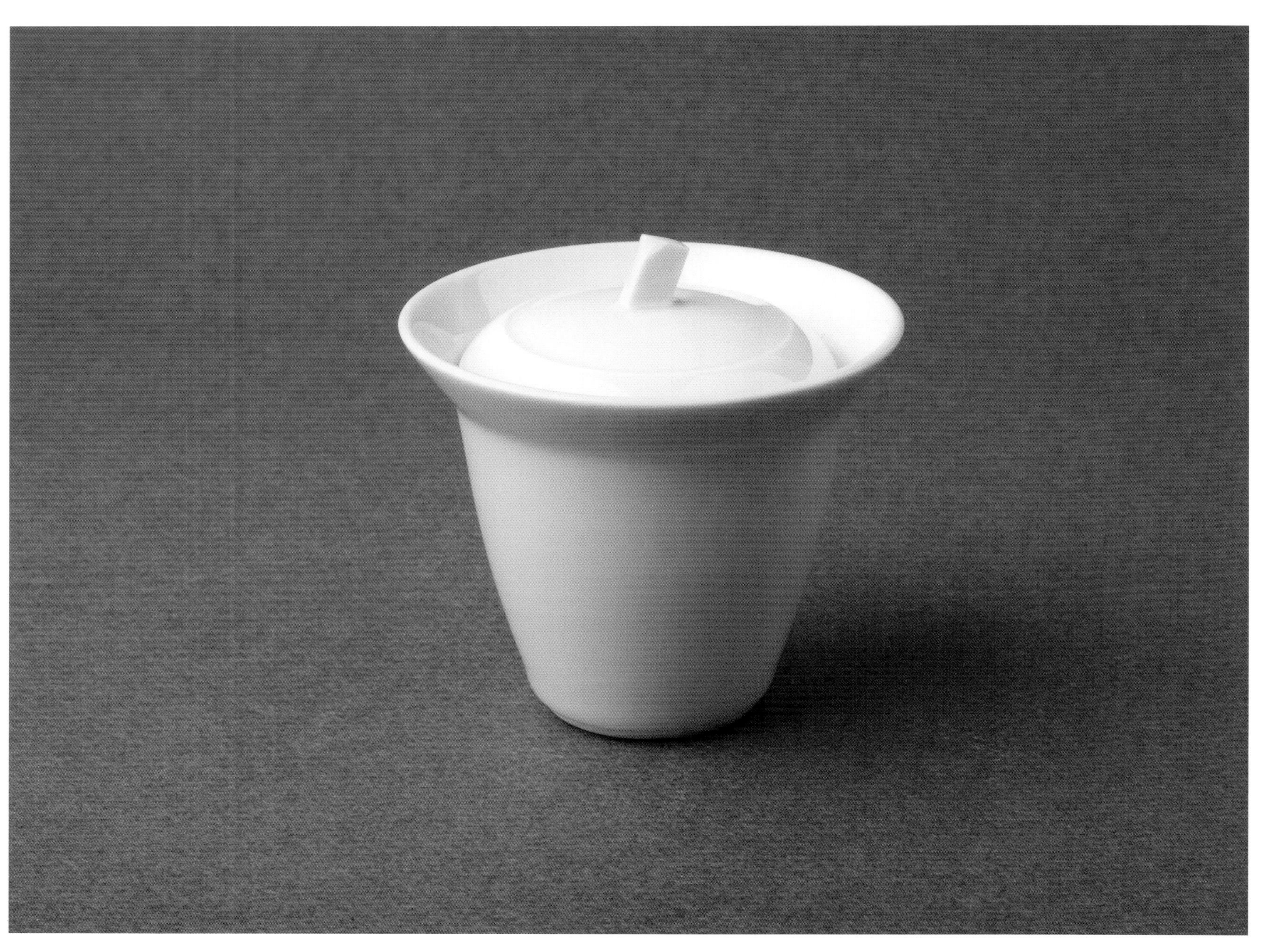

  백자탕기 Set중 양념기 ∮7.5×8.5㎝ 유세림 作

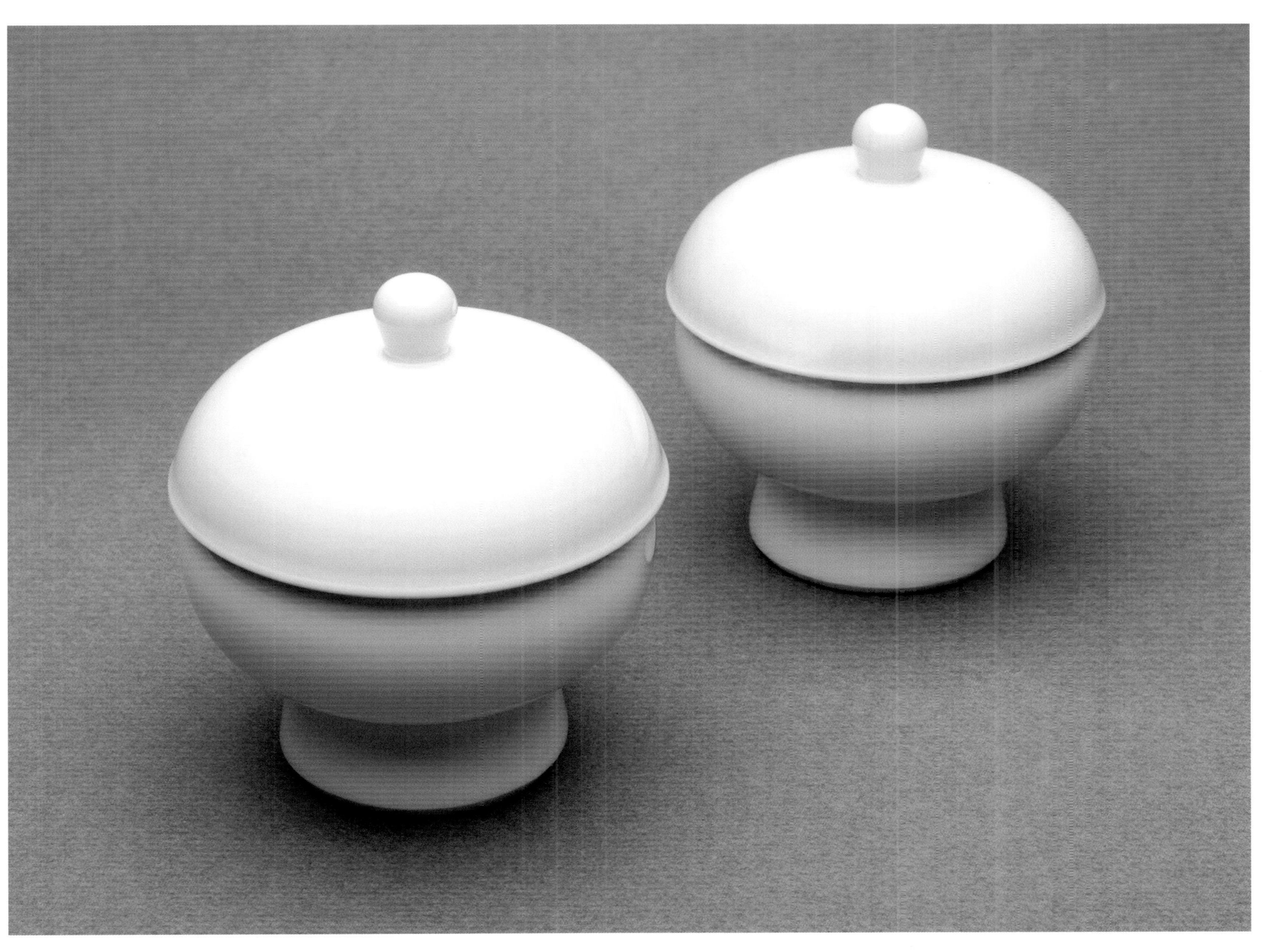

백자제기형합 ∮13×15cm 유세림 作 163

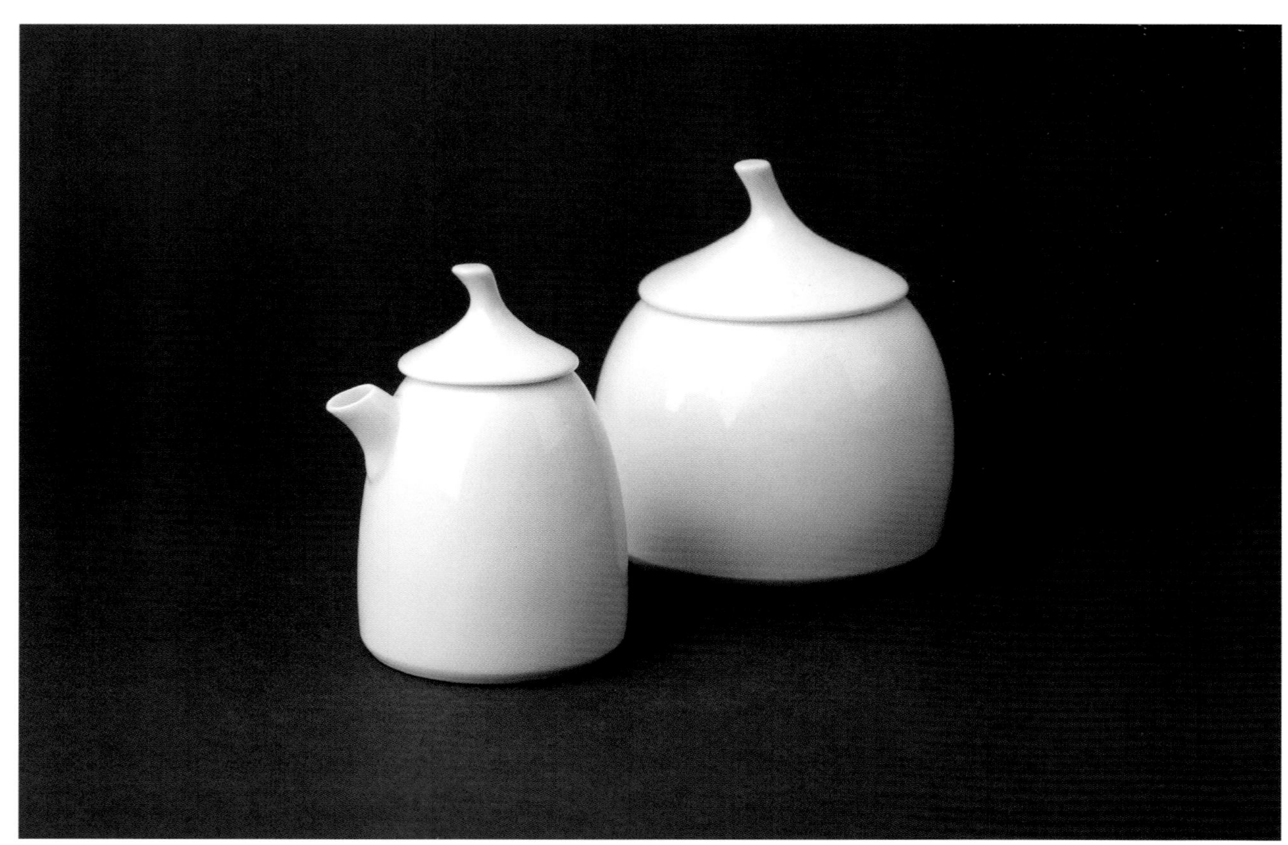

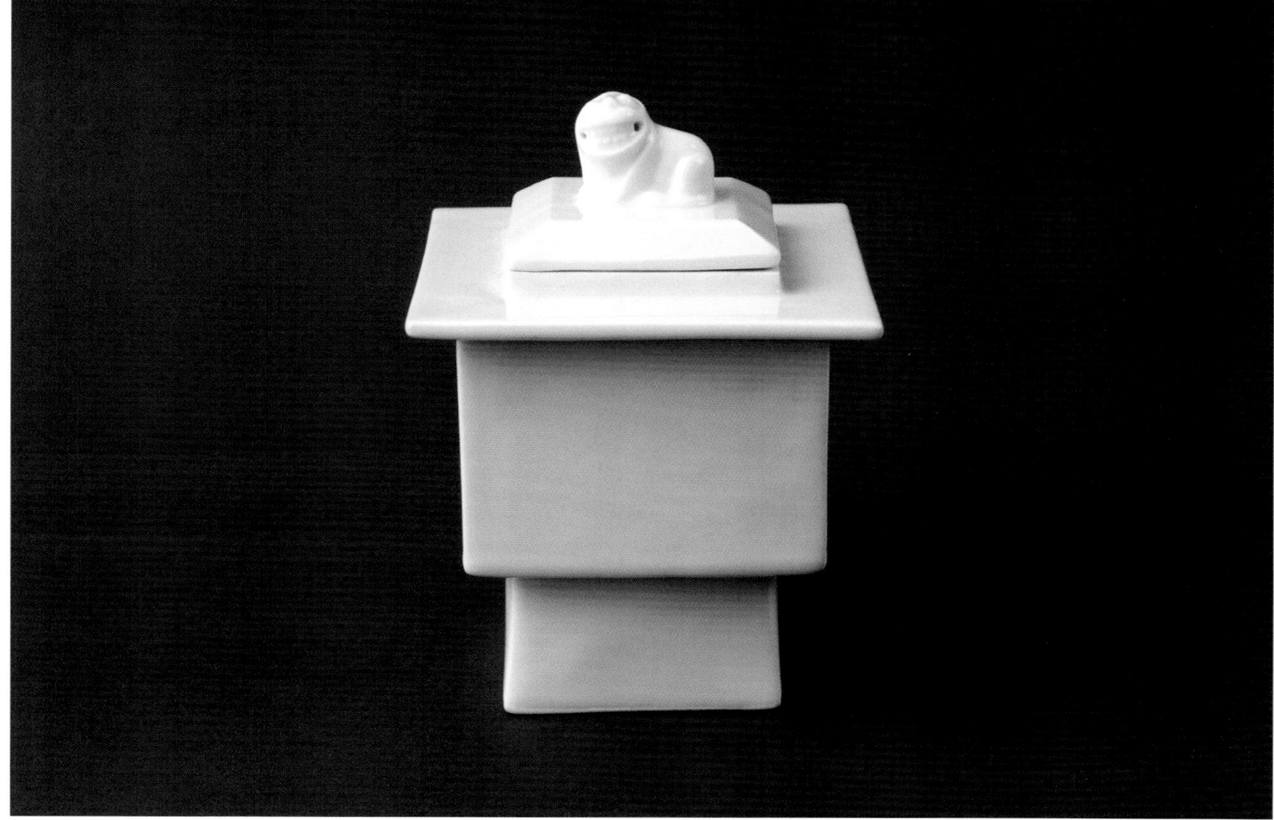

백자설탕&크림기
(설탕기) ∮8.4×8㎝
(크림기) ∮6×8.8㎝

백자제기 Set중 사각향로
∮10.5×15㎝

164   유세림 作

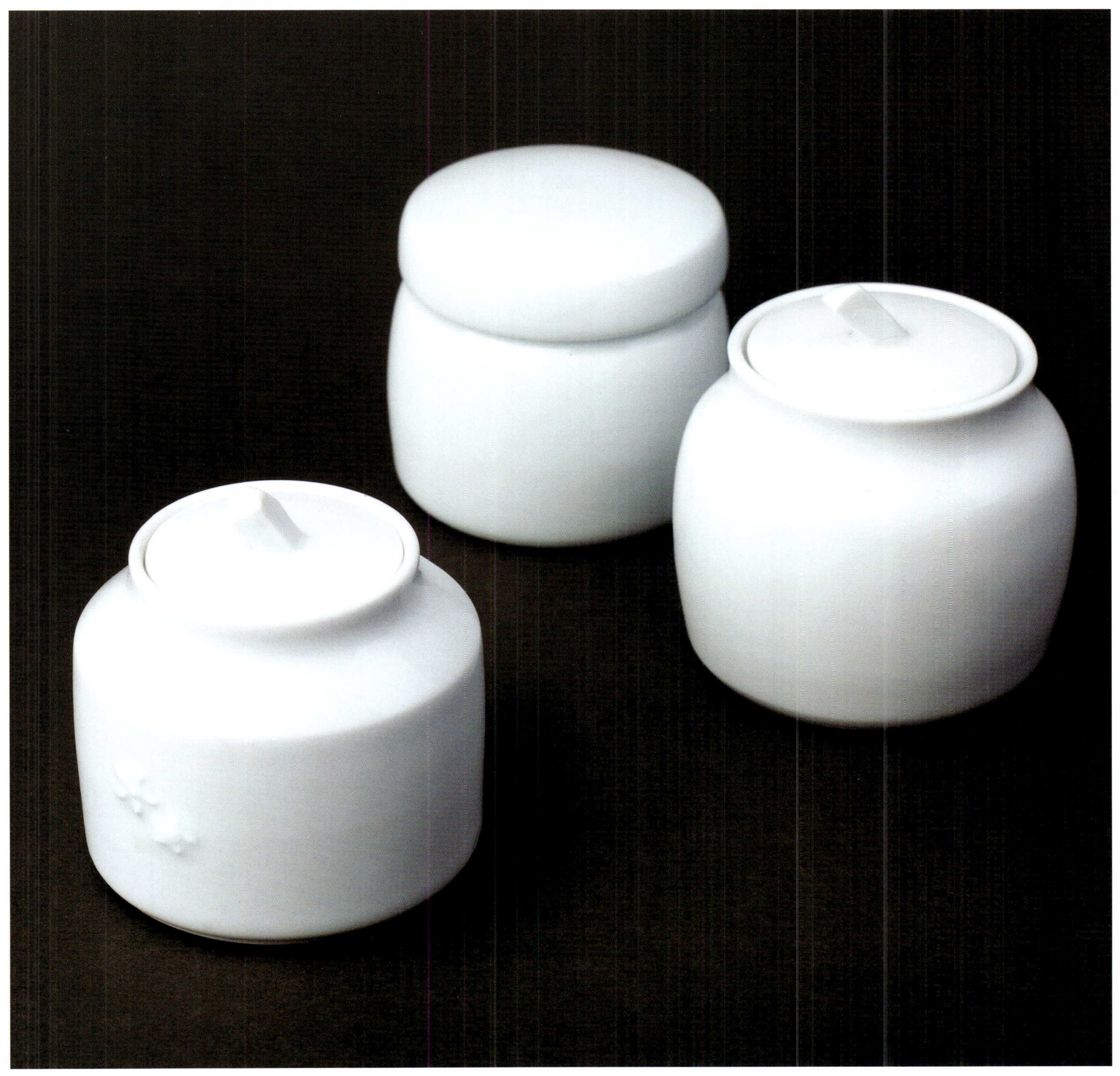

백자탕기 Set 중 양념기 ∮8.5×9㎝, ∮9×10㎝ 유세림 作 165

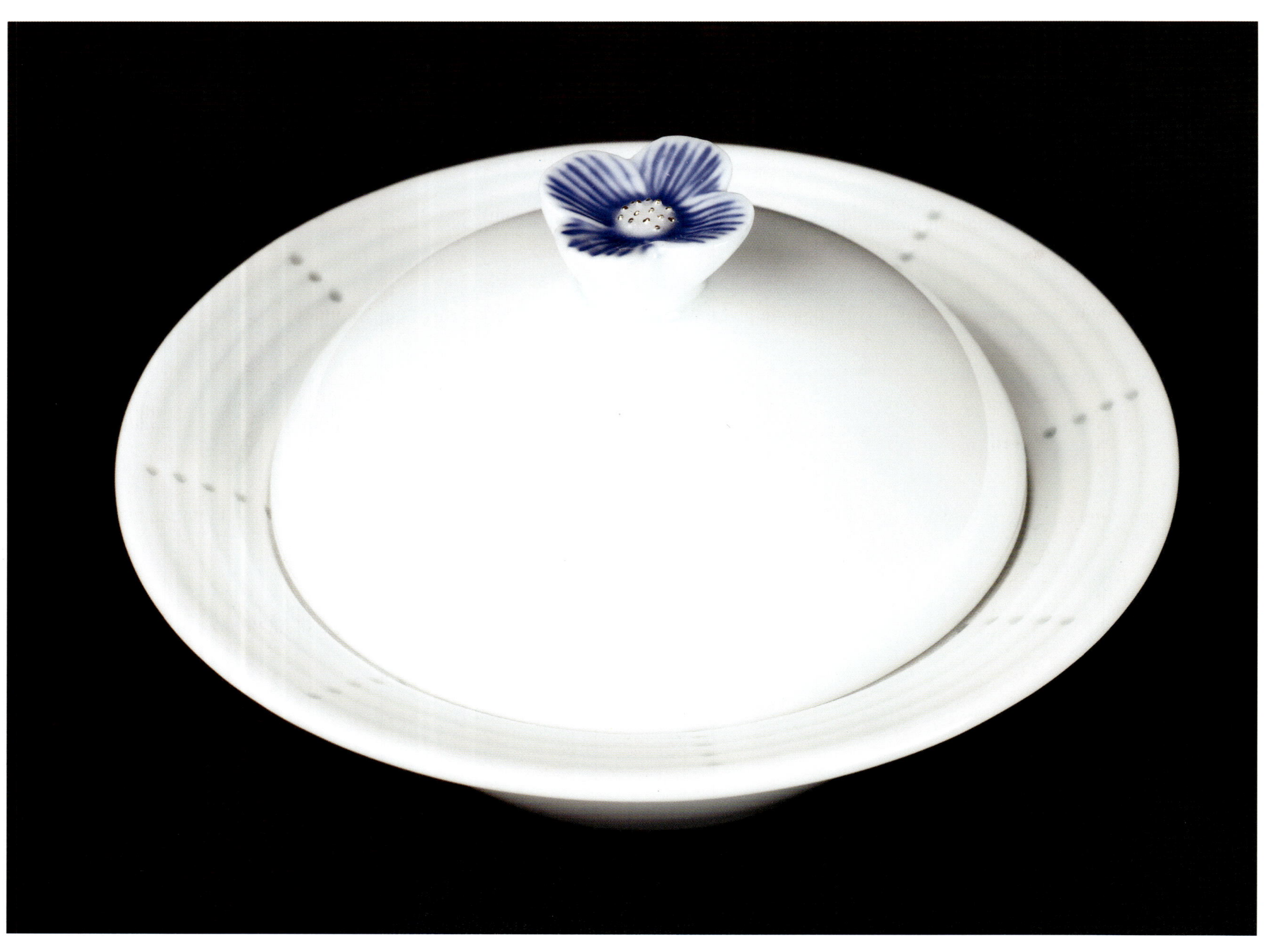

　　다과세트찬기　大 ∅18.5×5cm, 中 ∅15.5×4cm, 小 ∅12.5×3.8cm　전현주 作

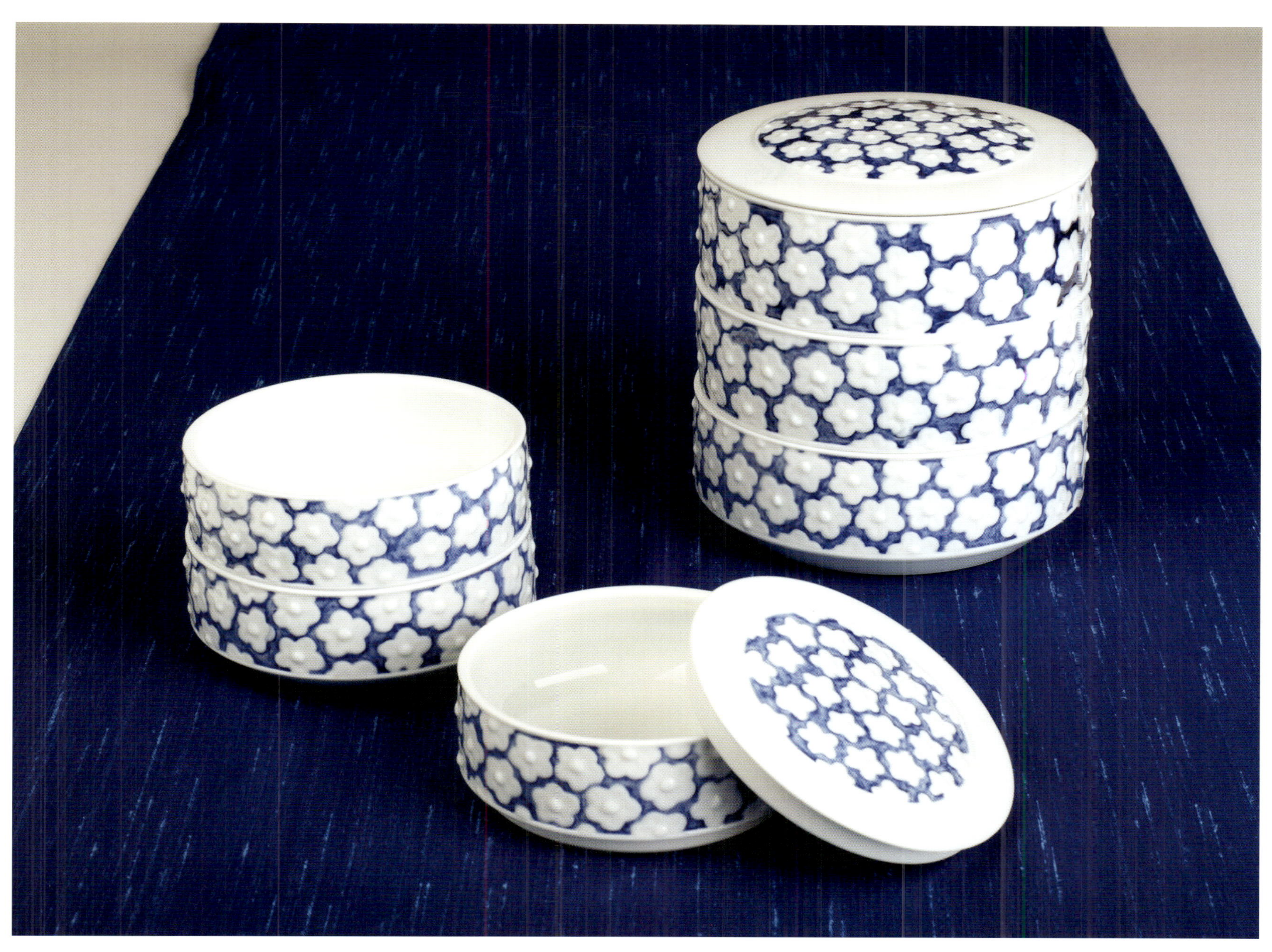

청화백자매화문양각삼단합 大 ∮13×14cm, 小 ∮10.5×12.5cm 유세림 作 167

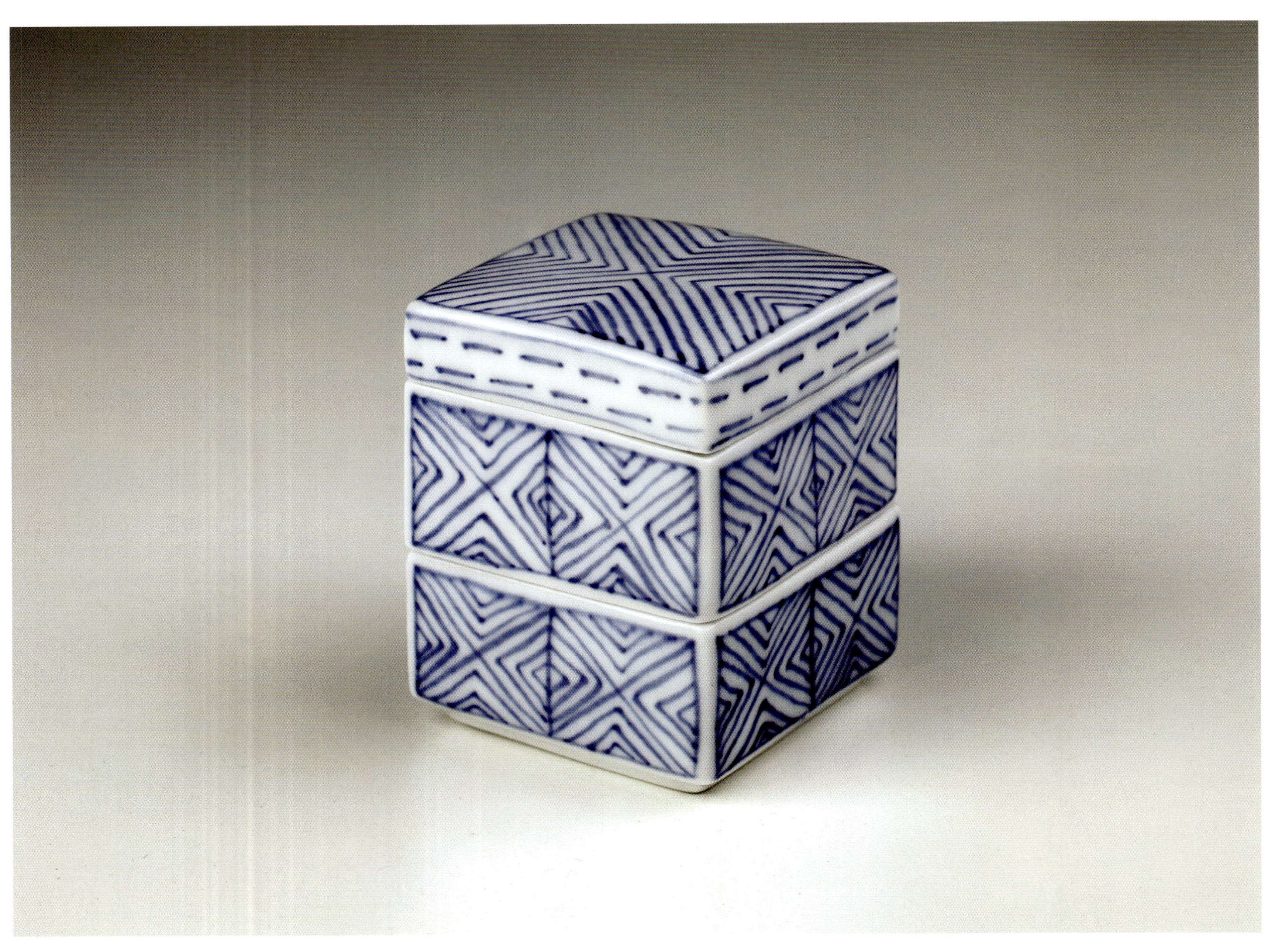

 청화백자조선문사각이단합 ∮10×14㎝ 전현주 作

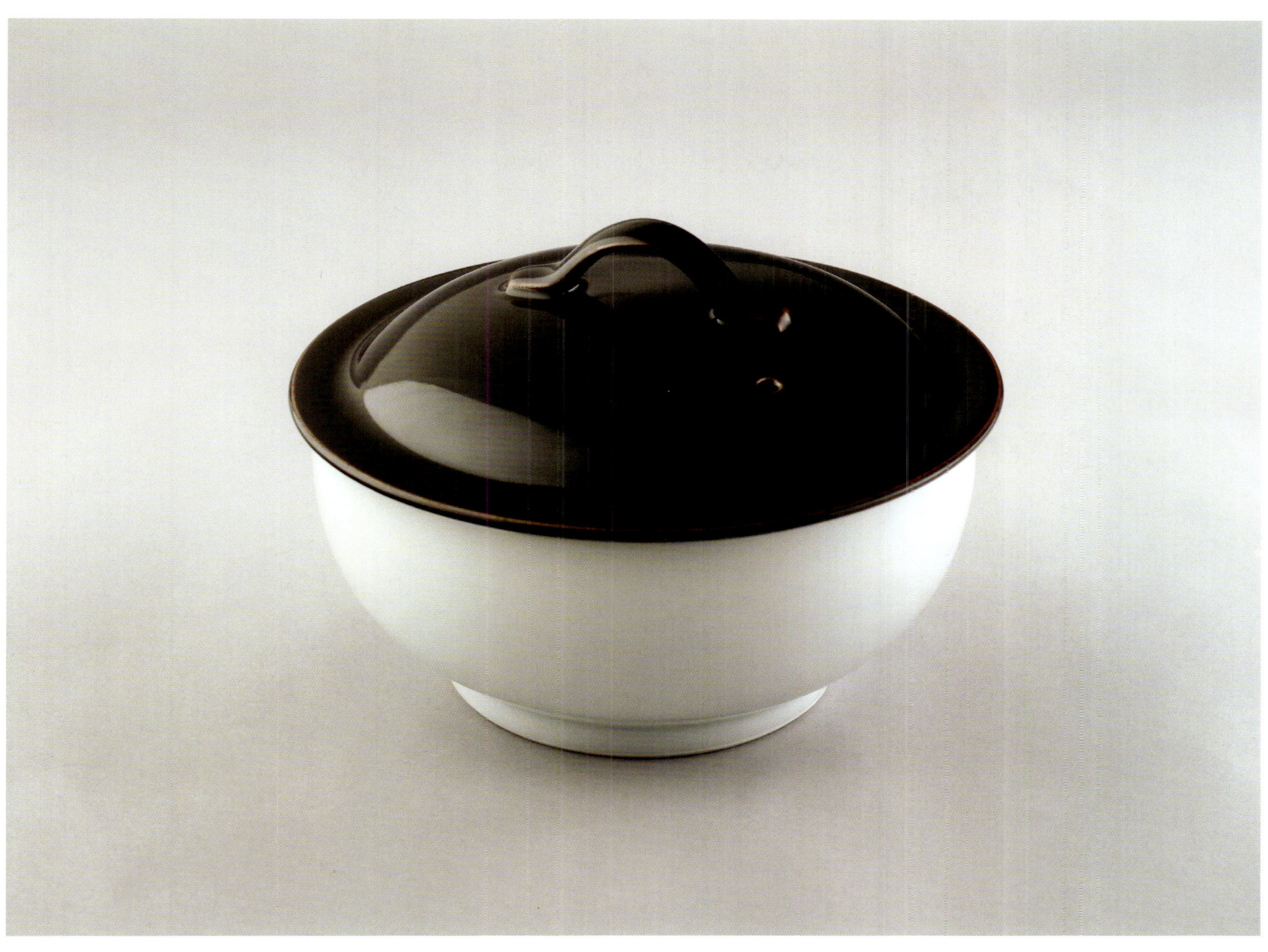

찬합 ∅15×11cm 전현주 作 169

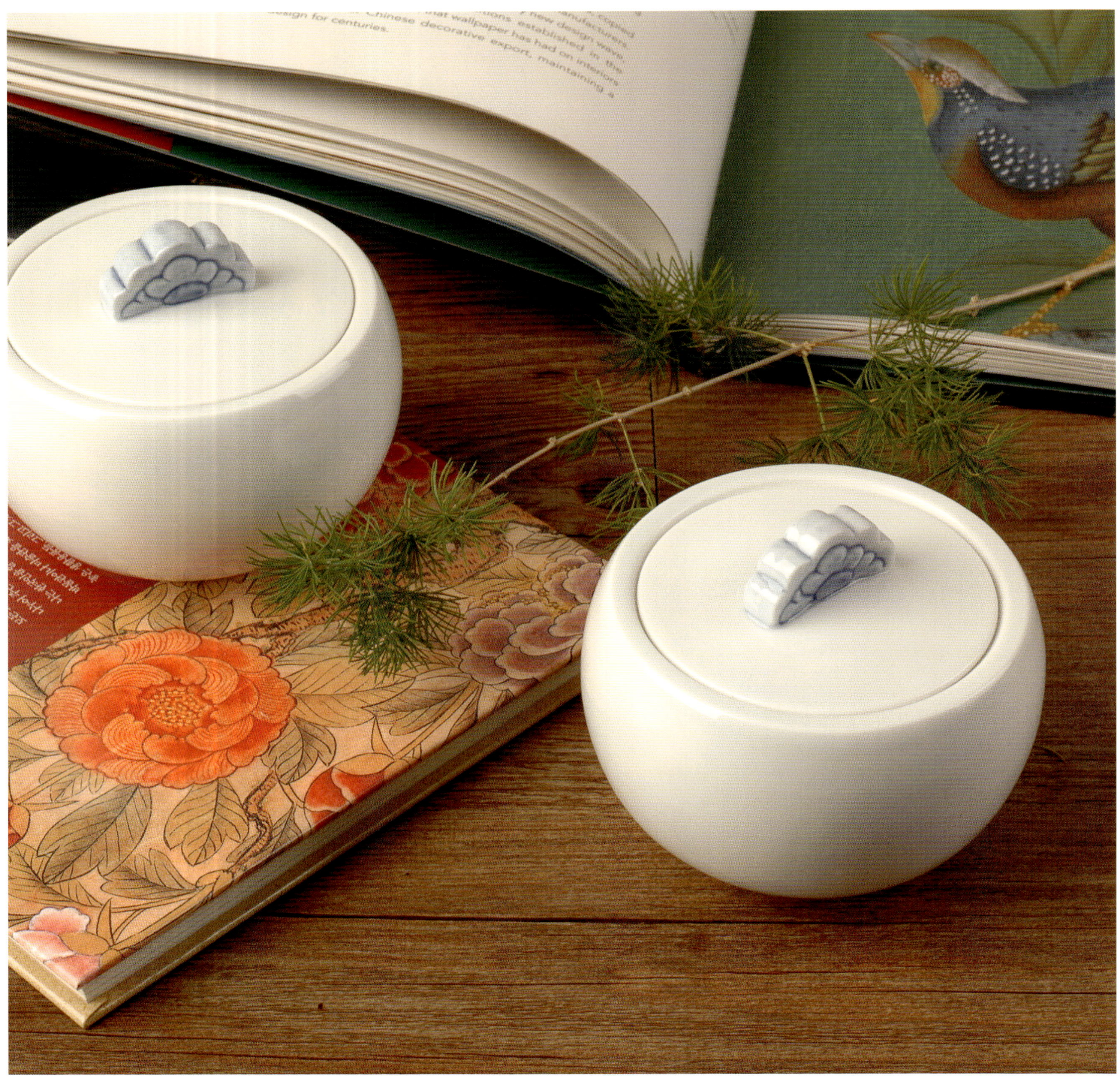

  설탕프림기 ∅8.8×8.5㎝ 최윤경 作

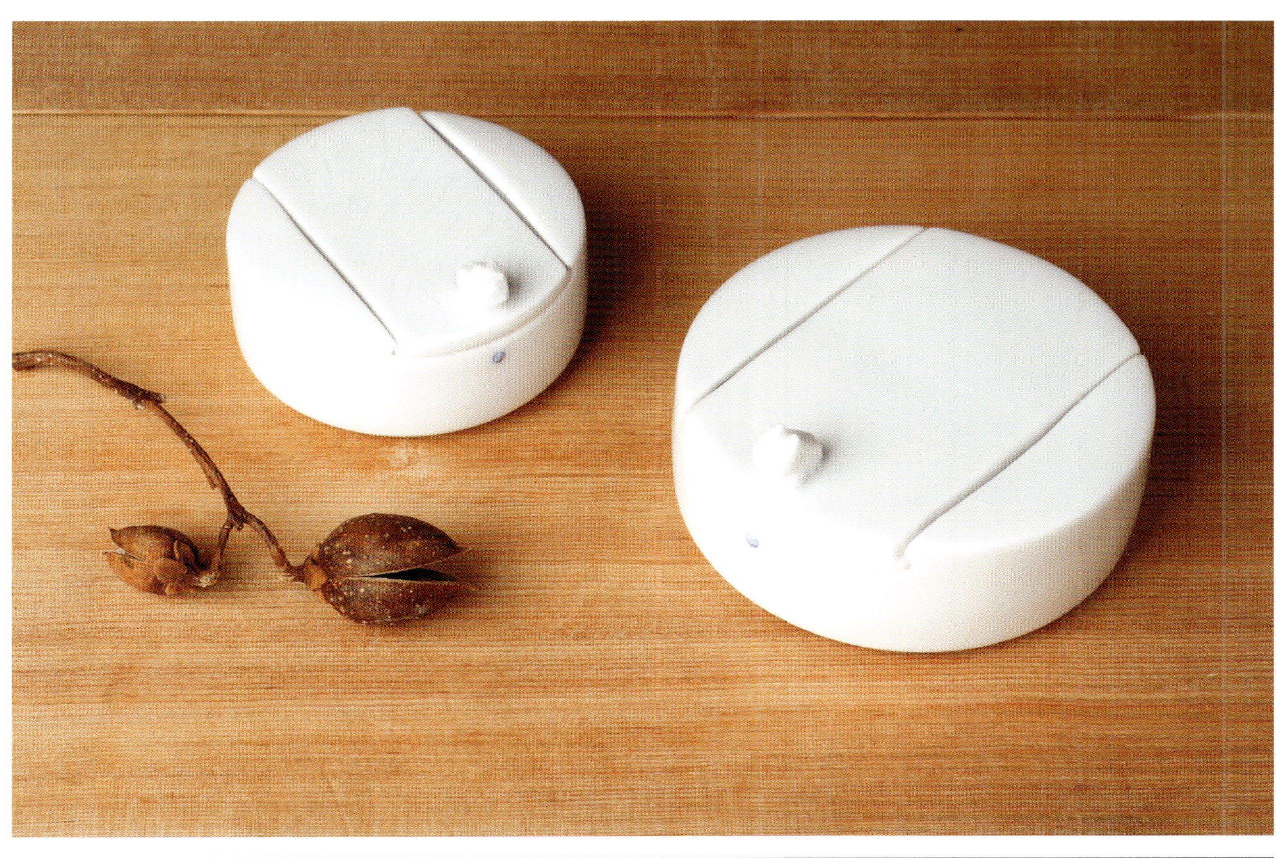

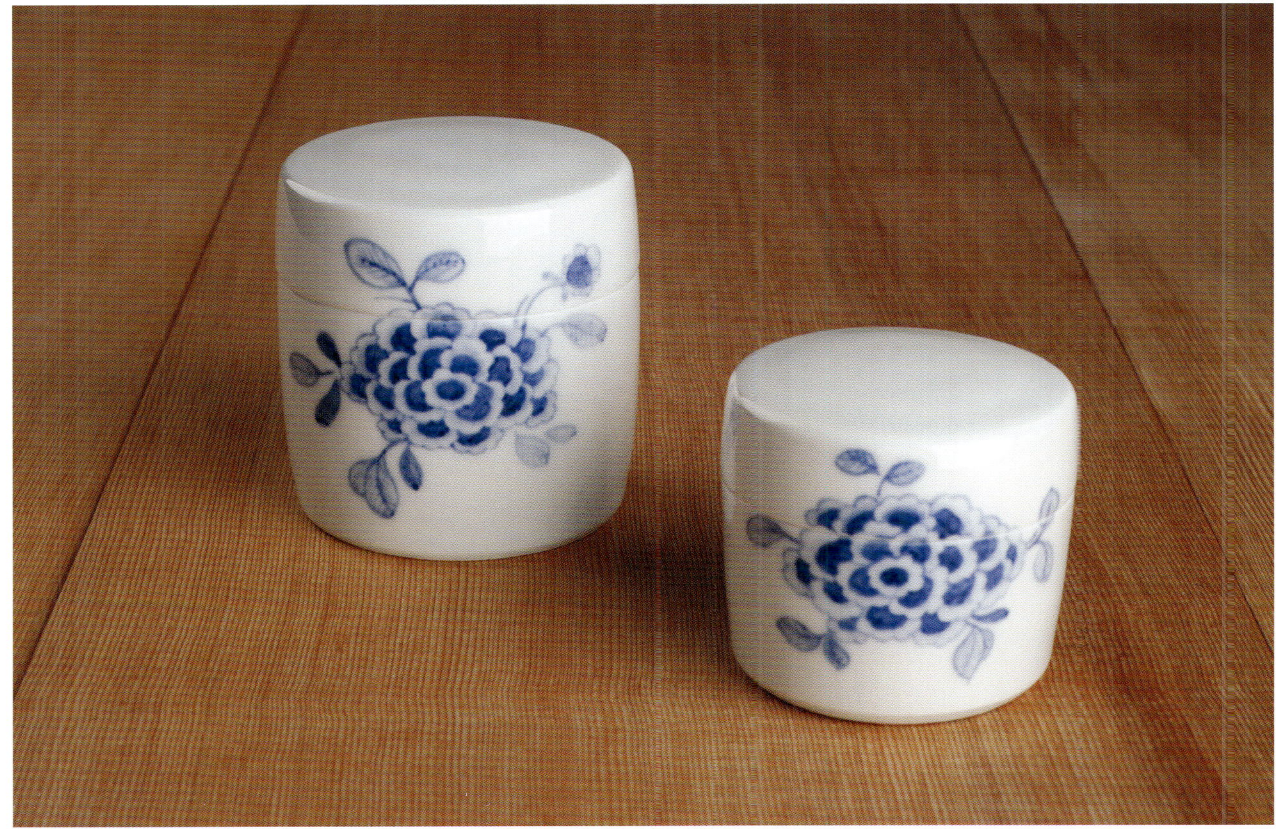

백자담배합
大 ∮10.5×5.6㎝, 小 ∮8.5×5㎝
권영미 作

청화백자모란문합
大 ∮7.5×8㎝, 小 ∮6.5×6㎝
최난영 作

1260#_Bottle

병

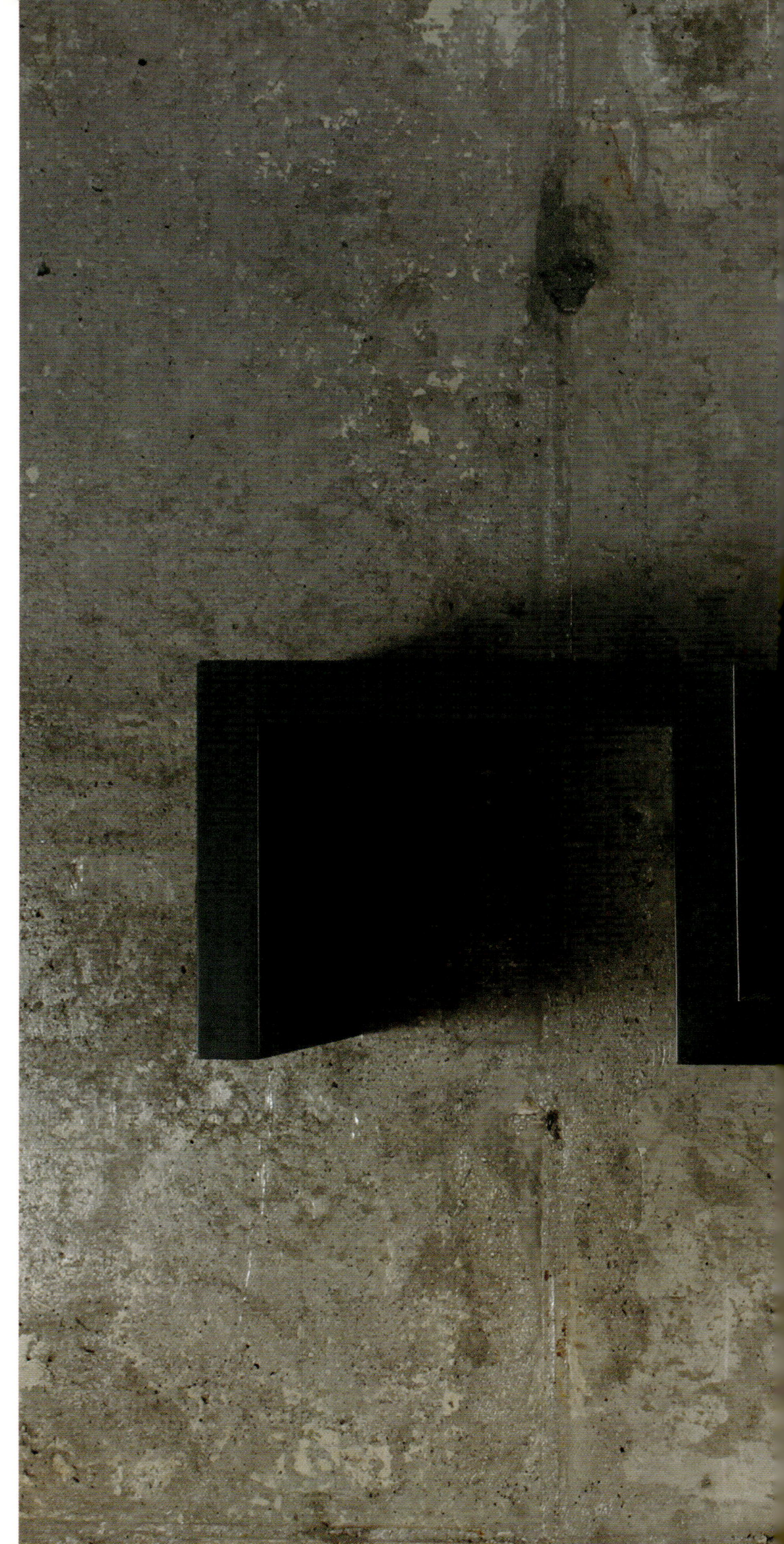

"공예의 실용성은 단지 물질적인 사용가치에만 국한되는 것이 아니다. 역사적으로 평가되는 건축물은 단지 사용가치만이 아니라 그것이 전하는 다양한 시대적 메시지를 담고 있기에 더욱 가치가 있는 것이다."

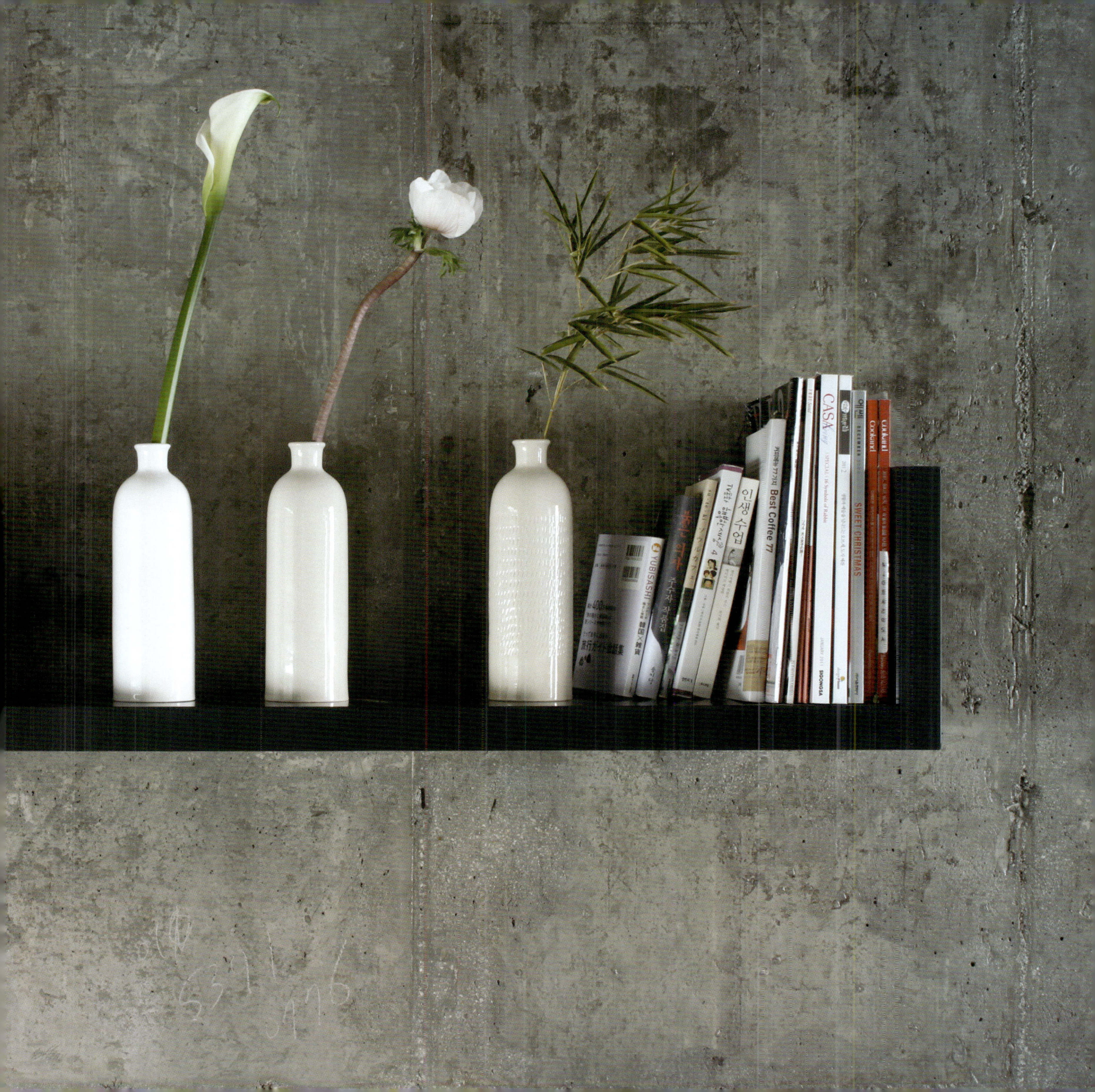

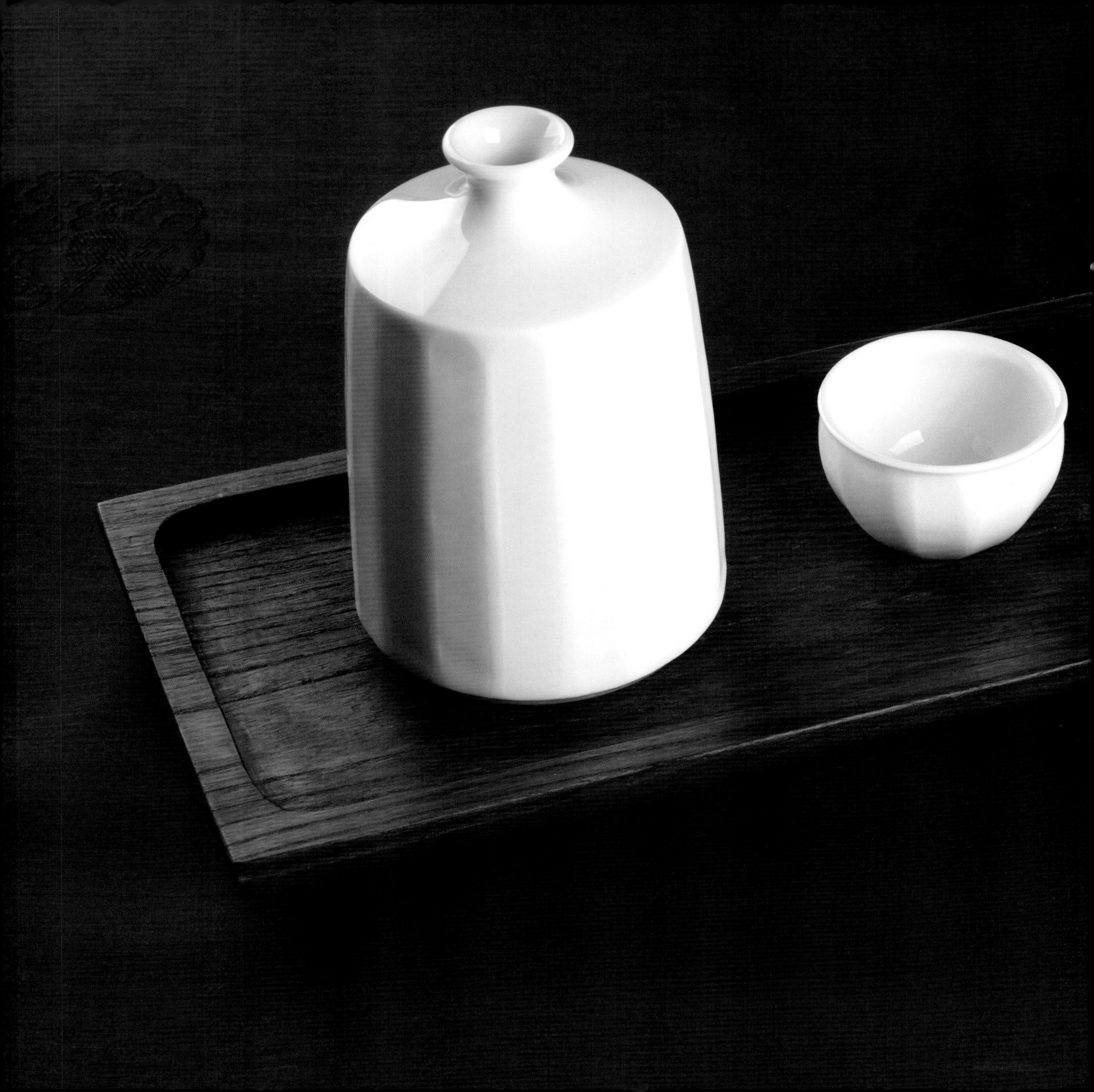

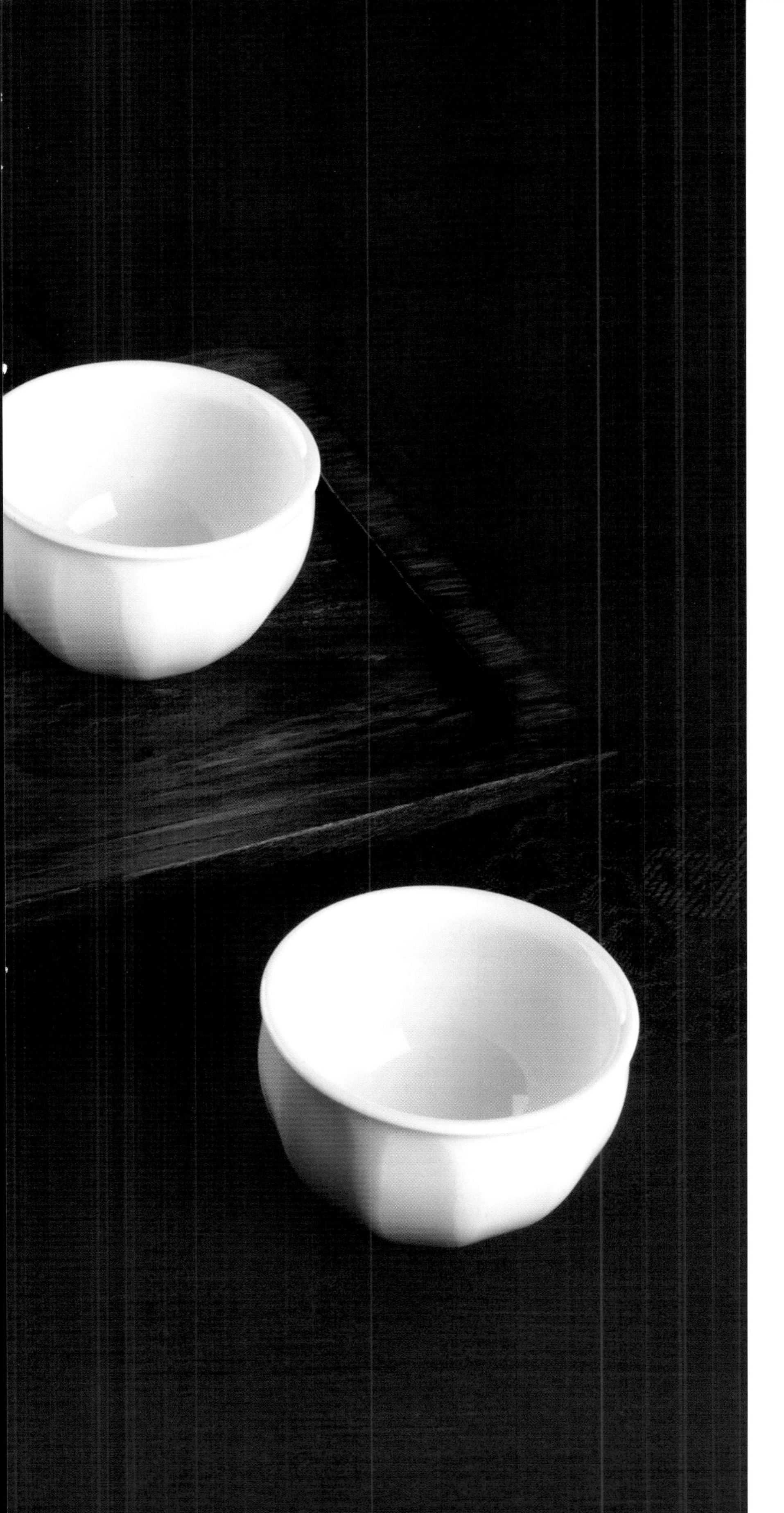

백자각면3人주병 Set (주병) ∮13.5×28cm, (잔) ∮6.8×5.5cm 김선심 作   175

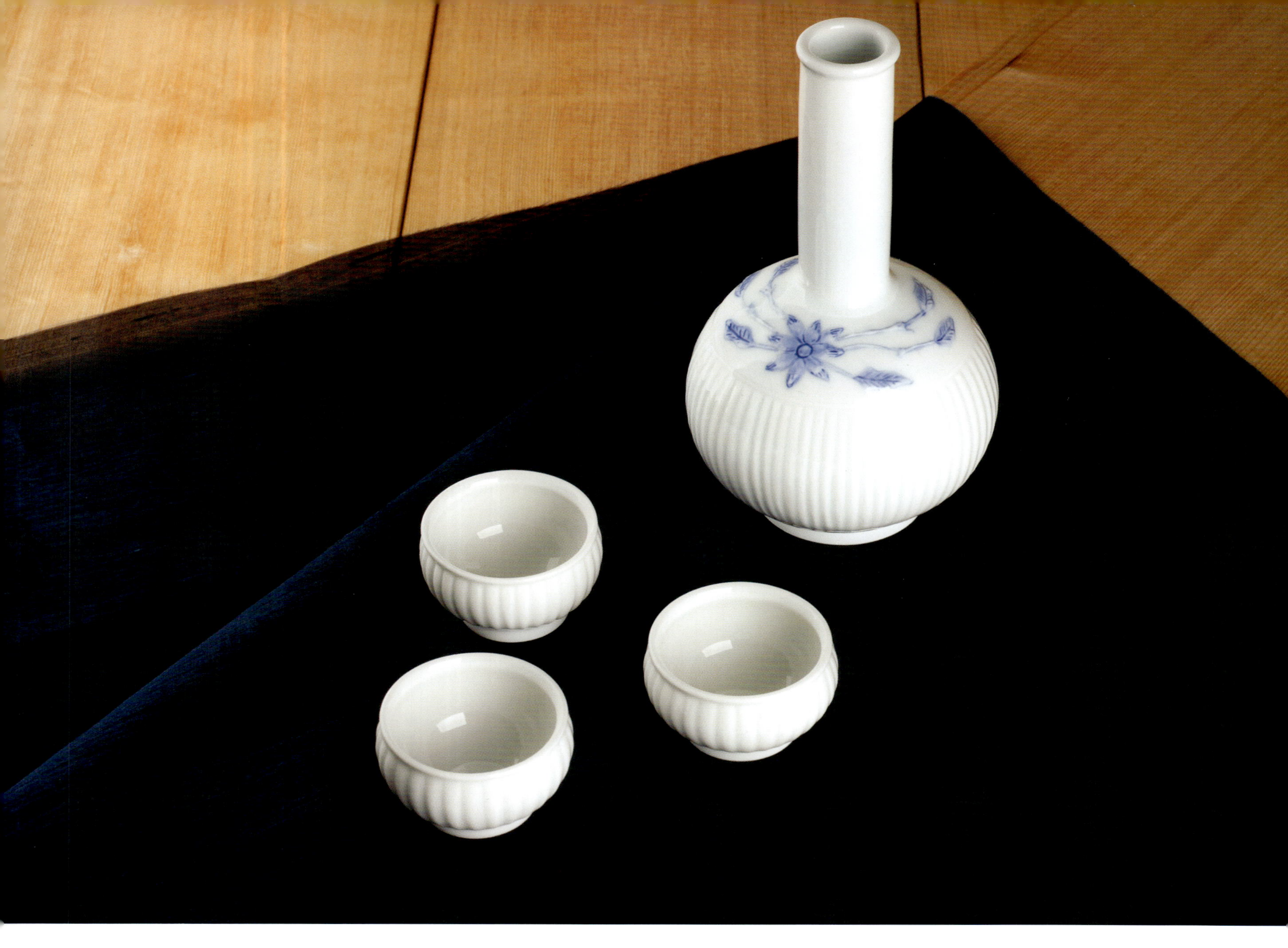

  청화모란문주병 (주병) ∮3.5 x 20㎝, (잔) ∮6.3 x 4㎝ 김선심 作

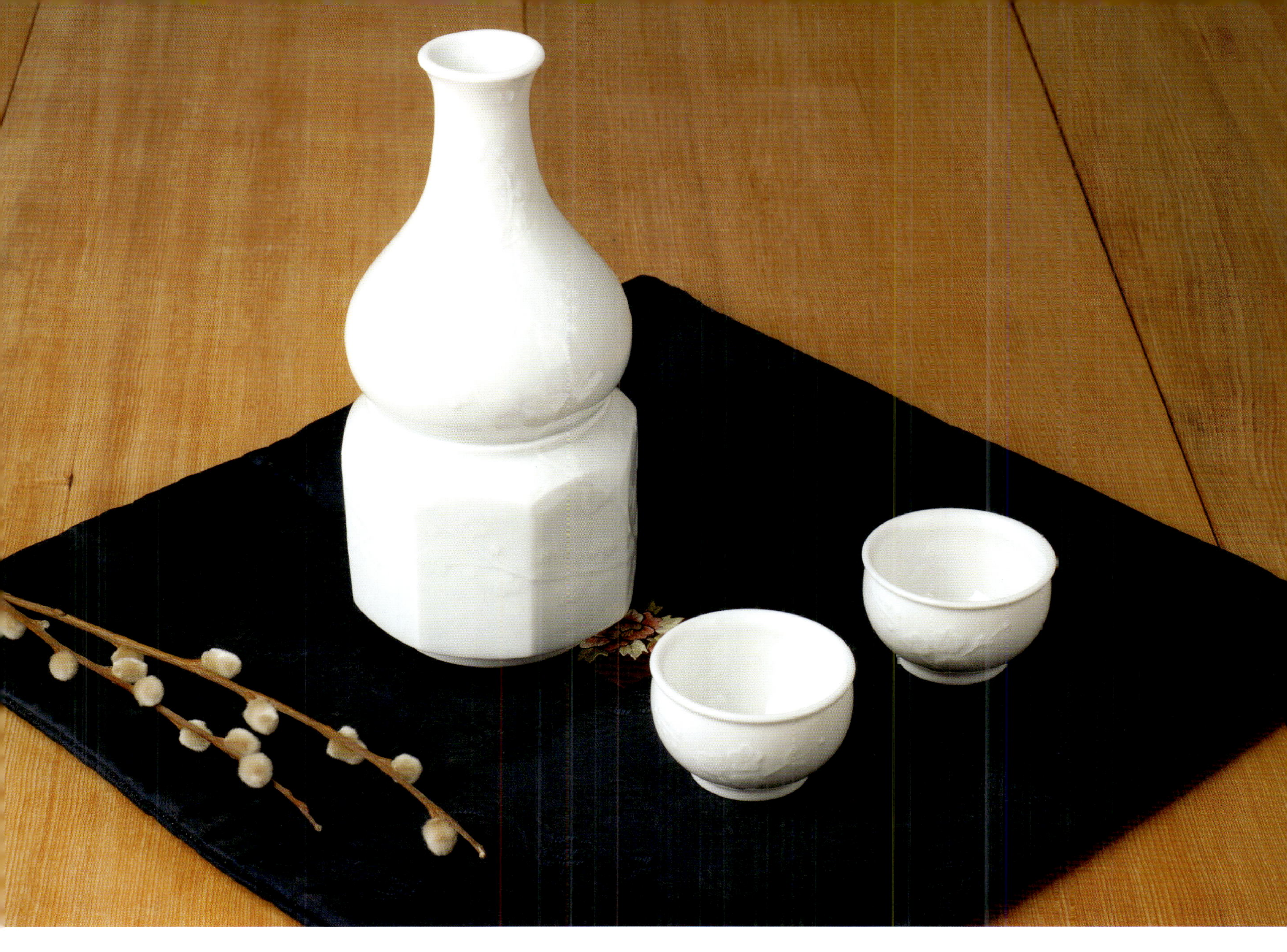

백자양각매화문주병 Set (주병) ∮9.5 x 22.5㎝ (잔) ∮6.5 x 4㎝ 이은아 作 177

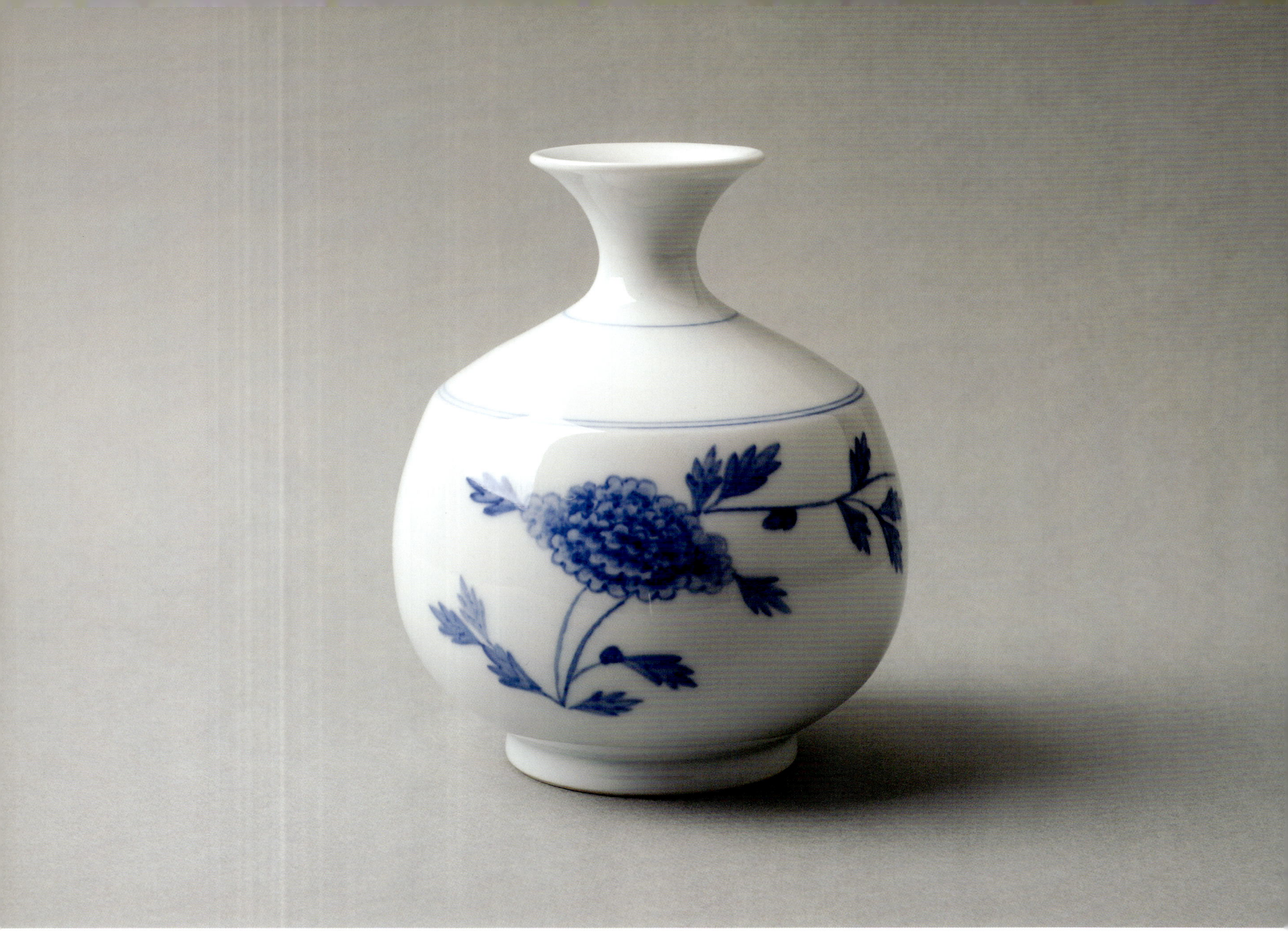

 청화백자모란문주병 ∮10.5×11.5㎝ 조원민 作

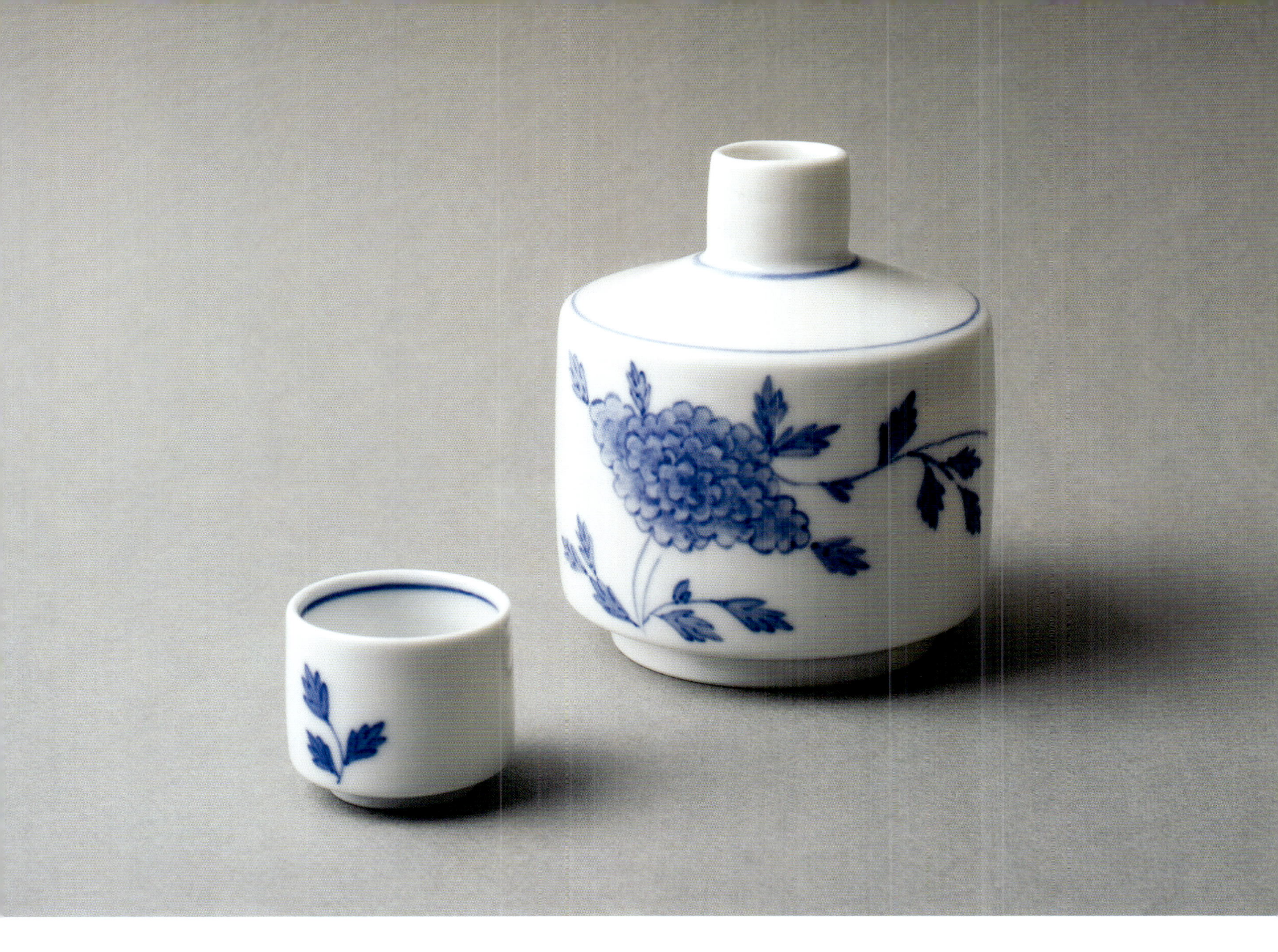

청화백자모란문주병 ℓ 10.5 × 11.5㎝, (잔) ℓ 4 × 5.5㎝ 조원민 作 179

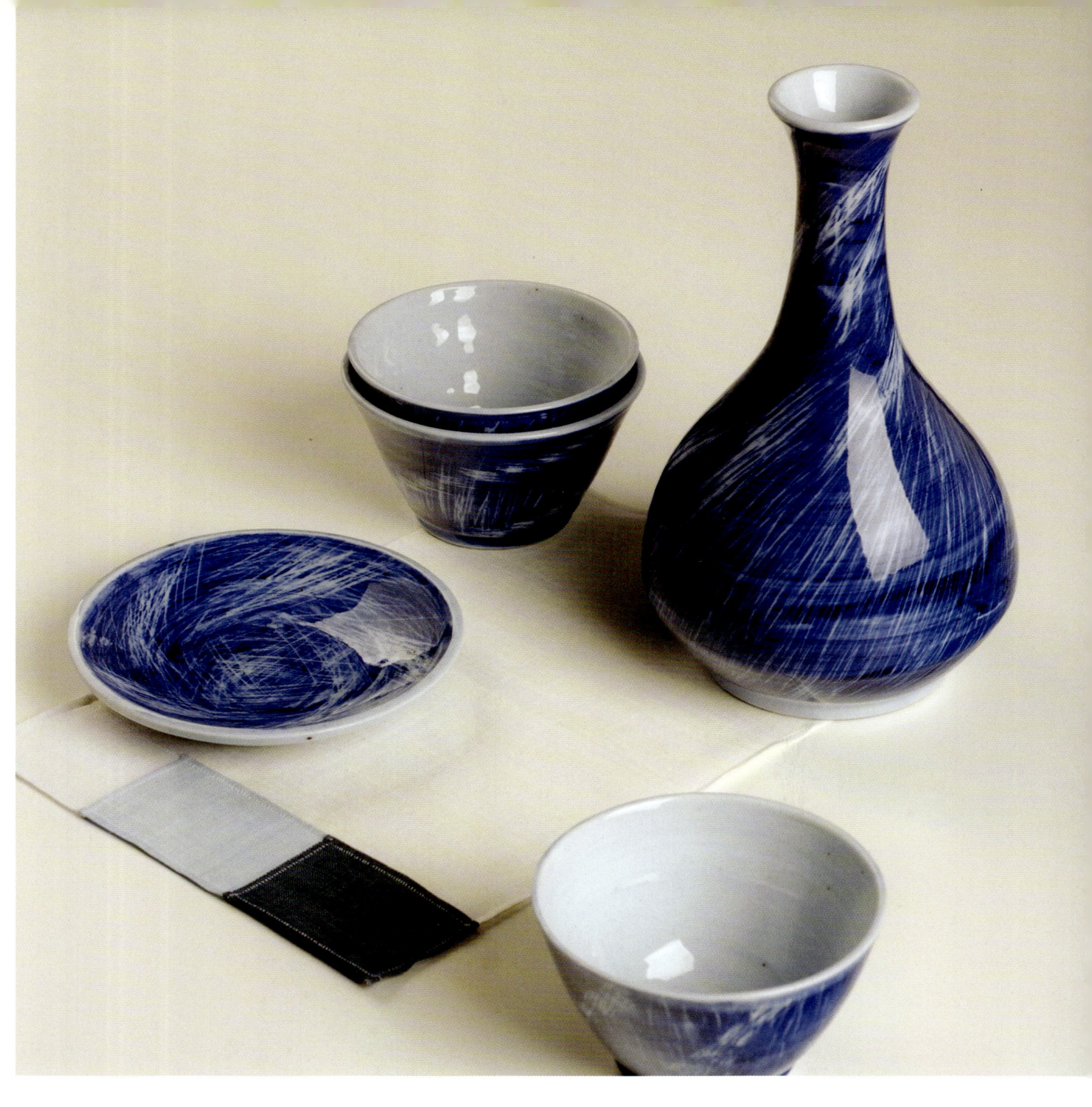

180　**청화주병 Set**　(주병) ∮ 8.5 × 22.5cm, (잔) ∮ 6.5 × 5cm, (잔받침) ∮ 8 × 4cm　**조명식** 作

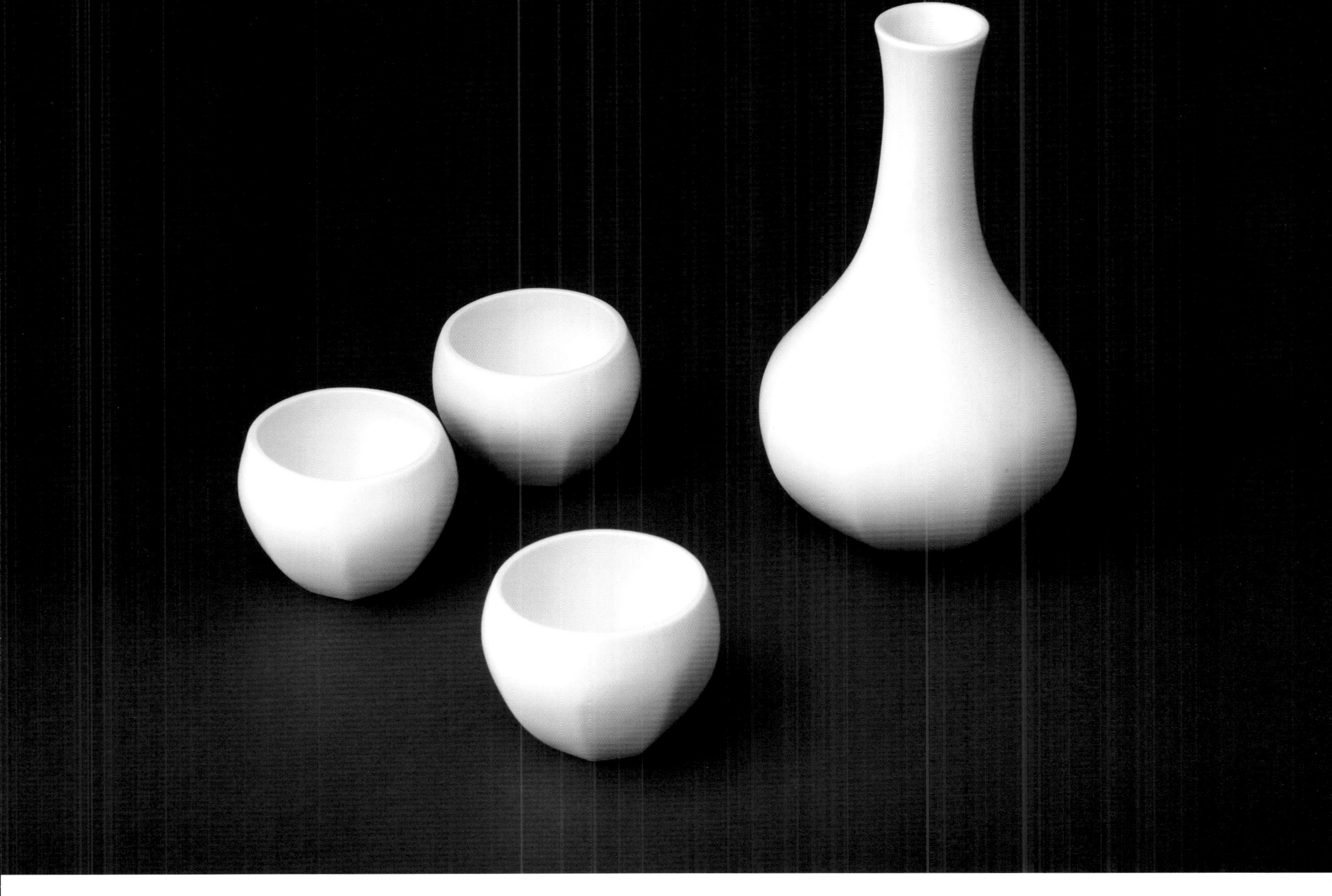

백자각주병 Set (주병) ∮9.5×18㎝, (잔) ∮6.5×5.5㎝ MJ아트세라믹 作　181

테이블 세트

"이성적 합리주의의 사회적 주류화는 오히려 극
단적 감정이입의 결과물을 선호하는 분위기를
조장한다. 결과적으로 도자기는 찌그러지고 찢
겨진 형태가 난무하다. 나아가 거칠고 투박한 것
만을 우리 고유의 미학적 특질로 규정하고, 그렇
지 않은 것은 서구적이거나 산업적인 것으로 분
류하는 경향이 있다. 그러나 우리가 조선백자의
아름다움에 주목하는 이유는 바로 여기에 있다.
조선의 백자를 통해 절제된 미적 감수성의 세계
를 발견할 수 있기 때문이다."

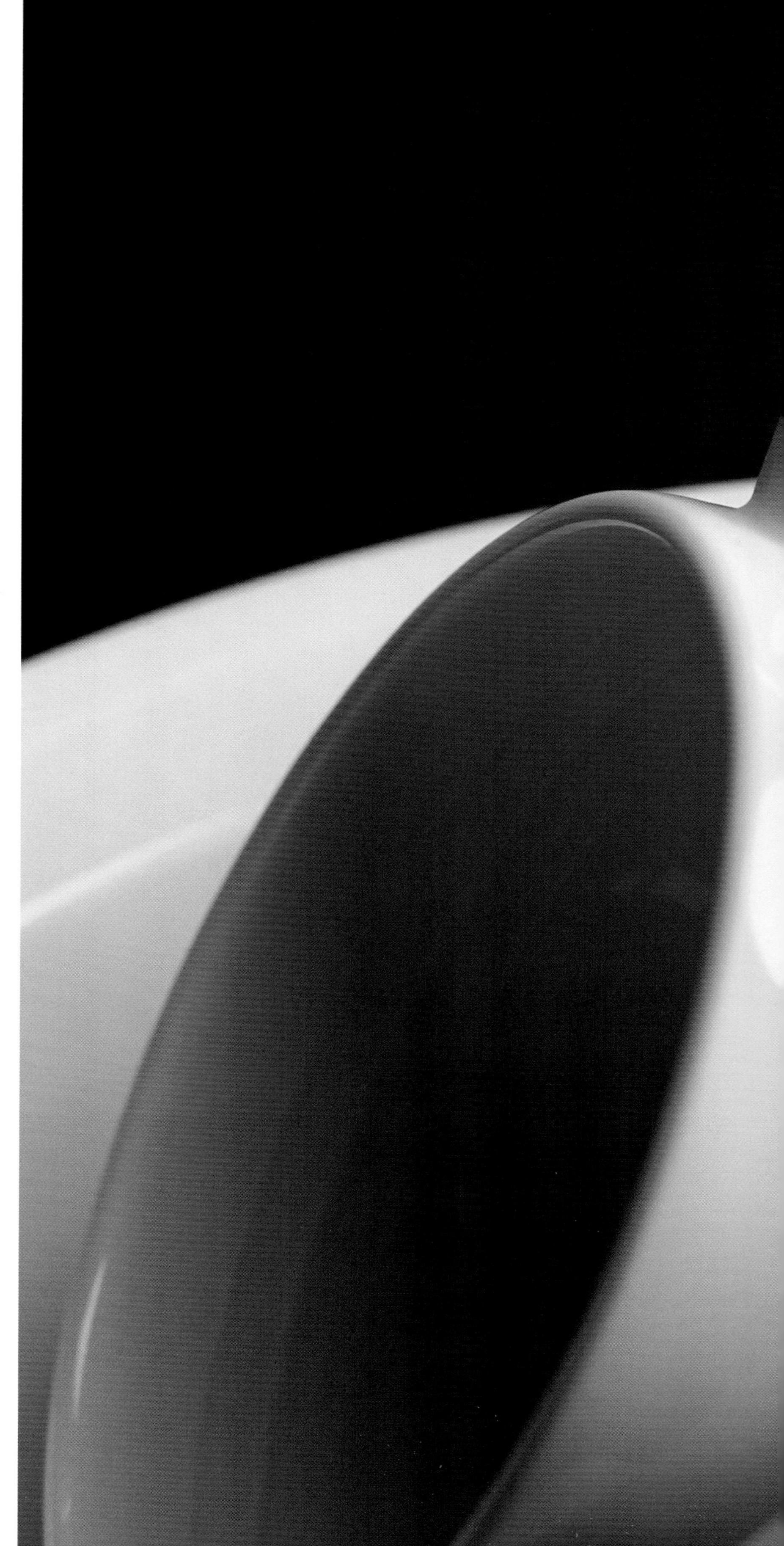

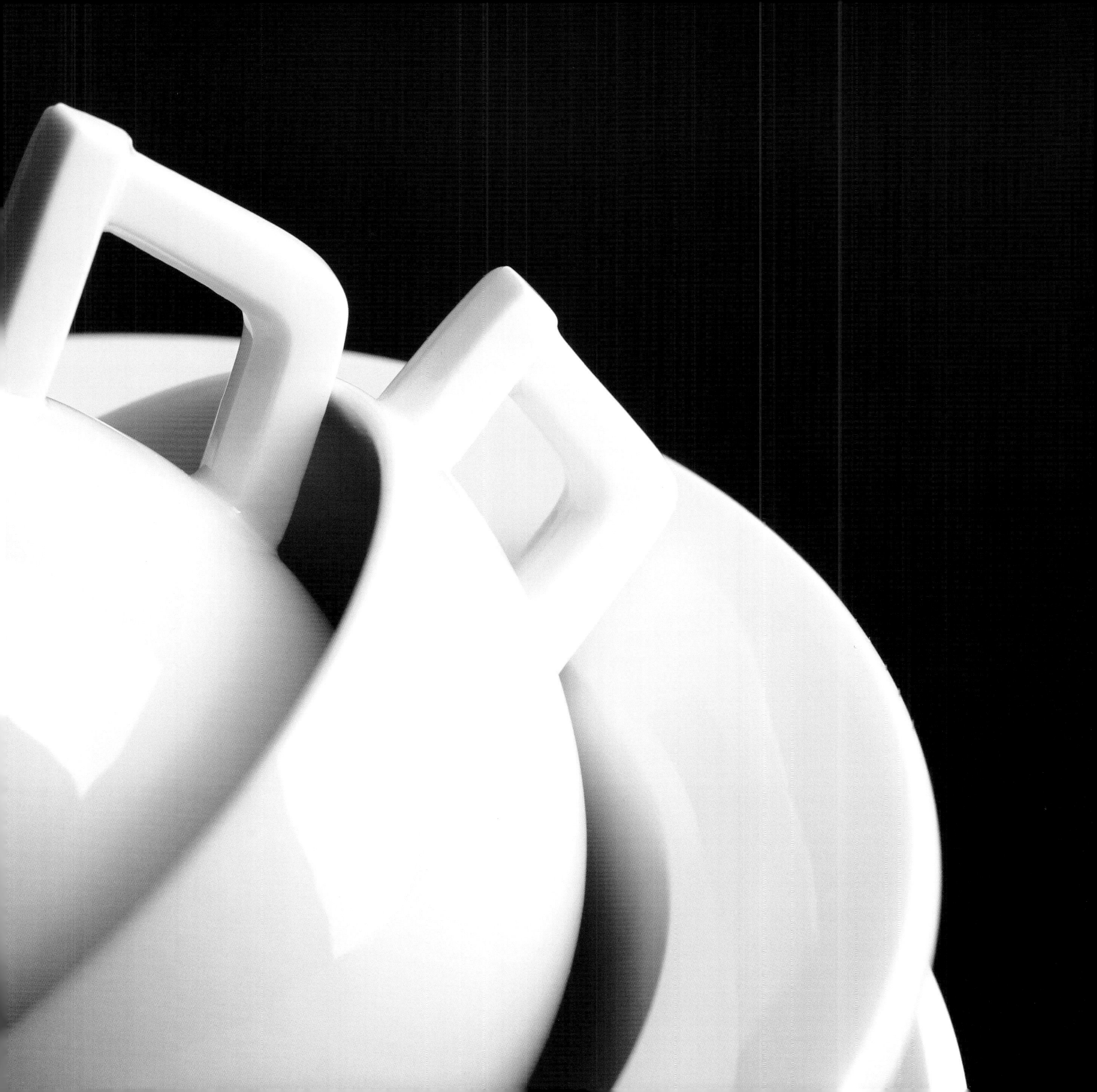

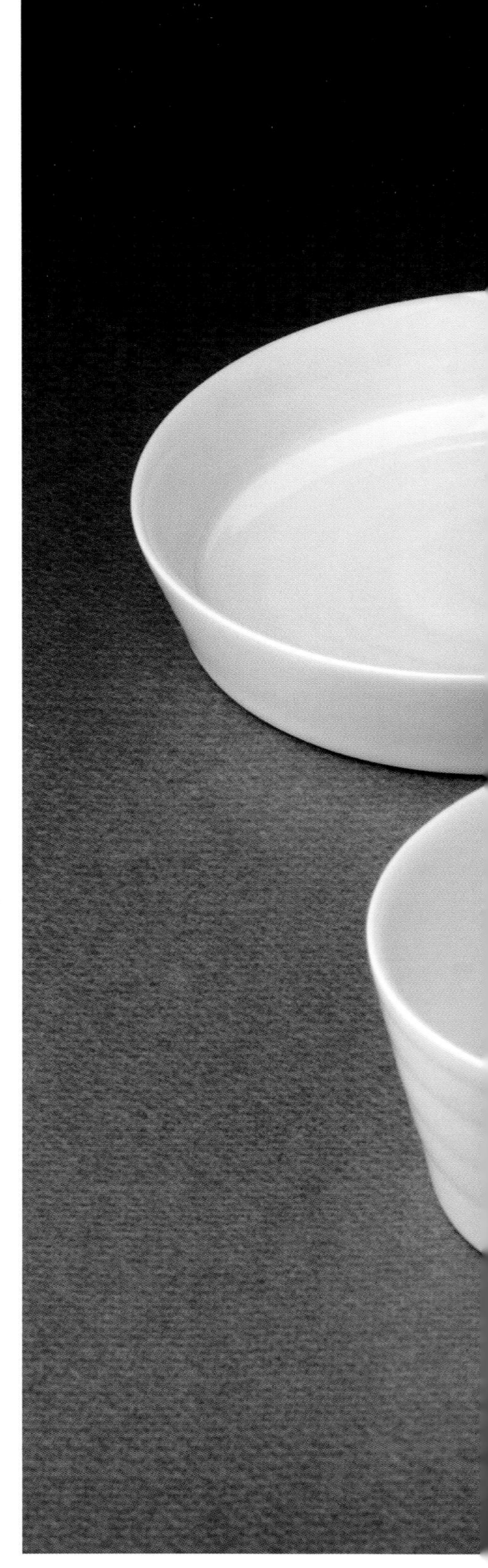

백자바라기형단반상기(CMC)
(밥그릇) ∅ 10.5 x 5.5㎝,
(국그릇) ∅ 13 x 5㎝
(접시) 大 ∅ 23 x 3㎝, 小 ∅ 18 x 2㎝
(찬기) ∅ 15 x 3㎝
(종지) ∅ 9 x 2.5㎝
(물컵) ∅ 8 x 8㎝
(수저받침) 9 x 3.1 x 1㎝

　MJ아트세라믹 作

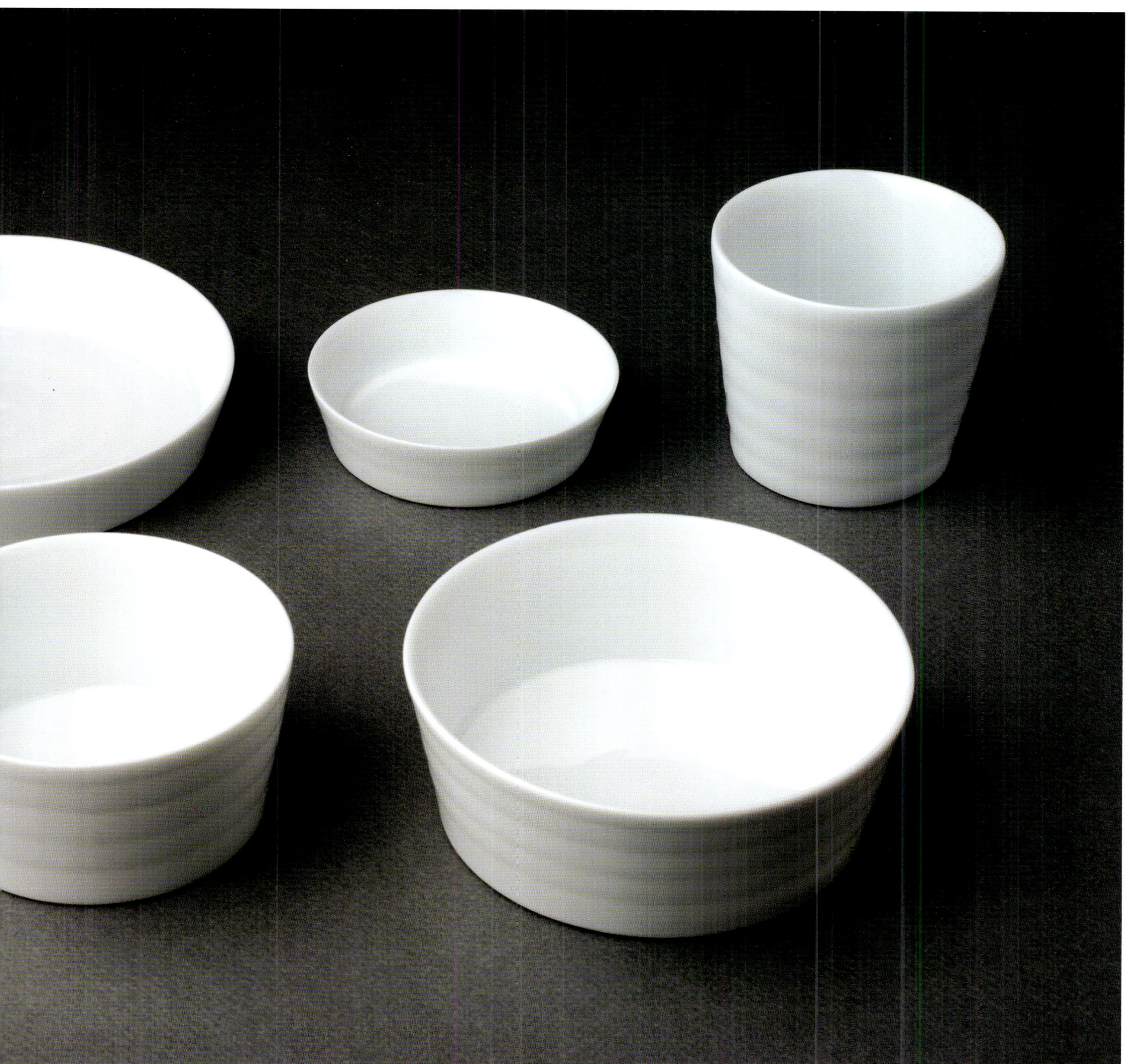

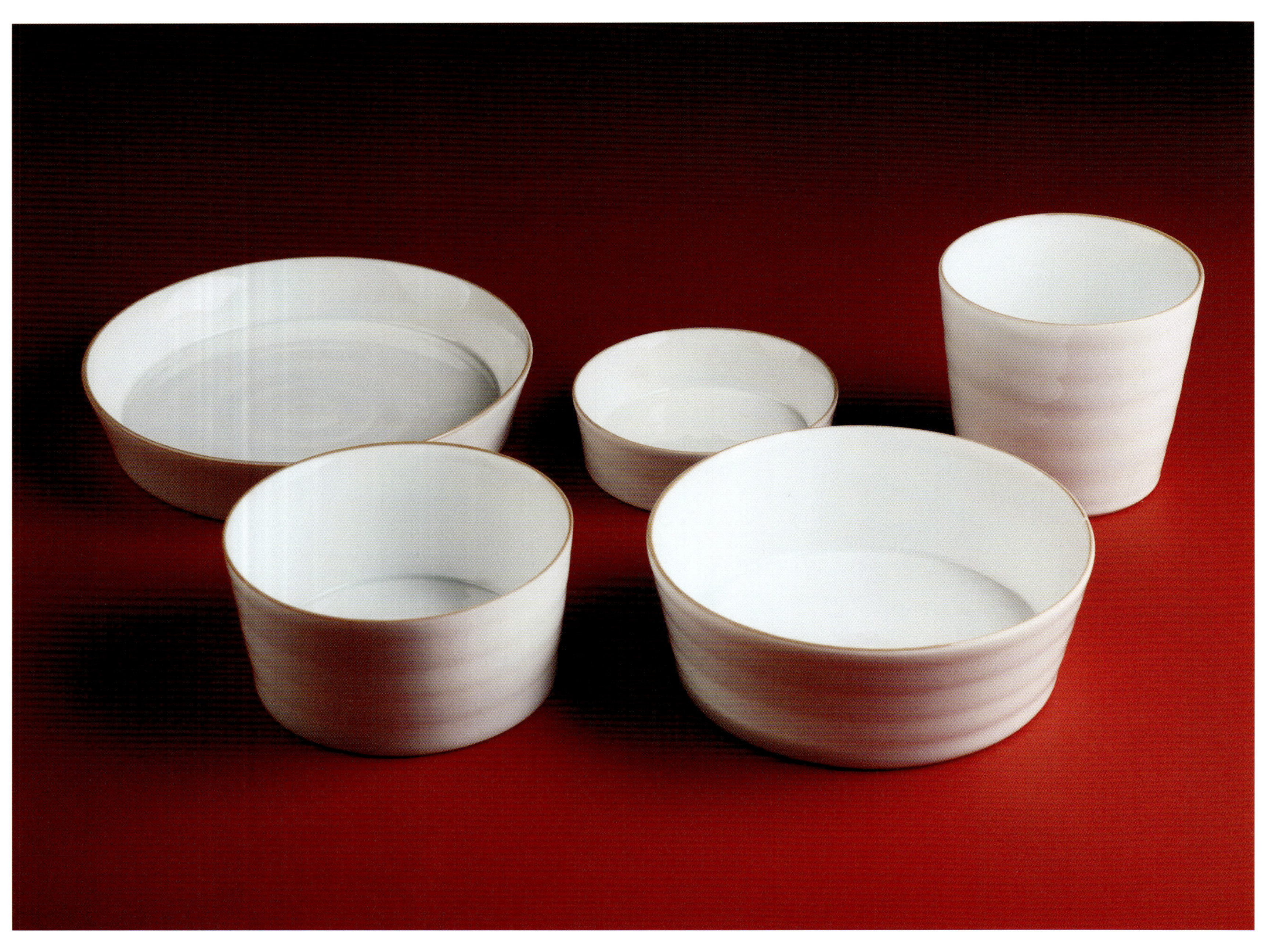

백자바라기형단반상기(오렌지+CMC) （밥그릇）∮10.5 x 5.5cm, （국그릇）∮13 x 5cm, （접시）大∮23 x 3cm, 小∮18 x 2cm, （찬기）∮15 x 3cm, （종지）∮9 x 2.5cm, （물컵）∮8 x 8cm
（수저받침）9 x 3.1 x 1cm　MJ아트세라믹 作

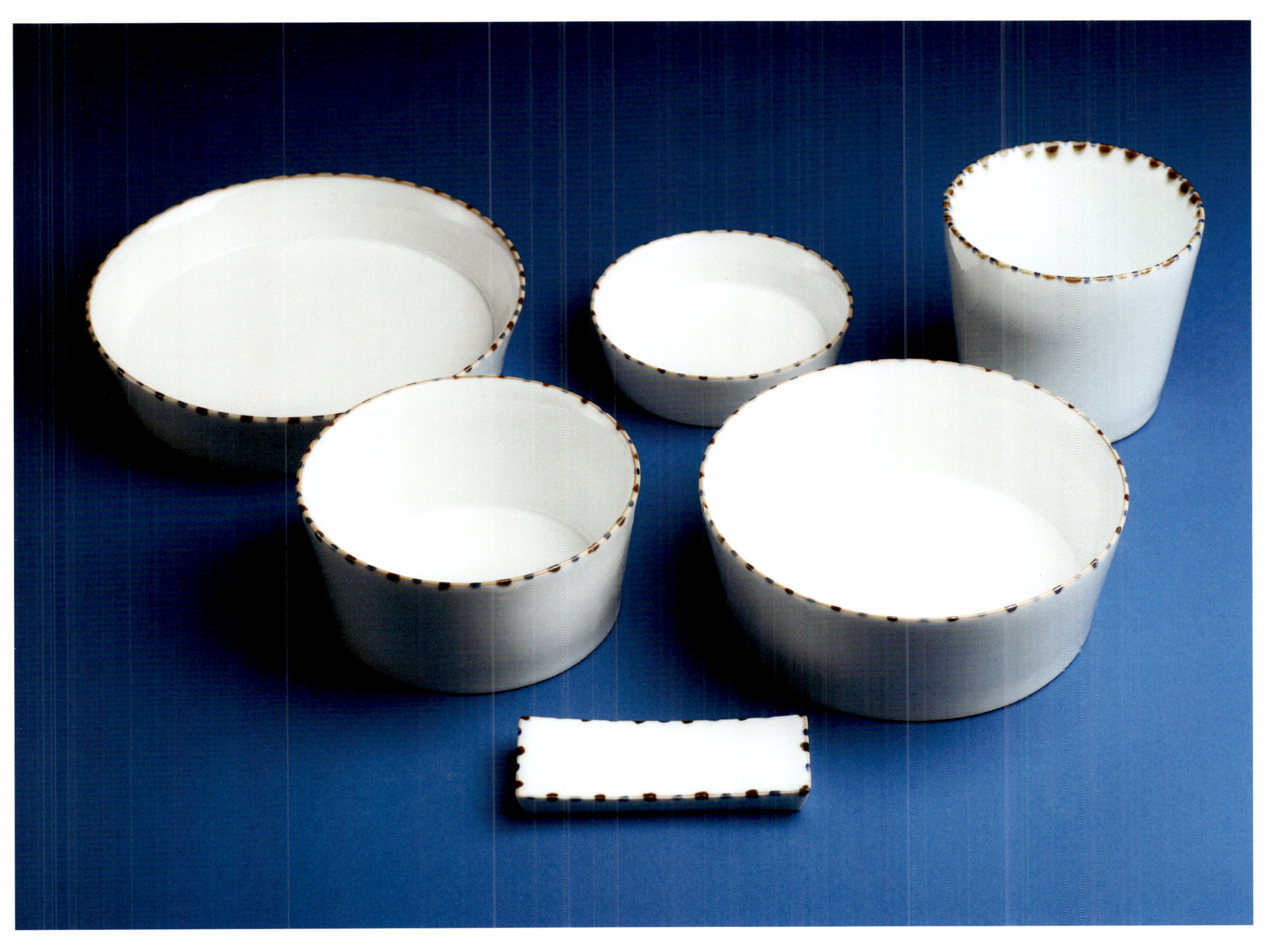

백자바라기형단반상기(오렌지+청화+철화) (밥그릇) ∮10.5×5.5㎝, (국그릇) ∮13×5㎝, (접시) 大 ∮23×3㎝, 小 ∮18×2㎝, (찬기) ∮15×5㎝, (종지) ∮9×2.5㎝ (물컵) ∮8×8㎝, (수저받침) 9×3.1×1㎝ MJ아트세라믹 作

백자 바라기형 단반상기(오렌지+CMC)
(밥그릇) ∮10.5 x 5.5cm
(국그릇) ∮13 x 5cm
(접시) 大 ∮23 x 3cm, 小 ∮18 x 2cm
(찬기) ∮15 x 3cm,
(종지) ∮9 x 2.5cm
(물컵) ∮8 x 8cm
(수저받침) 9 x 3.1 x 1cm
MJ아트세라믹 作

철사면기 Set(사발) ∮20.5 x 12cm
(물컵) ∮8.5 x 10.5cm
조원민 作

청화백자 초화문 투각 Set
(사발) ∮20 x 8.7cm
(물잔) ∮10 x 7.7cm
(찬기용합) 大 ∮15.7 x 10cm, 小 ∮13 x 7.3cm
(수저받침) 10 x 1.5cm

  조원민 作

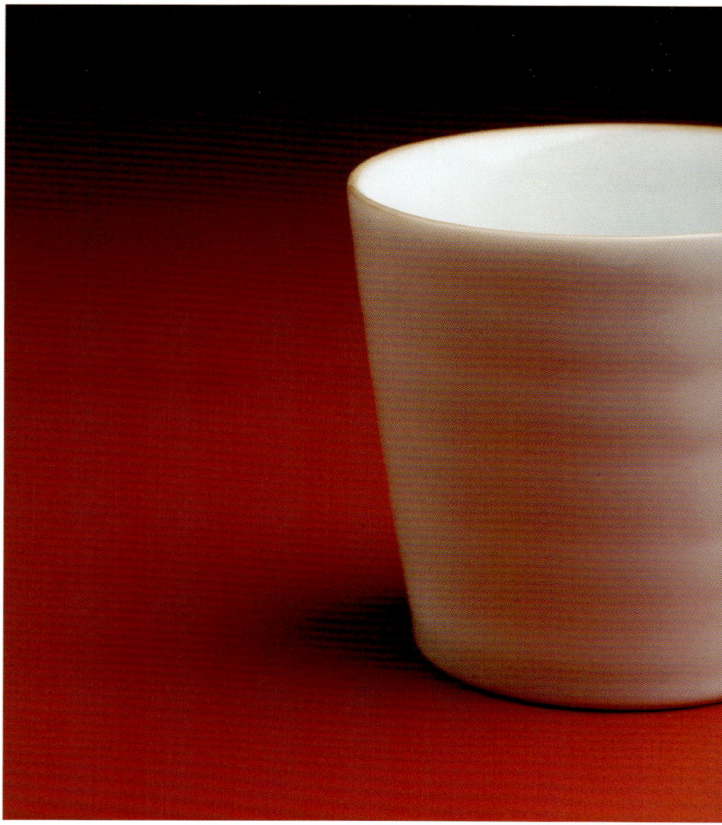

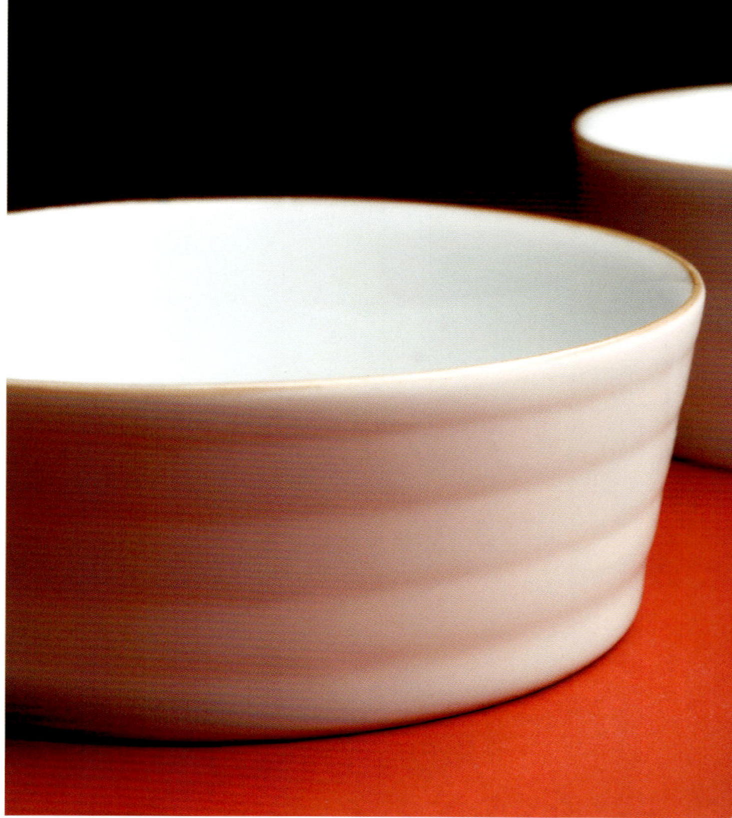

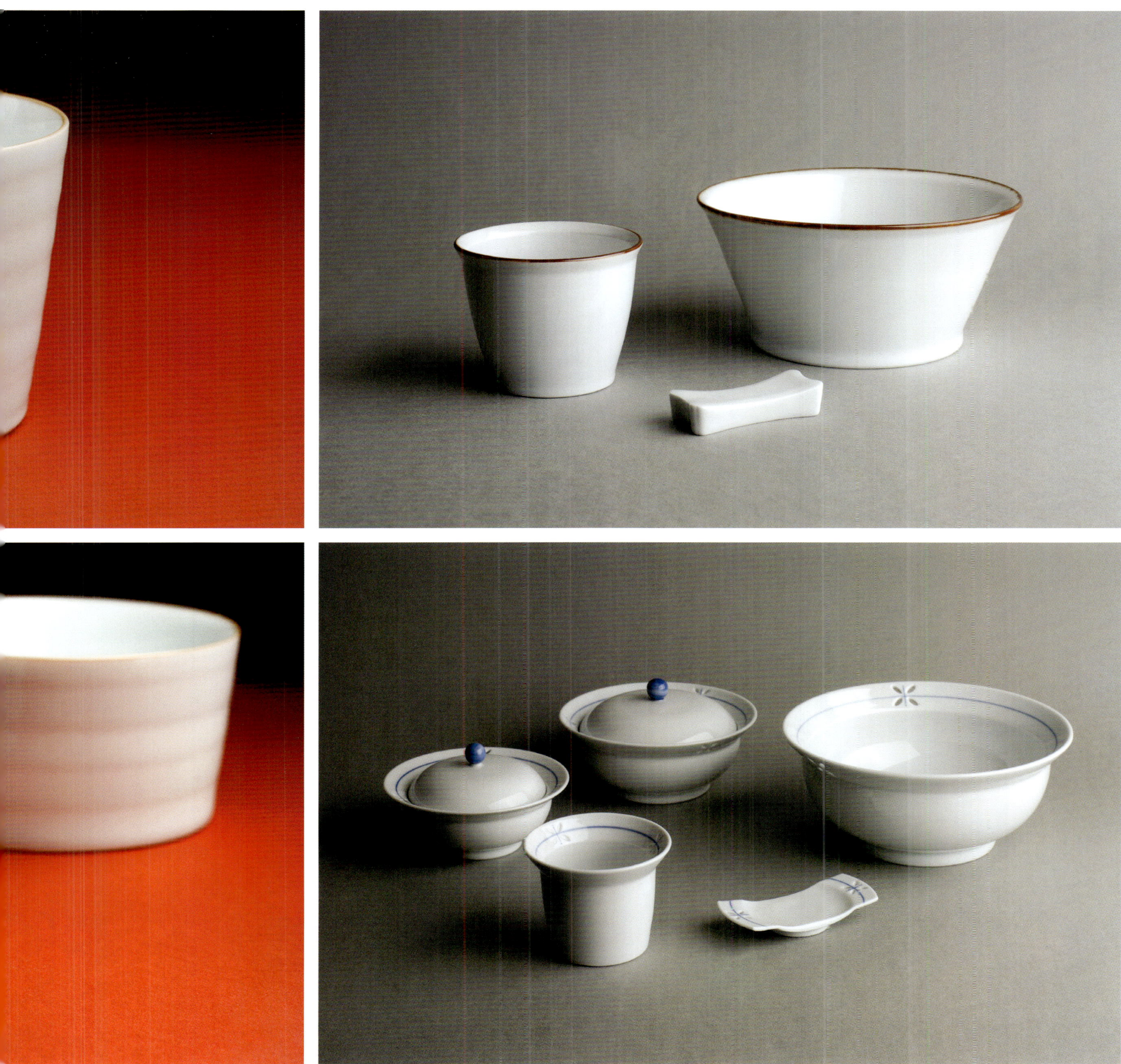

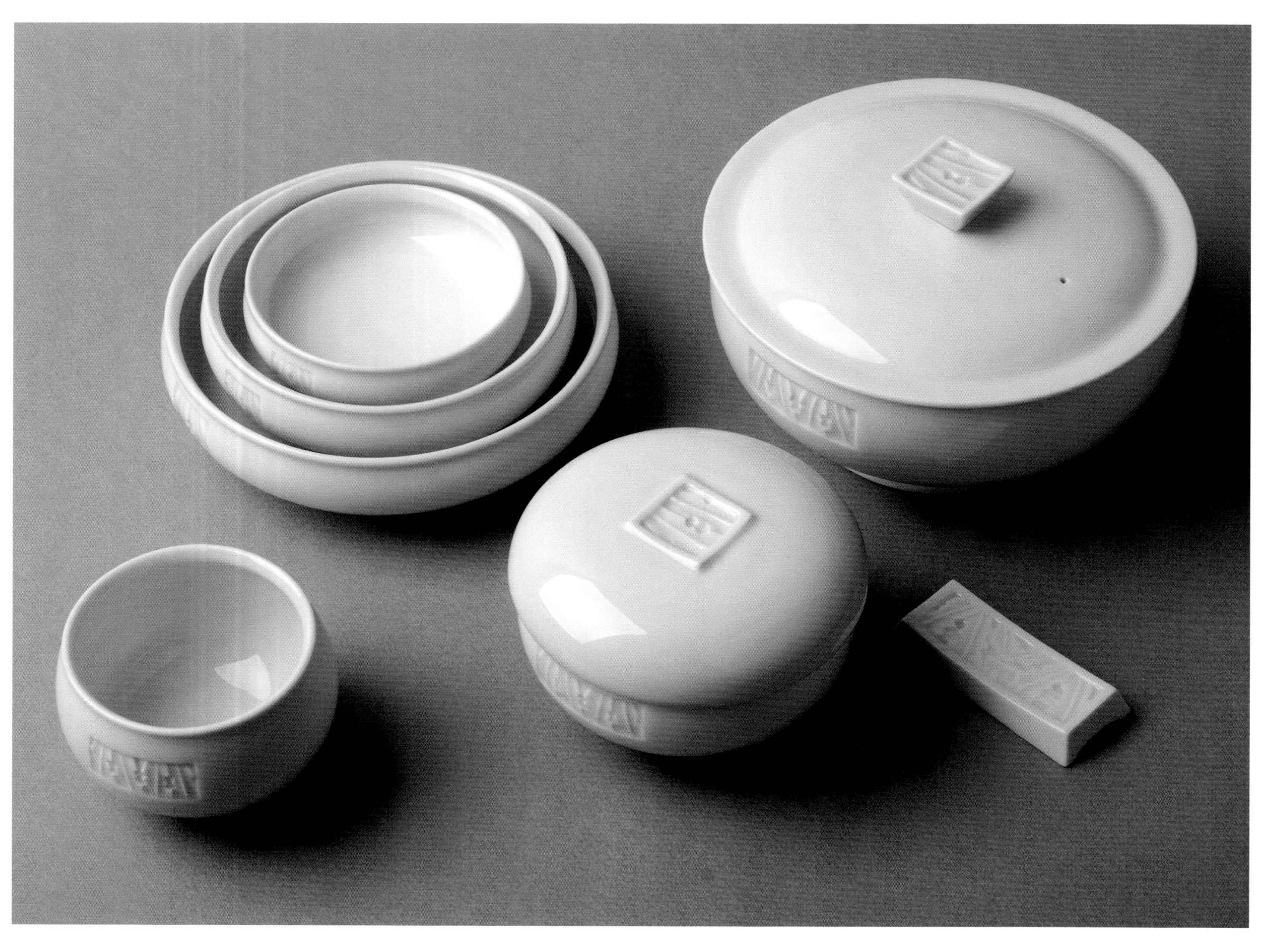

  파초문반상기 Set (밥그릇) ∮13×9cm, (그릇) ∮14.5×9.5cm, (찬기) 大 ∮12×3.5cm, 中 ∮9×3.5cm, 小 ∮7.5×3cm, (수저받침) 6×3cm, (물컵) ∮8×7cm   조원민 作

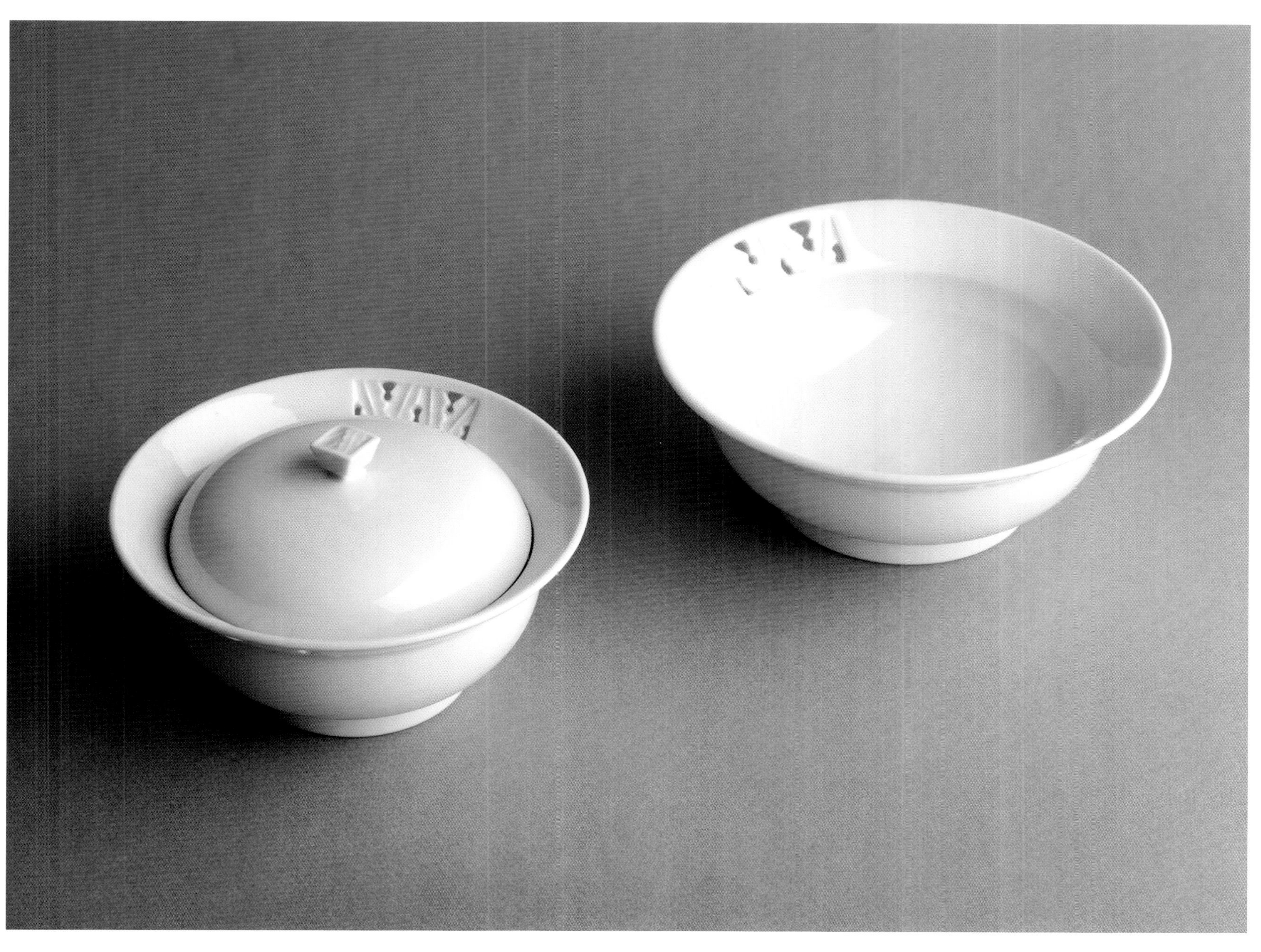

청화백자초화문투각사발 Set (人발) ∅ 23.5 × 12cm, (합) ∅ 9 × 10cm 조원민 作   191

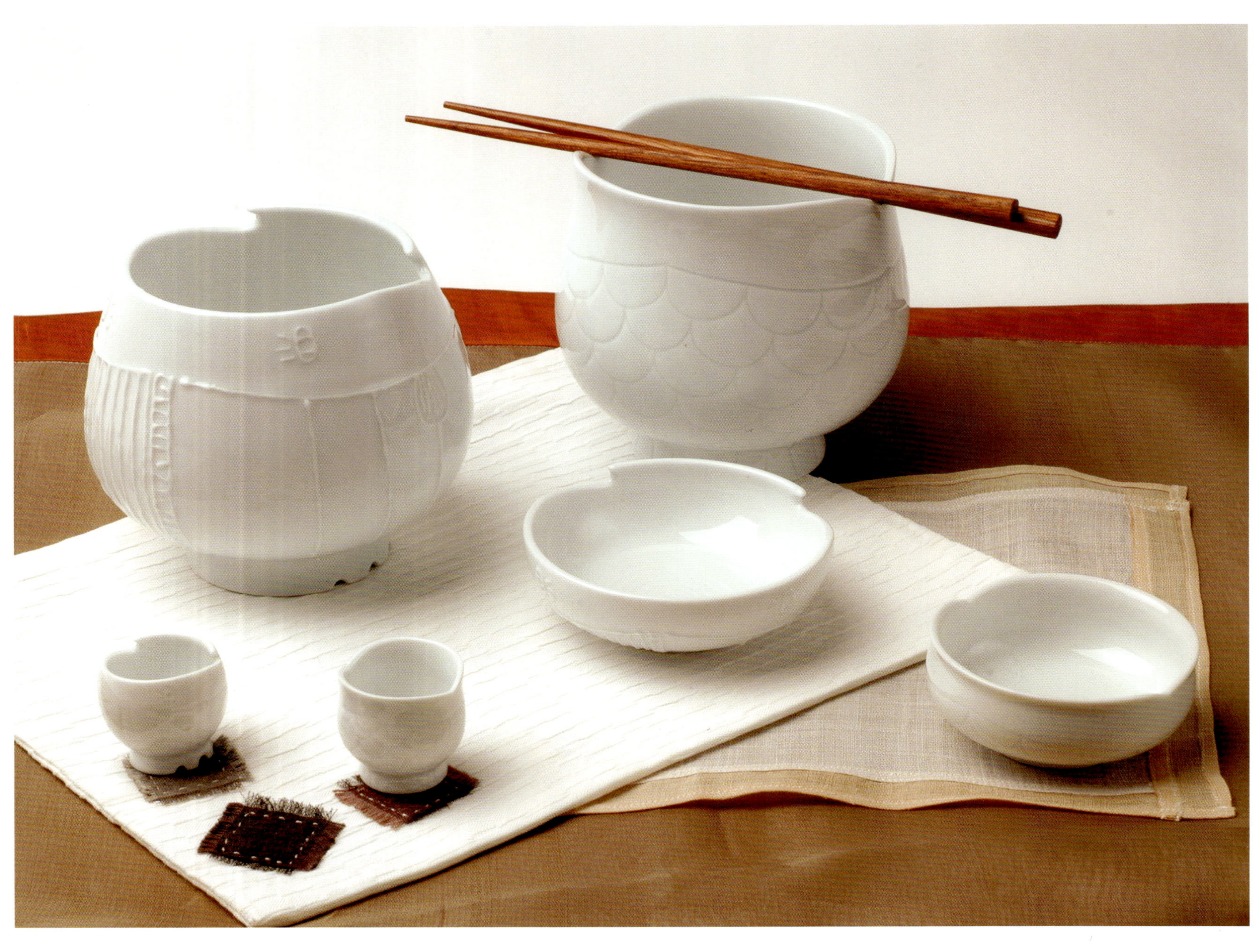

 물고기형양각문사발 大 ∅11.5×10cm, 小 ∅10×9.5cm, (찬기)∅9×3cm 권영미 作

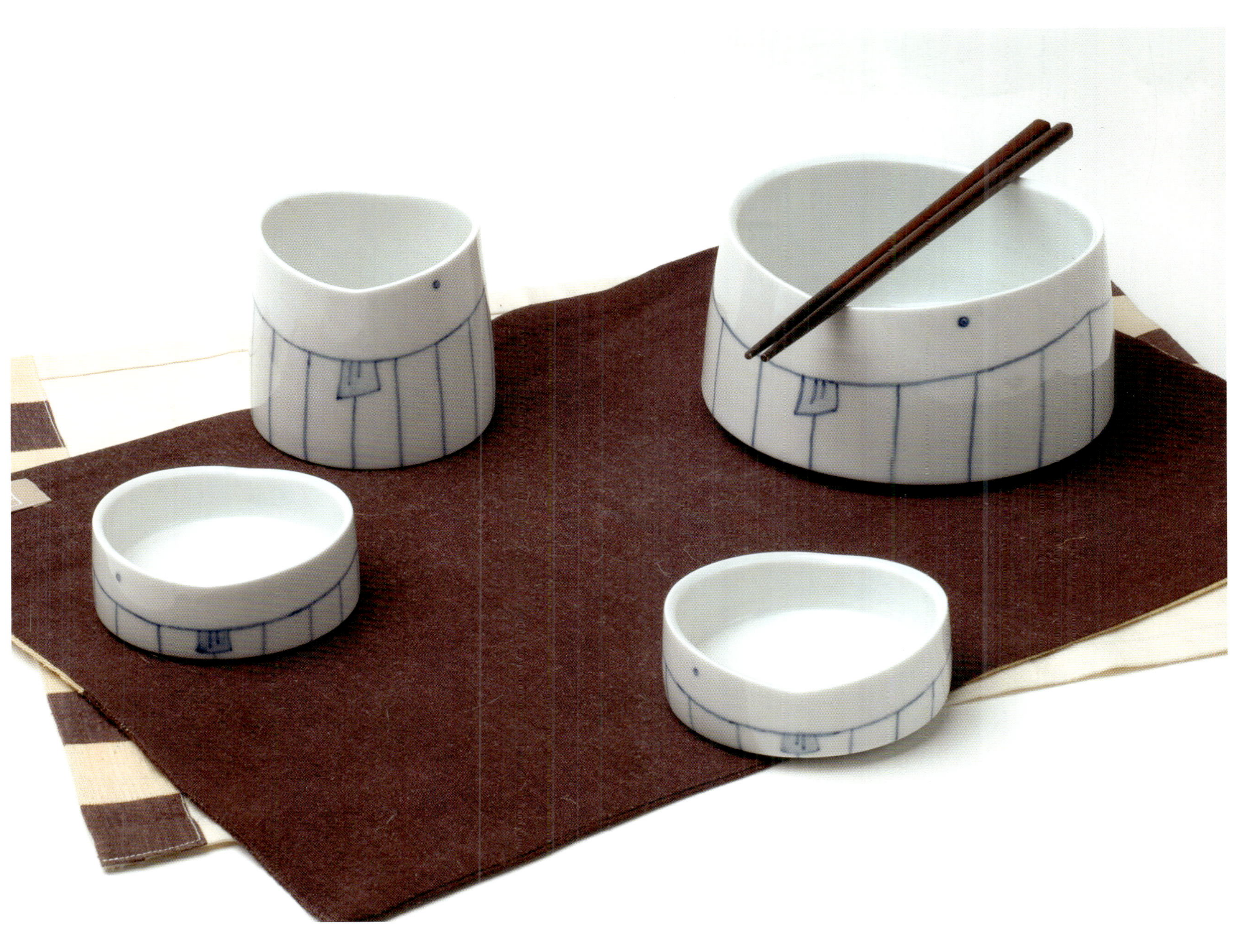

청화백자물고기형어문사발　(사발) ∮14×8㎝, (둘잔) ∮8×8㎝　(찬기) ∮8×3㎝　권영미 作

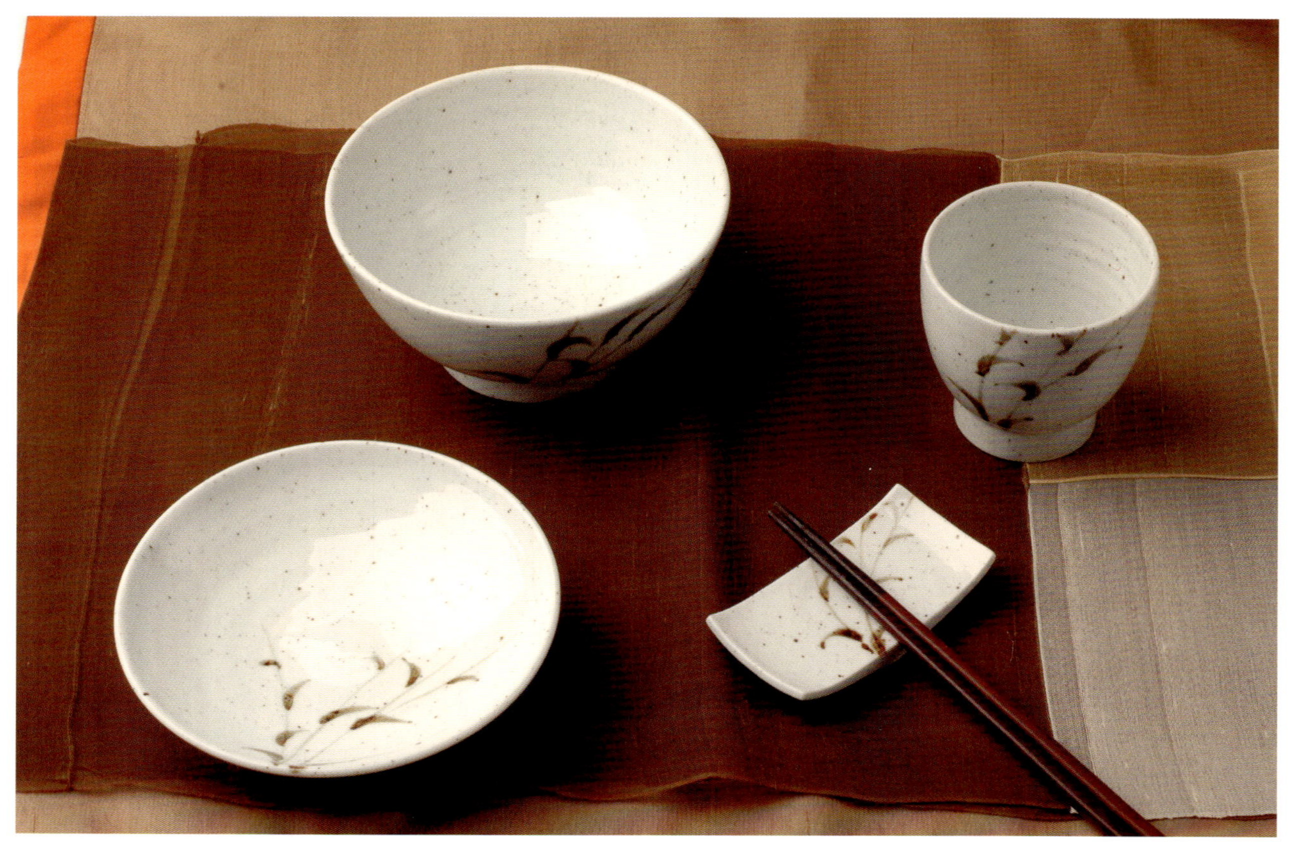

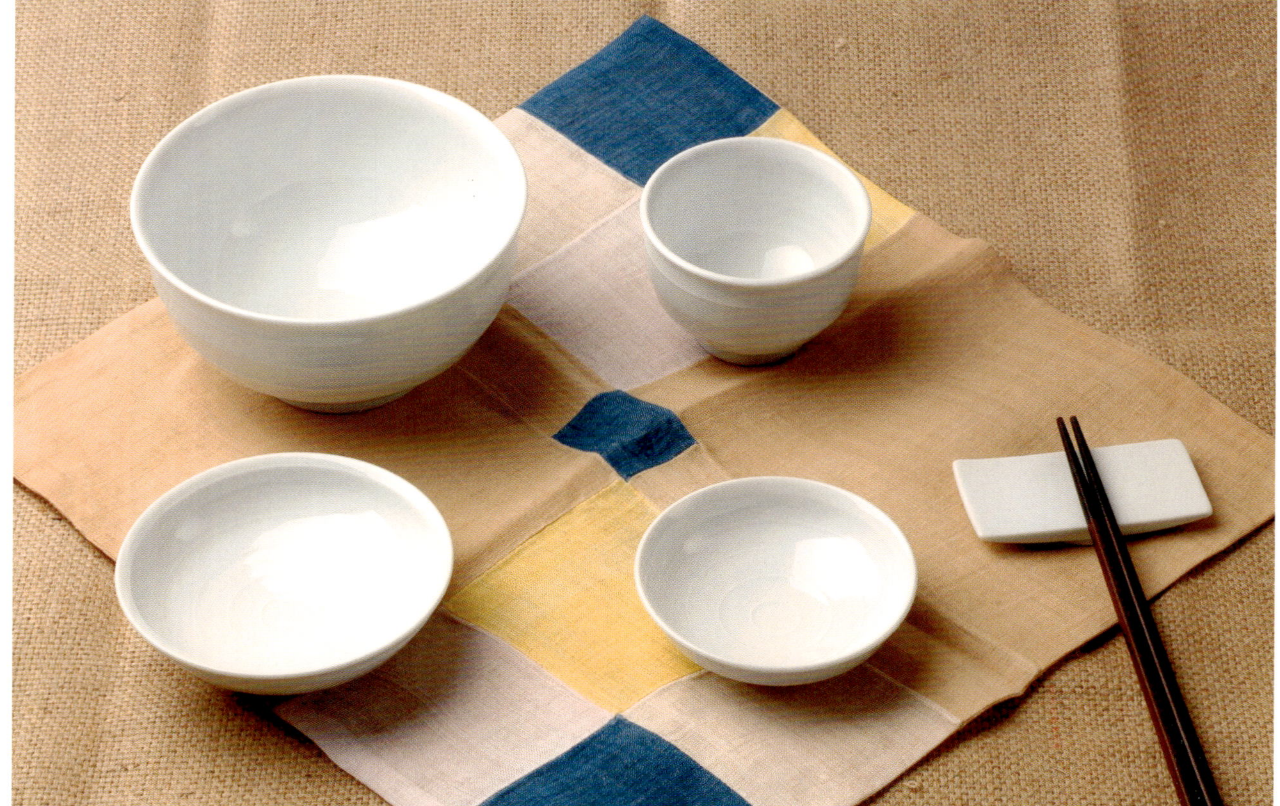

철화백자수수문 Set
(사발) ∅18.5 x 9.3cm
(접시) ∅16 x 5cm
(물잔) ∅8.5 x 10cm,
(수저받침) h2.5 x 10.5 x 5.4cm
김미자 作

백자무늬사발
大 ∅15.5 x 8cm, 小 ∅14.5 x 7.5cm
(찬기) 大 ∅12 x 4cm, 小 ∅10 x 3.7cm
(물잔) ∅8.5 x 7.5cm
김선심 作

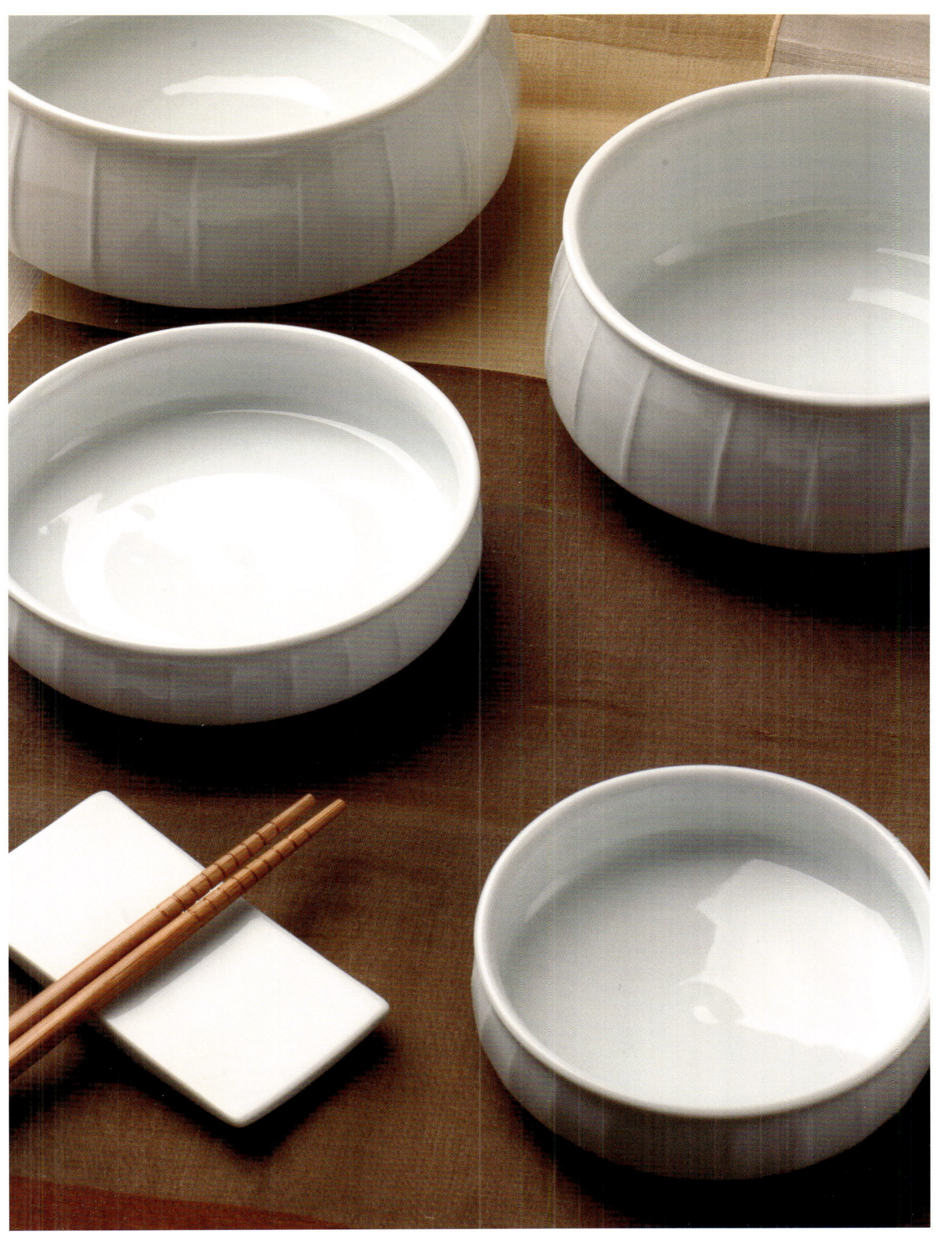

백자각무늬사발
大 ∮ 16 x 9㎝
김선심 作　195

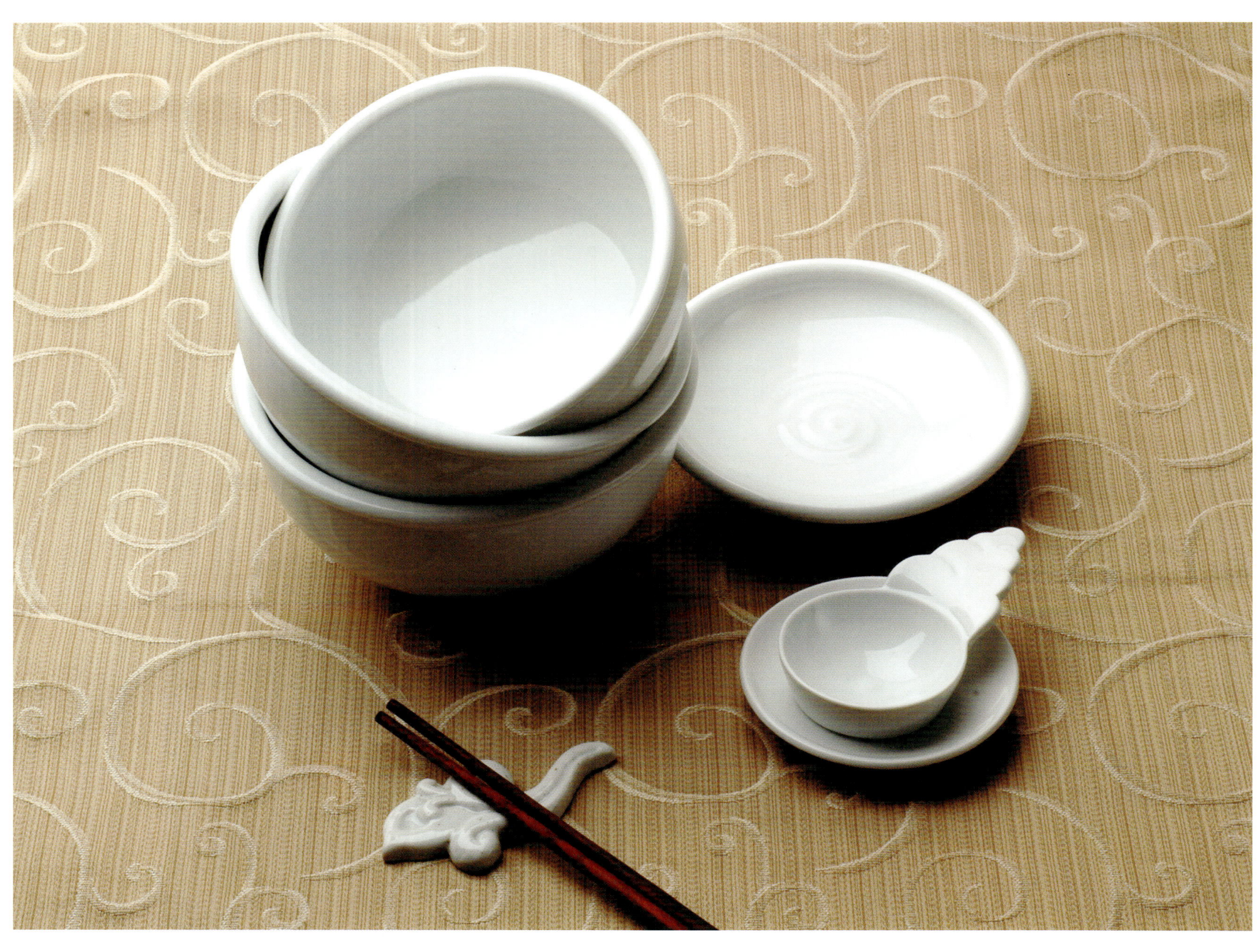

196 **백자사발&수저받침** (사발) ∅ 17 x 8.5㎝, (수저받침) ∅ 11 x 3.5㎝ 유세림 作

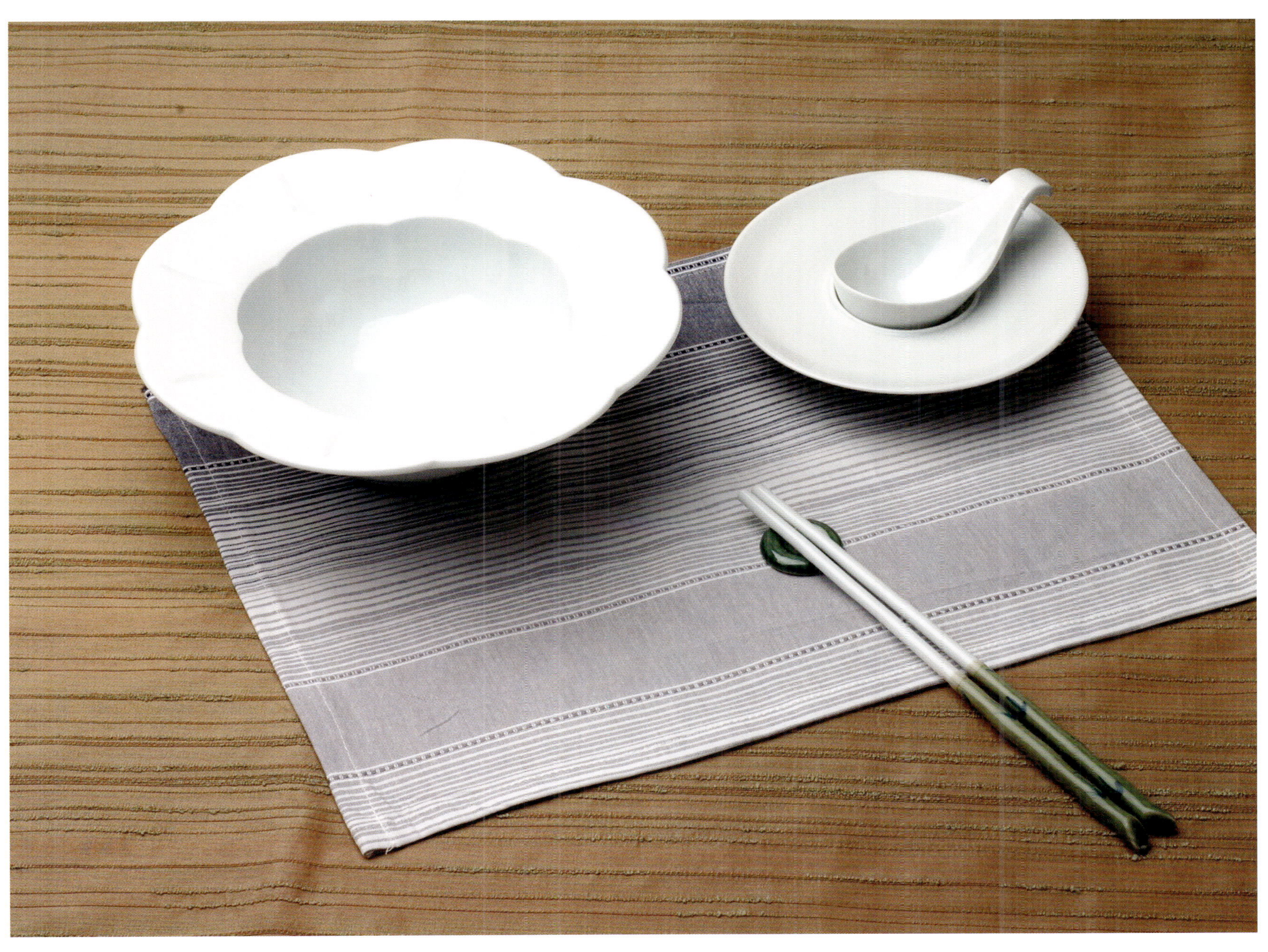

백자화형사발 & 백자숟가락 (사발) ∮ 23 x 7.5cm, (숟가락)11 x 7.5cm 유세림 作 197

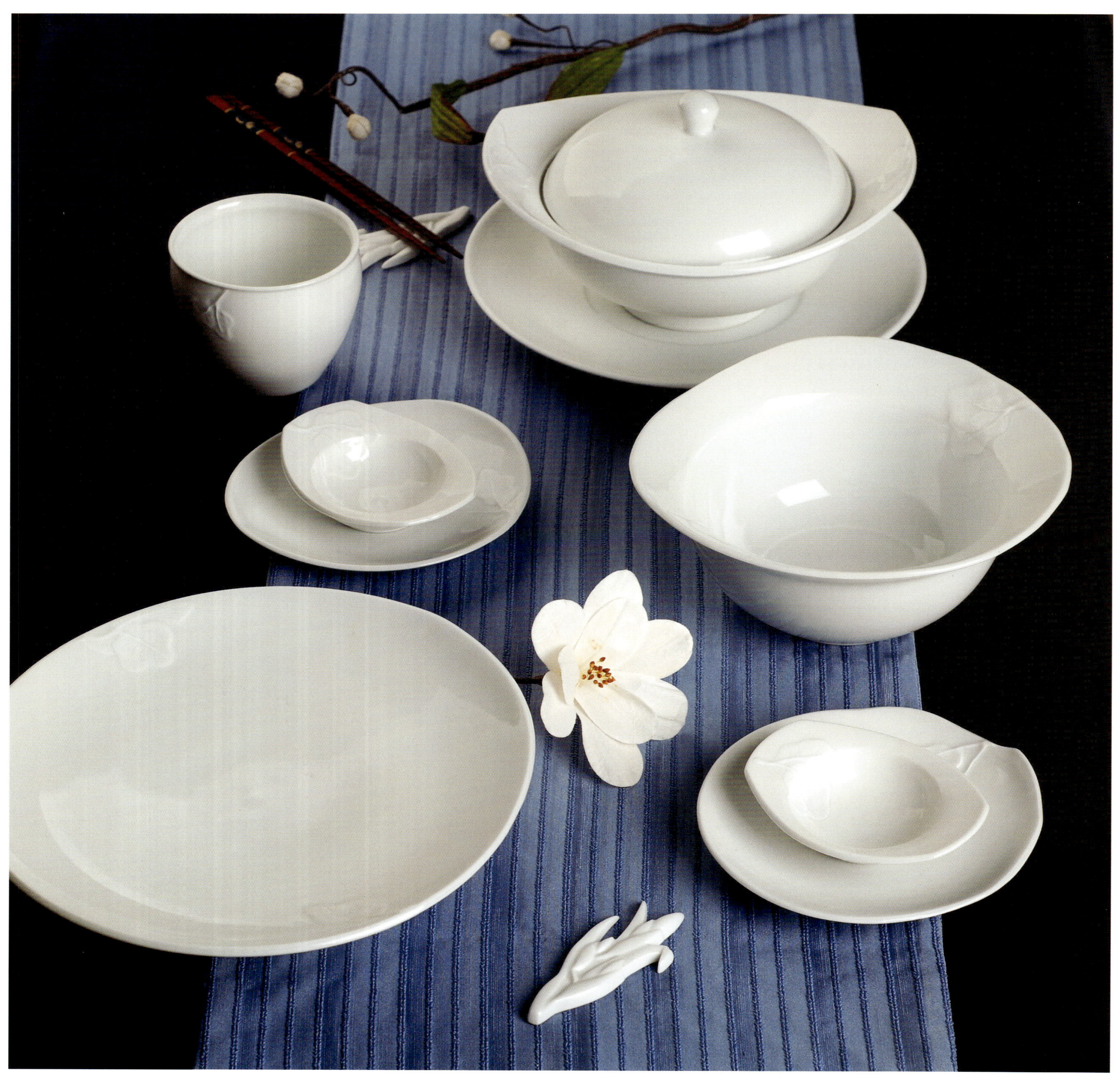

  백자초화문탕기 Set (탕기[뚜껑포함]) ∮20.5×11㎝, (탕기받침접시) ∮23㎝, (종지) ∮10.5×2.3㎝, (물컵) ∮9×8㎝, (사발) ∮20×8.5㎝, (접시) ∮23.5×6㎝, (수저받침) 9×3.5㎝   유세림 作

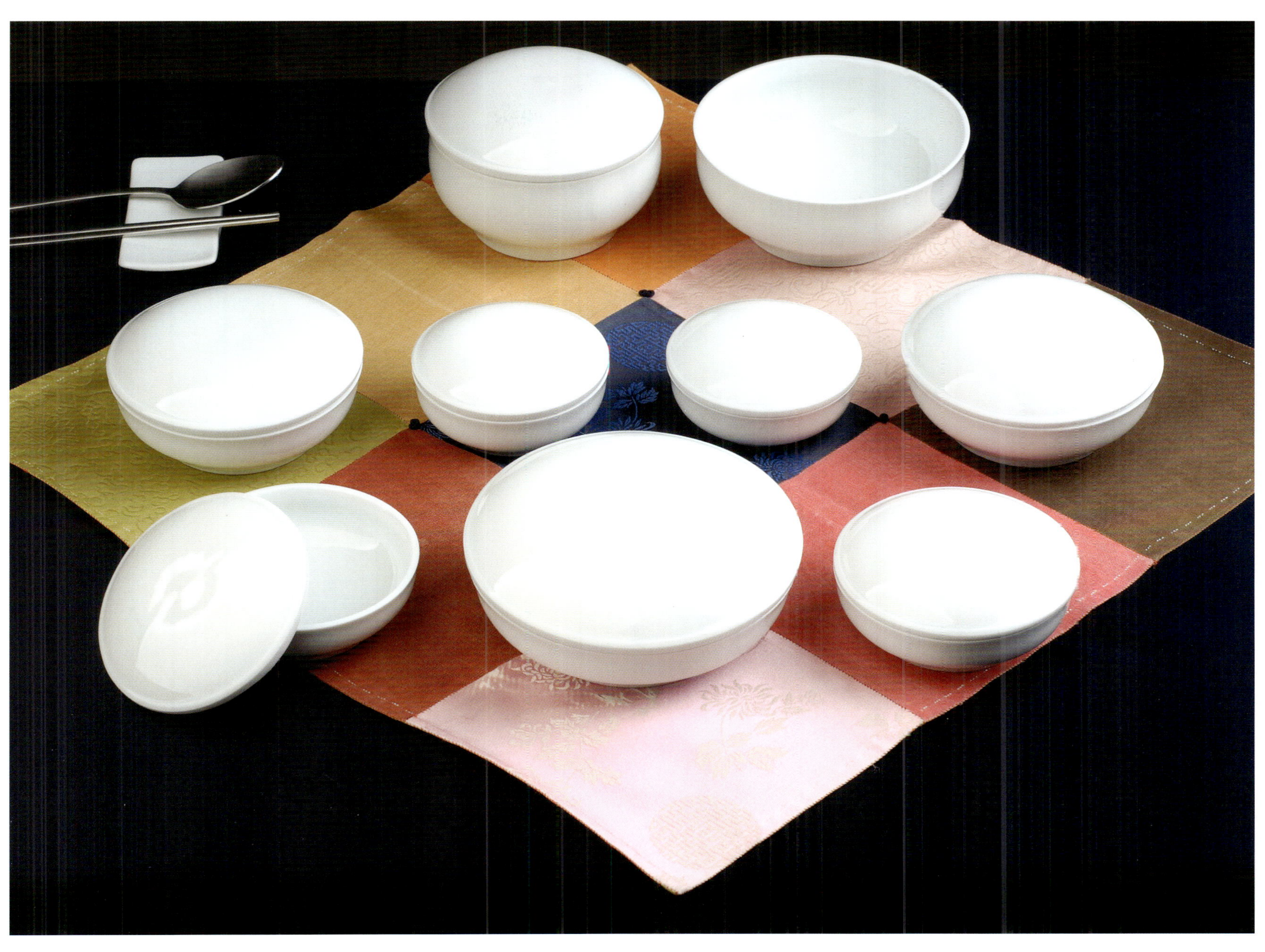

백자선반상기 Set (밥그릇) ∅ 11 × 8.5cm, (국그릇) ∅ 13 × 5.5cm, (찬기) 大 ∅ 13.5 × 6.5cm, 中 ∅ 11.5 × 6cm, 小 ∅ 10 × 5cm, (종지) ∅ 8.5 × 4.5cm   MJ아트세라믹 作

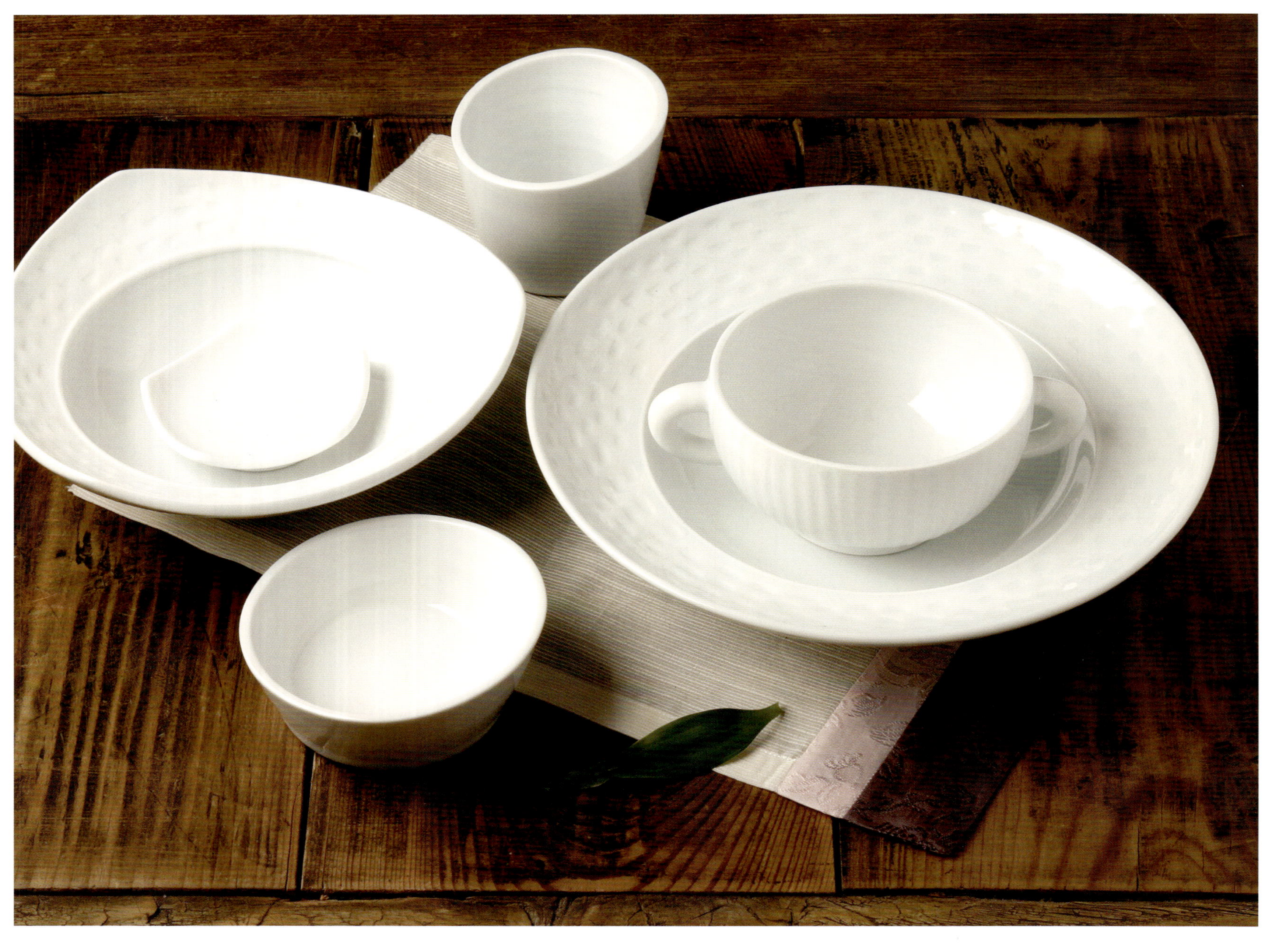

200   **백자스파게티 Set** (접시)25 x 6cm, (물컵) ∅ 8.5 x 7.5cm, (샐러드볼) ∅ 20 x 7cm, (피클접시) ∅ 10.5 x 4.5cm, (소스그릇) ∅ 9 x 3cm, (스프볼) ∅ 15.7 x 6cm   이은아 作

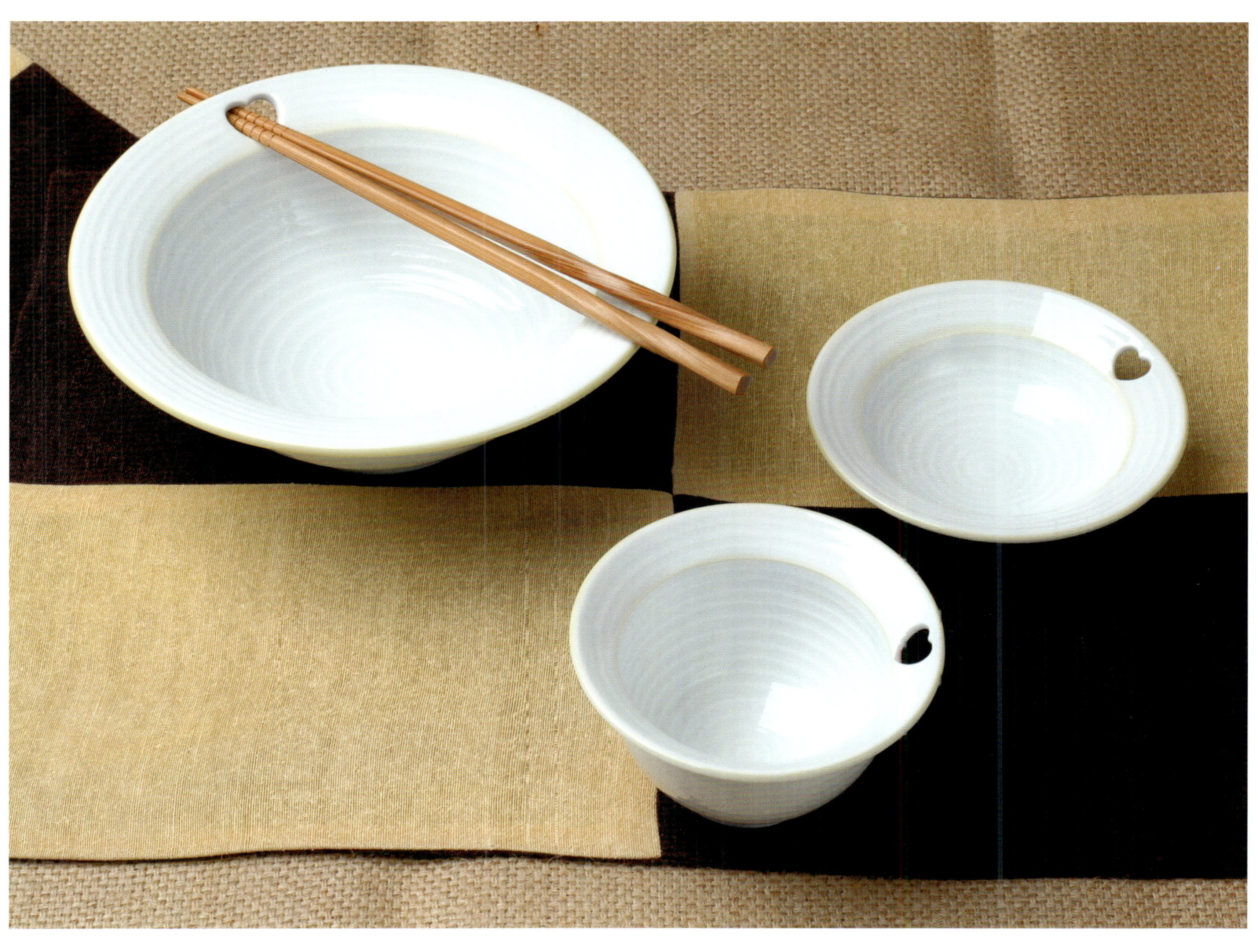

백자하트문투각사발 (사발) ⌀ 20×7.5cm, (찬기) ⌀ 12.5×4cm, (둘잔) ⌀ 0.5×7cm   이은아 作   201

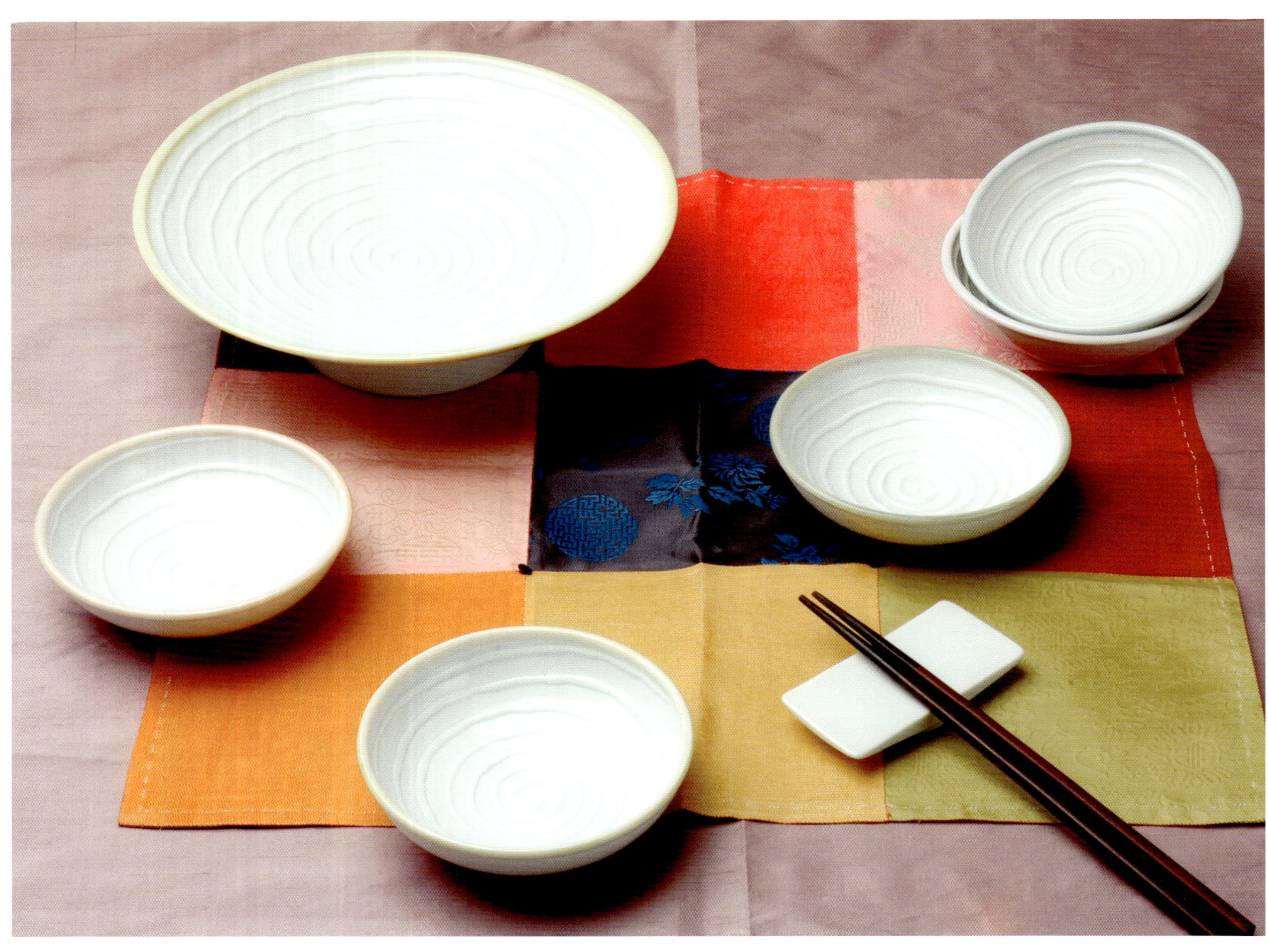

  백자오색라면볶이대접 (대접) ∮25×7.5㎝, (앞접시) ∮13×4㎝   이은아 作

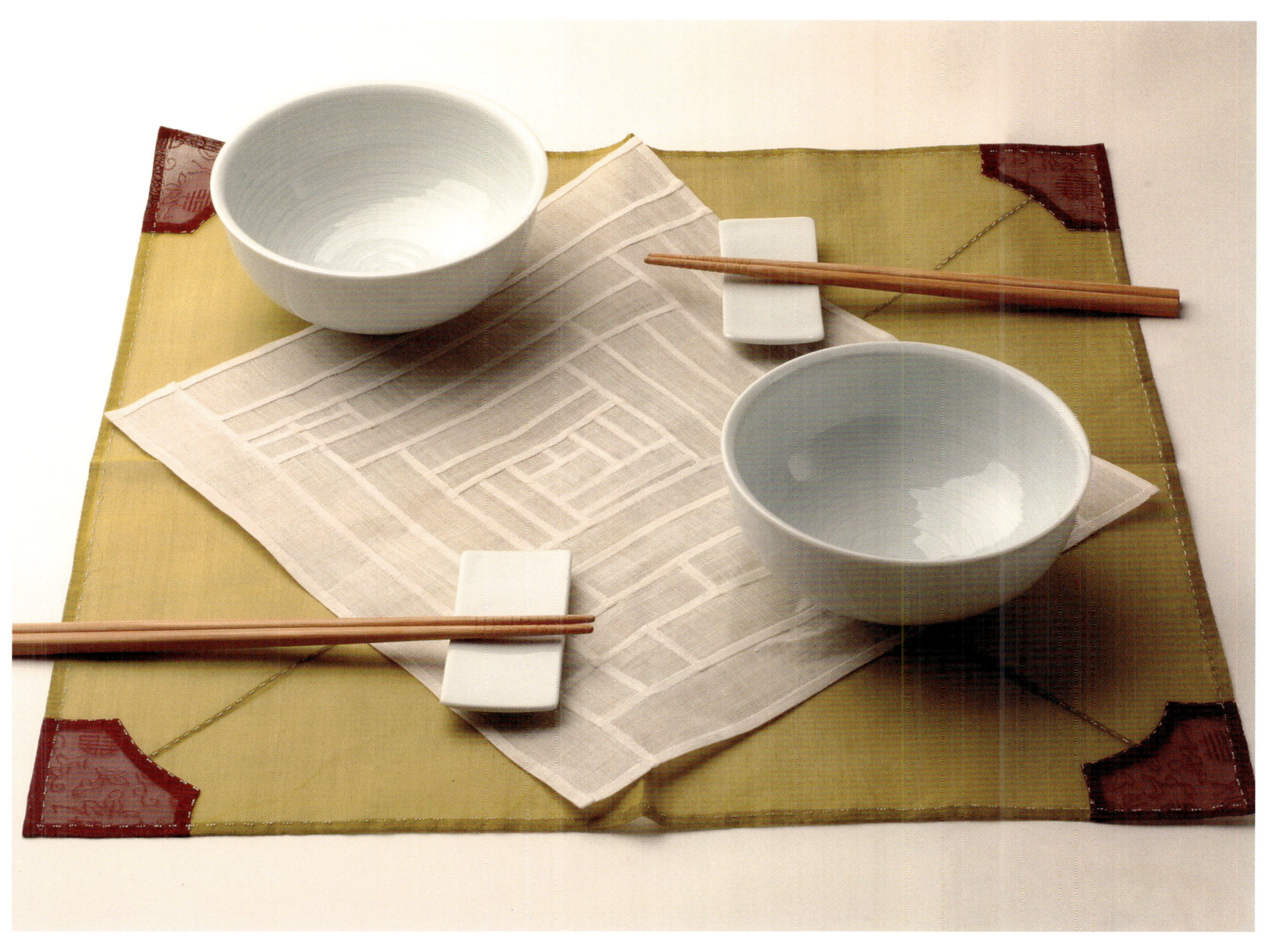

백자줄무늬사발 ∅16.5×12.2㎝ 임헌관 作 203

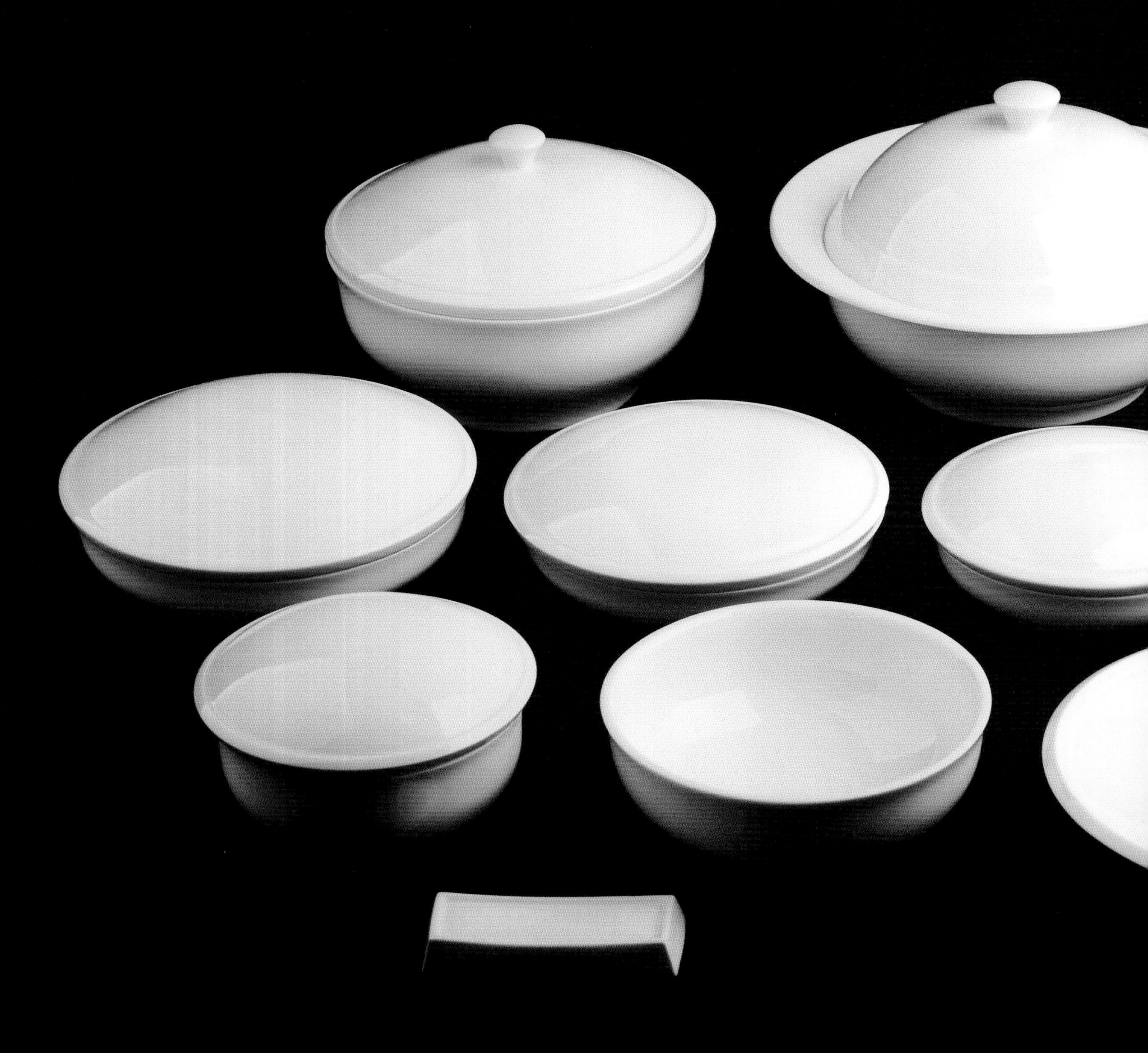

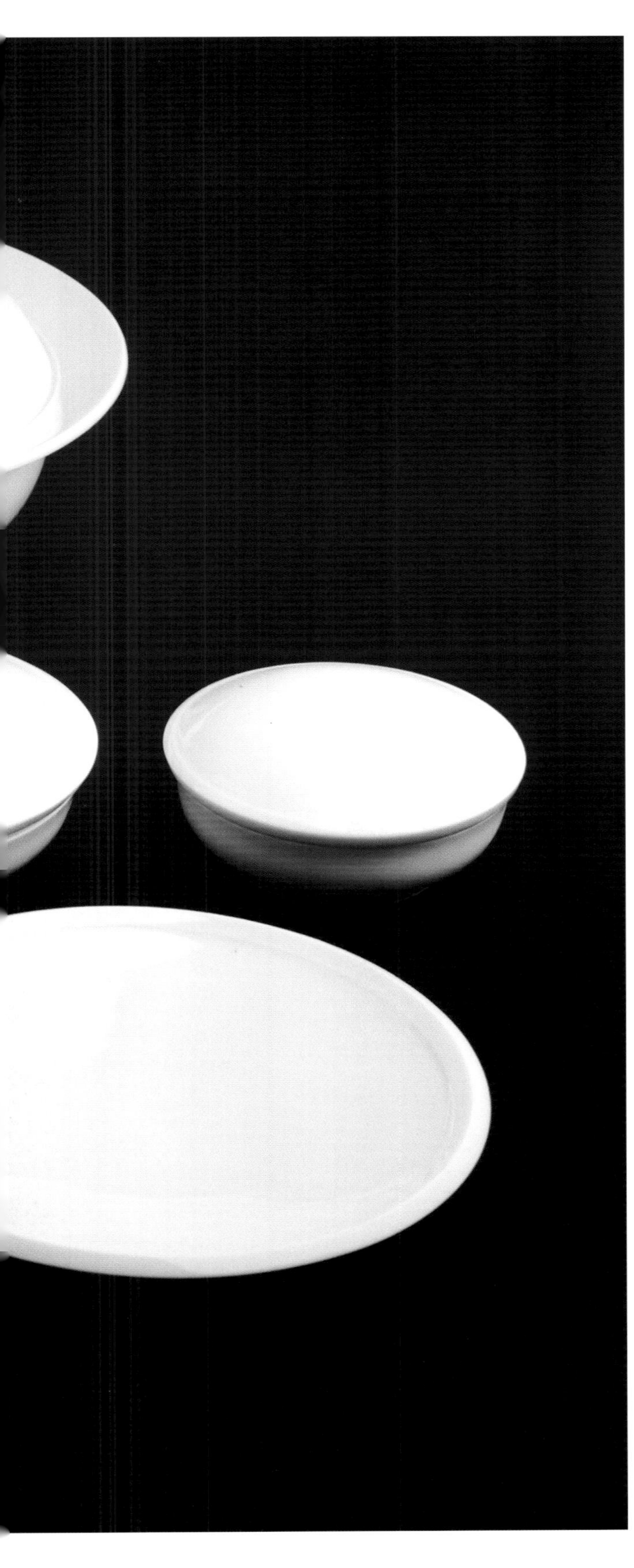

선반상기 Set
(밥그릇) ∮ 11 × 6cm
(국그릇) ∮ 12.5 × 5cm
(접시) ∮ 21cm
(합Ⅰ) ∮ 17 × 8.5cm
(합Ⅱ) ∮ 25 × 10cm
(찬기) 大 ∮ 18 × 3.5cm, 中 ∮ 15 × 3.5cm
小Ⅰ ∮ 12.5 × 3cm 小Ⅱ 9.5 × 3cm,
(수저받침) 6 × 3cm
MJ아트세라믹 作   205

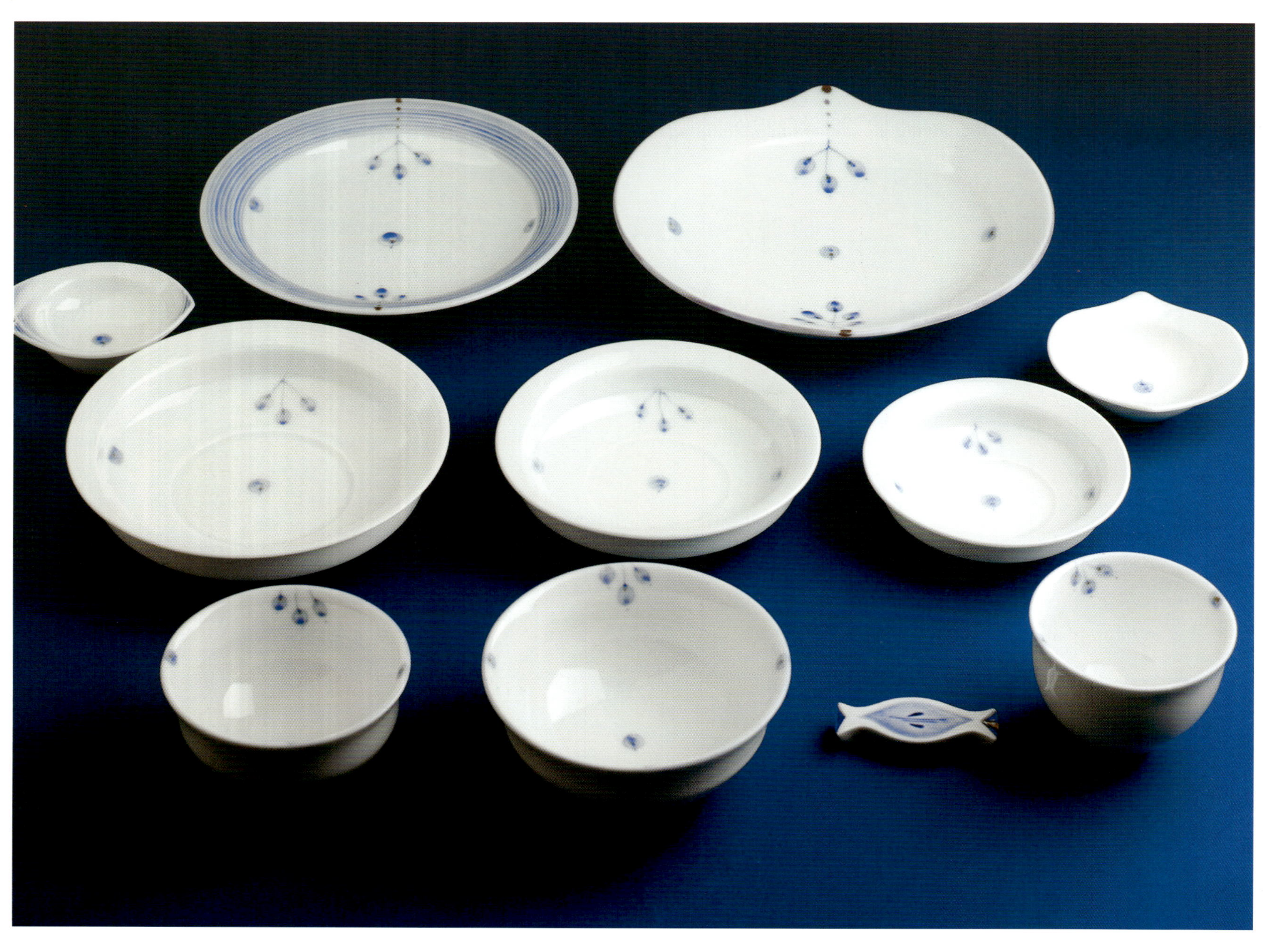

열매문5첩반상기 Set　(밥그릇) ∮12×6cm, (국그릇) ∮13×5cm, (접시) ∮20cm, (사발) ∮14×5.5cm, (종지) ∮9.5×2.5cm, (물컵) ∮8×8cm
(찬기) 大 ∮18×3.5cm, 中 ∮15×3.5cm, 小 ∮12.5×3cm, (생선접시) ∮23×13×2cm, (수저받침) 6×3cm　전현주 作

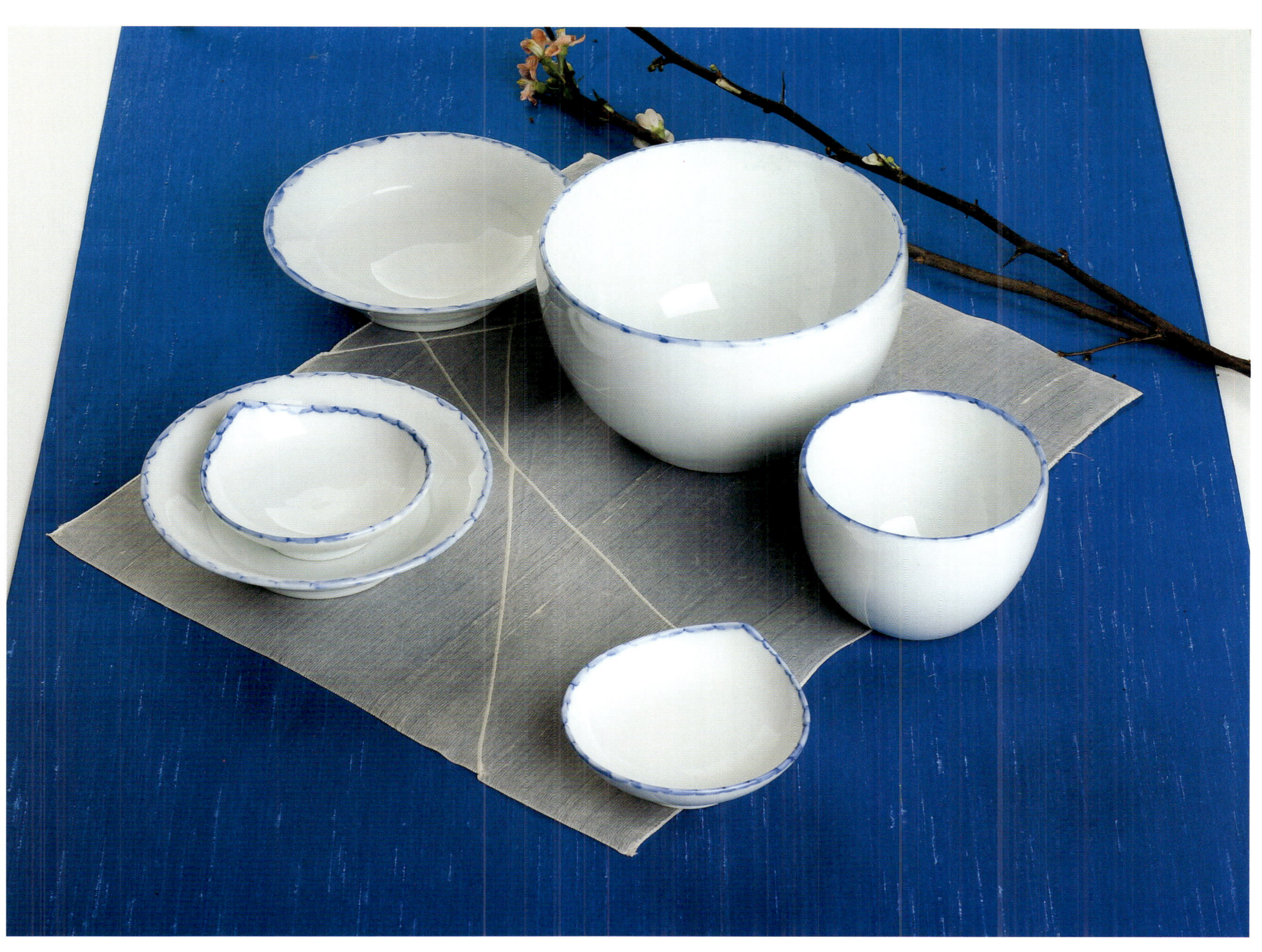

청화백자면기 Set　(면기) ∮14.3×7㎝, (찬기) ∮7.6×4㎝, (컵) ∮9×7㎝, (종지) ∮9×2.5㎝　**최난영** 作　207

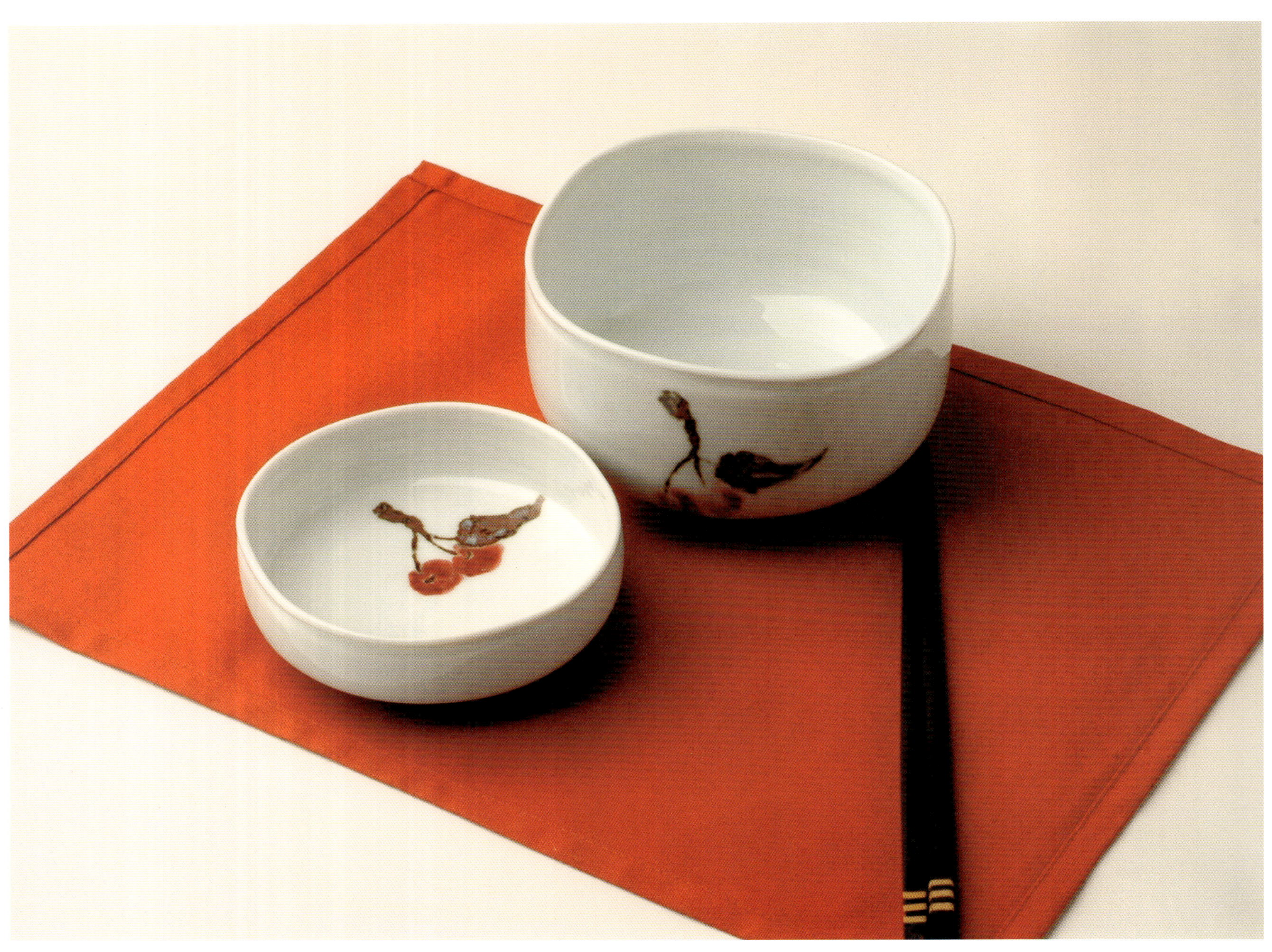

  백자진사초화문 Set (사발) ⌀15.5×8㎝, (찬기) ⌀12.5×3.5㎝ 조명식 作

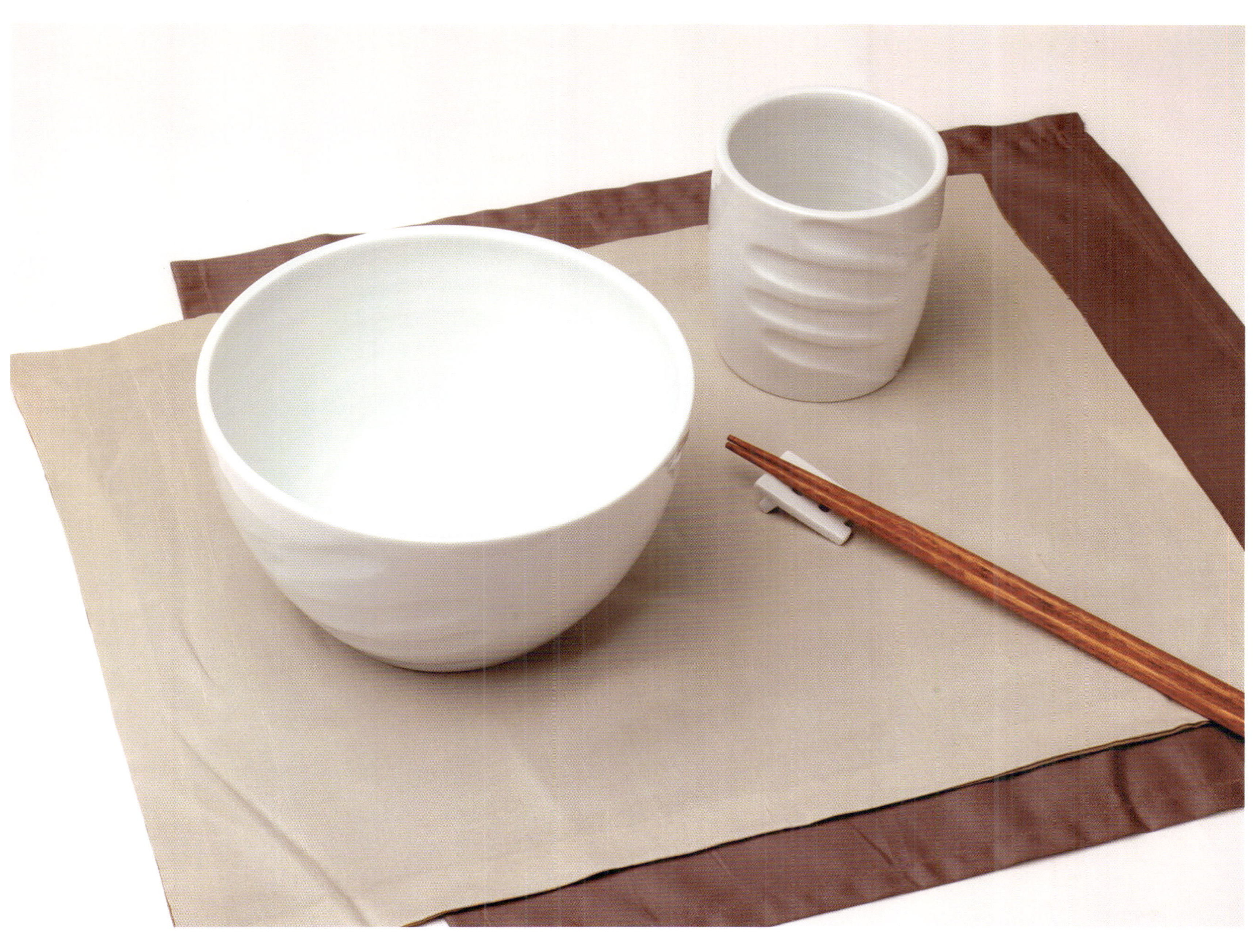

백자음각손무늬사발 Set　(사발) ⌀16×10㎝, (물잔) ⌀7.5×10.5㎝　최유정 作　209

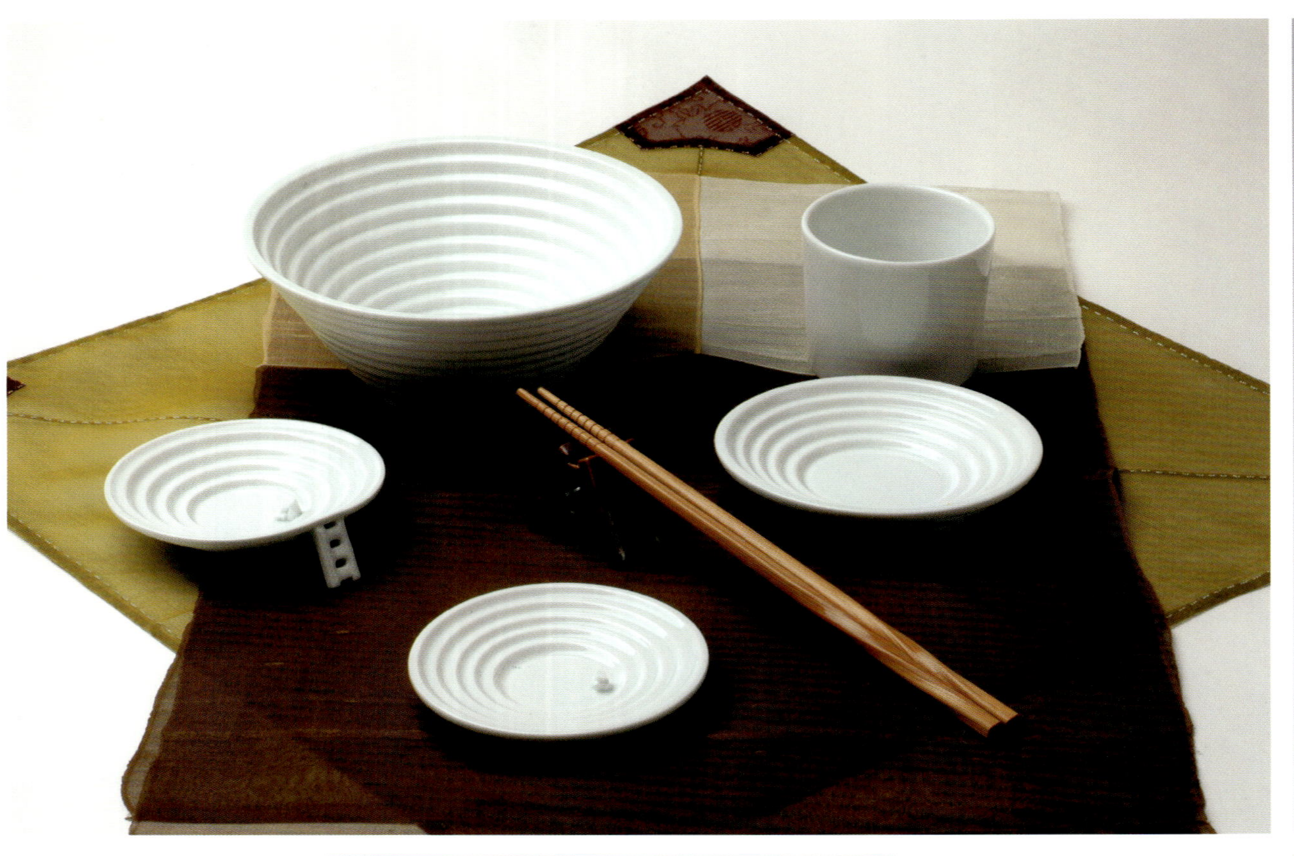
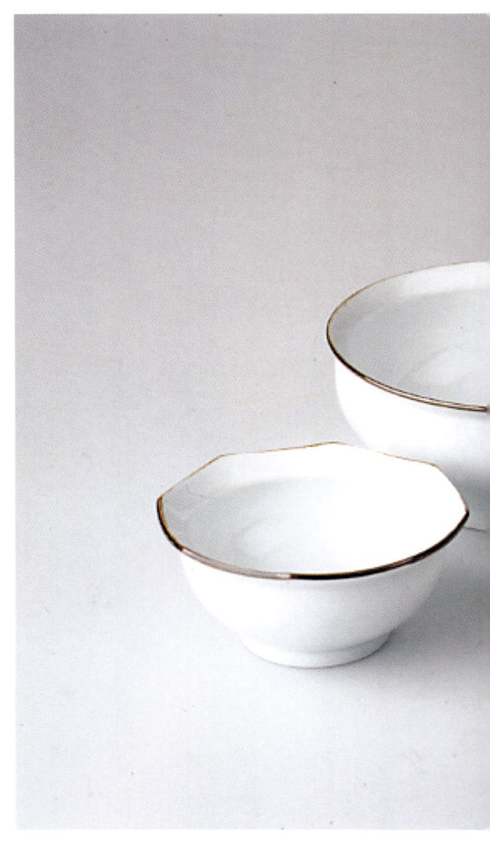
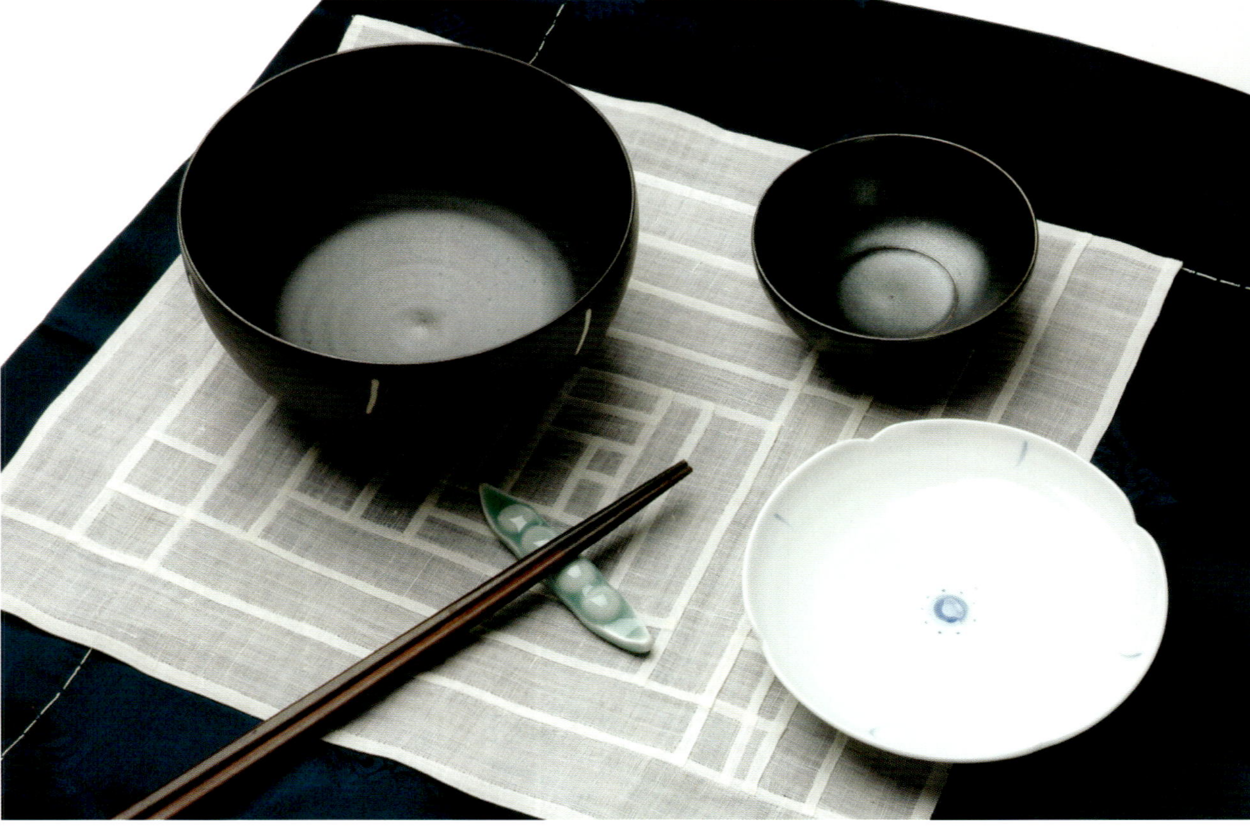
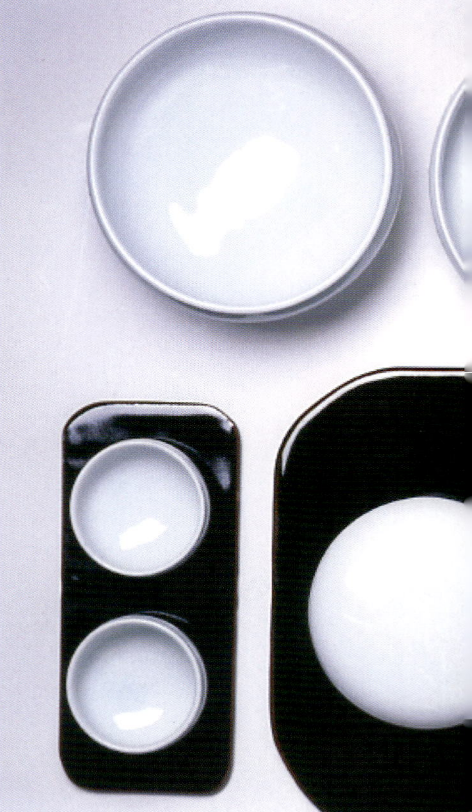

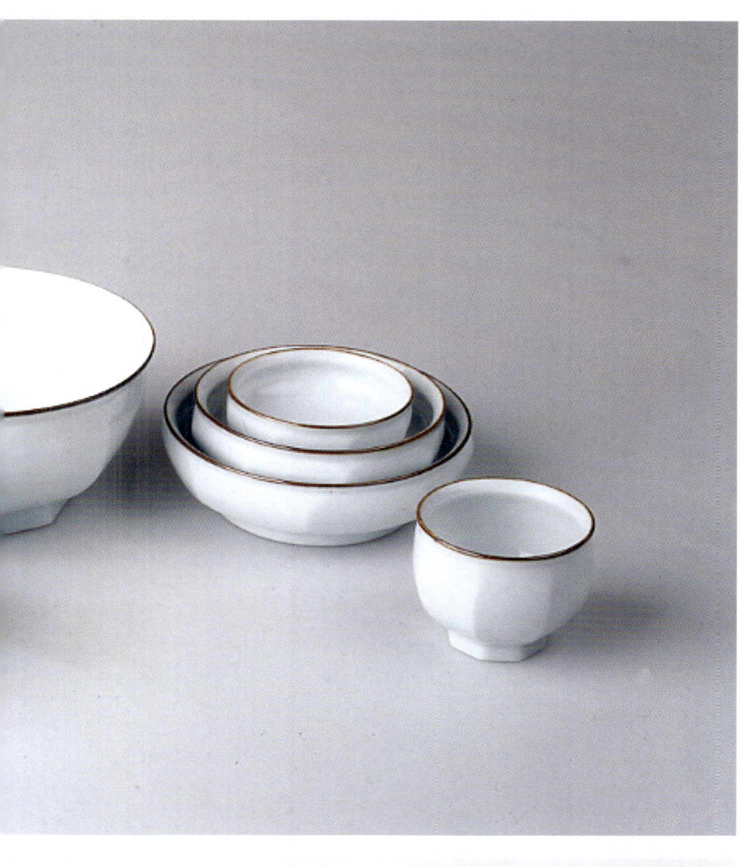

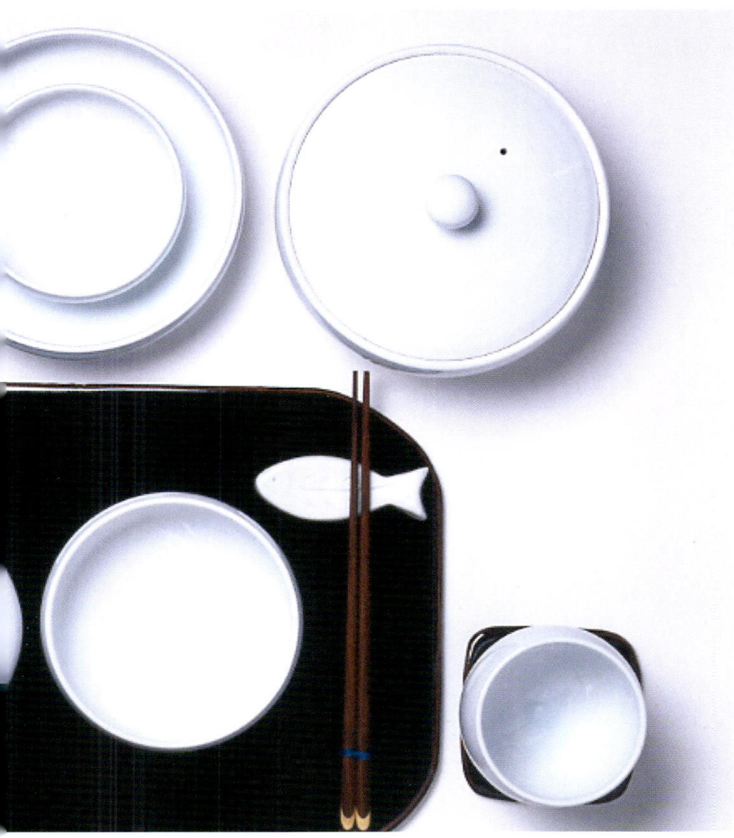

백자계단형사발 Set
(사발) ∮ 17 x 8.5cm
(물잔) ∮ 7.5 x 8cm
(대접) ∮ 12 x 4.5cm, II ∮ 13 x 5cm
최유정 作

팔각면기 Set
(사발) 大 ∮ 16 x 7cm, 小 ∮ 11 x 5.5cm
(물컵) ∮ 8 x 7cm
(접시) 大 ∮ 16 x 5cm, 中 ∮ 13 x 5cm, 小 ∮ 9.5 x 4cm
조원민 作

흑유백자사발
(사발) ∮ 16 x 7cm
(종지) ∮ 10 x 3.5cm
최윤경 作

반자1인반상기 Set
(밥그릇) ∮ 10 x 6.5cm
(국그릇) ∮ 13 x 7cm
(사발) ∮ 15 x 12cm
(합) ∮ 20 x 18.6cm
(물컵) ∮ 8 x 8.5cm
소스그릇) ∮ 5.5 x 3.5cm
(찬기) 大 ∮ 15 x 3cm, 小 ∮ 9 x 2.5cm
김선심 作

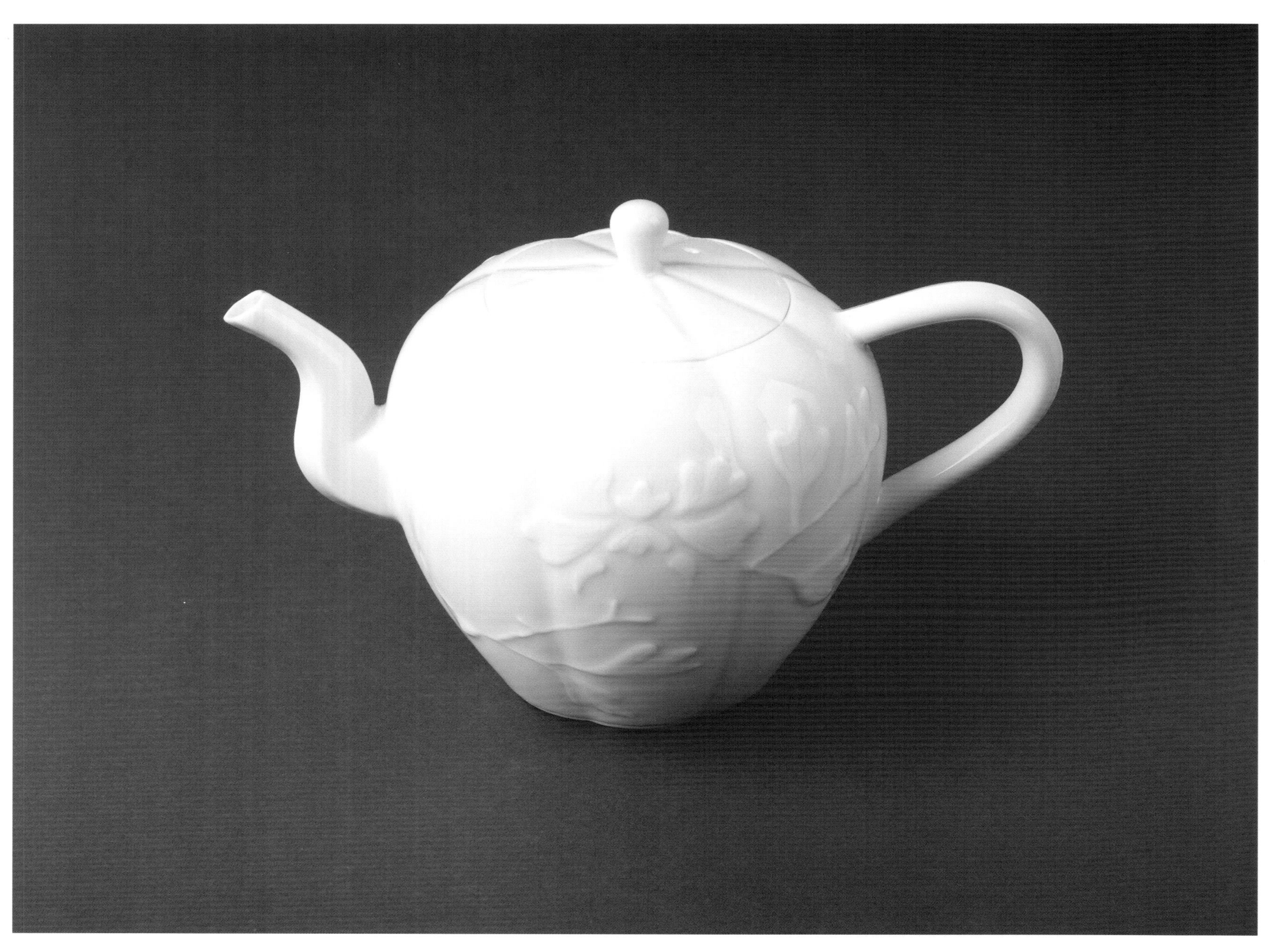

  백자모란문양각주자 ∮12×15.5㎝ 유세림 作

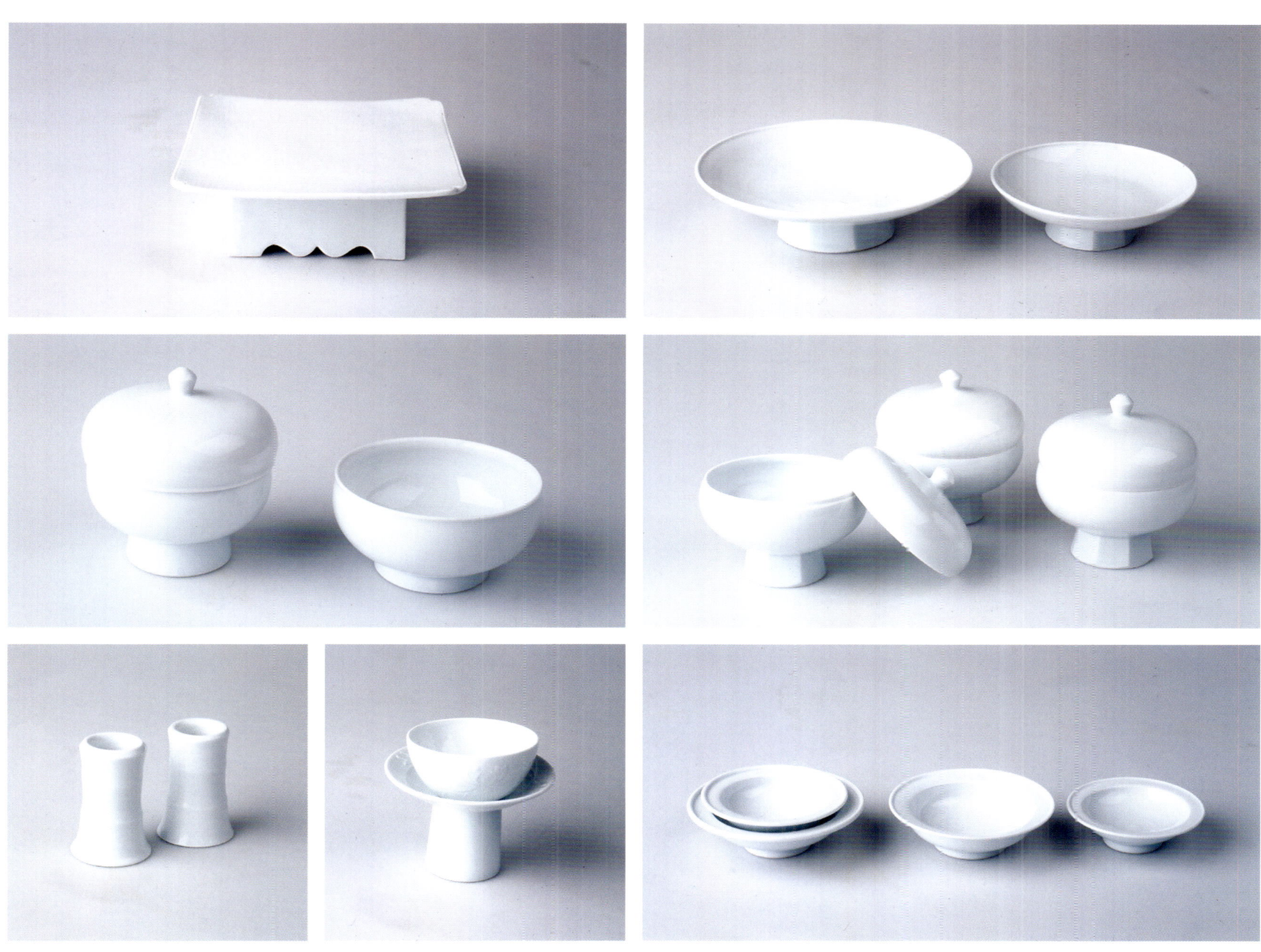

12 문방구

"공예가들에 의해 제작된 문화물이 하나의 구조를 갖추기 위해선 관찰자·수용자의 참여가 절대적으로 필요하다. 문화의 의미는 문화를 제작하는 자뿐만 아니라 그것을 사용하는 자에게 있어 어떤 효과를 일으키고 있으며, 어떻게 사용되고 있는지를 통해 완성된다. 따라서 일상생활 속에서 생산자와 수용자간의 문화적인 상호교류가 열려 있을 때, 공예문화는 의미 있는 것으로 살아난다."

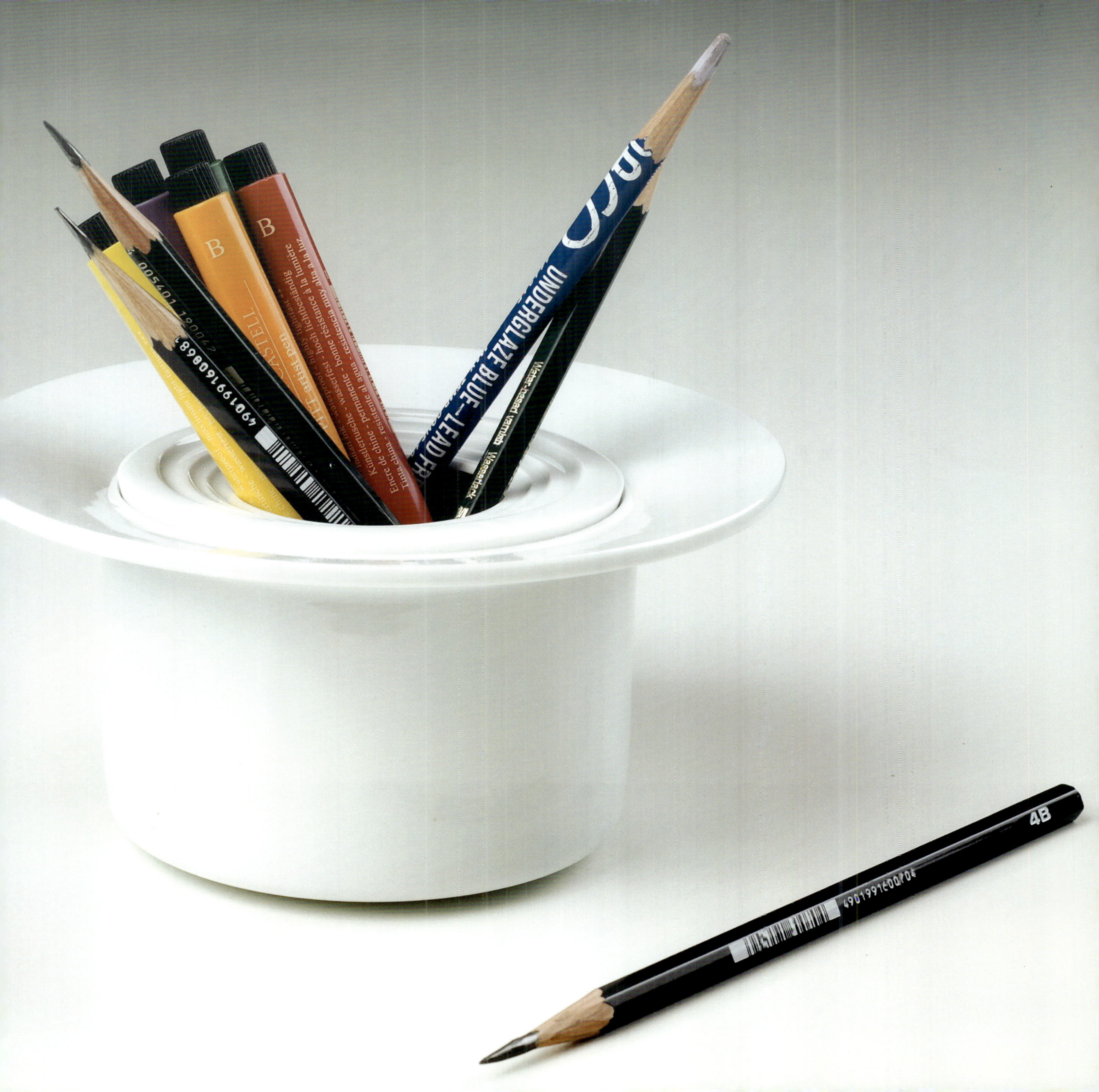

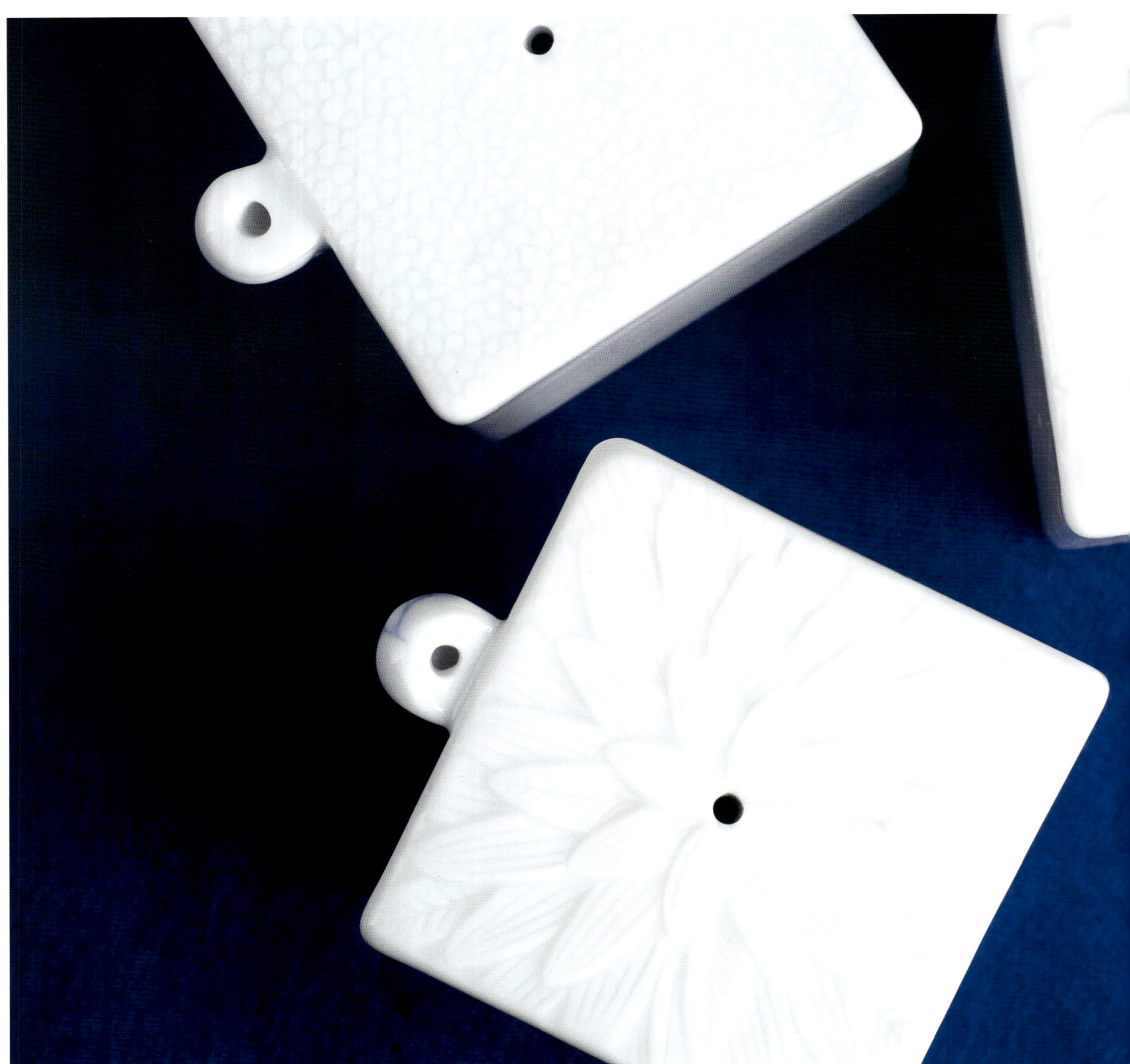

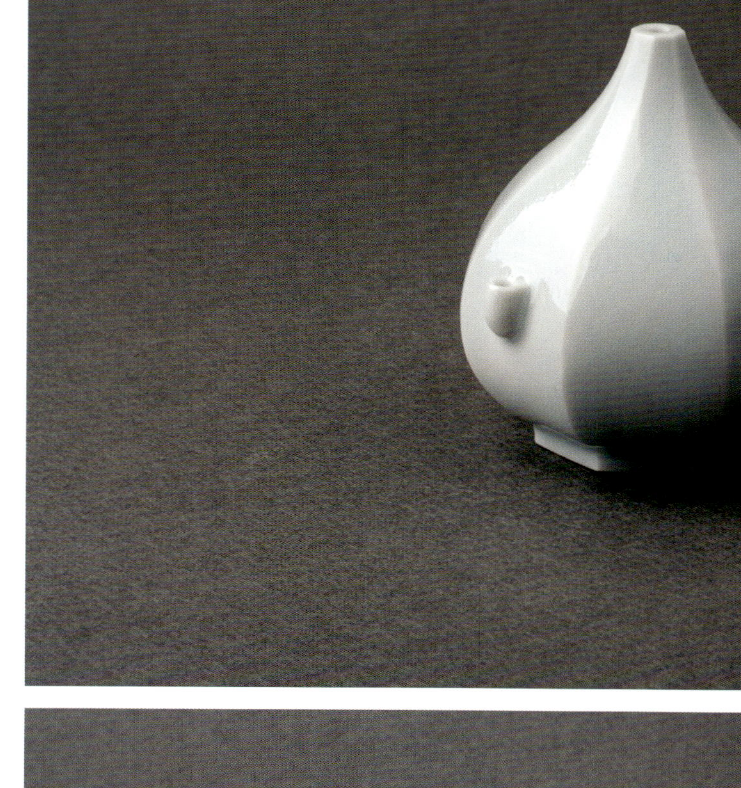

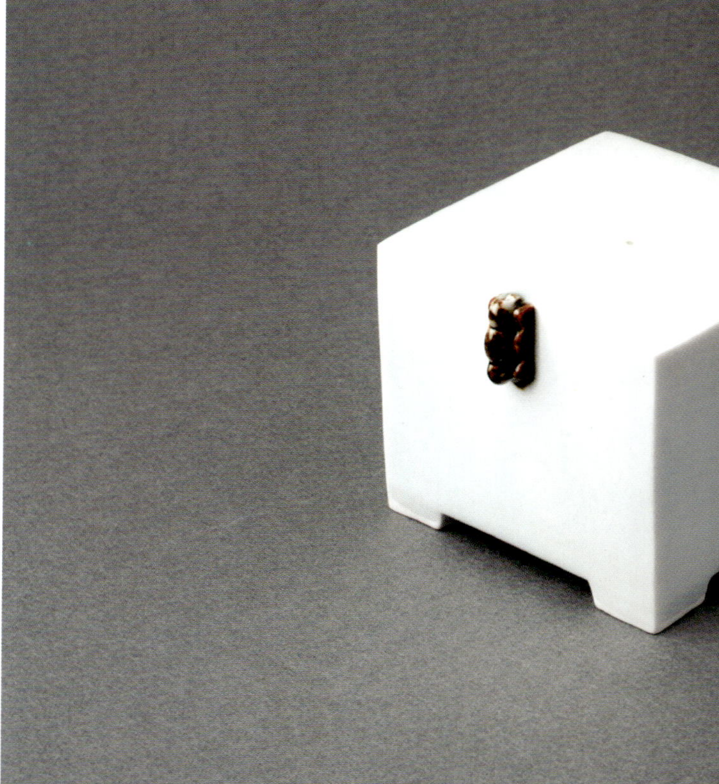

백자마늘현연적
∮ 4.5 × 6cm
김미자 作

백자음각초화문사각연적
9.5 × 6.9 × 5cm
김선심 作

백자사각연적
8.8 × 8.8 × 8cm
유세림 作

백자양각매화문연적
9.5 × 6.9 × 5cm
정 미 作

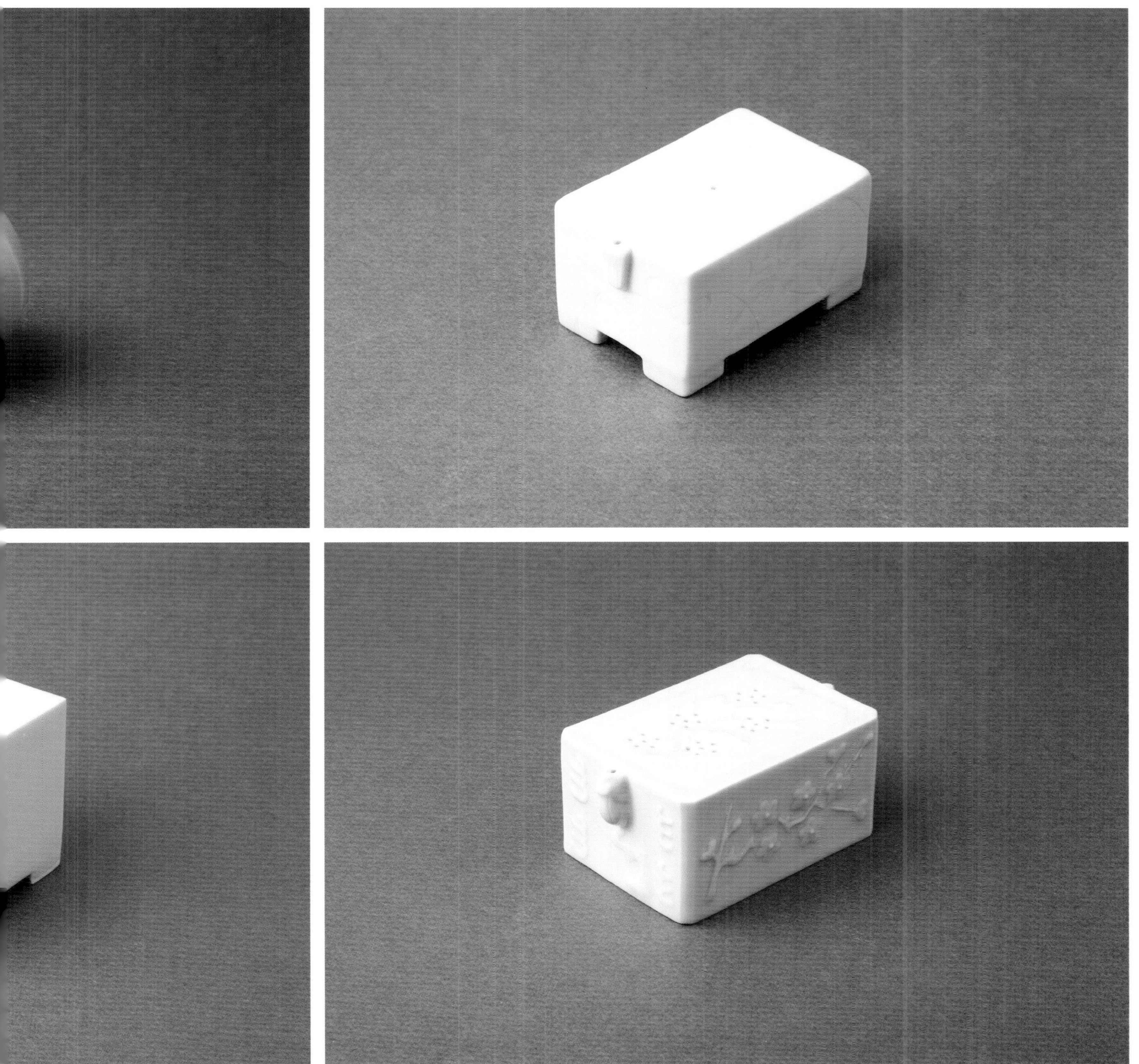

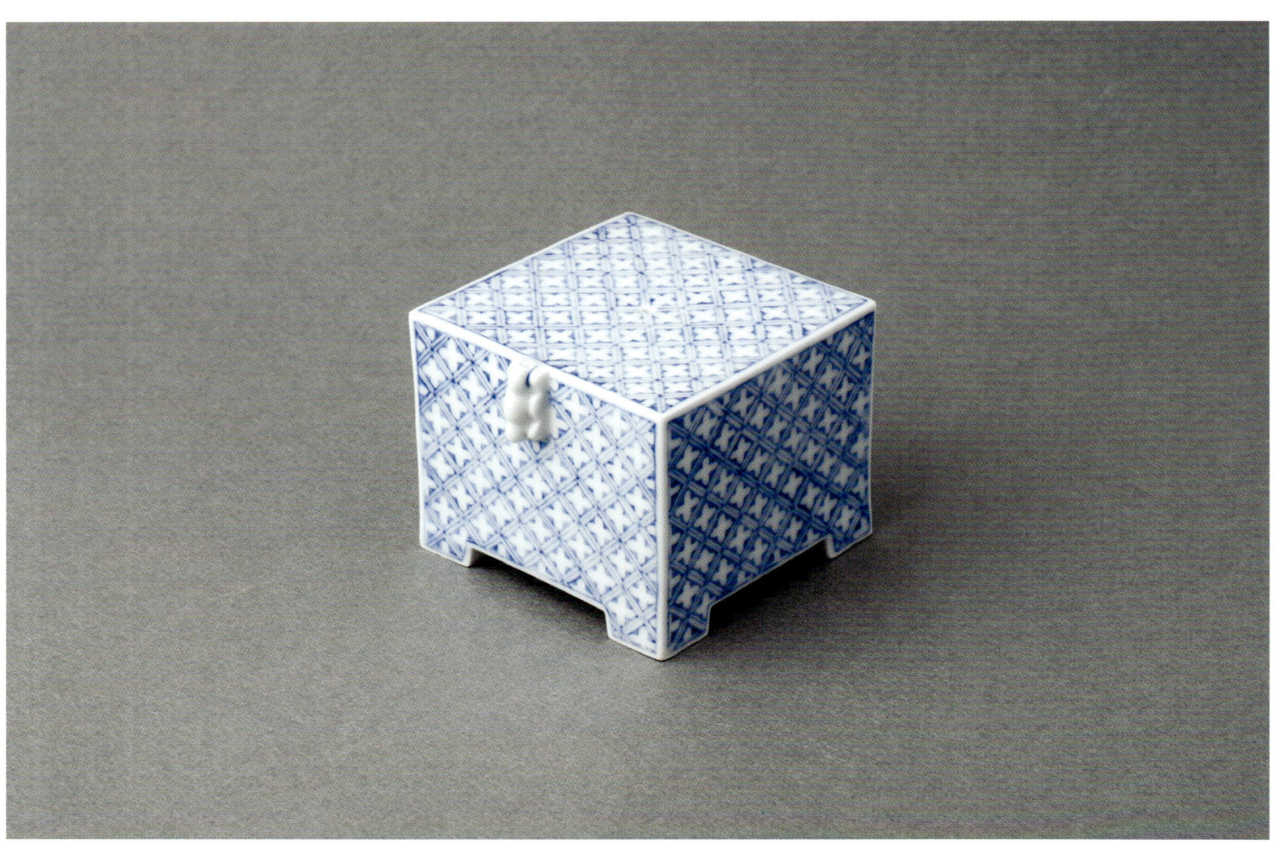

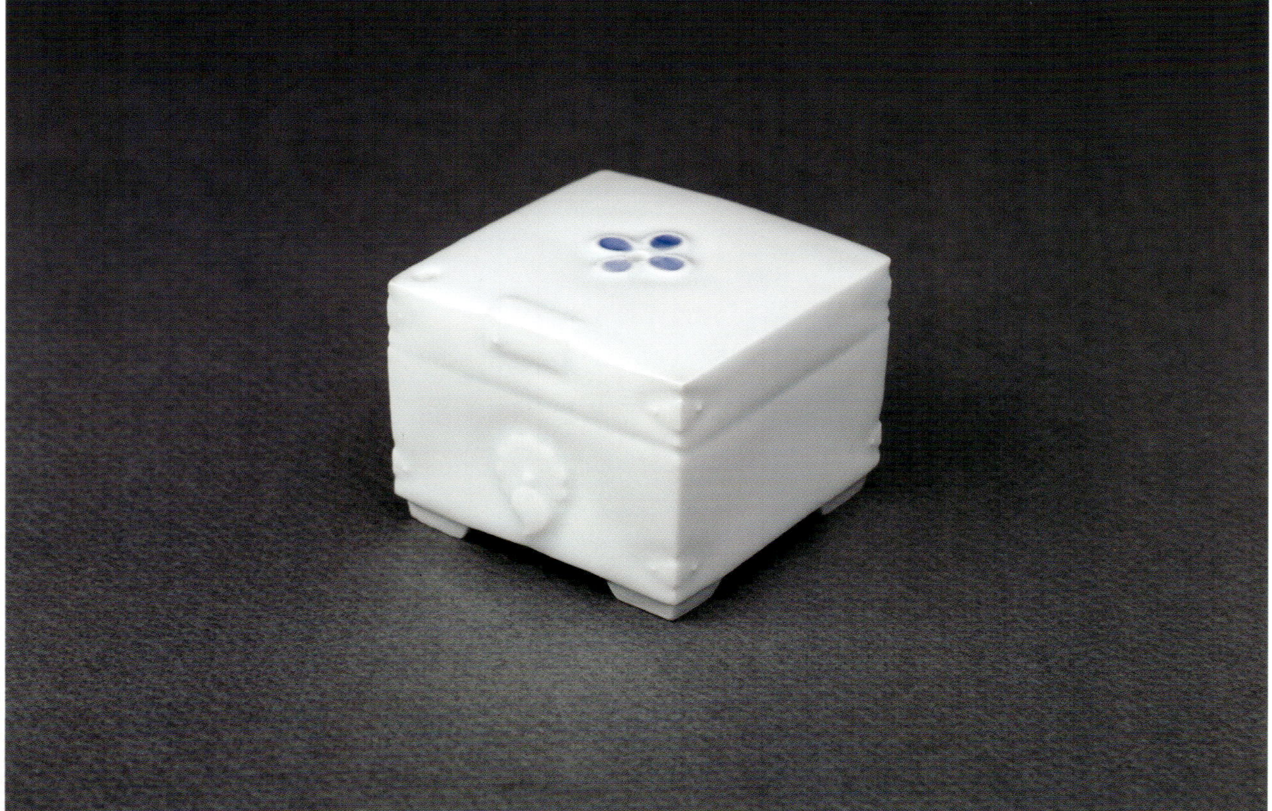

청화백자격자문사각연적
8.8 x 8.8 x 8㎝
유세림 作

사각함연적
6 x 5.5 x 4㎝
 최윤경 作

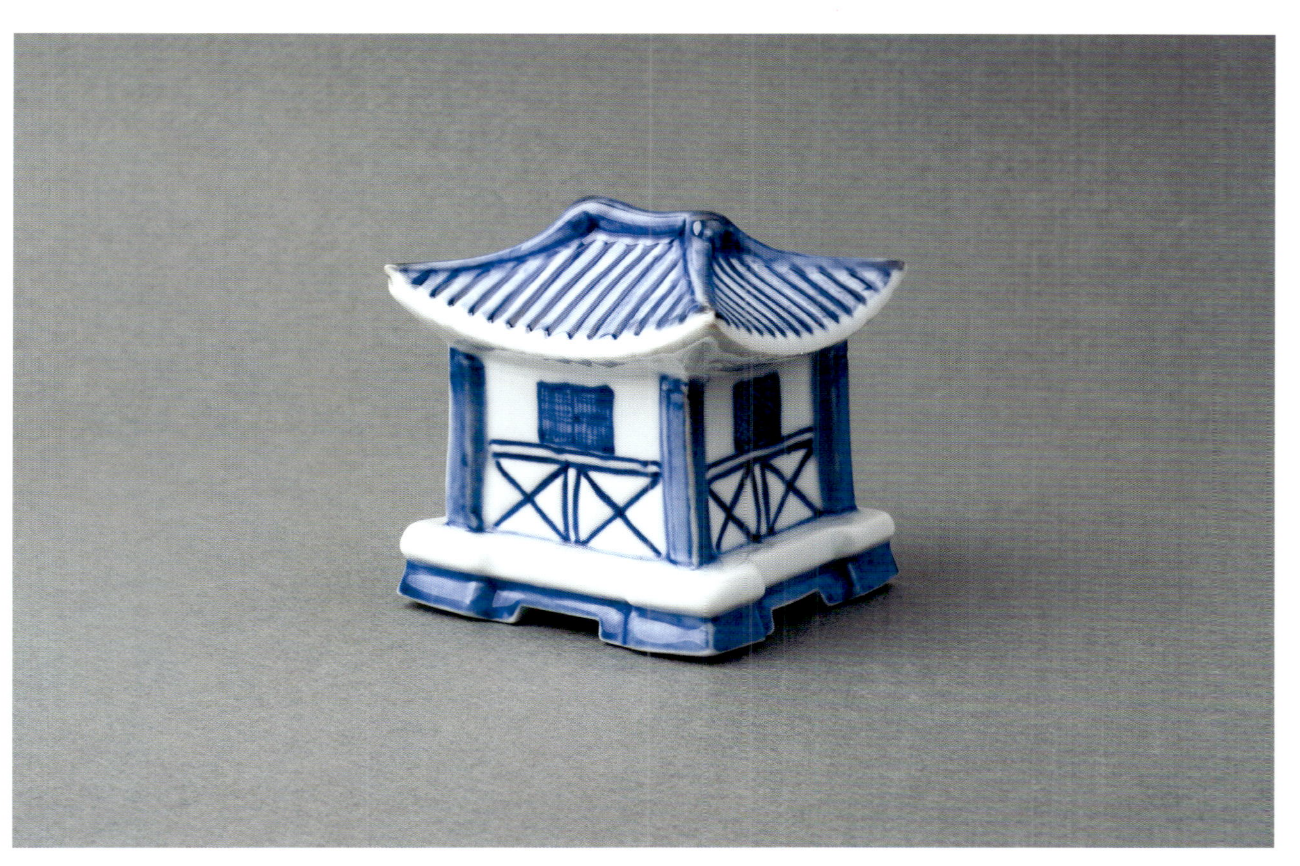

청화백자가형연적
8.5 × 7.5 × 10㎝
김정미 作　221

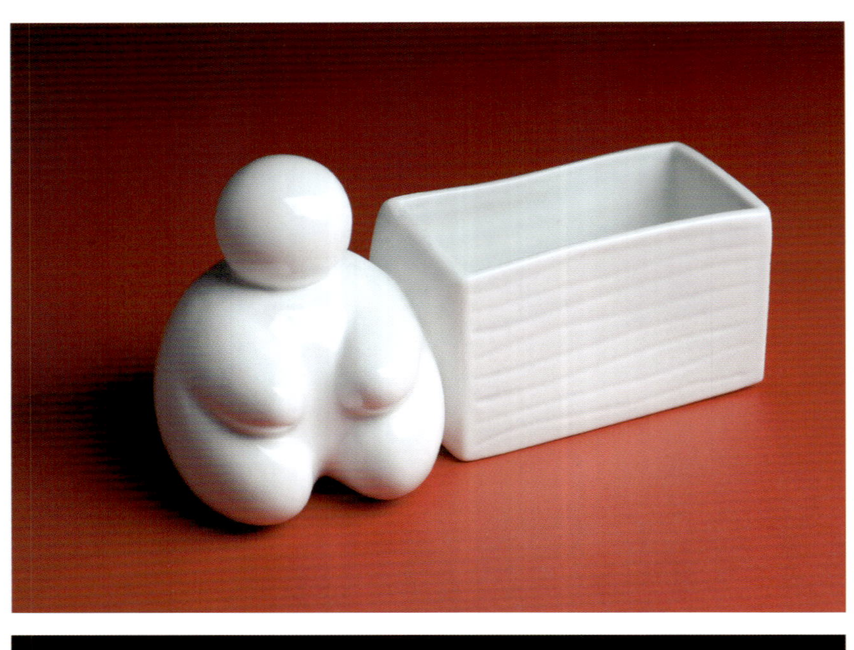

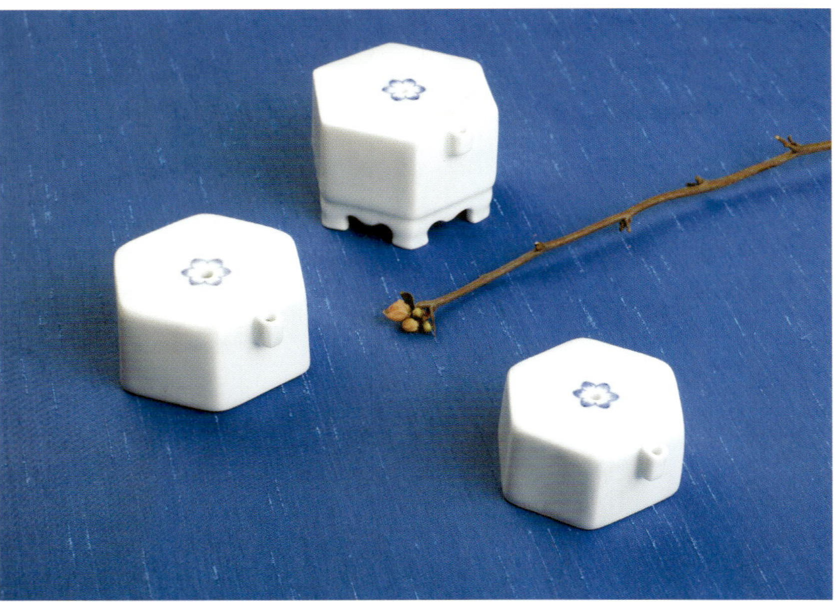

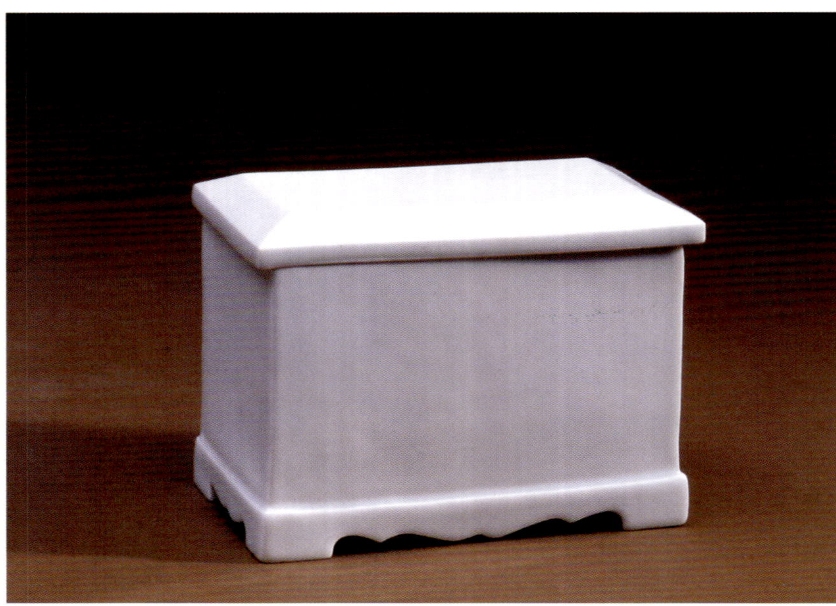

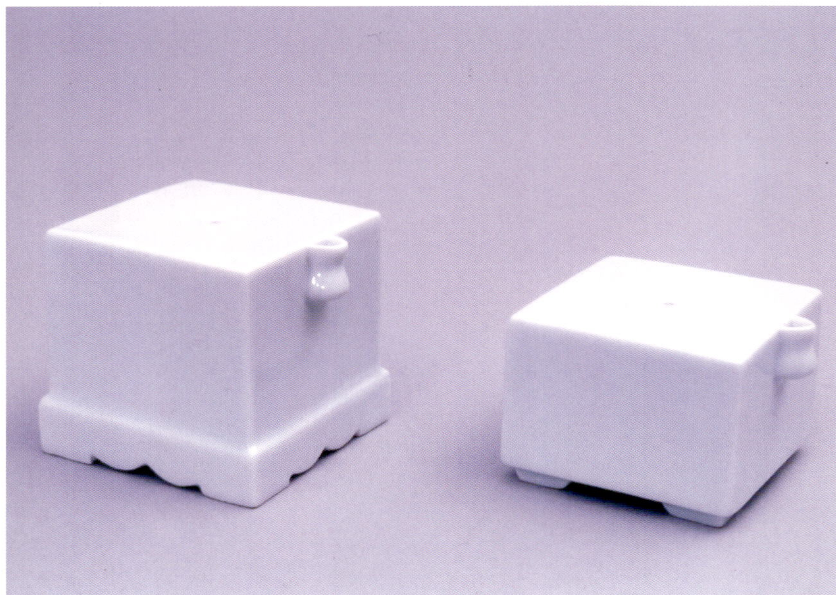

백자인형메모꽂이 12.5×5.5×7.8cm 남미리 作 | **청화백자연적** 1. 7×5.3cm, 2. 7×4cm, 3. 5.8×3.5cm 최난영 作

222 백자명함집 3.5×8.5×6cm 김미자 作 | **백자연적** 김미자 作

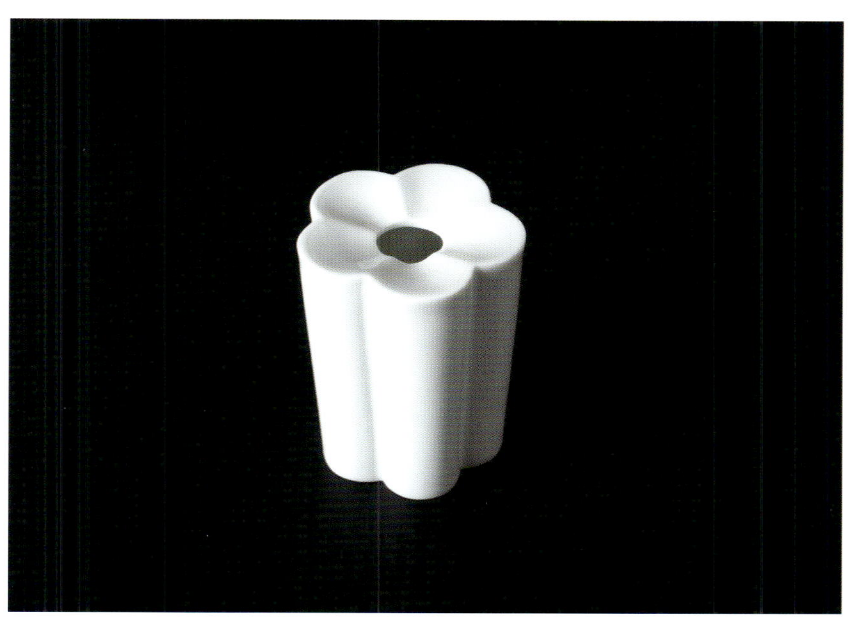
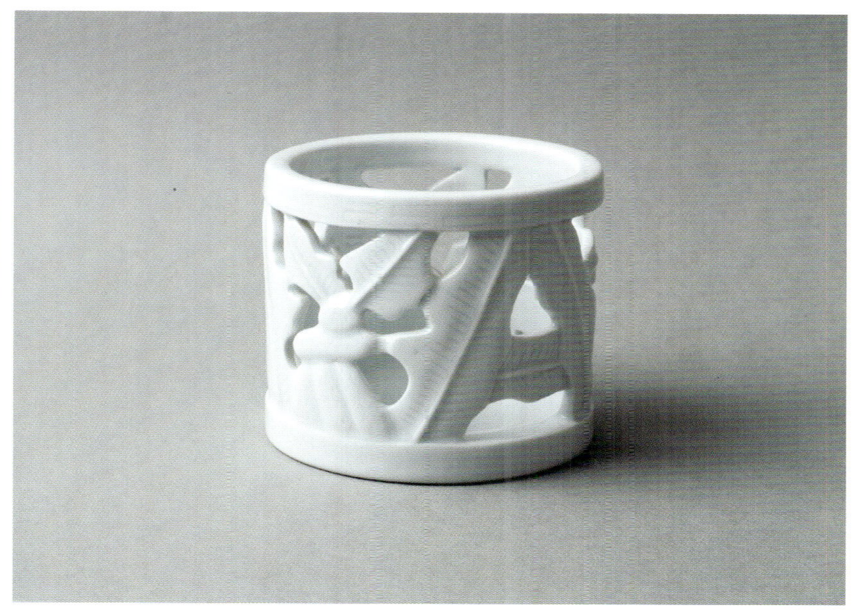
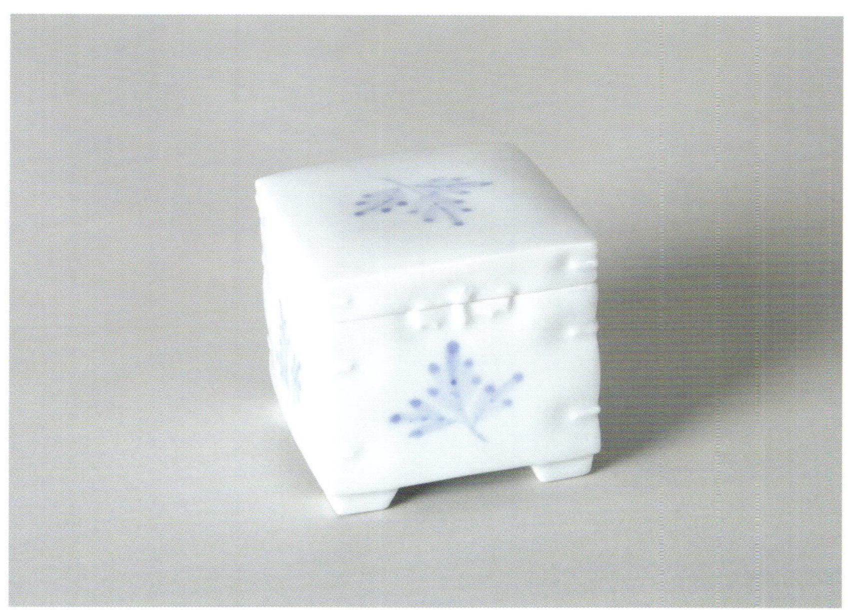
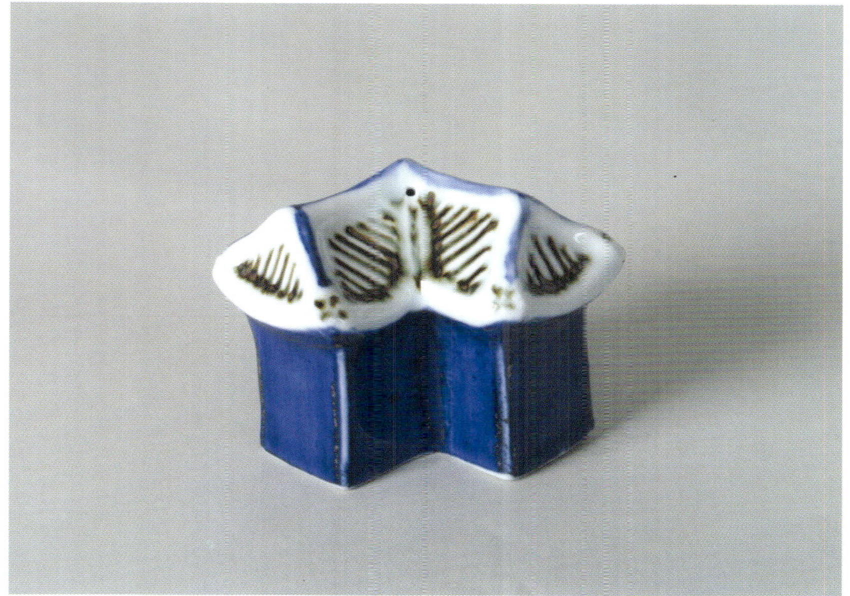

매화문필통 ∮6.5×13㎝ 조원민 作 | **백자파초문투각필통** ∮6.5×7㎝ 조원민 作
초화문사각합 5.5×5.5×6.5㎝ 최듬경 作 | **가형연적** 6.5×5.5×7㎝ 김정미 作

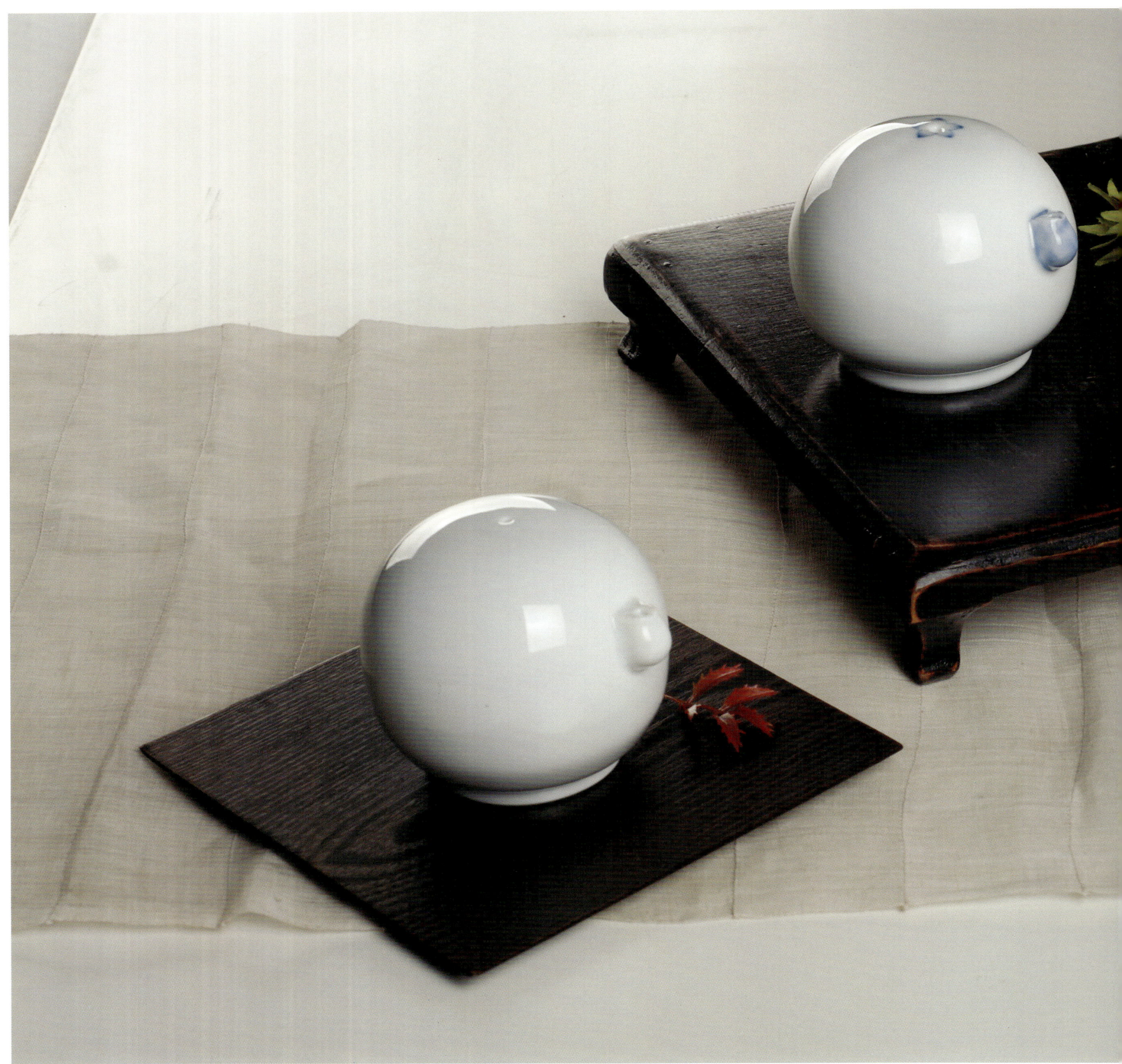

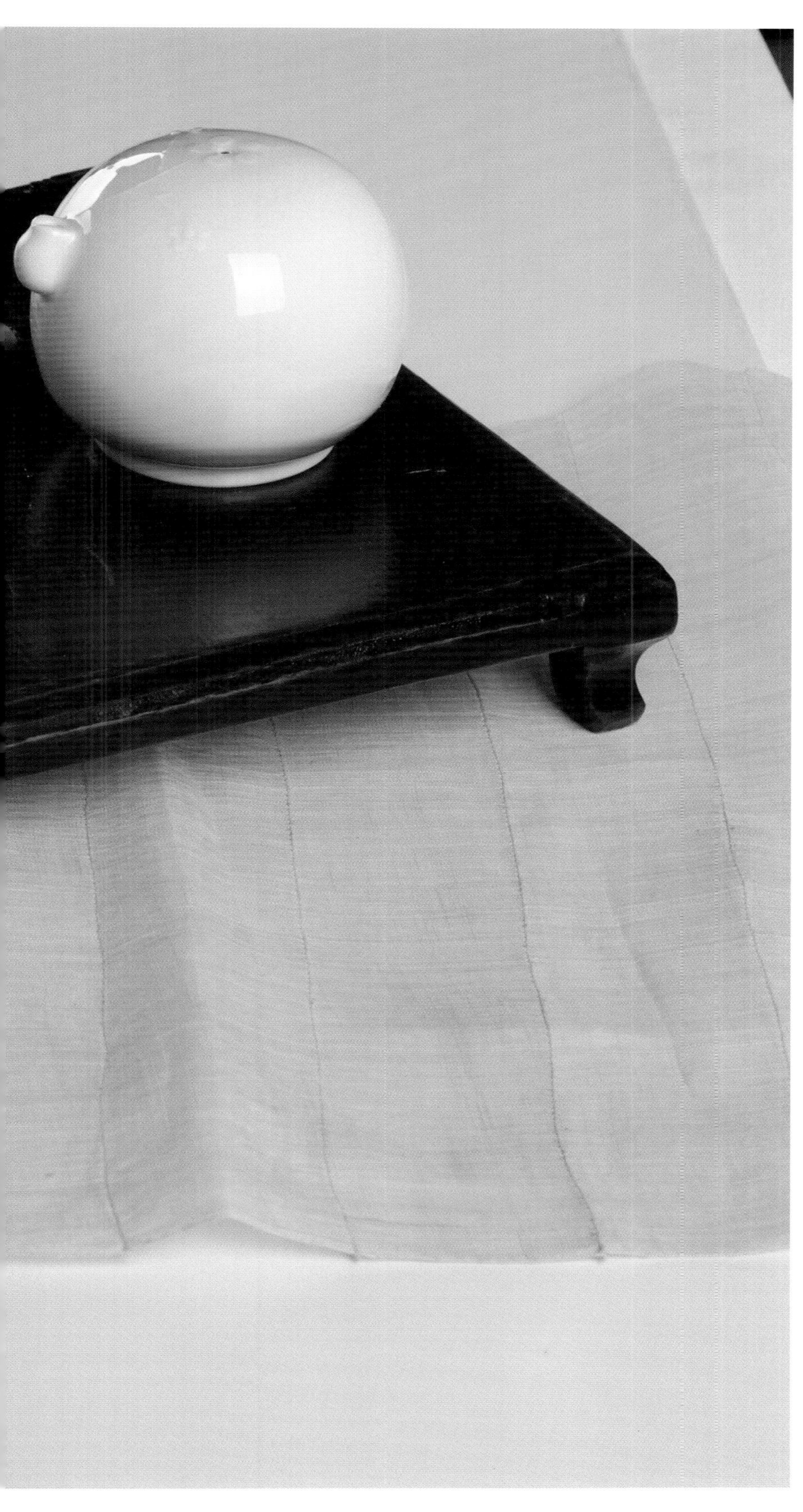

무릎연적 ∅5.5×6cm 최난영 作　　225

기타

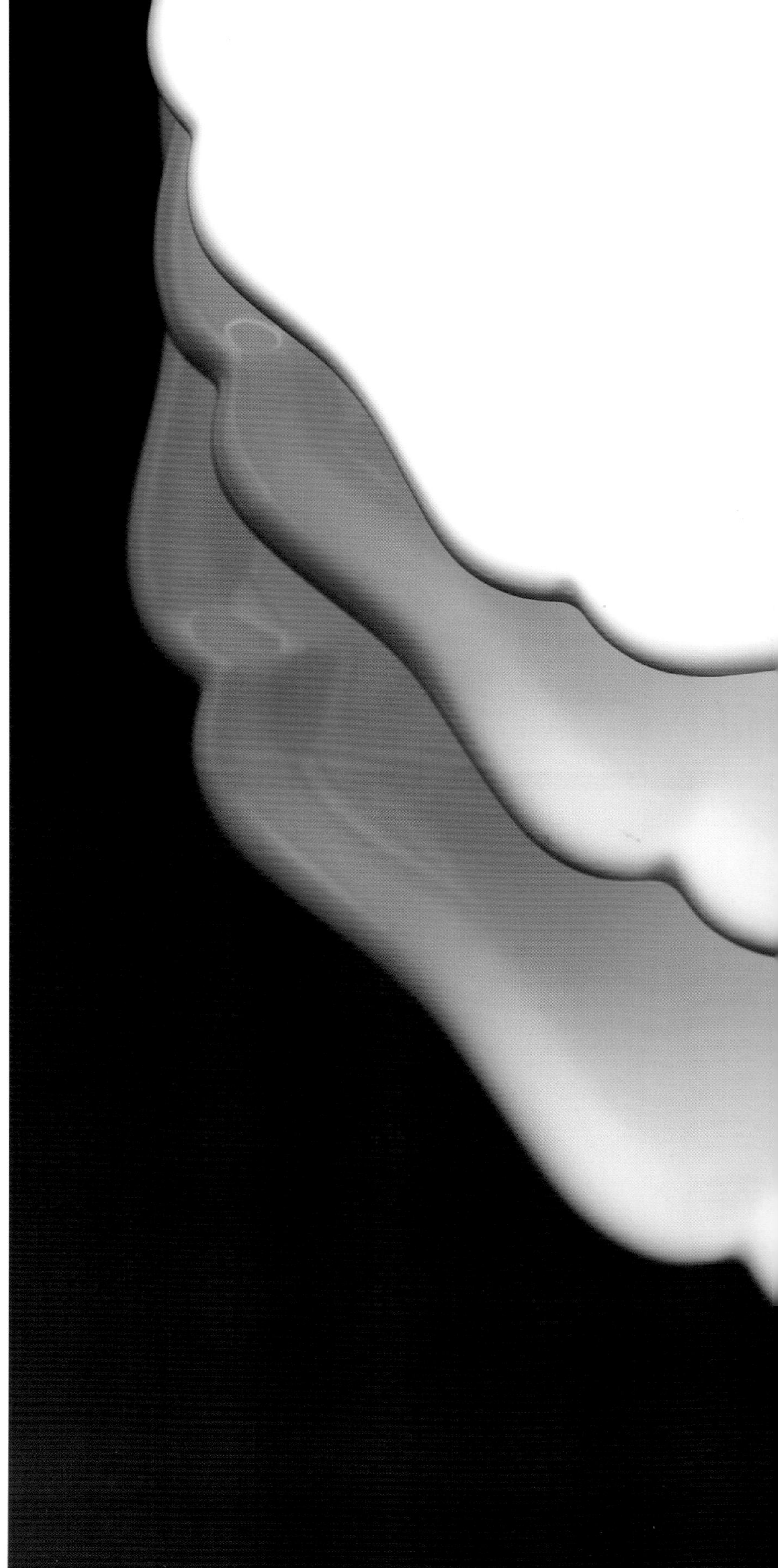

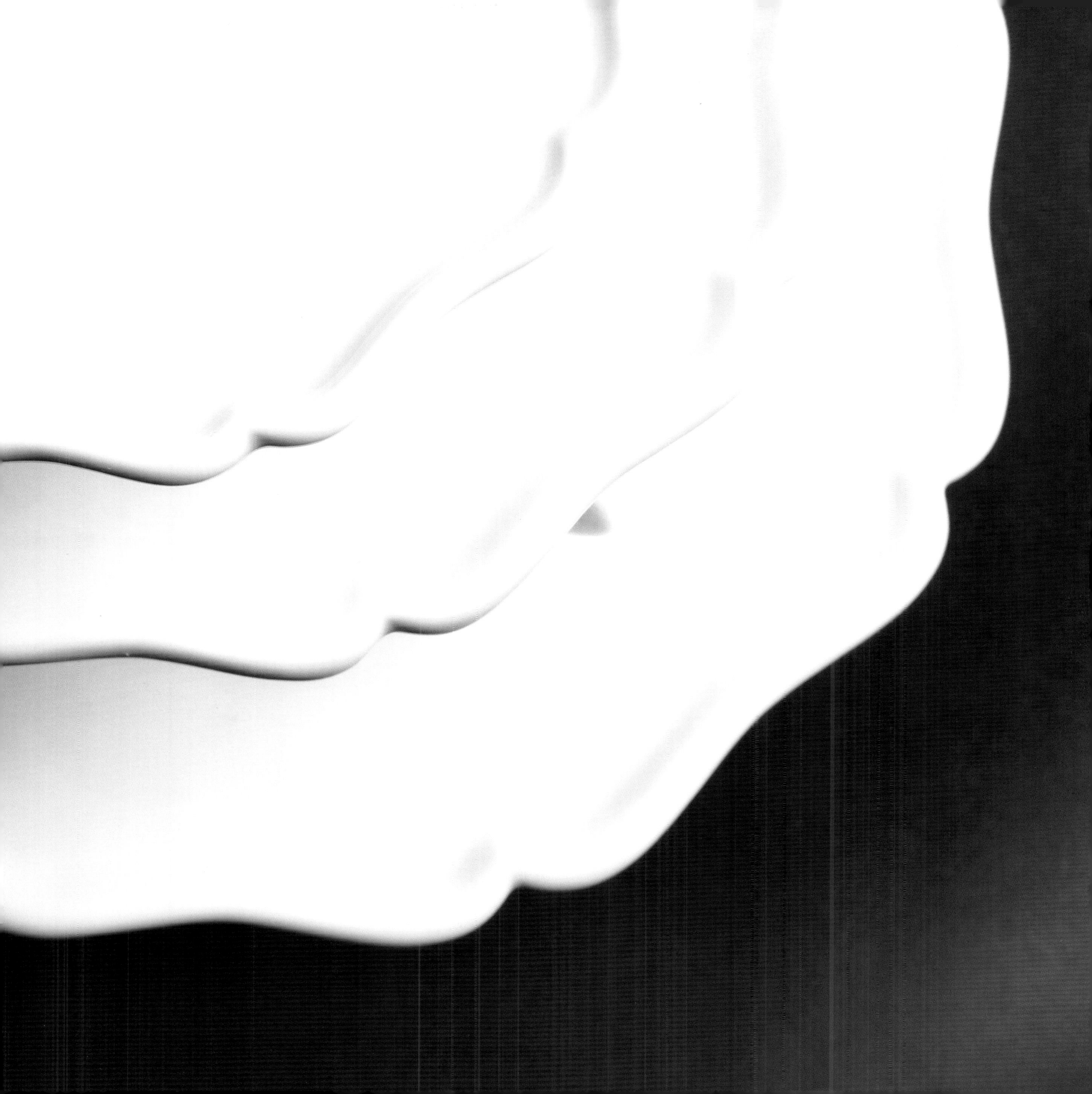

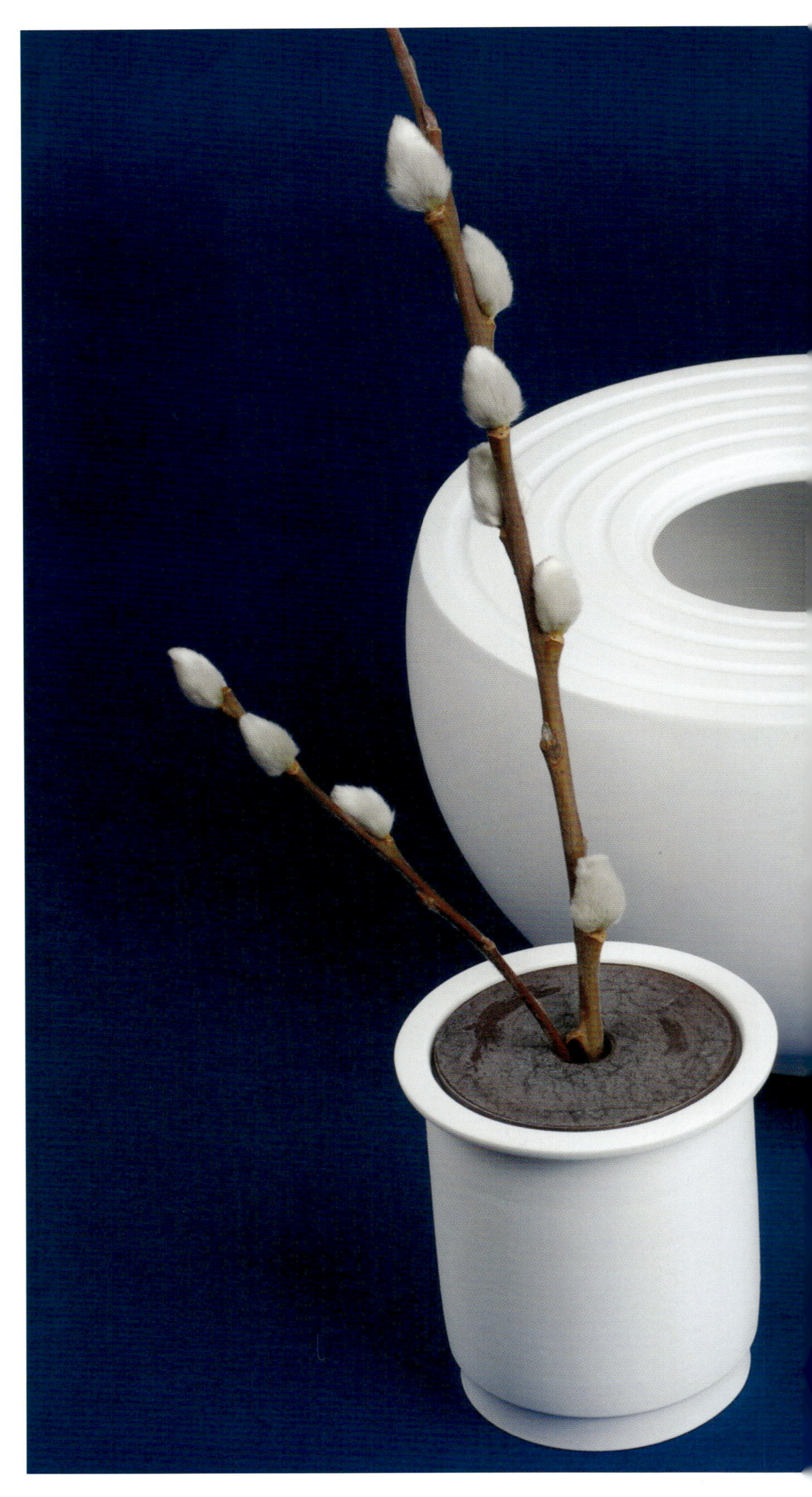

 백자화병 ∅14.5×11cm 민윤희 作

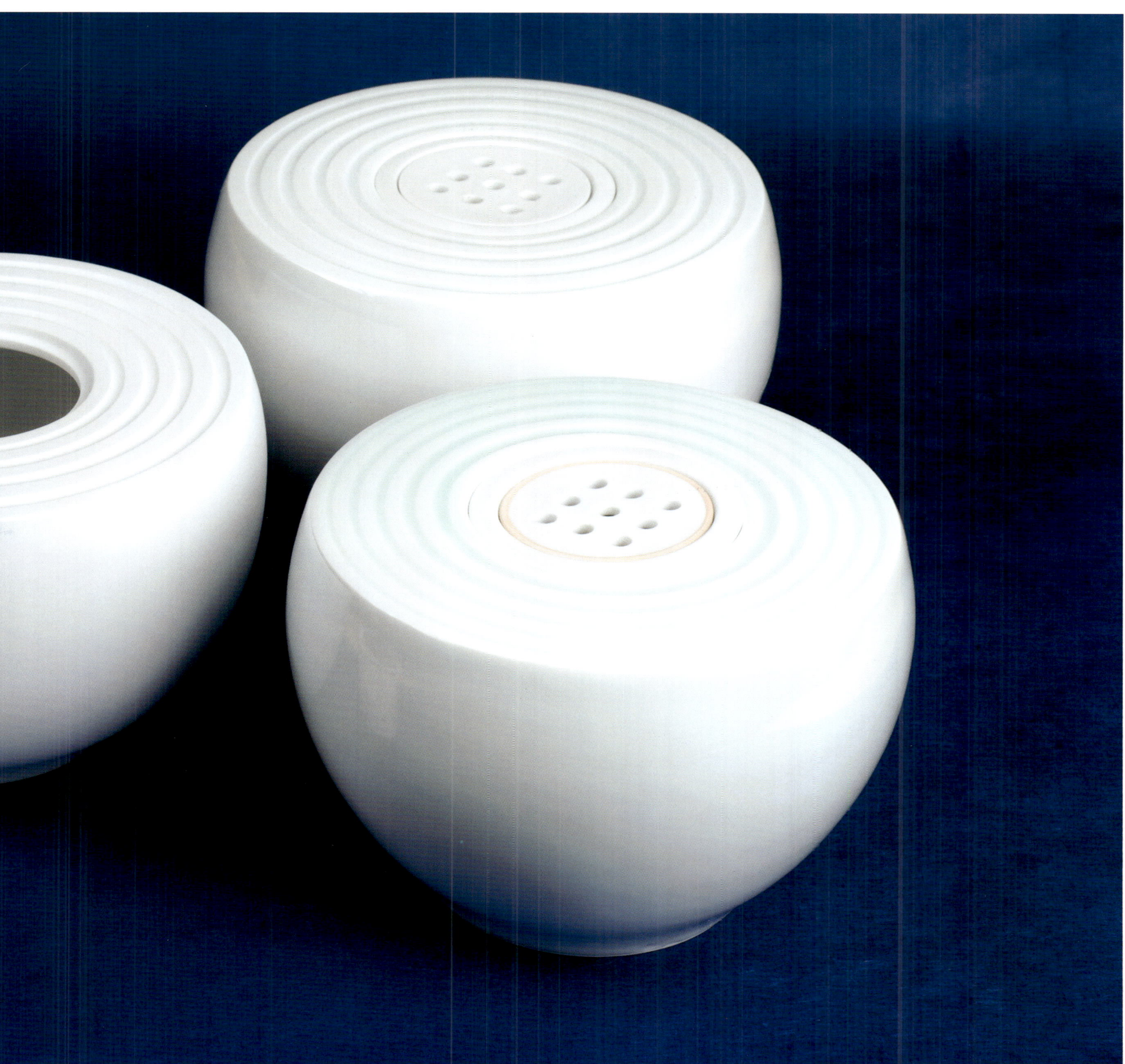

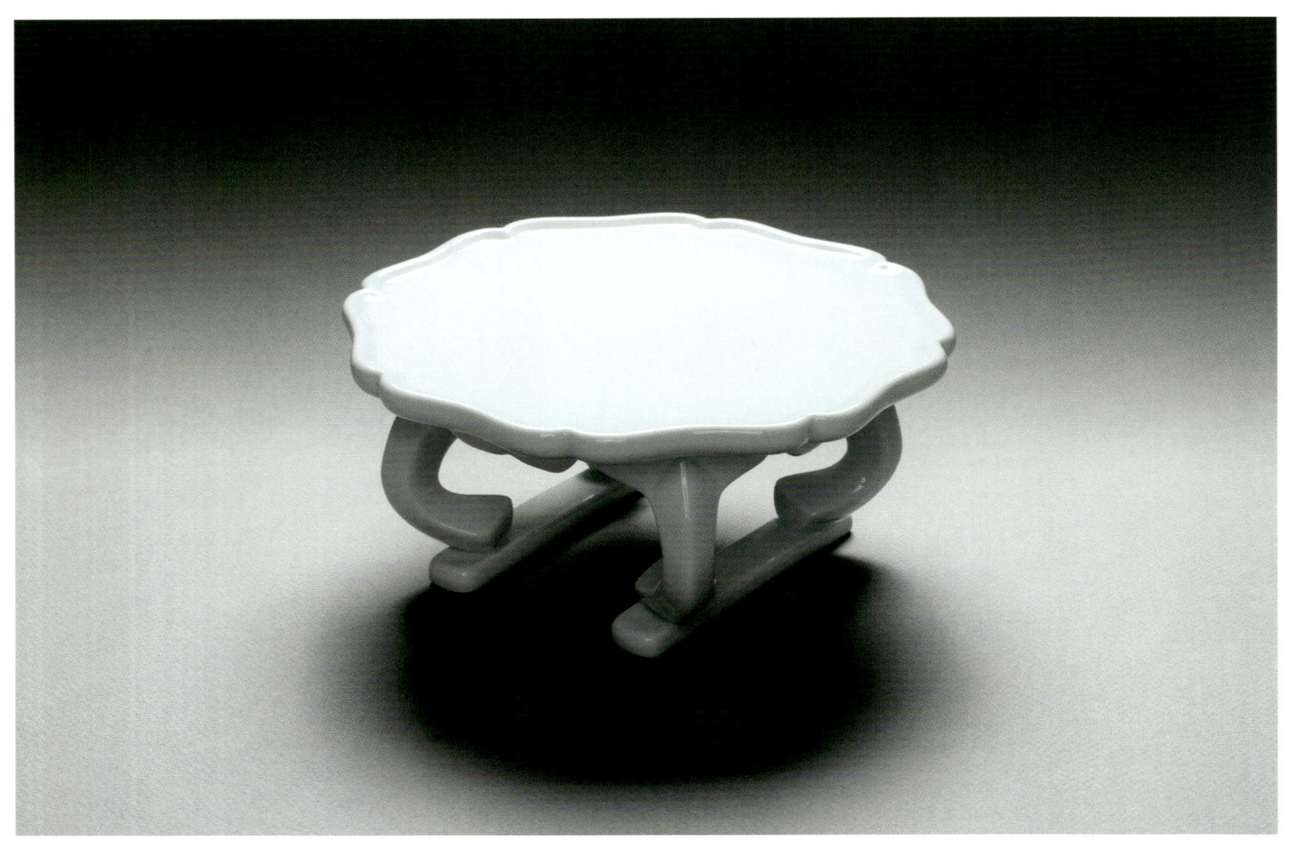

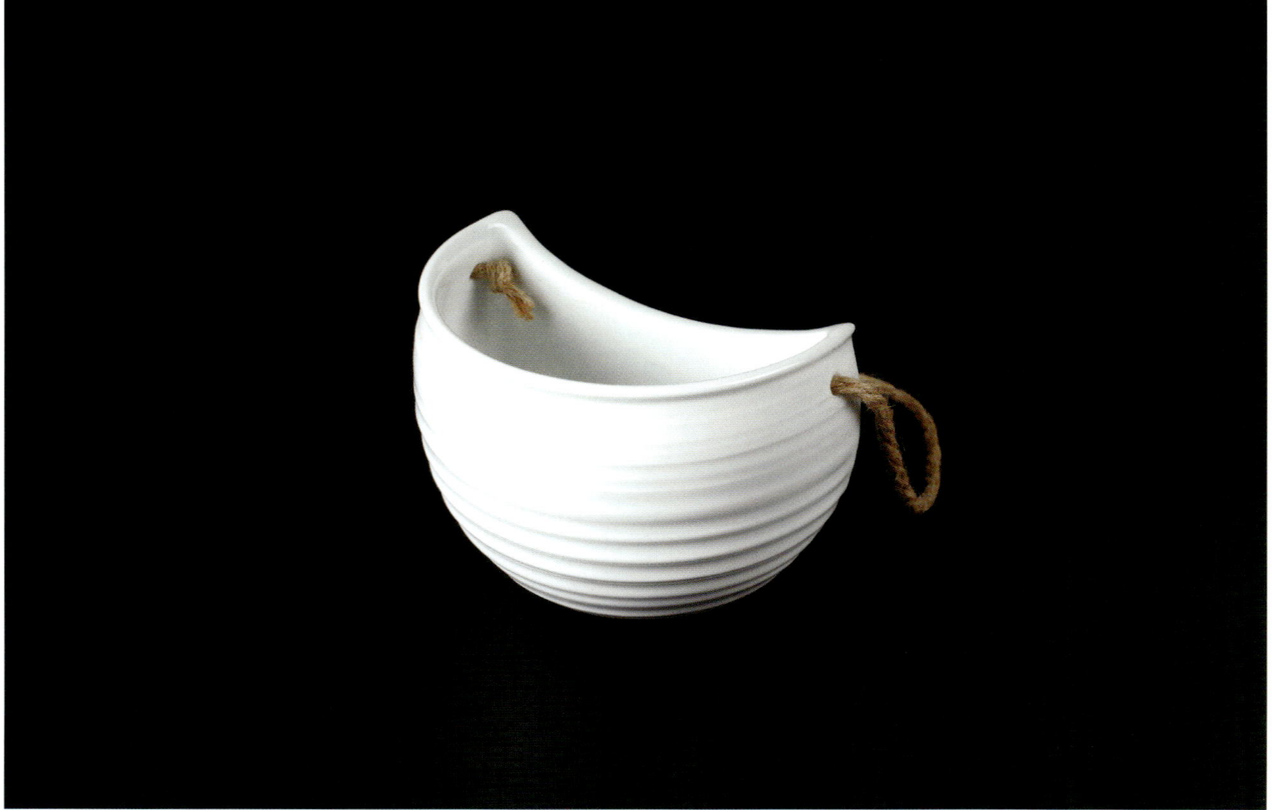

백자개다리소반
大 ∮ 25 x 9㎝, 中 ∮ 20 x 9㎝
小 ∮ 15.5 x 6㎝
MJ아트세라믹 作

백자벽걸이화병
∮ 13 x 10㎝

  김선심 作

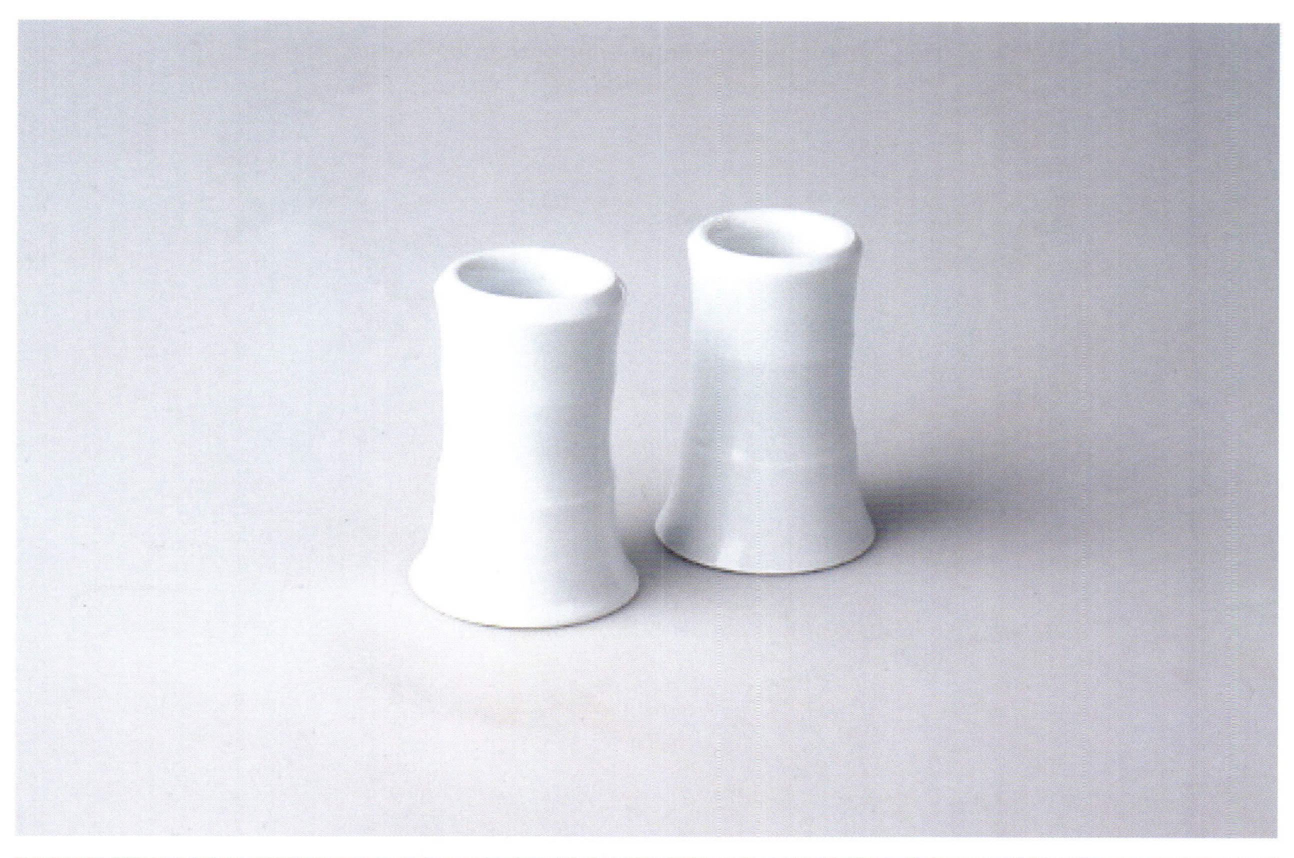

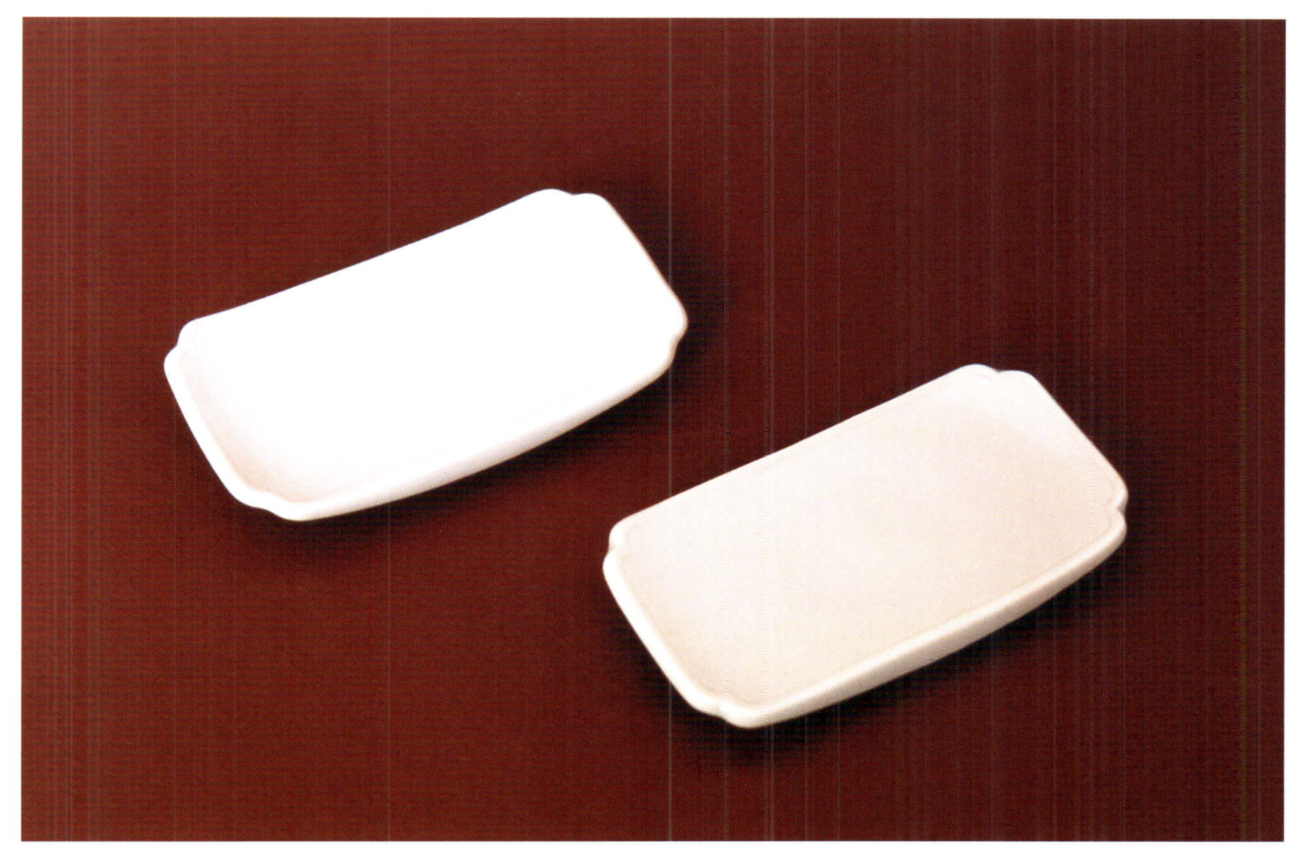

백자촛대
ϕ6.5 × 10㎝
유세림 作

수저받침
김미자 作

231

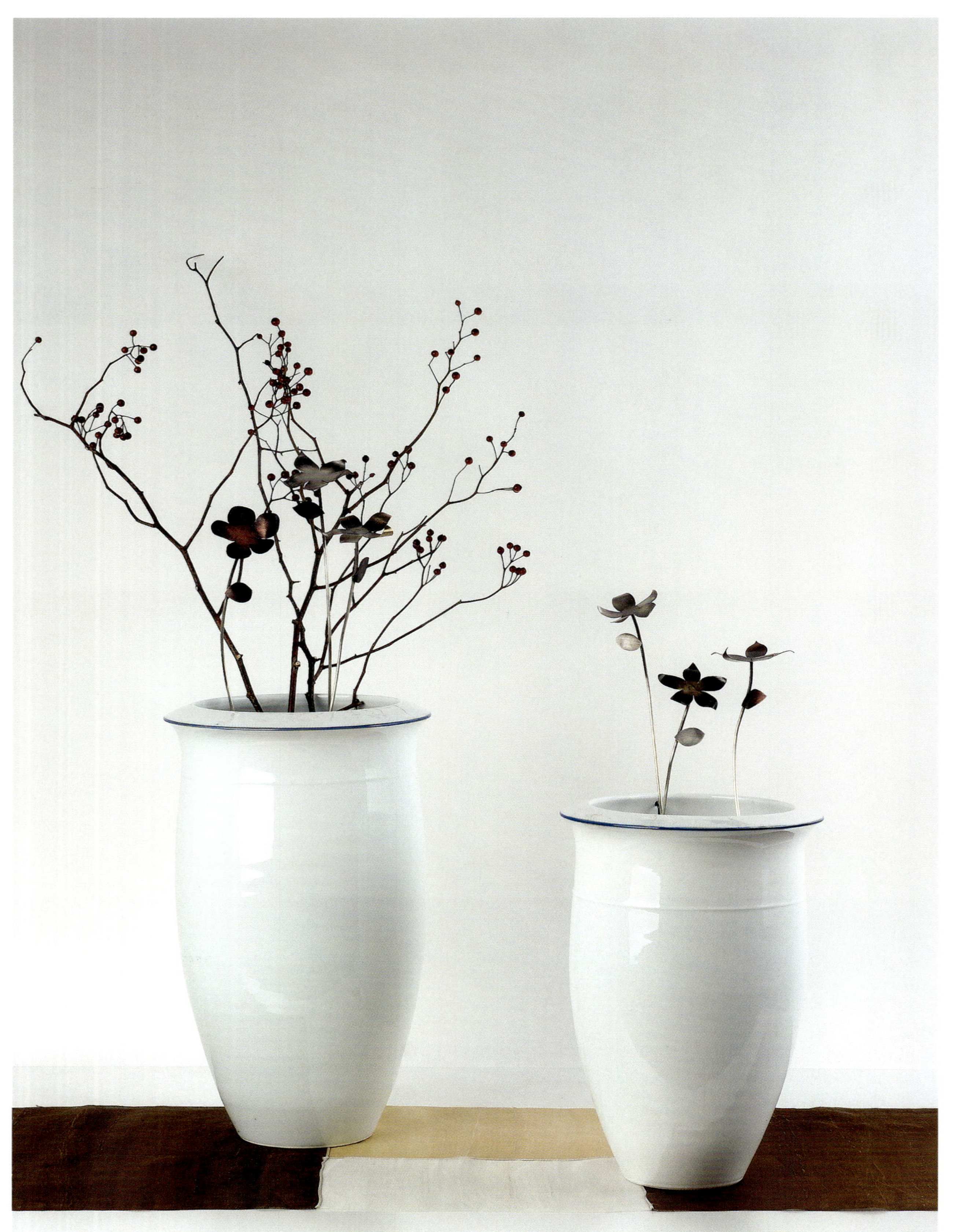

청화백자화병(금속, 은, 황동, 적동)
大 ∮ 21 × 35㎝, 小 ∮ 20 × 29㎝
임헌관 作

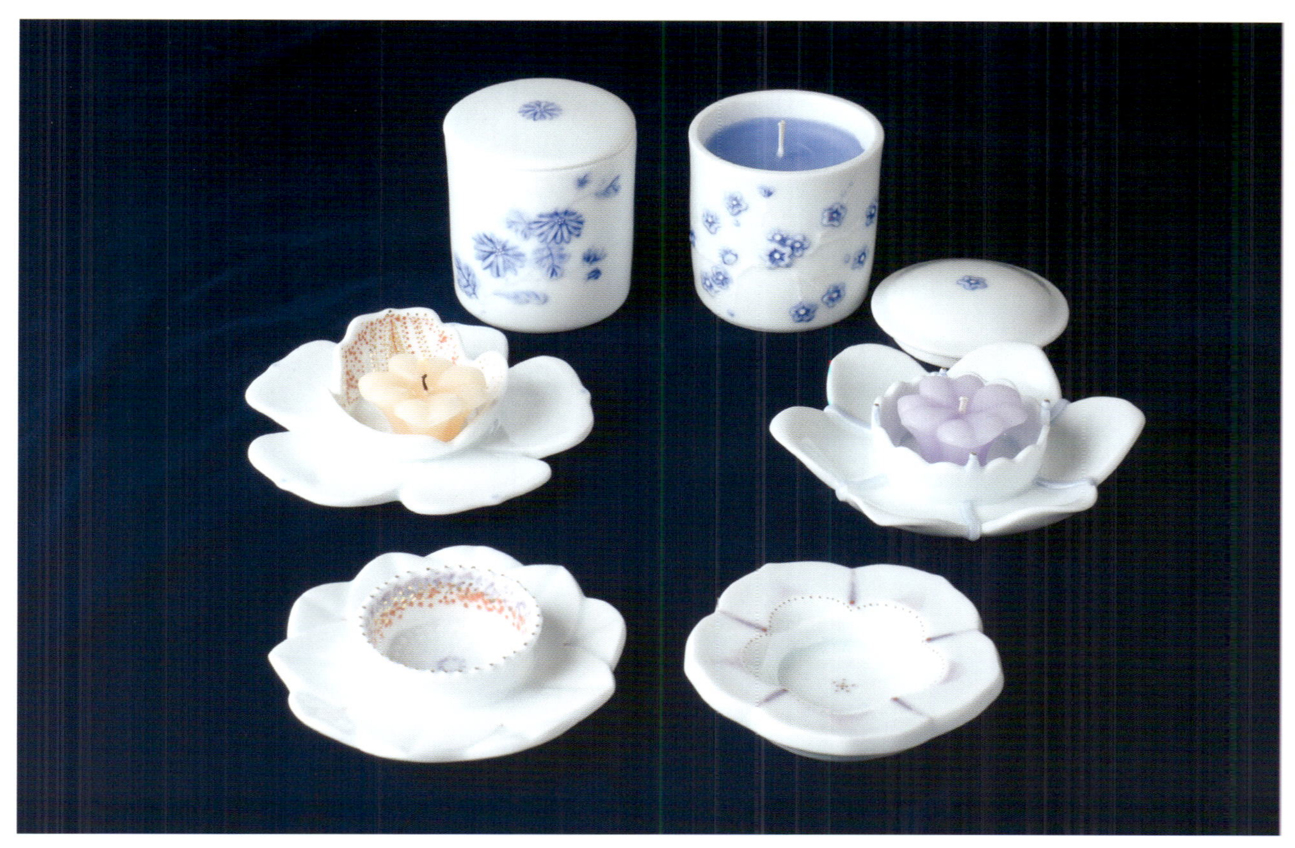

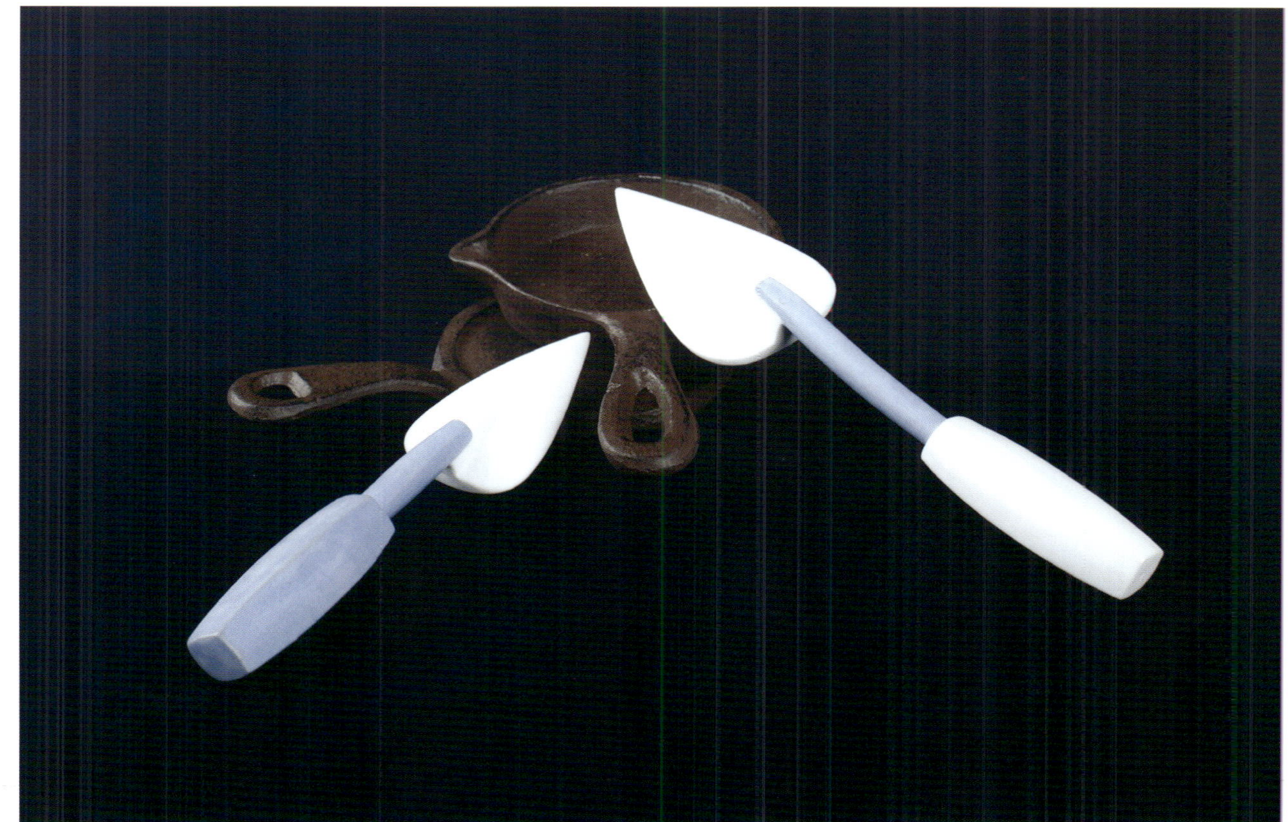

캔들홀더 Set
(매화양각둔 캔들 홀더) ∅7.5 × 7㎝
(국화양각둔 캔들 홀더) ∅7.5 × 7㎝
(화형 티라미트 캔들 홀더)
Ⅰ. ∅11 × 1.7㎝　Ⅱ. ∅12 × 2㎝
Ⅲ. ∅13.5 × 2㎝
Ⅳ ∅14 × 2㎝
전현주 作

백자페이퍼나이프
3.5 × 14㎝
민윤희 作　233

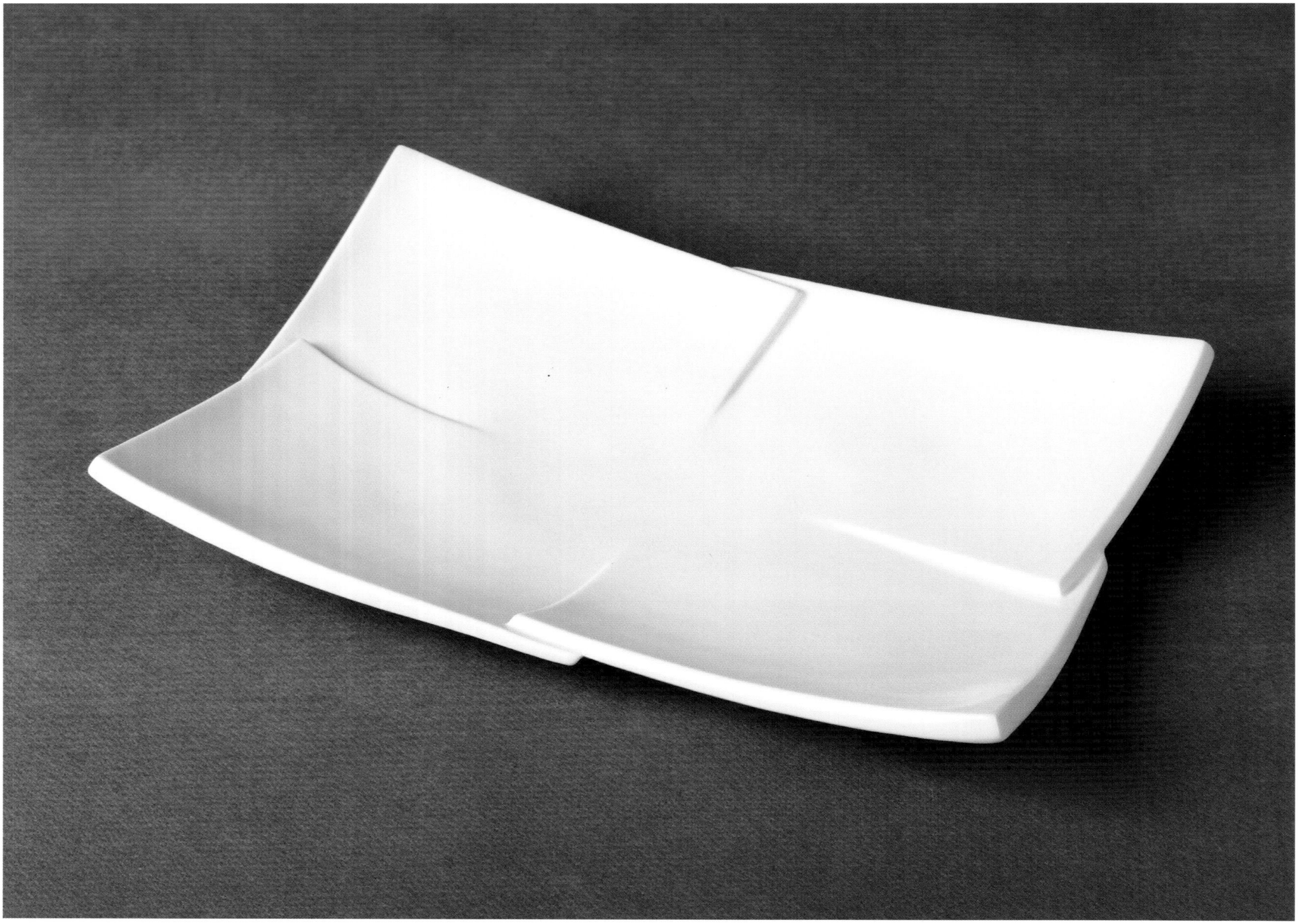

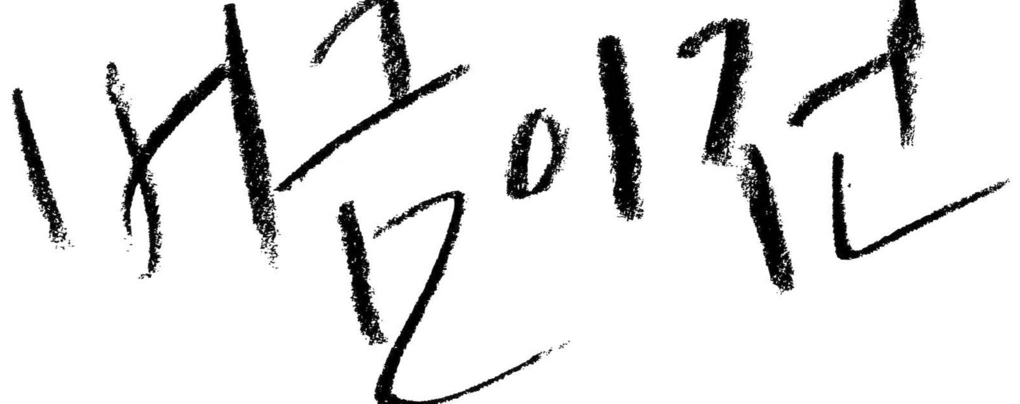

"현대인들은 자신들의 여가를 통해 무언가를 자
신의 손으로 직접 만들 수 있는 노동을 원한다.
그로부터 나온 생산물을 직접 소유함으로써 기
쁨을 만끽하고자 한다. 자연적인 재료를 직접 가
공해 얻은 결과물은 익명의 그 어떤 산업제품과
도 비교될 수 없기 때문이다."

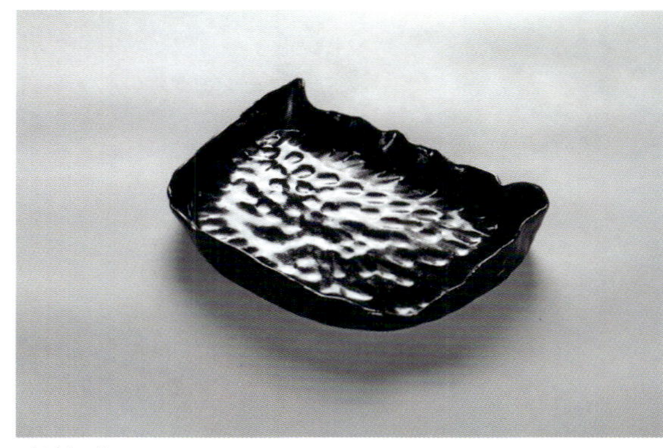

권성순 作

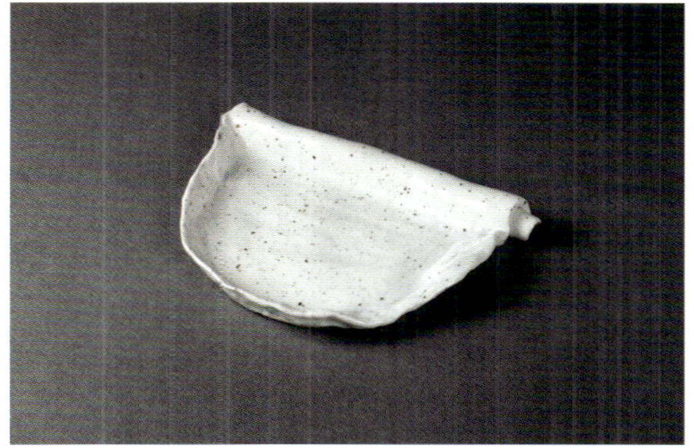

권성순 作

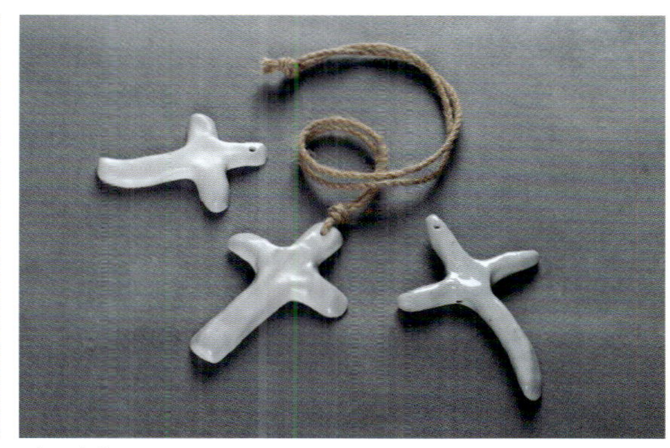

김근상 作

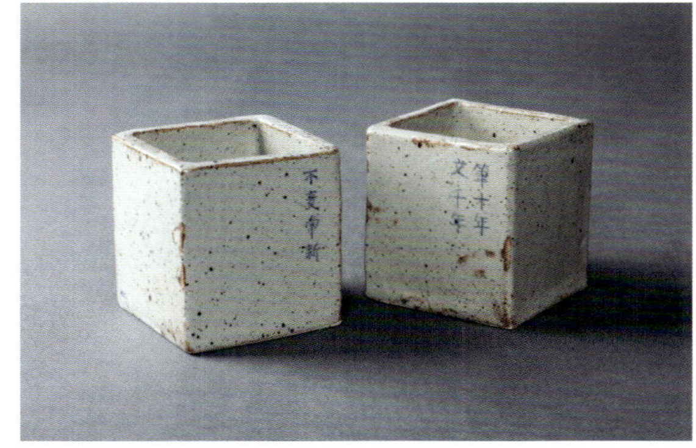

김 찬 作

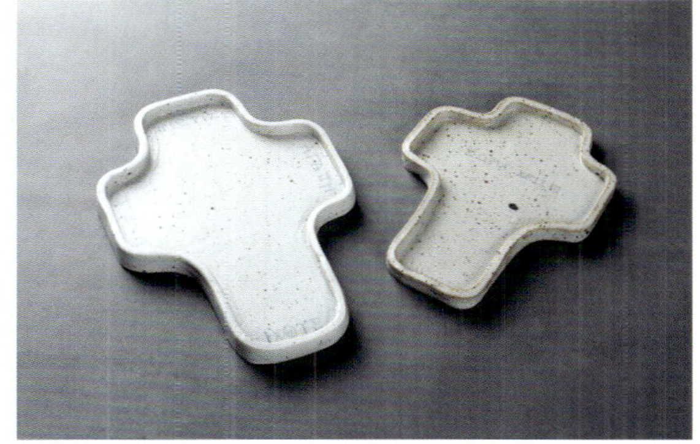

김 찬 作

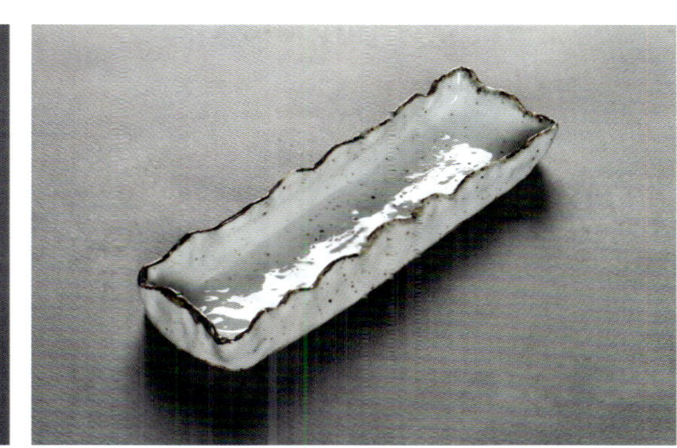

남성진 作

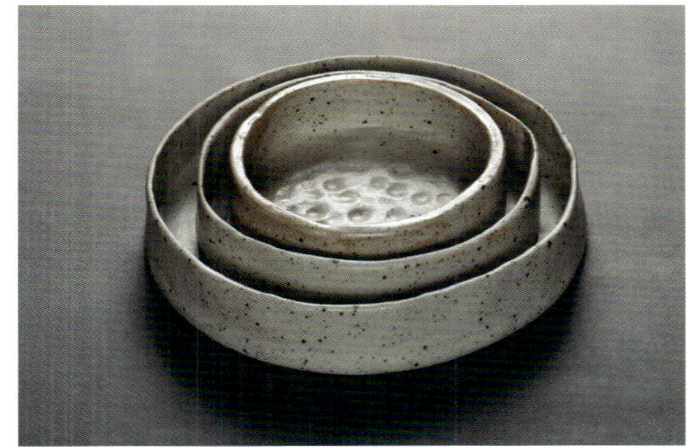

박광자 作

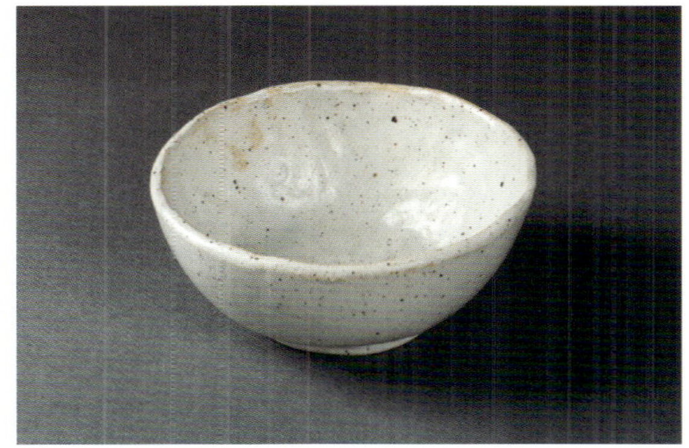

박광자 作

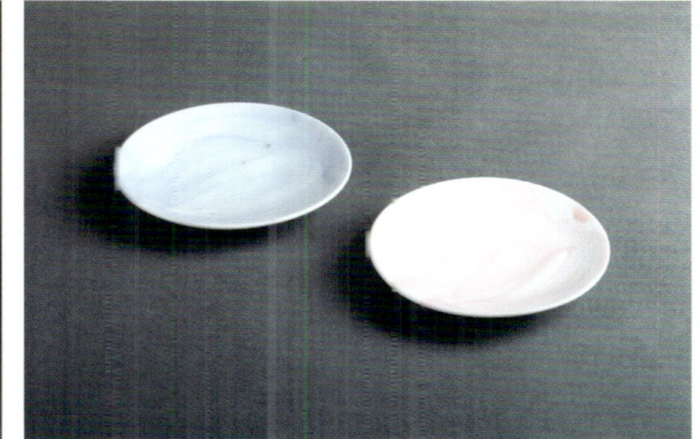

박선영 作

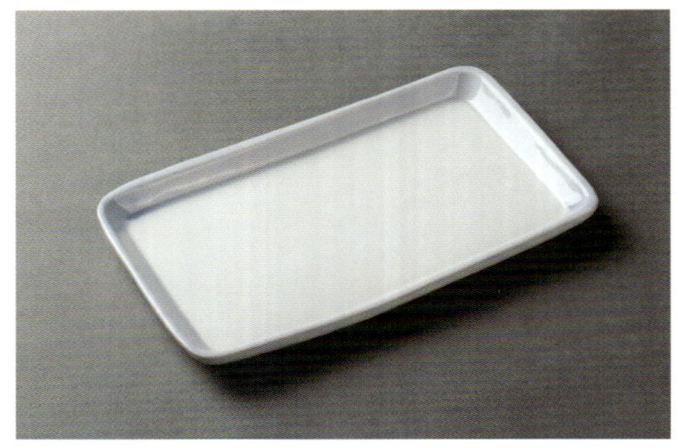

박선영 作

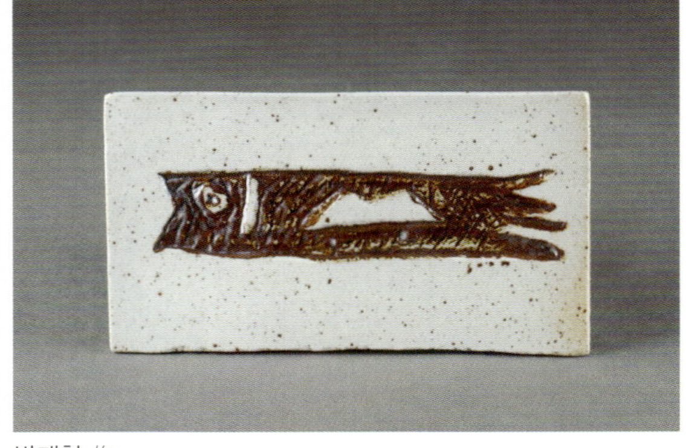

박재현 作

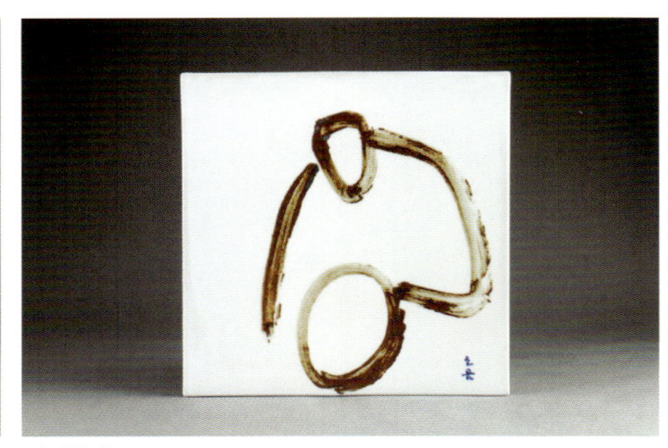

박재현 作

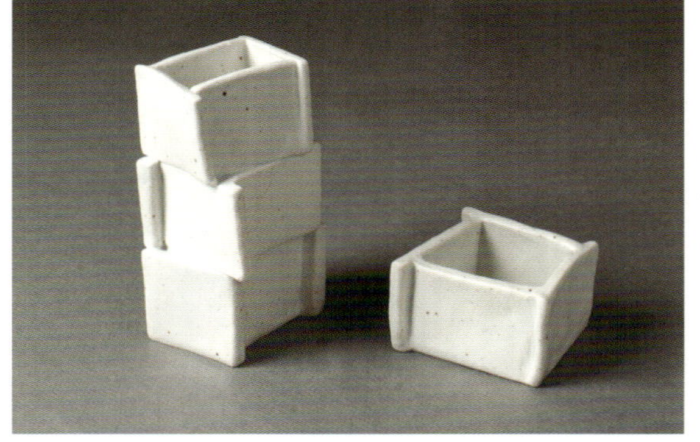

송미란 作

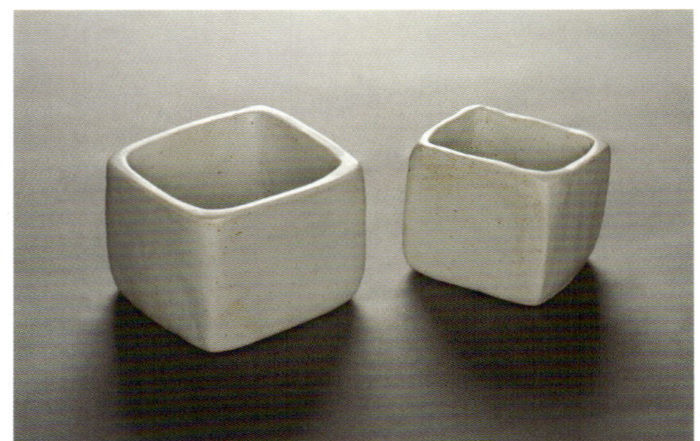

송미란 作

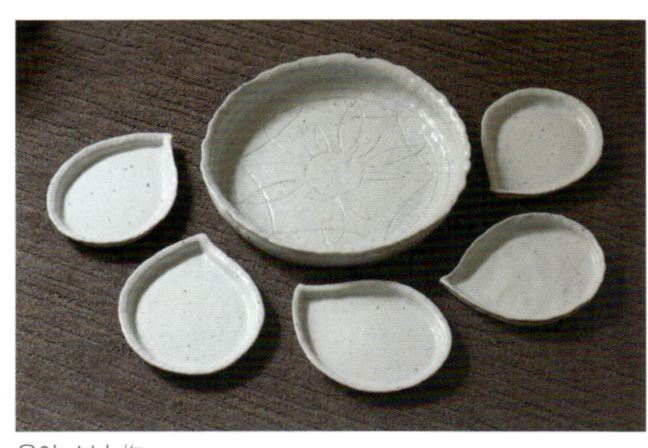

운아 스님 作

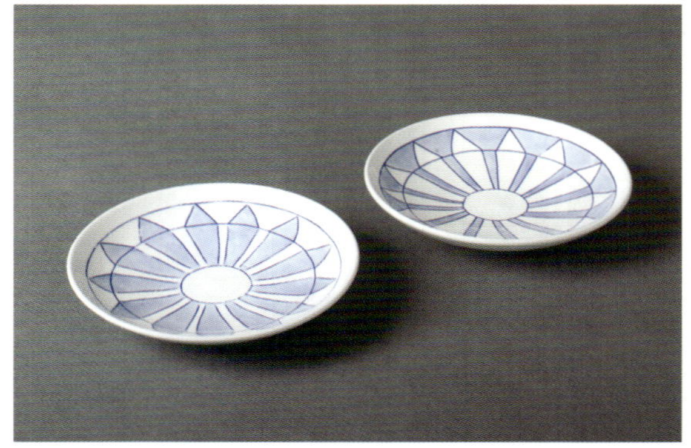

유기형 作

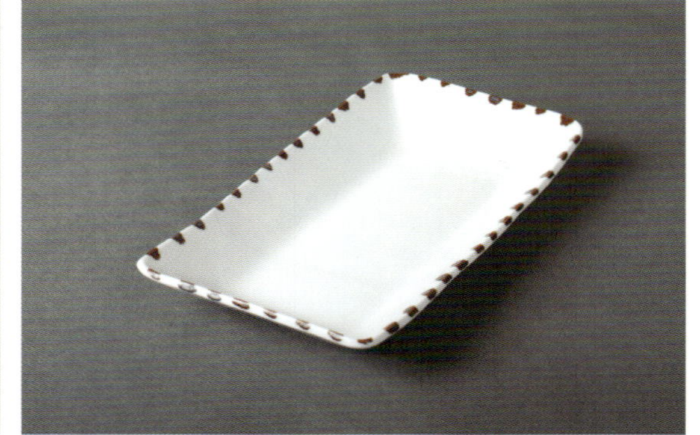

유기형 作

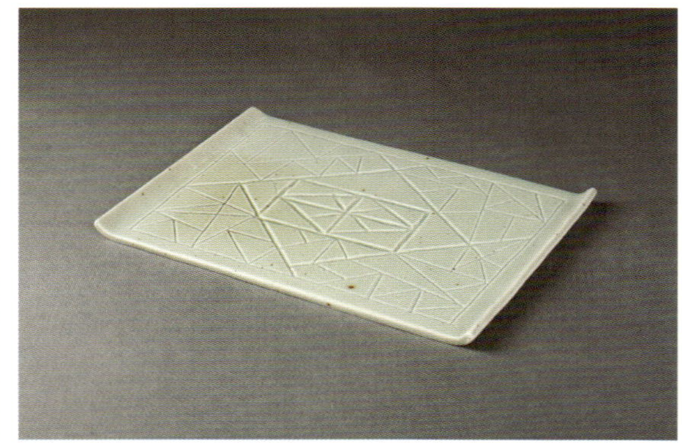

윤혜라 作

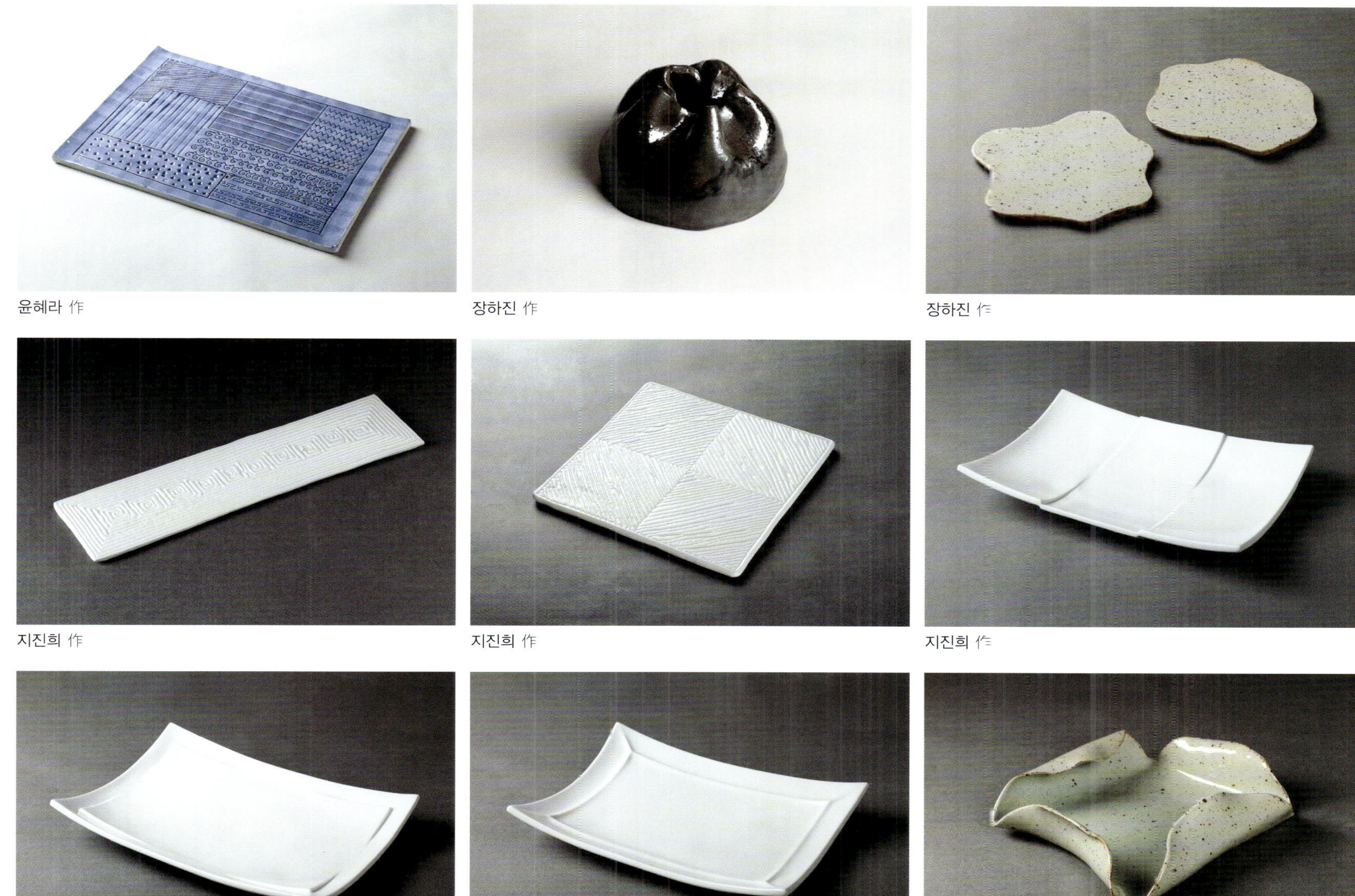

윤혜라 作

장하진 作

장하진 作

지진희 作

지진희 作

지진희 作

지진희 作

지진희 作

진미령 作

237

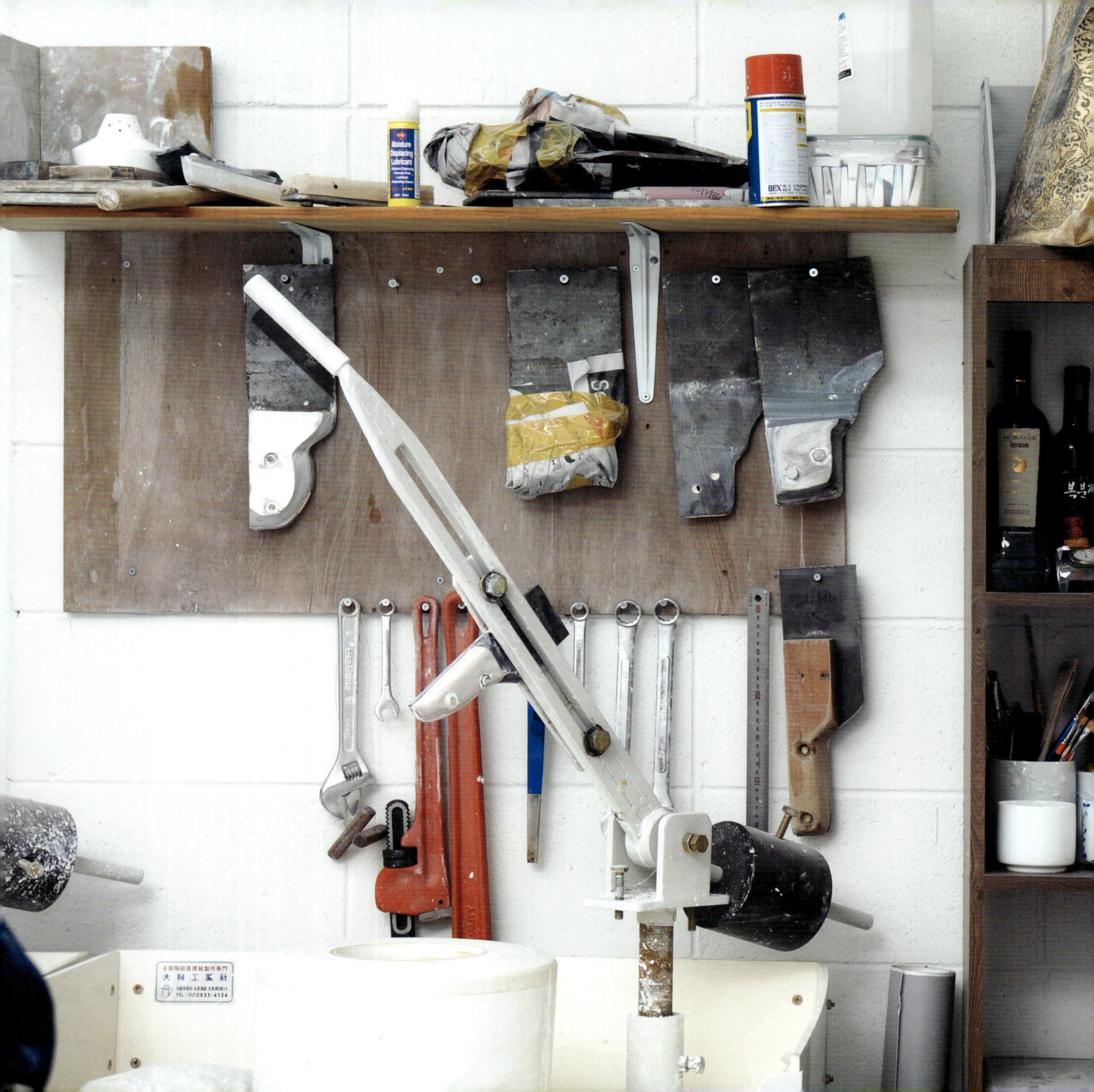

Moisture
Displacing
Lubricant
BEX
大興工業社
TEL : (02)2633-4124
MORANDE
Terrarum
300

지난　십 여년의 기록

도자제품연구회 전시경력

2000년	제 1회	"백자 식기전"
2001년	제 2회	"백자 식기전"
2002년	제 3회	"Good Copy전"
2003년	제 4회	"백자 식기전"
2004년	제 5회	"白磁 酒器. 祭器展"
2005년	제 6회	"Dish+@展"
2005년		"라면사발전", 1260#오픈전
2006년	제 7회	"Coffee &…展"
2007년	제 8회	"새롭게 되돌아보기"展
2008년	제 9회	"靑"展
2009년	제 10회	"靑-II" 展
2010년	제 11회	"백자 식기전"

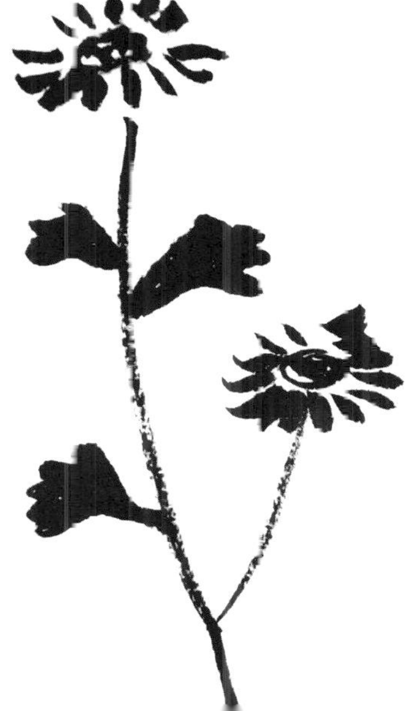

1260#_공화랑 정기전 브로슈어

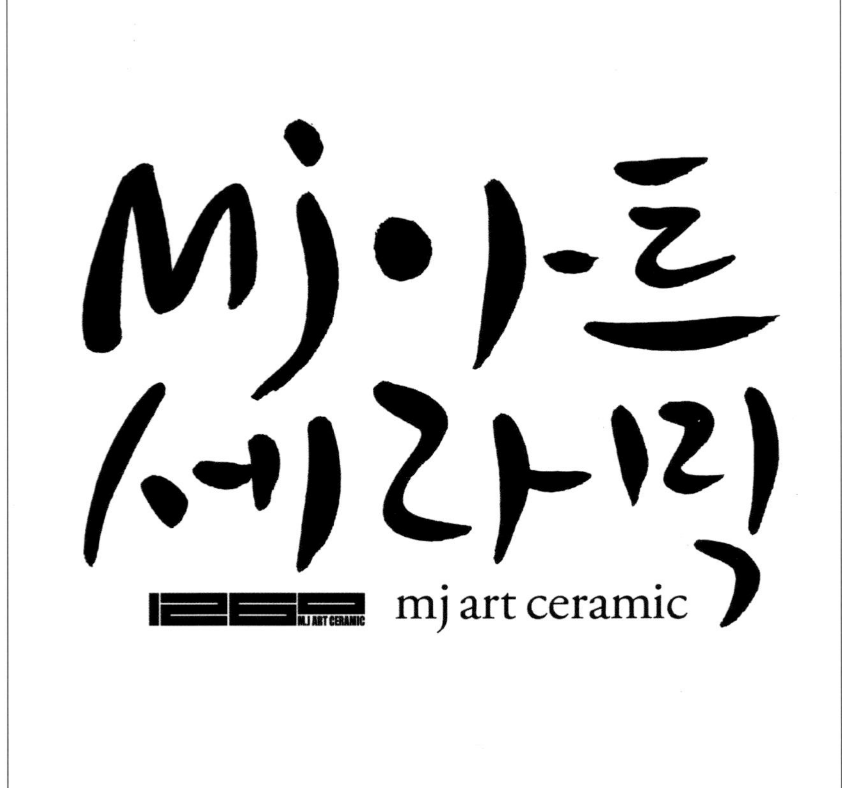

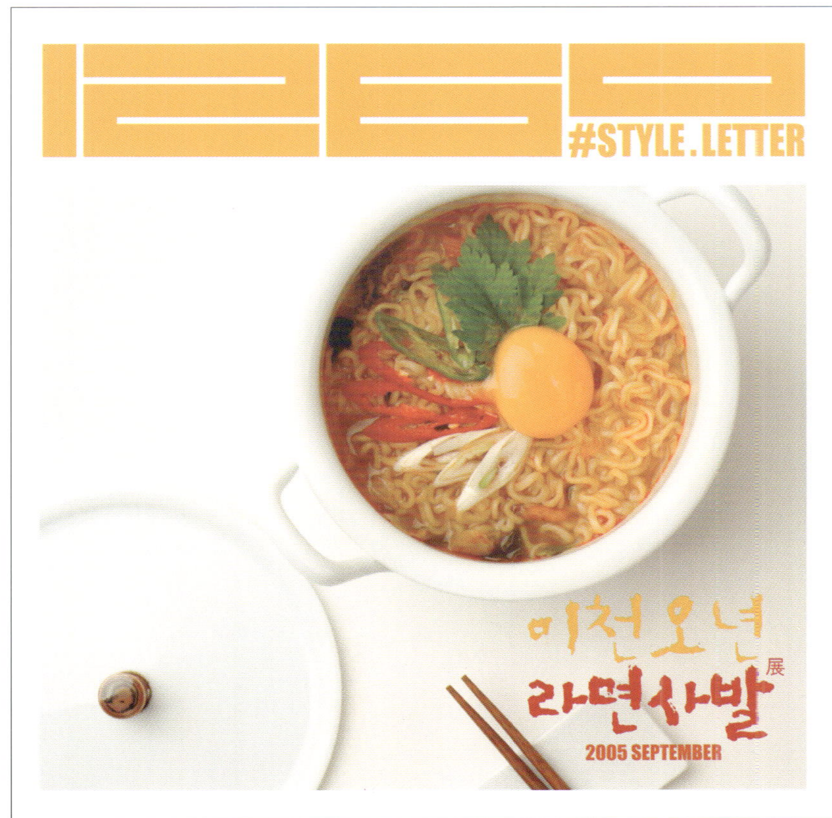
#STYLE.LETTER
이천오년展
라면사발
2005 SEPTEMBER

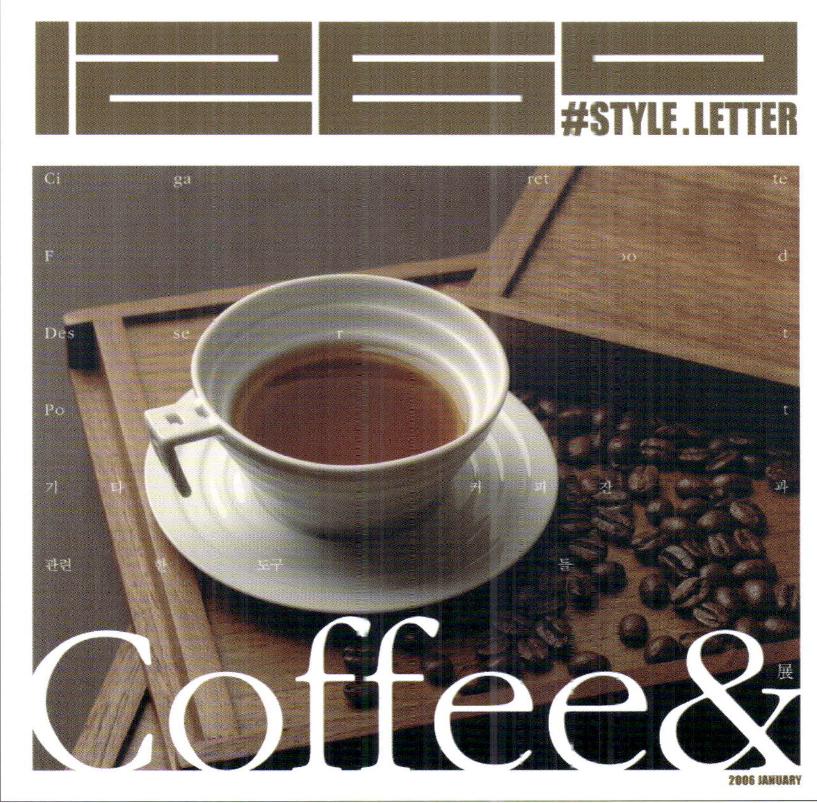
#STYLE.LETTER
Ci ga ret te
F oo d
Des se r t
Po t
기타 커피 과
관련 한 도구 들
Coffee&展
2006 JANUARY

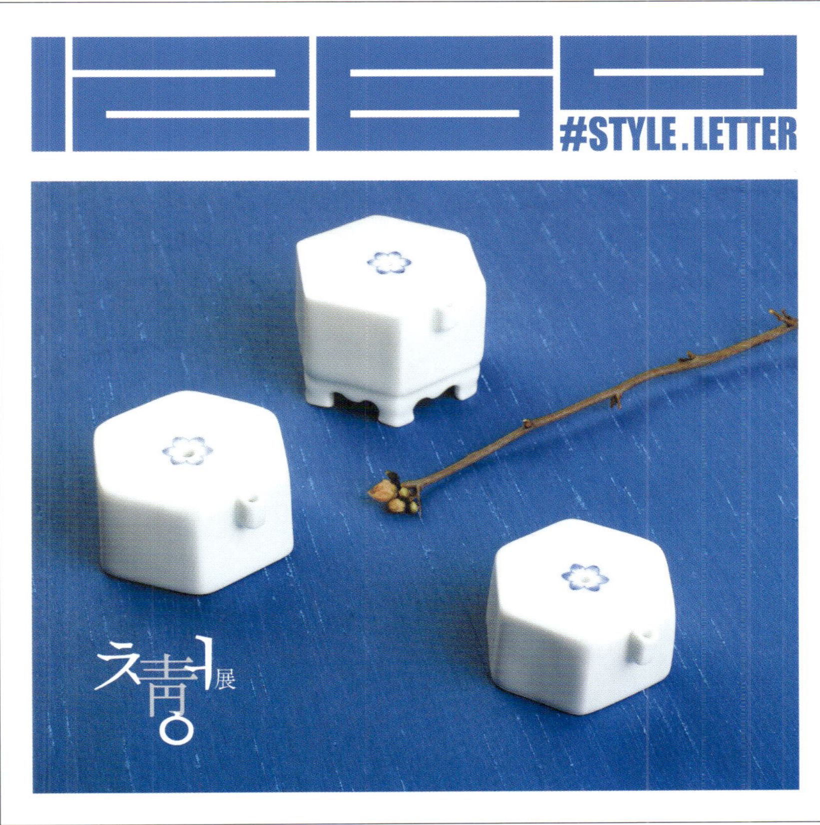
#STYLE.LETTER
청展

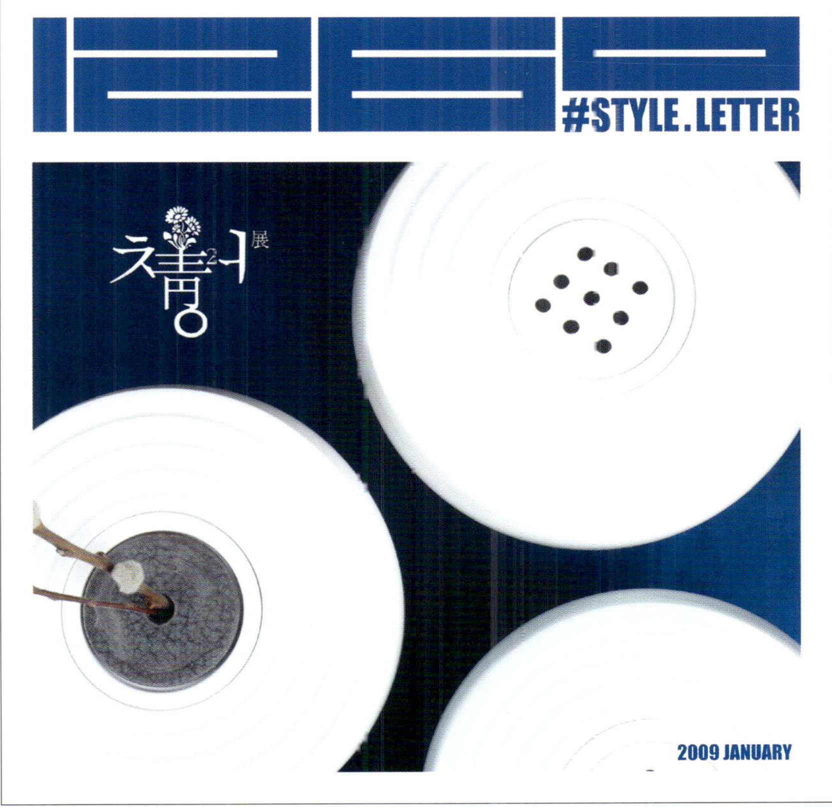
#STYLE.LETTER
청展
2009 JANUARY

2000년   부터 2010년 까지   공화랑

1260#_공화랑 정기전
2000~2010

2000년 제1회 "백자 식기전"

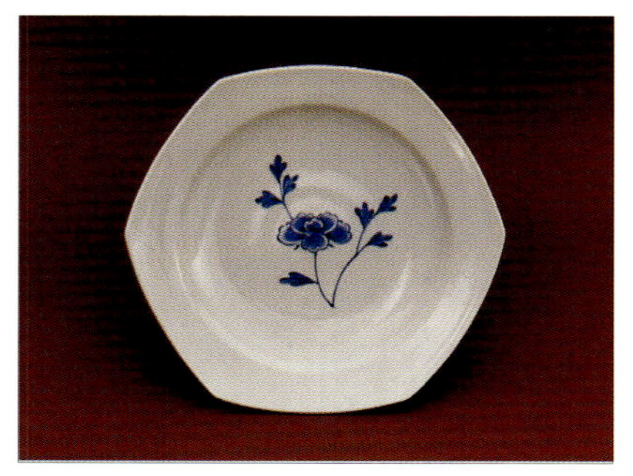

후원자의 연구기금으로 '조선백자의 현대적 계승'을 주제로 열린 도자제품연구회의 첫 전시회, 주전자, 접시, 사발 등이 전시되었다.
(참여작가:김정미, 김미자, 유세림, 전현주, 최윤경)

2003년 제4회 "백자 식기전"

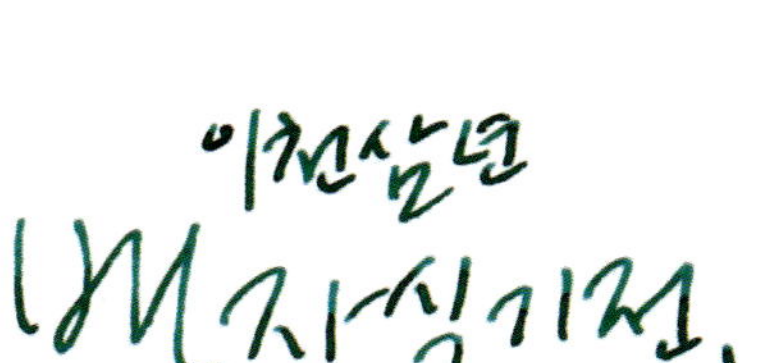

도자제품연구회전과 재학생 졸업미전과의 합동전시회. 일반 백자 식기류 이외에도 장식용 벽걸이, 도자기 인형 등 다양한 인테리어 소품이 함께 전시되었다.
(참여작가:이규성, 김정미, 유세림, 조원민, 김미자 외 재학생 다수 참여)

2001년 제2회 "백자 식기전"

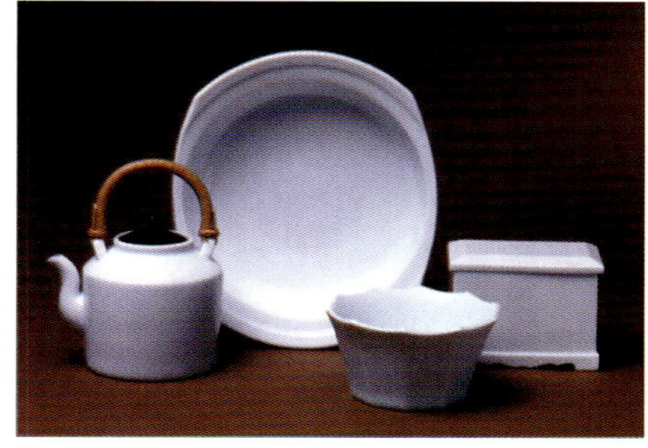

2000년 첫 전시회에 이어 후원기금으로 '조선백자의 현대적 계승'을 연구과제로 기획된 전시, 주전자, 접시, 사발, 문방구류의 순백자 및 청화백자가 전시되었다.
(참여작가:김정미, 김미자, 유세림, 유혜란, 조원민, 장미연, 전현주, 최윤경, 허환)

2004년 제5회 "백자 주기·제기전"

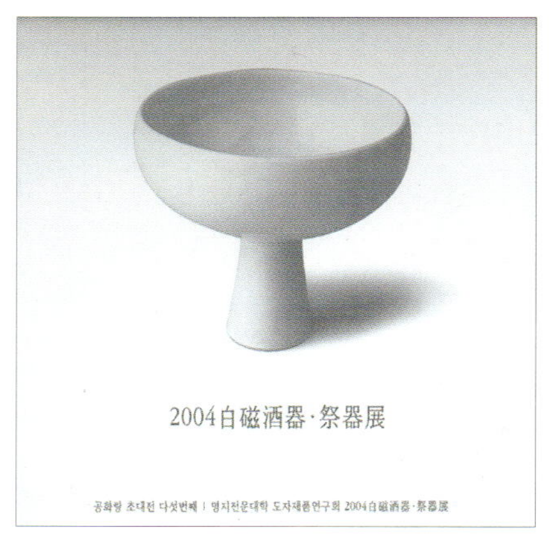

'주기·제기전'은 작은 술잔 하나가 우리의 문화적 삶의 지수이며, 따라서 술잔 하나가 우리의 미학적 삶을 고양시킬 수 있다는 믿음에서 기획된 전시. 또한 백자제기의 상용화가 거의 전무한 점을 감안해 조선백자의 제기를 기반으로 제품개발을 시도하였다.
(참여작가:김미자, 김선심, 유세림, 이은아, 정 미, 조원민, 최윤경)

2002년 제3회 "Good Copy 전"

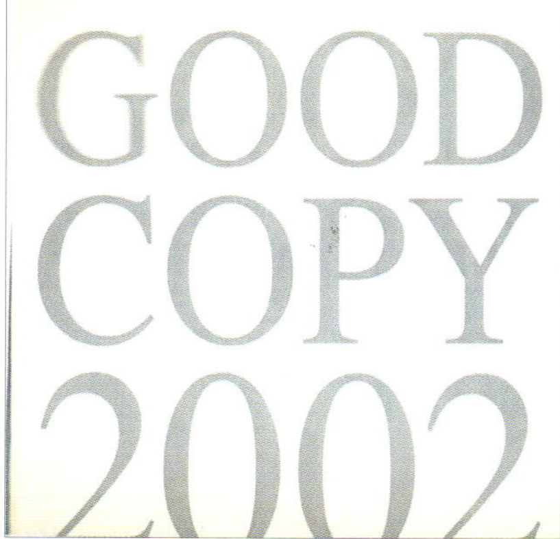

옛 것에 대한 복제행위(copy)를 자기수련의 정당한 동기로 삼고 이를 통해 조선백자의 현대적 계승을 위한 합리적 방법론을 제시하기 위한 전시.
굿 카피(Good Copy)가 문화적 선입견에 대한 자기성찰의 과정이며 새로운 창작의 세계로 나아가기 위한 전제조건임을 알리는데 주력하였다.
(참여작가 : 김정미, 유세림, 조원민, 전현주)

2005년 제6회 "접시+알파전"

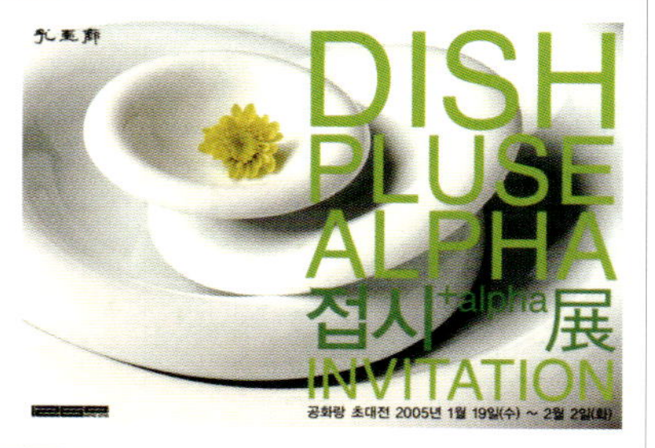

식생활의 변화로 접시의 수요가 과거에 비해 많아지고 있는 현실을 반영해 다양한 형태의 접시 개발을 시도하였다. 또한 잔이나 주전자 등을 함께 개발해 실용성을 강조하였다
(참여작가:김미자, 김선심, 유세림, 이은아, 정 미, 임헌관, 권영미, 조원민, 최윤경, 최난영, 최유정)

갤러리

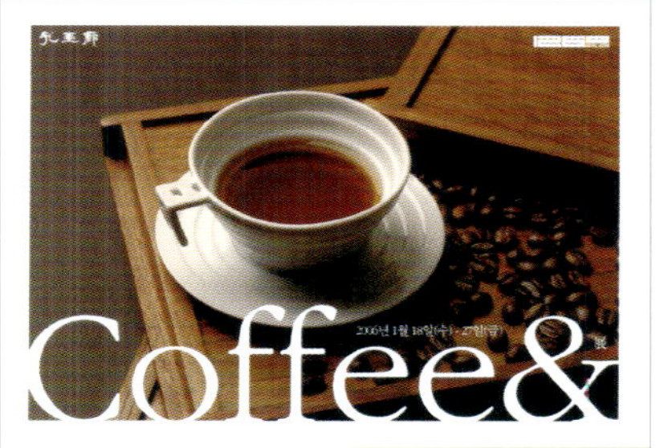

2006년 제7회 "Coffee &...전"

커피가 감성을 지닌 식품이라는 점과 대중화에 비해 다양한 디자인이 부재하고 있는 현실을 개선하고자 기획된 전시. 커피의 감성적 요소를 고려해 전시구획을 크게 세 가지로 나눠 연출하였다. Sound of Coffee와 Image of Coffee, 그리고 Taste of Coffee가 그것이다. Sound of Coffee에서는 전시기간 중 음악공연을 가졌다. Image of Coffee에서는 Coffee에 의해 연상될 수 있는 영상이나 그림으로 보여줬다. 마지막으로 Taste of Coffee에서는 커피 시음 공간을 만들어 운영하였다.
(참여작가:김미자, 김선심, 유세림, 이은아, 전현주, 임현관, 권영미, 조명식, 최윤경, 남미리, 최유정)

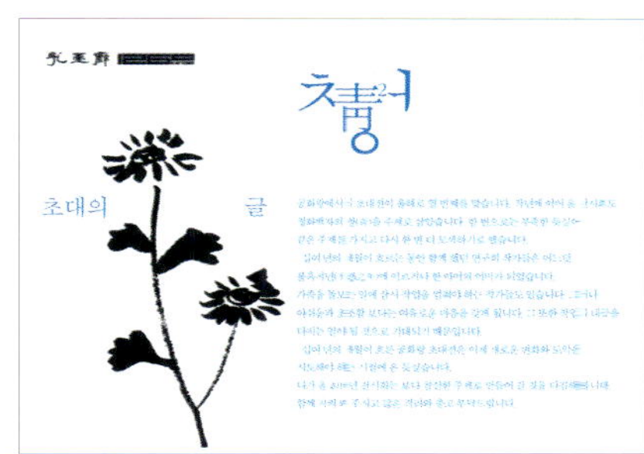

2009년 제10회 "청(靑)2 전"

2008년 제 9회 '청' 전에 이어서 순백자의 틀에서 벗어나 청화백자의 전통을 새롭게 모색하기 위한 전시. 청화백자의 내용과 형식에 있어 다양한 소재발굴과 기법개발을 목표로 기획되었다.
(참여작가:유세림, 긴윤호, 최난영, 이은아, 권영미, 정지희, 김선심, 전혼주.

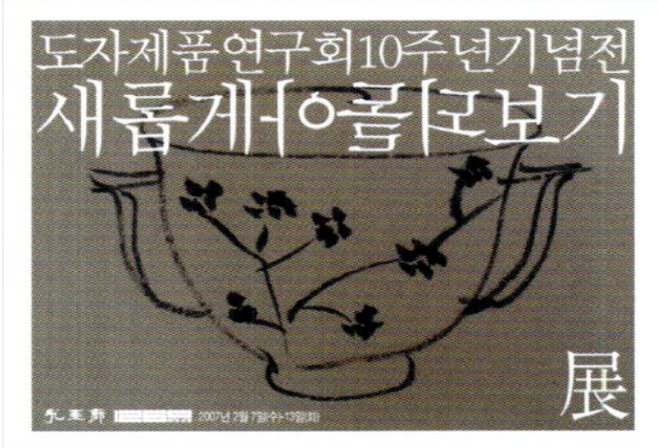

2007년 제8회-도자제품연구회 설립 10주년 기념전- "새롭게 되돌아보기 전"

도자제품연구회가 활동을 시작한지 10년을 맞이해 그 동안 연구회에서 제작한 백자제품을 한 자리에 모아 전시하였다. 지난 10년 동안의 연구 활동을 평가하고, 새로운 미래를 구상하기 위한 계기로 삼고자 마련되었다.
(참여작가:김미자, 김선심, 남미리, 우세림, 유혜란, 이은아, 정 미, 임현관, 권영미, 조원민, 조명식, 장미연, 최윤경, 최난영, 최유정, 허 환)

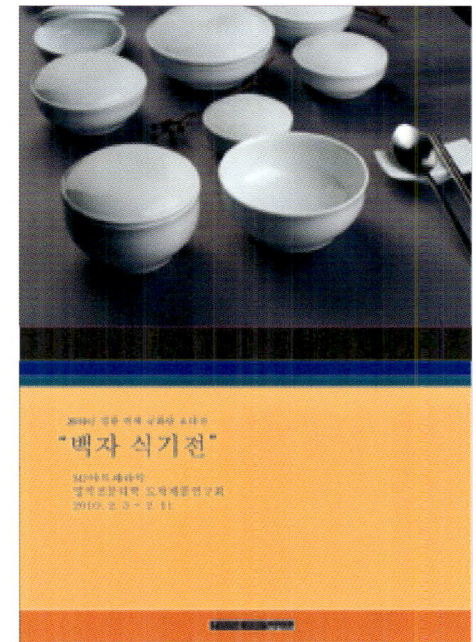

2010년 제11회 "백자 식기전"

MJ아트세라믹 제품을 중심으로 전시.
반상기 세트 및 다기세트 등, MJ아트세라믹에서 그 동안 개발한 다양한 백자식기 제품들을 홍보하기 위해 기획된 전시.

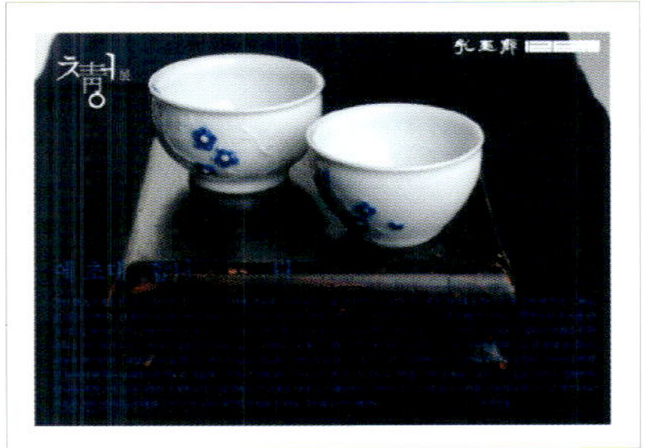

2008년 제9회 "청(靑) 전"

순백자의 틀에서 벗어나 청화백자의 전통을 새롭게 모색하기 위해 청화백자를 주제로 한 전시. 청화백자의 내용과 형식에 있어 다양한 소재발굴과 기법개발을 목표로 기획되었다.
(참여작가:유세림 ,임현관, 조명식, 남미리, 류 진, 남향숙, 정지희, 민윤희, 최난영)

그외　전시회　개요

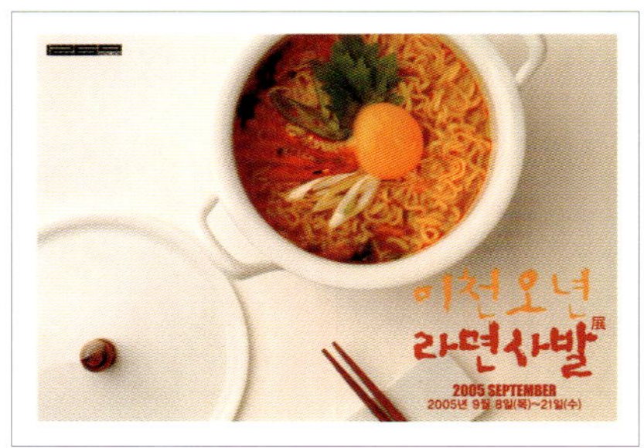

2005년 '라면사발전'

흔히들 전통문화의 발전적 계승을 말하지만 그 자체만으로는 막연하다. 변화의 모색이 도자기에 대한 관념적 접근만으로는 부족하다. 보다 실제적인 동기와 자극이 필요하다. 따라서 오늘날의 생활문화와 소비문화의 꼴이 어떻게 형성되어 있는지를 알아야 한다. '라면 사발전'은 이 같은 인식을 바탕으로 기획되었다. 라면사발의 주 소비 대상은 30대 전후의 미혼자로 삼았다. 또한 라면 그릇에 새로운 기능을 첨가해 보기도 했다. 그릇 위에 반찬을 올려놓을 수 있게 한다든지, 양손을 다 사용하는 여성의 식사 방식을 고려하기도 했다. 결과적으로 사발의 관념적 형태가 변하고, 새로운 식기가 개발되었다.
(참여작가:권영미, 김미자, 김선심, 유세림, 이은아, 임헌관, 조명식, 조원민, 최윤경, 최유정)

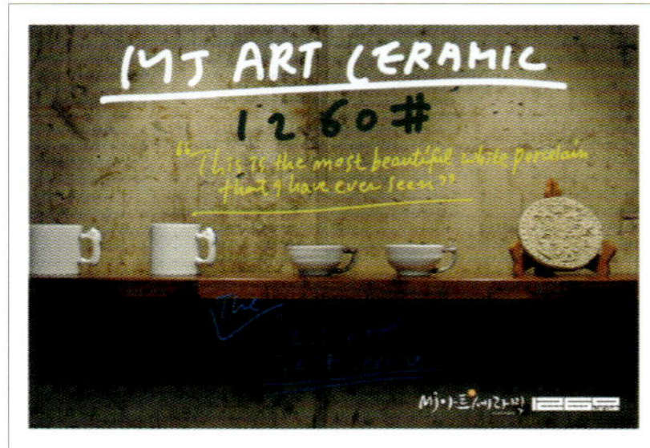

2009년 통의동 1260# 오픈기념전

2009년 MJ아트세라믹 직영매장(통의동 1260#) 오픈 기념전

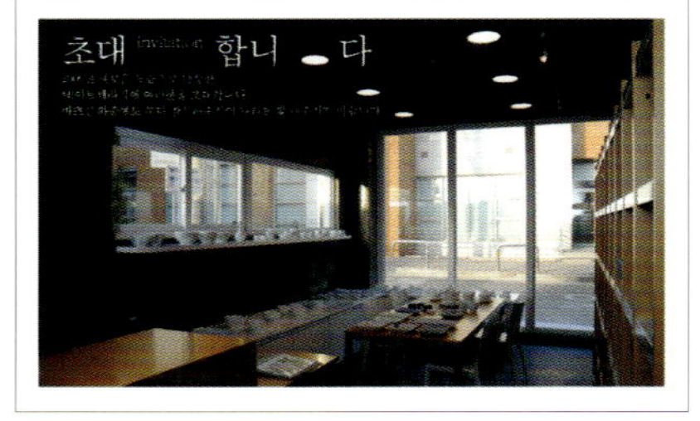

2009년 MJ아트세라믹 사옥 오픈기념전

2009년 MJ아트세라믹 사옥 완공 및 개관 기념전

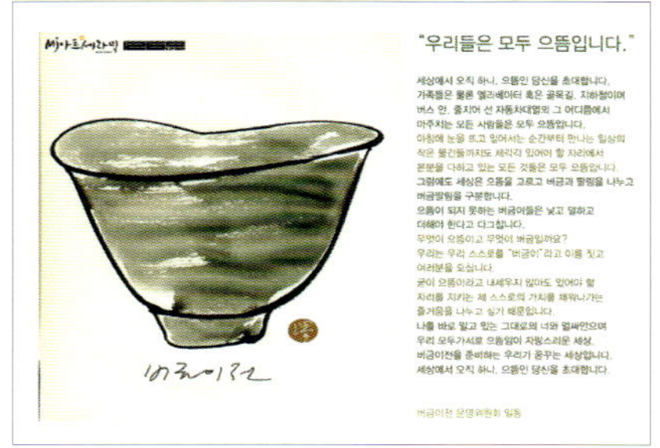

2009년 제 1회 '버금이전'

전업작가의 공방이나 도자기회사에서 재고로 보관중인 B급 도자기를 일반 소비자들에게 저렴한 가격으로 보급하기 위해 기획된 판매전

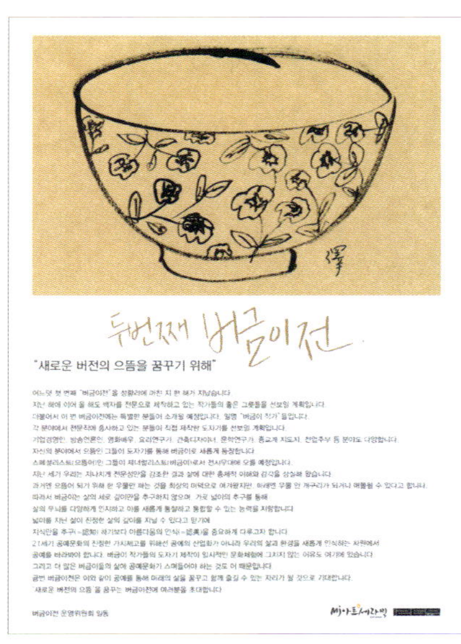

2010년 제 2회 '버금이전'

전업작가들의 B급 도자기와 각 분야의 전문가들로 구성된 일명 '버금이 작가'의 도자기를 판매하기 위해 기획된 전시. 버금이 작가는 일종의 아마추어 작가로서 판매금액은 모두 기부금으로 활용되는 공익연계마케팅(Cause Related Marketing) 형태로 기획하여 공예의 가치가 단순히 산업적 가치에 머물지 않고 삶의 변화를 주도할 수 있는 매개물로 확장시켰다

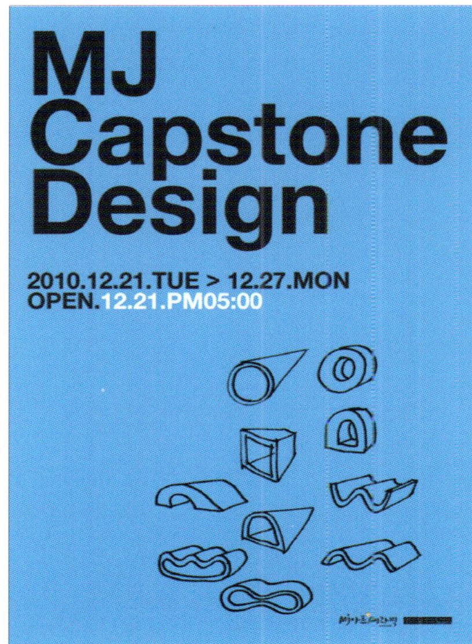

2010년 MJ Capstone Design전

'MJ하이브리드 디자인 교육'은 실무 '융합형 솔루션 교육프로그램'으로서 디자인 교육의 상호 연계성을 개발하고 기업과의 연계성을 높이기 위해 기획된 전시. MJ아트세라믹의 제품개발을 위한 재학생들의 시제품을 선보였다.

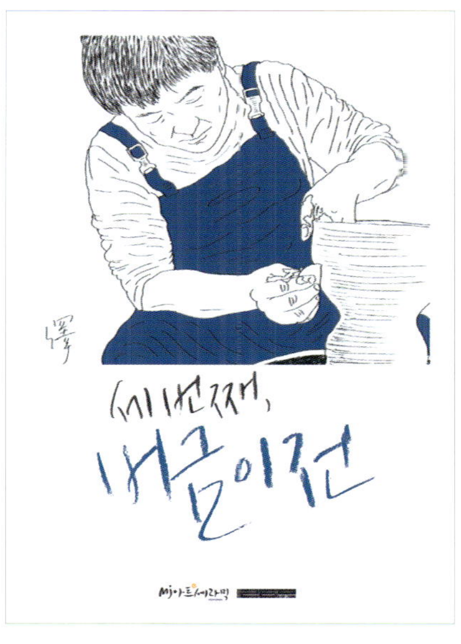

2011년 제 3회 '버금이전'

2010년 제 2회 버금이전과 동일한 내용으로 기획되었으며, 특히 버금이 작가의 활동을 통해 소비와 생산의 경계를 허무는 가운데 새로운 형태의 공예문화를 가능케 했다.

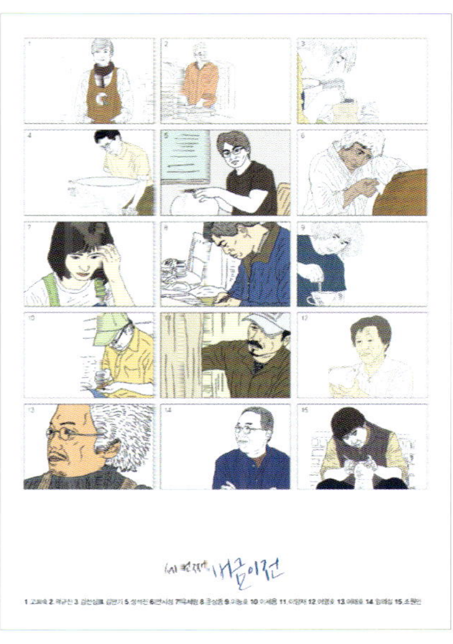

2011년 제 3회 버금이전' (전업작가)

제 3회 버금이전에 참가한 전업작가의 프로필을 그림으로 표현해 제작된 포스터.

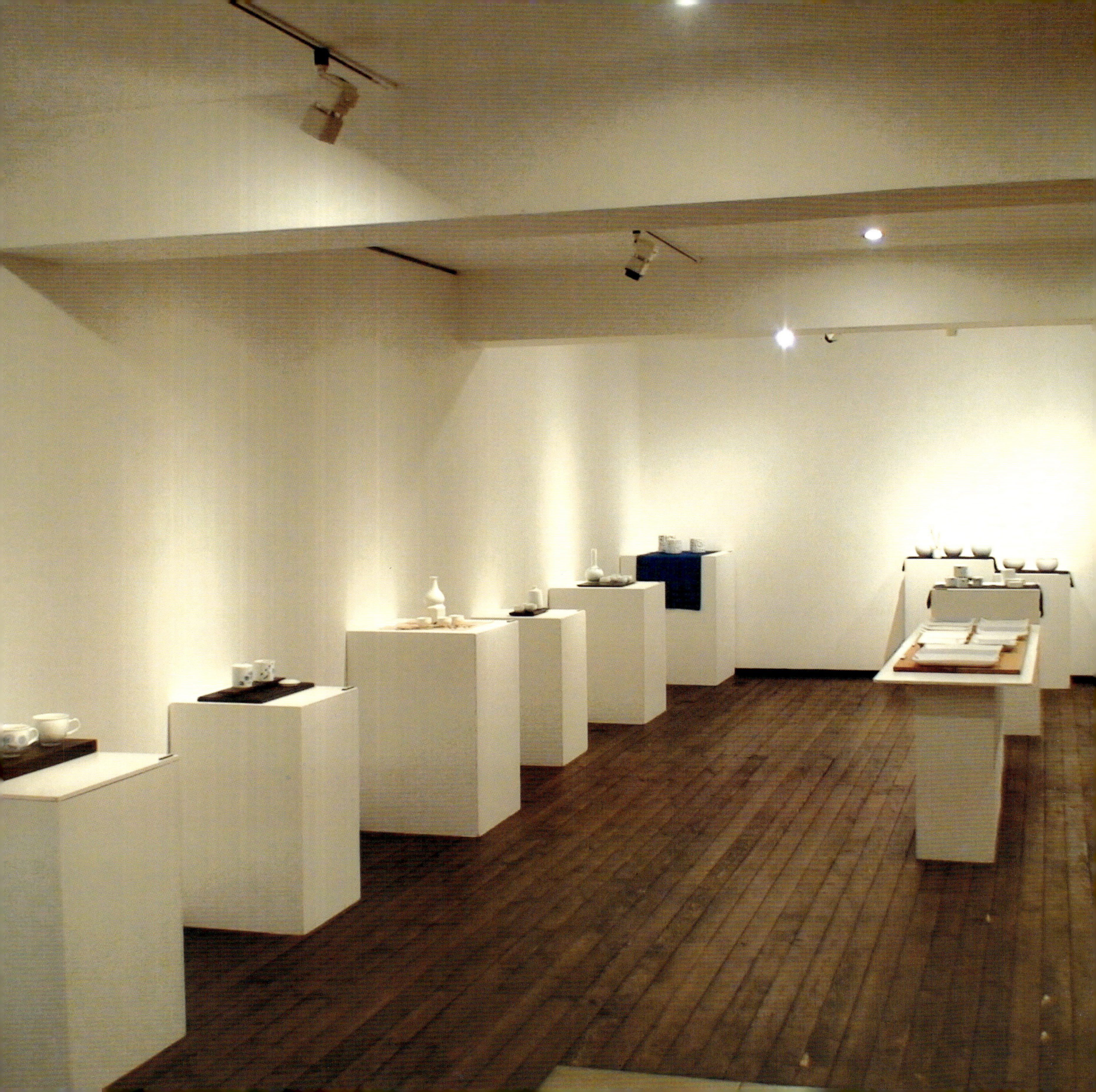

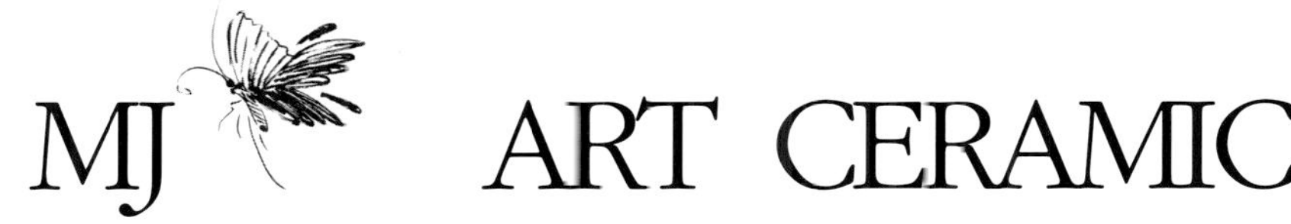

도자제품연구회 & MJ아트세라믹, 브랜드 1260

도자제품연구회는 전문가양성 교육과정(Incubating Program)으로 졸업 후 총 4년(연구과정 2년+ 실무과정 2년)의 교육과정을 이수하는 연구모임이며 1997년에 설립되었다. 연구활동의 일환으로 2000년부터 매년 전시회를 열었으며, 일부 결과물은 상품화시켜 판매를 하였다. 도자제품연구회 출신의 연구원들은 수료 후 도자산업 각 분야에서 활동하고 있으며, MJ아트세라믹의 네트워크 작가로 역할을 수행하고 있다.

MJ아트세라믹은 2004년 명지전문대학 학교기업으로 설립되었으며, 백자를 전문적으로 생산하는 업체이다. 학교기업의 역할은 재학생들에게 현장실습의 기회를 제공하고 산학연협동을 통해 대학의 사회적 기여를 도모하고 있다. 매 년 인턴학생을 채용하여 정규과정 이외에 현장교육을 지도하고 있으며, 관련 산업분야의 업체와 협력관계를 통해 도자산업 발전에 기여하고 있다. 또한 교육사업의 병행을 통해 도자문화의 대중화에도 노력을 기울이고 있다.

'1260' 은 MJ아트세라믹의 브랜드 명이다. 가마의 소성온도에 착안해 지은 이름이다. '1260' 은 조선 백자의 현대적 계승, 수공정신의 계승, 최소화와 문화적 보편성 추구를 브랜드 아이덴티티(Brand Idendity)로 삼고 있다. 현재 쇼룸은 MJ아트세라믹 본사에 있으며, 직영매장은 컨퍼런스 달개비 내에 있다.

Ceramic Products Research Group & MJ Art Ceramic's Brand 1260

Ceramic Products Research Group is an incubating Program established in 1997 to educate and foster specialists, and is composed of total of 4 years(2 years of research course + 2 years of practical course) after graduation. As a part of the research activities, it held exhibitions every year since 2000, and some products were commercialized and sold. The researchers from Ceramic Products Research Group are working in each field of ceramics industry after their completion of the program, and are working as network artists of MJ Art Ceramic.

MJ Art Ceramic is established in 2004 as a school company of Myongji College, and is specialized in white porcelain productions. The role of the school company is to provide opportunities of work experiences for the students, and it is pursuing social contribution of the college through industry-academic cooperation. It employs interns and guides them with on-the-job training outside the regular courses, and it contributes to the development of ceramics industry through the cooperation with companies in related industry sectors. Also, it is making effort on the popularization of ceramics culture through education business in parallel.

'1260' is the brand name of MJ Art Ceramic. It came from the burning temperature of kiln. '1260' has the brand identity of contemporary succession of Joseon white porcelain, succession of the spirit of handcraft, minimization, and pursuance of cultural universality. Show room is currently at the headquarter of MJ Art Ceramic, and the direct management shop is in Conference Dalgaebi.

-MJ아트세라믹 : 120-848 서울시 서대문구 홍은동 376-4 / 02-300-3828 / www.1260style.com
-컨퍼런스 달개비 : 110-120 서울시 중구 정동 3번지 / 02-765-2068 / http://dalgaebi.co.kr

-MJ Art Ceramic: 120-848, 376-4 Hongeun-dong, Seodaemun-gu, Seoul / 02-300-3828 / www.1260style.com
-Conference Dalgaebi : 110-120, 3 Jeong-dong, Jung-gu, Seoul / 02-765-2068 , http://dalgaebi.co.kr

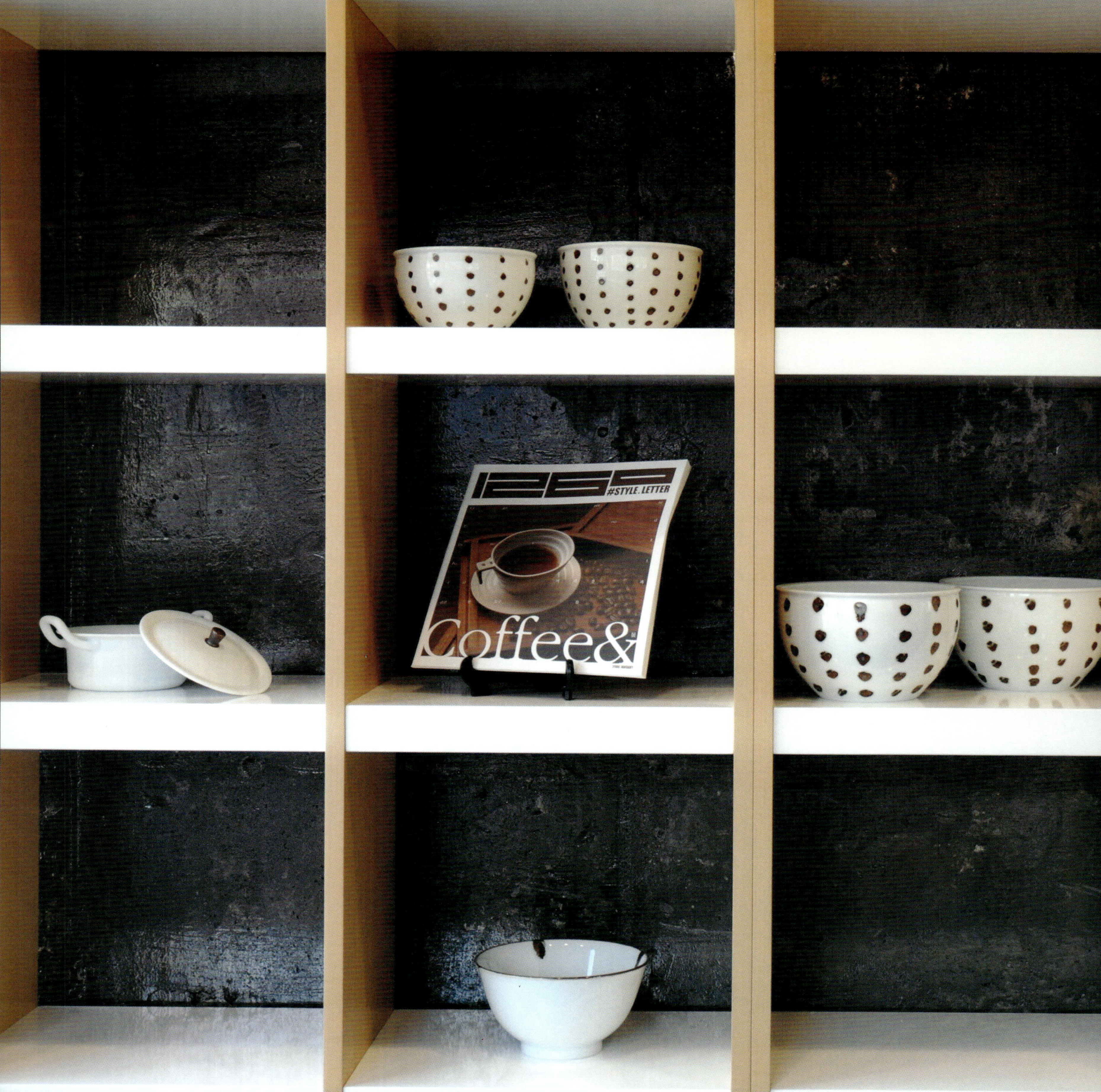
STYLE. LETTER
Coffee&

작가　연락처

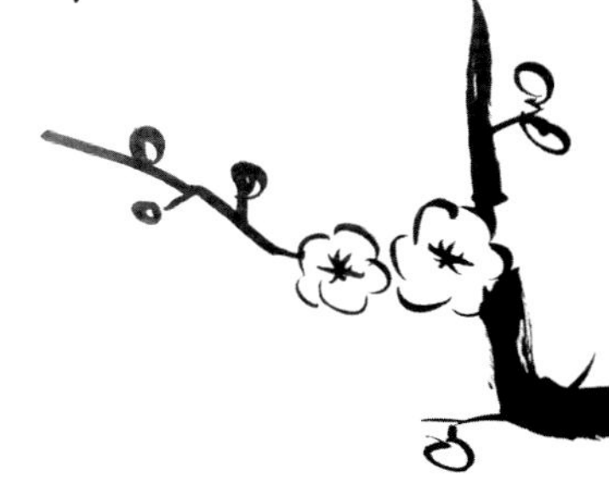

- 김미자(Kim, Mi-Ja)
  artmim@hanmail.net / 010-4247-0973 / 공방(흙이랑) 운영
- 김정미(Kim, Joung-Mi)
  010-8755-9337 / 공방(가온요)운영
- 김선심(Kim, Sun-Sim)
  saysay82kr@hanmail.net / 010-7331-3807 / 공방(라은도예)운영
- 권영미(Kwoon, Young-Mi)
  kym88888888@naver.com / 일본유학
- 남미리(Nam, Mi-Ri)
  nmrph@nate.com / 010-9907-6818 / MJ아트세라믹 연구원(영업 및 홍보 담당)
- 남유안(Nam, You-Ann)
  namsan1015@nate.com / 011-260-1739
- 류 진(Ryu-Gin)
  jjack-jjack@hanmail.net / 010-2829-2591
- 민윤희(Min, Yun-Hee)
  greenmin14@naver.com / 010-6550-3020 / MJ아트세라믹 연구원(제조담당)
- 손민지(Son, Min-Ji)
  baaanga@naver.com / 010-9262-1691 / MJ아트세라믹 연구원(교육담당)
- 유세림(Yu, Se-Lim)
  yuselim@empal.com / 010-3214-3192 / 공방(구후)운영
- 이은아(Lee, Eun-A)
  Prettyg00@hanmail.net / 010-2321-0486
- 이현경(Lee, Hyun-Kyung)
  kkkkk0817@naver.com / 010-5157-0817 / MJ아트세라믹 연구원(제조담당)
- 임헌관(Lim, Hun-Kwan)
  he-he1202@nate.com / 010-6282-0562 / 공방(손그릇)운영
- 조원민(Cho, Won-Min)
  c1w2m3@naver.com / 010-3704-6936 / 공방 라온도예)운영
- 조명식(Cho, Myoung-Sick)
  jopain78@hotmail.net / 010-3540-3219 / 공방(희푸른)운영
- 전현주(Jeon, Hyun-Ju)
  juenjoy@naver.com / 010-8973-7670 / 공방(고온)운영
- 정지희(Jung, Ji-Hee)
  agigongju@nate.com / 011-9389-9111 / 명지전문대학 퍼션텍스타일세라믹과 조교
- 정연택(Chung, Youn-Taeg)
  ytchungyt@naver.com / 010-2671-0438 / MJ아트세라믹 책임교수
- 최유정(Choi, Yu-Jung)
  clover27@hanmail.net / 010-9180-6038 / '정스영 식기장' 대리
- 최윤경(Choi, Yun-Kyung)
  energy-72@hanmail.net / 011-9762-3309
- 최난영Choi, Nan-Young)
  nunkigx@hanmail.net / 010-9399-3037

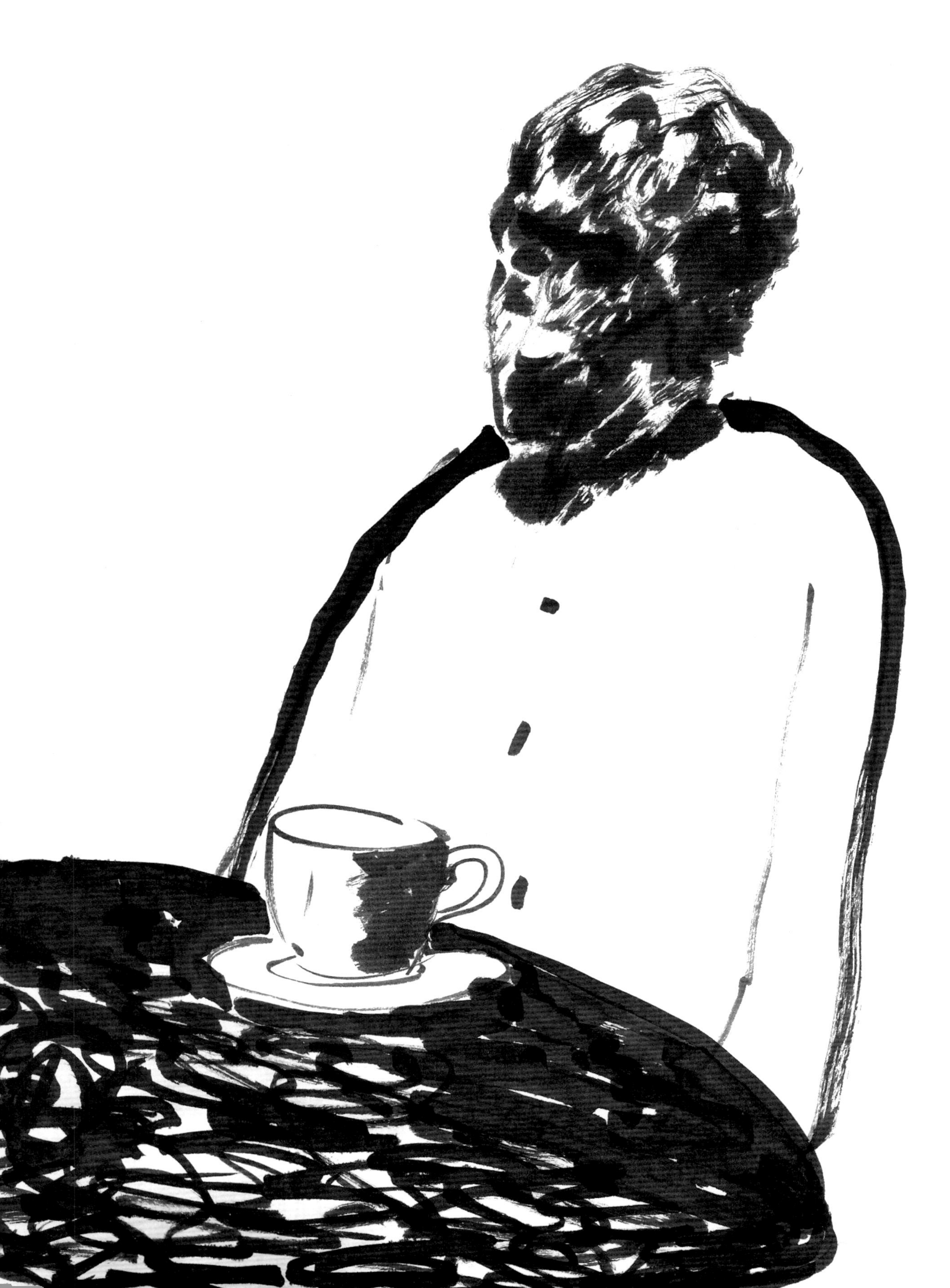

조선의 얼이 담긴
백자의 세계

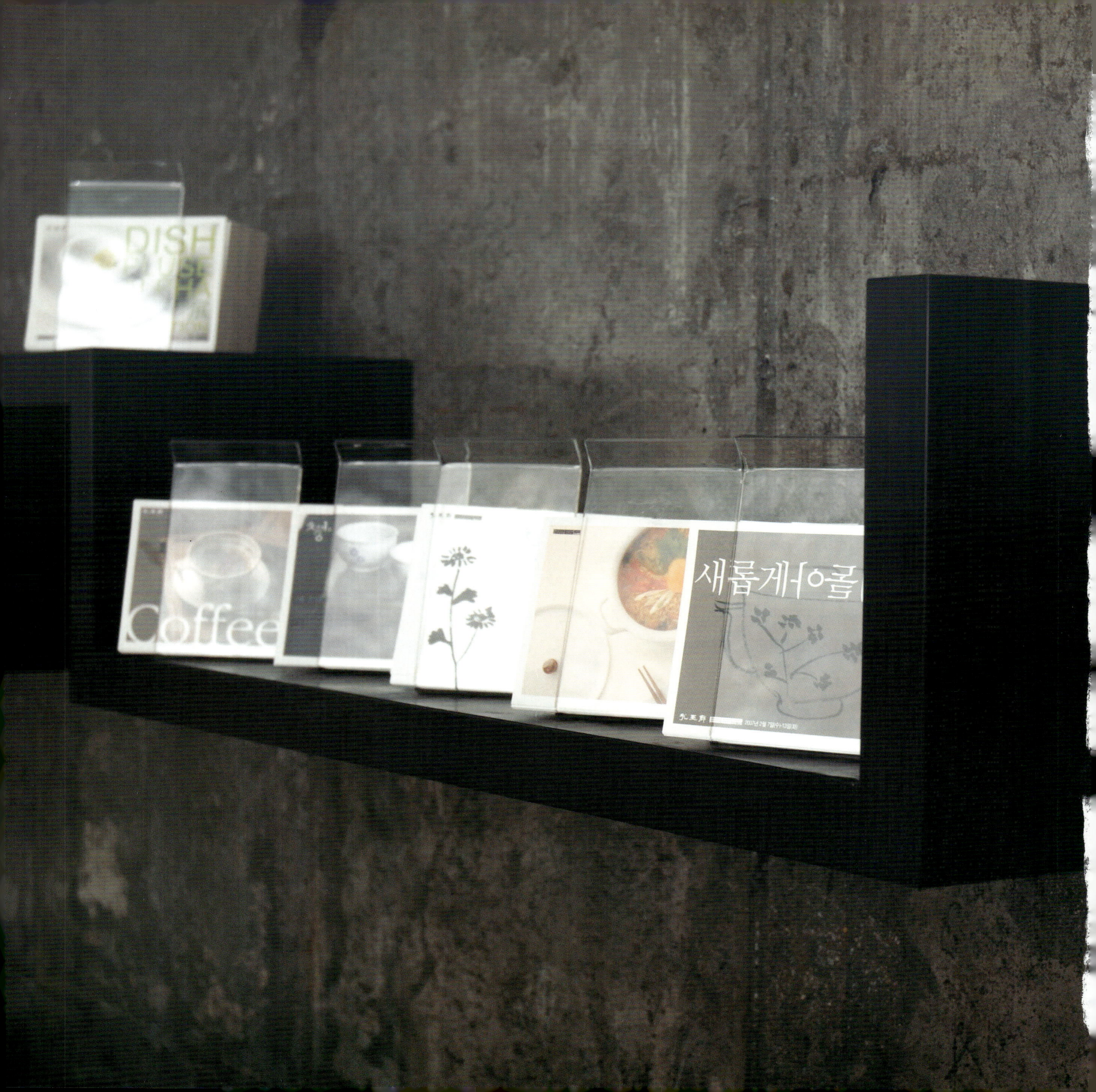